KB056260

입말, 그리고 담화 중심의 언어교육

Spoken Language and Applied Linguistics

Spoken Language and Applied Linguistics
by Michael McCarthy copyright 1998
by Cambridge University Press Korean Translation edition © 2010
by Kyungjin Publishing Company Published by arrangement
with Cambridge University Press Korea.
All rights reserved.

이 책의 한국어판 저작권은
케임브리지대학 출판부와의 독점 계약에 의해 도서출판 경진에 있습니다.
신저작권법에 의해 한국 내에서 보호를 받는 저작물이므로 무단전재 및 복제를 금합니다.

거시언어학 2

담화·텍스트·화용 연구

입말, 그리고
담화 중심의 언어교육

마이클 머카씨 지음·김지홍 뒤침

Spoken Language and Applied Linguistics

도서
출판 경진

To the dead and living of old Splott, Cardiff

영국 웨일즈 카디프(Cardiff)에 있는 옛 스쁠랏(Splott)의
죽은 사람과 살아 있는 사람들에게 바칩니다.

일러두기

(가) 파익(Pike, 1945)에 따르면, 영어는 강세 박자(stress-timed) 언어이지만, 우리말은 음절 박자(syllable-timed) 언어이다. 한글 맞춤법의 로마자에 대한 외래어 표기는 이런 점을 전혀 반영해 주지 못하였다. 더군다나 한글 맞춤법에서는 로마자의 경우에 '기저 음소형'을 그대로 음성으로 대응시켜 옮기도록 하는 잘못된 결정을 내렸다. 따라서 한글 외래어 이름이 원래 발음과 동떨어져 버리는 경우가 비일비재하다. 응당 '표면 음성형'으로 써 주어야 하며, 그 과정에서 영어의 강세 박자 언어의 모습도 반영해 주어야 마땅하다. 여기서는 다음 발음 사전들을 따르되, 단 거기 없는 인명과 지명은 영국 런던 토박이 발음(RP, 용인 발음)을 옮겨 적는다.

① Abate, 1999, *The Oxford Desk Dictionary of People and Places*, Oxford University Press.

② Wells, 2000, *Longman Pronunciation Dictionary*, Longman Publishers.

③ Upton et al., 2001, *Oxford Dictionary of Pronunciation*, Oxford University Press.

④ Roach, Hartman and Setter, 2006, *Cambridge English Pronouncing Dictionary*, Cambridge University Press.

(나) 영어 발음 표기에서 r과 f와 v 등은 로/루, 풔/쉬, 뵈/뷔 등으로 표시하여 1과 p와 구별하였고, k t p 등은 일부 유기음 환경을 제외하고 겹자음에서는 된소리 ㄲ ㄸ ㅃ 등으로 썼다.

(다) 종성은 내파음(8종성)을 썼다. 전문용어로 이런 표기들을 '음성 표기' 또는 '표면형 표기'라고 부른다.

(라) 영어 표기법에서 "A, B, and C"로 나열된 것은 우리말 표기법에 맞추어 "A · B · C"로 썼으며, 세미콜론 등도 우리말 표기법을 따랐다.

※ '뒤침'은 『유합』의 '뒤틸 번(翻)'에 있는 말로, '옮김(올믈 사[徙])'보다 더 올바른 듯하다.

알 림

이 책은 집필하는 동안에 지적이며 개인적 도움을 준 많은 동료와 친구들한테 신세를 졌습니다. 첫째, 언제나 그러하듯이, 동료이자 친구인 로널드 카터Ronald Carter와 지난 십 년 넘게 저자가 즐겁게 생각하는 생산적인 협력이 없었더라면, 지금의 모습으로 되지 않았을 것입니다. 로널드 카터는 원고 전체를 읽고서 격식을 갖춘 모습으로도, 그리고 격식 없는 모습으로도, 논평과 통찰력을 제공해 주었습니다. 아주 고맙게 생각합니다. 저자의 사고 과정에서 도움이 되어 온 노팅엄 대학University of Nottingham 영어학과에 있는 네 분의 동료 교수들에게도 또한 각별히 고마움을 표합니다. 뤼베커 휴즈Rebecca Hughes, 롸저 스미쓰Roger Smith, 마싸 조은즈Martha Jones, 줄리어 해뤼슨Julia Harrison입니다.

케임브리지 대학 출판부에 있는 쥔 허드슨Jean Hudson은 이 책이 토대를 두고 있는 노팅엄 담화뭉치CANCODE('영어 담화의 케임브리지·노팅엄 말뭉치'의 약자로, 이하 '노팅엄 담화뭉치'로 줄임)를 위한 초기 설계design를 제공했습니다. 이는 저자에게 자료뿐만 아니라, 자료의 흐름 그 자체에 대하여 많은 통찰력을 일깨워 주었습니다. 노팅엄 담화뭉치CANCODE의 첫 번째 단계에 들어 있는 1백만 어절은, 노팅엄 대학의 동료 연구자와 학생들에 의해 이뤄진 기여가 없었더라면 존재하지 않았을 것입니다. 지금 스털링 대학University of Stirling에 있는 베썬 밴웰Bethan Benwell은 소집단의 대학 강의를 여러 시간 기록하였으며, 입말 갈래를 최상급 이상으로 더 낮게 이해하였는데, 저자가 응당 각별히 고마운 말씀을 드려야 하겠습니다.

학술 발표회와 같이 격식 갖춘 맥락에서는 물론, 비격식적 맥락에서도 논평을 해 주신 세계 여러 곳에 있는 다른 동료와 친구들도, 이 책에서 여러 진술늘에 대한 영감을 불러일으켜 주었습니다. 이 분들은 고故 데이빗 브뢰질late David Brazil, 데이빗 누넌David Nunan, 닉 쿠플런드Nik Coupland, 저스틴 커플랜드Justine Coupland, 가이 쿡Guy Cook, 롸벗 칵크로프트Robert Cockcoroft, 폴 드류Paul Drew, 더그 바이버Doug Biber, 쑤 콘뢰드Sue Conrad, 마이클 루이스Michael Lewis, 마익 베이넘Mike Baynham, 조운 커팅Joan Cutting, 은콩코 캄왕아말루Nkonko Kamwangamalu, 조애너 췌늘Joanna Channell, 좐 씽클레어John Sinclair, 노벗 슈밋Nobert Schmitt, 마익 호이Mike Hoey, 메륄 스웨인Merrill Swain, 마익 머코슈Mike Makosch, 짐 랜톨프Jim Lantolf, 토니 퓌츠패트뤽Tony Fitzpatrick, 아뤼어 머키스따인Aria Merkestein, 제프 트뢴터Geoff Tranter, 앨멋 코스떠Almut Koester, 브루스 파이Bruce Pye, 매틸드 그뤄내지-모네티Matilde Grunhage-Monetti, 베뤼 오썰리붠Barry O'Sullivan, 제프 스뜨뤵스Jeff Stranks, 너던 오즈벡Nurdan Özbek 입니다.

케임브리지 대학 출판부 편집자 앨리슨 샤프Alison Sharpe의 격려가 없었더라면, 그리고 케임브리지 대학 출판부와 특히 노팅엄 담화뭉치 연구거리를 위한 영어교육 분과 위원장 콜린 헤이즈Colin Hayes의 지속적인 관대한 도움이 없었더라면, 저자는 지금 이 감사의 글을 쓰지 못하였을 것입니다. 저자는 미국 코넬 대학교Cornell University에서 언어학 객원 교수로서 한 학기를 즐겁게 가르치는 동안에, 이 원고에 마지막 손질을 하였는데, 현대 언어학과에 있는 동료들 특히 홍인 타오Hongyin Tao와 린다 워어Linda Waugh는 이 책의 마지막 수정 단계에서 귀중한 지적과 도움을 제공해 주었습니다. 언제나 그러하듯이, 나의 짝 진 머카뜬Jeanne McCarten의 개인적 가정적 도움이 없었더라면, 이 책은 아마 결코 나오지 못했을 것입니다. 이 분들이 모두 응당 큰 감사의 말씀을 받아야 합니다.

케임브리지 대학 출판부를 위해 일하시는 익명의 검토관은, 이 책의 초고 내용에 대해 아주 참을성을 발휘하여 개선을 위한 자세한 제안들을 제시해 주셨습니다. 출간을 위한 최종 편집 및 준비로서 케임브리지 대학 출판부의 미키 보닌^{Mickey Bonin}의 지휘 아래, 제뤌다인 마크 ^{Geraldine Mark}와 제인 클립포드^{Jane Clifford}는 그 분으로부터 나온 마지막 수 정을 위한 논평과 제안들이 아주 귀중하였음을 입승하였습니다. 이 책 에 있는 잘못들은 어떤 것이든 전적으로 저자가 책임질 몫입니다.

제1장 서 론

§.1-1 이 책의 탄생

이 책은 입말과 언어교육에 대한 입말의 중요성을 놓고서 10년 동안 연구한 결과이다. 애초에는 이 연구가 간단한 대화 도막들을 녹취 기록(=전사)하고 분석하는 일을 포함하였다. 더 뒤에는 동일한 목석을 언제나 염두에 두고 있었지만, 큰 숫자의 대화 도막들을 검사하면서 노팅엄 대학 영어과에 있는 CANCODE^{Cambridge and Nottingham Corpus of Discourse in English}(케임브리지 및 노팅엄 영어 담화 말뭉치, 이하 '노팅엄 담화뭉치'로 줄임)를 같이 이용하게 되었다(§.1-2를 보기 바람). 그 연구 기간에 걸쳐서, 저자는 때로 단독으로도 하였지만, 종종 친한 동료이자 공동 연구자인 로널드 카터^{Ronald Carter}, 그리고 최근에 뤼베카 휴즈^{Rebecca Hughes}와 함께 논문들을 발표하고 몇 권의 책자를 출판하였다. 이들 논문과 책자들은 언어교육을 위한 하나의 모형으로서 일상 입말에 관한 질문들로 점점 더 이끌어왔다. 입말에 대하여 얼마나 많은 유형들이 분류될 수 있는가? 일반적으로 응용언어학(≒언어교육) 속에 있는 연구의 대상으로서 입말이 어떤 지위를 지녀야 하는가? 이런 질문이 본질적으로 이 책에서 논의하는 것이다. 노팅엄 담화뭉치^{CANCODE}는 이들 질문의 일부에 대하여 답변을 얻어내는 데에 소중한 도구가 되었다.

§.1-2 조감도

이 책은 1988년부터 1996년까지에 걸쳐 발표된 논문들의 수정된 내용과 이전에 발표되지 않은 새로운 몇 개의 장을 함께 모아 놓은 것이다. 모든 장들에서 말뭉치 자료를 때로 양적으로 이용하지만, 대체로 질적으로 이용한다. 왜냐하면 저자의 판단에 사람들이 일상 이야기를 어떻게 '실행하는지[do]'에 대한 자세한 관찰로부터 유용한 교육적 통찰들을 얻어내기 위한 가장 큰 가능성(잠재성)을 보는 것은 바로 후자(=질적 이용)이기 때문이다. 제1장에서 저자는 이 책의 대부분에서 바탕을 삼고 있는 노팅엄 담화뭉치[CANCODE] 연구를 개관한다. 저자는 다른 말뭉치 연구들을 참고하면서 이 연구를 맥락 속에 집어넣을 것이다. 제1장에서는 또한 여러 세기에 걸친 언어 연구와 언어교육에서 입말의 지위를 역사적으로 잠깐 살펴본다. 오늘날 응용언어학에서는 5년 이전에 출간된 것을 어떤 것이든 케케묵은 고물로 간주해 버리는 경향이 있다. 석사과정의 교육과정과 전문 교재들에서는 흔히 역사적 관점이 결여되어 있다. 저자는 우리가 학문상의 선배들로부터 배워야 할 것이 많다고 굳게 믿는다. 우리의 '과학'이 미래를 향하여 훌륭한 진보를 이뤘다고 생각하고 싶을 때에, 적어도 그분들의 성취 결과가 우리에게 겸손을 촉구할 수 있다는 점에서 그러하다. 그러고 나서 제1장에서는, 비록 주의사항이 지적되지만, 입말에 대한 이해를 향상시켜 주는 데 화행 이론과 담화 분석 및 대화 분석에 의해 이뤄진 기여 내용들에 대하여 언급을 하면서 매듭을 짓는다.

제2장에서는 입말 갈래의 이론에 대한 개관을 구성하려고 시도한다. 특히 발화사건에 제시된 변이 내용에 초점을 모으지만, 그럼에도 불구하고 여전히 많은 공통 특징을 공유한다. 제2장에서는 또한 참여자들

스스로 자신이 갈래들의 창조에 간여하고 있음을 잘 깨닫고 있다는 증거를 찾는 일의 중요성을 강조하고, 우리가 분석적 몽상에 탐닉하는 게 아니라는 점을 강조한다. 우리는 부분적으로 과거 발화사건 및 다가오는 발화사건들을 향한 참여자들의 지향방향orientation에 비춰서 그런 증거를 찾아낸다. 즉, 참여자들 사이에서 그 이야기 전개상 그들이 '어디쯤에 있는지'를 놓고 합의할 필요성을 찾아내고, 분석자로서 우리가 인식할 수 있는 최종 모양새를 발화사건들이 만들어 내는 데, 그런 절차들이 효력을 발휘하도록 할 필요성을 찾아낸다. 제2장에서는 갈래별 지향 활동generically-oriented activity의 더 높은 층위에 대한 특징들과 일치하는 어휘-문법 층위에서,[1] 담화 인용도막들이 얼마나 유사성을 보이는지 밝히기 위하여, 제1장에서 개관된 노팅엄 담화뭉치CANCODE 행렬을 이용한다. 제2장에서는 갈래가 정확히 규정하기에는 언제나 어려운 개념으로 남게 될 것이라고 결론을 맺는다. 왜냐하면 사회활동이 아주 많이 변동될 듯하기 때문이다. 분명한 것은, 전체적으로 보아 행위가 통합적이라는 점이다. 즉 정보전달용 행위, 친분 쌓는 사교적 행위, 목표 지향 행위, 참여자들 사이의 관련성, 지엽적인 어휘-문법적 세부 내용들이 모두 서로서로 보완적이다. 제1장과 제2장에서는 교육상의 관련성을 지니게 될 입말의 이론을 그려내려고 시도한다.

제3장에서는 입말에 대하여 무엇이 교육되어야 하고, 무엇이 가르쳐질 수 있는지에 대한 물음을 제기한다. 저자는 담화 분석과 대화 분석으로부터 여러 가지 개념들을 취하고서, 다음과 같은 질문들에 대한

---

* 이하의 각주에서 원저자의 주석은 '〈원저자 #〉'로 표시하여 뒤친이가 추가한 주석과 구분해 놓았다.

1] 어휘 부서와 문법 부서가 한데 묶이어 '어휘-문법적'으로 표현된 것은, 문법이 어휘의 내용 속에 녹아 있다고 가정하는 것이다. 이를 어휘 투영(projection of lexicon)이라고 한다. 이런 발상은 독일 수학자 프레게(Frege, 1848~1925)가 명제라는 것이 동사의 투영으로 이뤄진다고 생각하면서부터 시작되었다. 가령, '먹다'라는 동사는 먹는 주체와 먹는 대상을 요구하며, '자다'는 자 주체만 요구하는데, 이런 요구가 그 개별 동사의 의미 속에 들어 있는 것이다. 요즘에는 이를 '논항구조'라는 말로 부른다. 김지홍(2010), 『국어 통사·의미론의 몇 측면: 논항구조 접근』(도서출판 경진)을 참고하기 바란다.

대답을 얻어내려고 하는 기존 연구들을 검토한다. 즉,

①이들 특성들이 관련 있는가?
②이런 특징들이 보편적인가?
③이런 특징들이 전이될 수 있는가?
④만일 그렇다면, 어떤 종류의 학습 조건들 아래에서 전이되는가?
⑤교과과정과 방법론들에서는 어떻게 그런 특징들을 설명할 수 있는가?

검토된 특징들은 주고받기 짝 및 인접쌍, 담화 표지, 생략, 개시하기와 마무리 짓기를 포함한다. 각각의 경우에서 화자들이 그 특징들을 부호화하는 방식을 예시해 주기 위하여, 저자는 노팅엄 담화뭉치CANCODE 자료의 사례들을 이용하면서, 그 특징들의 어휘 및 문법적 실현 모습을 살펴보고, 그것들의 문화적 중요성을 살펴본다. 제3장에서는 이미 살펴본 영역들에서 이용 가능한 연구로부터 교육 속으로 맞물려들 수 있는 것이 상당량이 있었지만, 이런 과제에 대하여 전통적인 제시 중심의 방법론(=교사 위주의 수업)은 부적합하다고 결론을 내린다. 저자는 카터·머카씨(Carter and McCarthy, 1995b)에서 개관된 대안이 되는 방법론을 제안한다. 우리들이 '세 가지 I들(illustration예시, interaction상호작용, and induction귀납)'로 부르는 바에 근거한다. 이는 전통적으로 교사 중심 수업에서 이용되어 온 '세 가지 P들(presentation제시, practice연습, and production산출)'과 대조된다.

제4장과 제5장에서는 모두 문법과 관련된 논제를 다룬다. 제4장에서는 문법요소 선택에 대한 '담화 중심 관점'을 옹호하여 논의한다. 그리고 문법의 어떤 측면들은 맥락 속에서 검토되는 경우에 가장 잘 이해된다는 주장을 구체화해 주기 위하여 입말 자료를 이용한다. 저자는 때로 우리가 언어 항목들을 문법의 어형 변화표paradigms, 범례 속에 묶어 놓는 기존의 방법을 재고할 필요가 있음을 시범적으로 보여 주려고 한다. 여기서는 it, this, that(지시대명사 그것, 이것, 저것)을 사례로 택한다.

그리고 나서 과거완료past perfect를 다루는 논의로 옮겨간다. 이 시제 요소의 선택이 시간에 대한 어떤 결정적 규칙에 의해서 확정되는 것이라기보다는, 오히려 어떻게 담화상으로 동기가 마련되는지를 보여 주려고 한다. 제4장에서는 계속 이런 맥락으로 진행하며, 입말 자료와 글말 자료에서 서로 다르게 분포된 특징들을 검토하고, 문법학자들에게 오랫동안 문제를 일으켜 온 전형적인 입말 특징인 영어의 get-passive피해 표현 수동태를 다룬다. 제4장에서 논의하는 중심 졸가리에는, 문법을 다만 결정적 규칙들로 바라보는 것이 아니라, 그보다는 언어교육에서 문법을 오히려 확률적 진술로 간주하는 것이 더 유용하다는 점을 옹호한다. 즉, 어떤 형태의 실현을 놓고서 가장 확률이 높은 조건들에 대한 진술이다. 저자는 입말 자료에 의해 뒷받침되는, 문법에 대한 담화 중심 견해가 극히 빼어난 시사점을 제공하며, 문법 수업에서 무엇을 어떻게 가르치는지를 놓고서 직접적인 중요성(결과)들을 지닌다고 결론을 맺는다.

제5장에서는 있을 수 있는 두 가지 위험을 먼저 약화시켜 놓는다. 첫째, 우리가 성급하게 입말 문법에서는 모든 것이 다르며, 글말에 대하여 말한 것이 어떤 것도 입말의 기술2] 및 교육을 위해 아무런 타당성을 지니지 않는다고 가정할 수도 있다. 그렇지 않으면, 똑같이 위험한 생각이지만, 둘째, 글말 문법의 기술 내용들이 간단히 도맷금으로 입말 문법 속으로 수입될 수 있다고 가정해야 한다. 고故 유진 윈터Eugene Winter의 업적에 근거한 담화 얼개를 받아들이면서, 제5장에서는 동사 시제 선택들의 연결체가, 어떻게 전체 글말 텍스트와 독립된 삽화episodes를 '틀 지어 줄' 수 있는지를 살펴보고, 이들 틀 지어 주는 기능들이3] 어떻

2] description은 'down + write(종이에다 적어 놓다, 받아 적다)'의 어원을 갖고 있다. 서술이나 기술(記述)로 번역되는데, 여기서는 언어학의 관례에 따라 '기술'로 번역해 둔다. technique도 기술(技術)이지만 한자가 다르다.

3] 틀 지어 주기(framing)를 다른 논의에서는 ① 먼저 무대를 마련하고, ② 그 무대 위에서 사건을 전개시켜 나가는 일로도 설명한다. 클락(1996; 김지홍 뒤침, 2009), 『언어사용 밑바닥에 깔린 원리』(도서출판 경진)의 제10장 3절에서는 'framing situations(상황에

게 입말과 글말에서 모두 찾아지는지를 살펴본다. 그 자료는 이들 기능의 구현이 어떤 경우에 입말과 글말에서 동일함을 보여 주지만, 또한 때로 그들의 실현 내용이 중요하게 차이가 난다는 사실도 보여 준다. 이런 증거나 원터Winter에 의해 옹호된 맥락 문법이, 실제로 아주 강력한 기술 도구들이며, 입말 문법 특징들이 언제나 글말의 기능적 대응물과 똑같은 실현 모습들을 따르는 것으로 가정될 수 없다는 논의 내용을 뒷받침하는 데에 이용된다. 또한 이는 글말 텍스트와 입말 텍스트[4] 사이에 직접 비교가 유용함을 보여 주는 실증이기도 하다.

제6장과 제7장에서는 초점을 어휘로[5] 전환하지만, 여전히 입말 담화 중심 접근의 관점 속에서 진행한다. 제6장에서는 여러 참여자들의

얼개를 부여해 놓기'라고 부른다. 고프먼(Goffman, 1974)의 『틀 분석: 경험의 조직화에 대한 논의(*Frame Analysis: An Essay on the Organization of Experience*)』(Northeastern University Press)와 고프먼(Goffman, 1981)의 『이야기 형식(*Forms of Talk*)』(University of Pennsylvania a Press)와 테넌(Tannen, 1993) 엮음, 『담화에서 틀 지어 주기(*Framing in Discourse*)』(Oxford University Press)와 엔씽크·싸우어(Ensink and Sauer, 2003) 엮음, 『담화에서 틀 짓기와 관점 세워 나가기(*Framing and Perspectivising in Discourse*)』(John Benjamins)를 참고하기 바란다.

4] text는 어원이 weave(씨줄 날줄을 얽고 엮어 옷감을 짜다)는 뜻이지만, 옷감(textile)을 근거로 하여 '말감/말천' 등으로 낱말을 만들 수 없다('말덩이'는 어떨지 궁금하다). 일부 외래어로 텍스트를 그대로 쓰는데, 이 번역에서도 텍스트를 쓰기로 하겠다. 그렇지만 입말의 경우에는 '덩잇말'로, 글말의 경우에는 '덩잇글'로 쓸 수 있다. 앞으로 좋은 말을 찾아내어야 할 것이다. 텍스트란 두루 입말과 글말에 걸쳐 쓰이며, 일관성이 깃들어 있는 언어 덩어리 연결체를 가리킨다. 이 덩어리는 통사 결속(cohesion) 및 의미 연결(coherence)에 의해 긴밀히 짜여 있다. 통사 결속은 문장과 문장을 잇는 언어 기제이다. 핼러데이·허싼(Halliday and Hasan, 1976, 『영어에서의 통사 결속(*Cohesion in English*)』, Longman)에서는 ① 지시표현(Reference), ② 대치(Substitution), ③ 생략(Ellipsis), ④ 접속사(Conjunction), ⑤ 어휘사슬(Lexical Cohesion, Lexical Chain)을 다루었다. 전세계 언어에서 ①과 ⑤가 제일 많이 이용된다. 우리나라 학교문법에서 응집성(한 점에 모아져 엉김)으로 번역한 것은 잘못이다. 문장과 문장은 서로 이어지며 전개되어(펼쳐져) 나가기 때문이다. 그런데 의미 연결(개념 연결)은 언어 기제로 표현되기보다는 언어 외적(extralinguistic) 정보 또는 머릿속 정보에 의해 서로 이어지게 된다. 제5장 1절에 있는 각주 2도 같이 보기 바란다.

5] 낱말(word)은 동사와 명사 등 실사만을 가리킬 수 있지만, 어휘(vocabulary)는 낱말보다 더 작은 단위로서 접사와 이미 등 허사도 가리킬 수 있고, 속담이나 관용구와 같이 더 큰 단위까지 가리킬 수 있다. 연구자에 따라서 lexis(어휘)나 lexicon(어휘부)도 쓰기도 한다. lexis는 담화 연구자들이 자주 쓰고, lexicon은 촴스끼 언어학에서 자주 쓴다. 어휘의 휘(彙)는 고슴도치를 가리키는 상형 글자이다. 고슴도치의 속성 중 가시가 수북이 모아져 있는 모습을 따서 '모으다'라는 동사의 뜻으로 확장되었다.

상호작용에 내재된, 어휘 선택에 영향을 줄 것 같은, 일부 제약들을 펼쳐 놓으면서 시작한다. 그리고 나서 입말 인용 도막들에 있는 다양한 어휘 특징들을 검토한다. '어휘 밀집도'의 물음이 논의된다. 특히 낮은 어휘 밀집도를 띠며 행위에-동반된-언어language-in-action, 22/쪽 참고의 자족 단위 덩이들에서 찾아진 어휘의 종류들이 논의된다. 어휘에 대한 이런 여러 유형들은, 전통적인 내용 중심 개념의 어휘들에 관심을 둘 필요가 없다고 생각하는 교사들에게 도전을 제시한다. 거기에서부터 제6장은 막힘없이 이야기의 전개를 진행해 나가거나 또는 멈춰 놓기 위하여, 화자들이 서로서로의 어휘 선택을 어떻게 간주하는지, 그리고 특히 입말 이야기에서 상호작용의 어휘를 수립하는 데에 있어서, 청자의 역할이 얼마나 주된 화자의 역할만큼 중요한지를 살펴보는 쪽으로 초점을 전환한다. 그리고 나서, 말뭉치로부터 생성된 입말 어휘 및 글말 어휘 목록들 사이의 차이점들에 대한 더 광범위한 논제들이 검토되고, 언어교육을 위해 빈도 계산들이 제기하는 문제점들의 종류가 다뤄진다. 제6장에서는 학습자들의 관찰력을 훈련시켜 주는 일이, 학습자들에게 다수의 새로운 낱말들을 공급해 주는 것만큼 유용할 수 있다고 결론을 맺는다.

제7장은 관용구에 대한 논의이다. 대부분의 언어 교사들이 어휘 교육에서 특히 더 높은 수준의 유창성을 다루는 경우에 아주 자주 이용하는 부분이라고 할 수 있는 주제이다. 그럼에도, 여지껏 담화 관점으로부터는 거의 다뤄져 오지 않았으며, 일상 입말에서의 용법에 대하여 이용 가능한 정보가 아주 불충분한 주제이다. 정의의 문제를 논의한 뒤에, 저자는 관용구 선택이 무작위적이지 않으며, 이야기 서술에서 핵심적인 평가 역할(=한 이야기의 매듭으로서 최종적인 평가 진술)을 맡는다는 주장을 뒷받침하기 위해[6] 입말 이야기들로부터 가져온 자료를 제

6] 클락(1996; 김지홍 뒤침, 2009, 『언어사용 밑바닥에 깔린 원리』, 도서출판 경진)에서는 입말 전개 방식이 매듭 또는 마디들로 이어져 나가는데, 각 매듭이나 마디의 끝부분에 평가 또는 논평이 들어간다고 지적하였다.

시한다. 그러고 나서, 화자들이 일반적으로 그들의 세계에 대한 여러 측면들을 놓고 촌평을 하고 있는 담화들로부터 가져온 사례들과 더불이 그 그물을 더 넓히 놓는다. 다시 한 번, 관용구는 중요한 평가 기능을 떠맡는다. 그 자료들은 화자가 흔히 관용구에 묻혀 있는 축자적 의미들을 '끌러 풀어내며unpack', 두루 그 텍스트를 통해서 줄가리가 잡힌 확장된 말재롱puns과 심상들을 창조해 냄을 보여 준다. 관용구들은 또한 같은 문화의 구성원으로 묶는 일을 강화해 주는 역할도 맡는다.[7] 제7장은 관용구를 가르치는 일의 문제점들에 대하여 논의하고, 담화 중심 접근법을 충실히 따르는 동안에 활용할 수 있는 연습 및 맥락의 종류들을 논의하면서 끝을 맺는다.

이 책의 마지막 장인 제8장에서는, 흔히 어떤 언어 학습 교과과정에서든지 나름의 위치를 점유하는 문법 영역인 인용 발화reported speech로 다시 돌아간다. 우리는 발화인용에서 두 가지 극단을 비교하면서 시작한다. 고전문학 및 일상대화에서의 이야기하기이다. 대화상의 발화인용은, 위대한 문학 작품과 비교되는 경우에, 첫 눈에 오히려 초라해 보인다. 그러나 저자는 그 풍부함과 융통성을 보여 주려고 노력할 것이다. 그런 다음에 저자는 다른 입말 발화인용의 전략들을 살펴본다. 즉 과거지속/과거진행 인용 동사past continuous reporting verbs와 이야기 속에서의 역사적 현재이다. 그러고 나서, 노팅엄 담화뭉치CANCODE로부터 나온 양적인 증거와 더불어, 제8장에서는 그 말뭉치에서 빈번히 나오는 것을 축자적/직접인용literary reporting에서 흔히 찾아지는 것과 비교하고, 전략적 기능들의 다양성에 기여하면서 그 말뭉치 사례들이 아주 다양함을 보여 준다. 제8장에서는 발화인용의 교육을 위하여 일반적인 일련의 권고 사항은 물론, 전체적으로 이 책자에 대한 일반적인 결론과 더불어 끝을 맺는다. 맨 뒤쪽에는 용어 해설이 들어 있다.

7] 관용구들 속에 민간의 지혜와 가치가 깃들어 있으므로, 같은 관용구를 공유한다는 것은 곧 같은 가치관을 지니고 행동함을 함의한다. 말로 겨레를 묶어 주는 것이다.

§.1-3 노팅엄 담화뭉치[CANCODE]와 구축 맥락

노팅엄 담화뭉치[Cambridge and Nottingham Corpus of Discourse in English: CANCODE](케임브리지 및 노팅엄 영어 담화 말뭉치) 연구는, 노팅엄 담화뭉치 자료를 이용하는 현 책자와 다른 두 업적(Carter and McCarthy, 1997; McCarthy and Carter, 1997a)의 출판사인 케임브리지 대학 출판부로부터 풍부한 연구 기금을 지원받아 영국 노팅엄 대학 영어과에 구축되어 있다. 노팅엄 담화뭉치 CANCODE에 기반을 둔 완벽한 출간물 목록은 이 책의 뒤쪽에 부록으로 주어져 있다. 케임브리지 대학 출판부의 지원은 로널드 카터와 저자와 우리 연구 보조원 진 허드슨[Jean Hudson]으로 하여금 1996년에 완성해 놓은 비격식적인 입말 영어로 된 1백만(1,061,274)개의 실제 낱말로 이뤄진 초기 말뭉치를 통합할 수 있게 해 주었다. 집필하는 시간 동안에 케임브리지 대학 출판부로부터의 추가 지원은, 우리들로 하여금(새로운 추가 보조원 줄리어 해뤼슨[Julia Harrison]의 도움으로) 그 말뭉치를 5백만 낱말로 늘여 놓을 수 있게 해 주었다.

한 번이라도 더 큰 언어 말뭉치에 의해 압도당한 전문가에게는, 단지 1백만(또는 심지어 5백만) 낱말만을 갖고서 작업하는 일이 오히려 분명히 시시한 기획인 듯하다. 현재 말뭉치들은 보통 1억 낱말로 이뤄진다. 또한 가장 먼저 1조 낱말을 다루려고 다투고 있는데, 새로운 천년(=2천년)을 향한 시계의 똑딱 소리와 더불어 곧 나오게 될 거대 말뭉치가 될 것이다. 기술은 끝이 없는 듯하다.[8] 저자가 1966년에 영어교육

8] 우리나라의 말뭉치 구축에 대해서는 서상규·한영균(1999), 『국어 정보학 입문』(태학사)을 보기 바란다. 또한 말뭉치를 기반으로 사전을 편찬하는 방법에 대해서는 유현경·남길임(2008), 『한국어 사전 편찬학 개론』(도서출판 역락)을 보기 바란다. 우리말 말뭉치는 여러 곳에서 구축하고 있다. 특히 국립국어원에서는 2009년 12월 '21세기 세종기획 최종 성과물'을 연구자들에게 무료로 제공하고 있다(http://www.korean. go.kr/sejong). 연구뿐만 아니라 교육에 큰 도움이 된다. 한편, 독본 형태로 쌤슨·머카씨 엮음(Sampson and McCarthy, 2004), 『말뭉치 언어학: 영역 확대 논문선(*Corpus Linguistics: Readings in a Widening Discipline*)』(Continuum)과 리들링·키토 엮음(Lüdeling and Kytö, 2008), 『말뭉치 언어학: 국제적 소백과(*Corpus Linguistics: An International Handbook*)』(Walter de Gruyter)이 나와 있다.

ELT 학계에 입문하였을 때 순수히 과학적 공상소설로 간주하였을 법한 거대한 말뭉치들이 이제 쉽게 나열될 수 있다. 그러므로 노팅엄 담화뭉치CANCODE가 오늘날의 표준에 비춰보면 숫자상으로 작은 편이다. 그것은 또한 말뭉치 언어학에서 개척자들이 수년 전에 세워 놓은 표준들에 비춰 보아도, 상대적으로 중간 정도에 해당한다.

그렇지만 노팅엄 담화뭉치CANCODE의 크기를 오직 거대한 글말 말뭉치나 혼합된 글말/입말 말뭉치와 관련해서만 판정하는 일은 불공정할 듯하다. 더 중요한 것은 일반적으로 입말 말뭉치의 발전과 관련하여, 그리고 글말 말뭉치보다 입말 말뭉치를 결합해 내기 훨씬 더 어렵게 만드는 문제점들과 관련하여 그것을 살펴보는 일이다. 입말 말뭉치는 새로운 것이 아니다. 인류학자와 방언 연구자들이 오랫동안 녹음해 놓은 자료를 증거의 주요한 자원으로 이용해 왔고(Biber, 1990), 그런 작업이 계속되고 있다(가령 Kirk, 1992에 의해 북아일랜드 입말 말뭉치가 기술되었다). 초기 입말 조사의 일부가 어린이 언어 습득의 연구 속에서 실행되었다(이런 사례 한 가지가 Beier, Starkweather, and Miller, 1967에서 기술된 어린이 낱말 빈도 분석이다).[9] 그 이래 아주 일반화된 그런 종류로서 두드러진 초기 입말 말뭉치는 '호주 근로자의 입말 어휘Oral Vocabulary of the Australian Worker: OVAW'이다. 스꼬늘 외(Schonell et al., 1956)에서는 그 자료에 대한 충분한 설명과 수집 내용을 제공해 준다. 호주 근로자의 입말 어휘OVAW 말뭉치는, 대략 입말로 된 50만 개 낱말로 이뤄져 있으며, 여전히 발화에서 관용구적 낱말과 구절들에 관심 있는 사람이면 누구에게나 아주 유용하다(가령 Schonell et al., 1956: 17을 참고하기 바란다). 이는 노팅엄 담화뭉치CANCODE 자료를 이용하면서 저자가 이 책의 제7장에서 더 추구하게 될 주제이다. 호주 근로자의 입말 어휘OVAW 말뭉치는 또한 일상 입말에서 찾아진 전반적인 담화 표지들도 기록하고 있다. 호주 근로자

9] 〈원저자 1〉 또 다른 사례는 어른들에 의해서 그리고 또한 6세 이상인 어린이들의 선택된 연령 집단들에 의해서 만들어진 비격식적 입말들을 담고 있는 카트뤄릿·조은즈(Carterette and Jones, 1974)일 것이다. 대략 8만 4천 개의 낱말로 된 말뭉치이다.

의 입말 어휘OVAW 뒤에 10년이 지나서 미국에서 구축된 '입말 영어의 데이뷔스–하우즈 통계the Davis-Howes Count of Spoken English'는 대학생과 입원 환자들을 대상으로 한 면담으로, 50만 낱말을 모아 놓았고, 입말 용법에 대한 흥미로운 통계도 산출해 놓았다.

또한 1960년대에 러시아어에 대한 입말 낱말 통계가 출간되었다 (Vakar, 1966). 크기가 작았지만(단지 희곡 대본으로부터 가져온 1만 낱말에 근거함) 빈출 낱말들의 텍스트 출현 범위에 대하여 유용한 통계를 제공해 주었다. 뢰벤 대학 희곡 말뭉치the University of Leuven Drama Corpus는 현대 연극으로부터 나온 대략 1백만 개의 낱말로 이뤄져 있는데(자세한 내용은 Engels, 1988을 보기 바람), 입말을 위한 모형으로 희곡 대본들을 이용하는 이런 전통을 계속 이어갔다(또한 제4장에 있는 Vanrespaille, 1991에 대한 참고 문헌을 보기 바란다). 문학적인 (또는 적어도 씌어진 소설에 근거한) 말뭉치가 또한 입말의 비교 연구를 위해 유용해질 수 있다는 추가 증거는, 화란 네이메이건 대학the University of Nijmegen에서 1백 5천만 낱말로 된 토스까 TOSCA 말뭉치를 조사하는 연구자들의 작업에서 살필 수 있다(가령 TOSCA 에 근거한 소설 속의 대담에 대한 Oostdijk, 1990 연구를 살펴보기 바람).

한편 영국에서는 런던 유니버서티 칼리지University College London에서 구축한 50만 낱말로 된 입말/글말 영어 용법 조사(Survey of English Usage, SEU; Svartvik, 1990을 보기 바람)인 입말 마디로 된 50만 낱말의 런던–룬드 말뭉치the London-Lund corpus와 스봐뜨빅·퀵(Svartvik and Quirk, 1980)에서 이용 가능한 대화 녹취 기록(=전사)들이 일상 입말 영어의 어휘들에 대한 아주 중요한 조사들에서 도구가 되어 왔다(추가 사례들을 보려면 McCarthy and Carter, 1997a를 참고하기 바람). 앞에서 살펴보았듯이, 오늘날 코빌드 영어 은행the COBUILD Bank of English과 같이 거대한 말뭉치 기획(그 기획의 최근 서술을 보려면 Moon, 1997을 참고하기 바람)들과 영국 국가 말뭉치British National Corpus(기획과 내용의 세부 사항들을 보려면 Crowdy, 1993과 Rundell, 1995a 및 1995b를 살펴보기 바람)가 두드러지게 많은 분량의 입말 영어 자료를 담고 있는데, 방송 발화뿐만 아니라 준비 없이 말하는 일상대화도 포함하고 있다. 서로 다른 많은 유형의 방송 자료들은 영국 영어 랭커스터 the British English Lancaster/IBM 입말 말뭉치IBM spoken corpus의 토대를 형성한다 (Knowles, 1990을 보기 바람).

미국에서는 애초에 영국 런던-룬드 입말 말뭉치 기획the British London-Lund spoken corpus design에 근거한 췌이프Chafe 교수와 그의 동료들에 의한 업적(Chafe, Du Bois, and Thompson, 1991)이 5백만 낱말로 된 롱먼 입말 미국 영어 말뭉치(Longman Spoken American Corpus; Stern, 1997을 보기 바람)와 같이 더 큰 기획들로 발전하였는데, 바이버Biber와 다른 연구자들이 큰 효과를 보면서 계속 조사하고 있으며, 언어학습 자원과 직접 맞물리도록 계획되어 있다(Biber, Johannson, Leech, Conrad, and Finegan, 1997과 Biber, Conrad, and Leech, 2002 등을 보기 바람: 뒤친이).

호주 영어는 머쿼뤼 대학the Macquarie University 말뭉치 연구에서 말뭉치 분석이 이뤄져 왔으며(Collins and Peters, 1988을 보기 바람), 이긴즈·슬레이드(Eggins and Slade, 1997)에서는 잡담하기와 같이 일상대화 활동을 살펴본다. 또 중요한 것이 영어의 국제적 말뭉치International Corpus of English, ICE 기획이다. 이는 영어가 주요 언어이거나 공용어인 18개국으로부터 나온 1백만 낱말로 된 병렬 말뭉치parallel corpora 다중언어 자료를 모아놓으려고 계획한다. 영어의 국제적 말뭉치ICE에 있는 표본들은, 비록 많은 각본 표본들과 방송 대담 및 토론들을 담고 있지만, 3백 개의 입말 텍스트들을 포함하며, 얼굴을 마주보는 비격식적 대화들로 이뤄진 것으로서 다만 90개의 표본만이 있다(Nelson, 1996과 Fang, 1995를 보기 바람).

그러므로 입말 말뭉치가 성숙한 시대가 왔으며, 그런 과정을 따라 많은 학습이 이뤄졌다. 지금까지 언급된 모든 기획들이 일반적으로 입말의 이해와 말뭉치에 대한 이해에 기여한 바는 엄청나다. 단순히 글말의 텍스트 유형론이 똑같이 입말에도 적용된다고 가정하기보다는, 그 대신에, 우리는 사람들이 간여하는 이야기의 유형들에 대하여 더 나은 이해를 하게 되었다. 우리는 발화의 녹취 기록(=전사)에 대하여 많은 양의 경험을 지니고 있다(아래 있는 §.1-4와 §.1-5를 보기 바람). 또한 우리는 방송이나 희곡 대본으로부터 가져온 입말 말뭉치들의 장점(가령 시간/비용)과 단점(가령 자연성의 결여)들도 배웠다. 현대 기술이 음질에서, 그리고 간섭 없는 설비 마련에서, 큰 개선을 가능하게 해 주었다. 마지막이지만 여전히 중요한 것으로서, 이전의 말뭉치 기획들에 대하여 자각하는 일은, 지속적인 바퀴의 재발명(=발전이 없는 헛된 제자리 맴돎)을 막는 데 도움이 되고, 새로운 말뭉치가 평가될 수 있는 증거의 실체를 확립해 놓는다. 방언 연구자와 인류학자들의 초기 기록 이후로 여러 사항들이 긴 길을 걸어 나왔지만, 입말 말뭉치의 기획은 종종 여전히 원칙 없이 편의주의적이다("여러분이 얻을 수 있는 자료를 어떤 것이든지 모두 다 얻어내시오!"). 노팅엄 담화뭉치CANCODE는 편의주의를 피하며, 교사들과 교육을 위주로 한 연구자들과 교재 집필자들에게 최대한 자료가 유용해지도록 만들어 주는 기획 원칙들을 따르려고 노력해 왔다 (§.1-4를 보기 바람).

§.1-4 노팅엄 담화뭉치CANCODE와 생성 특징

노팅엄 담화뭉치CANCODE를 구축하는 데에서, 연구 팀에서는 실현 가능한 대로 지각된 언어 학습자들의 필요성에 비춰 보아, 유용한 발화 유형들을 많이 담아 놓도록 하는 결정을 내렸다. 그렇지만 즉각 문제가 생겨났다. 글말에 대한 기존의 텍스트 유형론이 있어도, 이에 대응하는 입말의 '텍스트 유형들'에 대한 만족할 만한 분류가 어떤 것도 이용 가능하지 않았다. 제2장에서는 갈래 이론의 얼개 속에서 이런 문제를 논의하며, 노팅엄 담화뭉치CANCODE 팀이 마지막으로 채택한 이론적 입장을 모범적으로 보여 준다. 여기서 저자는 말뭉치 기획에서 발화 유형의 개념들을 운용하기 위해 필요한 좀더 실용적인 단계들을 개관하게 될 것이다.

말뭉치를 위한 입말 자료를 수집하는 데에는 두 가지 접근법이 두드러진 듯하다.[10] 첫 번째 것은 '전체인구 통계조사' 접근법으로 부를 수 있다. 화자들의 모집단이[11] 목표가 되며, 주어진 일정 기간에 걸쳐서 그 모집단 인구에서 입말 산출물을 녹음한다. 바이버(Biber, 1993)에서는 모집단 인구를 목표로 정하는 일이, 표본 크기보다도 훨씬 더 중요하다고 강조한다. 직관적으로 봐도 제대로 선택된 모집단 인구는, 단지 (원칙 없는) 편의주의적 표본이나 단순히 작성 시기에 학계의 이목을 끄는 '숫자 놀음'만 하는 말뭉치 모습으로 경쟁하기 위하여 막대한 양의 차별화되지 않은 텍스트를 쏟아붓는 것보다도, 질적으로 더 나은 말뭉치를 생성할 듯하다. 크로디(Crowdy, 1993)에서는 또한 인구 통계조사 접근법을 옹호하는 논의를 한다. 이는 영국 국가 말뭉치the British National Corpus 연구자들에 의해 이용된 방법이다.

다른 접근법은 화자의 모집단 인구를 목표로 할 뿐만 아니라, 또한 입말이 산출되는 특정한 환경과 맥락들도 목표로 삼는다는 점에서, '갈래' 접근법으로 이름을 붙일 수 있다. 이 접근법은 단순히 발화 '텍스트'가 무엇인지에 대하여 미리 정해진 개념에만 의존하는 것이 아니다. 앳킨즈 외(Atkins et al., 1992)에서 논의되었듯이, 발화에서 텍스트 경계를 정의하는 방식은 여러 가지로 다양하다. 가령 대화 참여자들이 함께 모아지거나 서로 떨어지는 순간, 또는 언어학적으로 말문 열기와 말문 닫기 특징들에 대하여 표지 지르기 등이다. 갈래 접근법은 화자·환경·맥락·반복되는 특징들 사이에 균형점을 찾아내려고 한다. 이는 말뭉치가 서로 다른 관점들로부터 분석될 수 있다는 장점을 지닌다. 가령 화자의 유형, 부각되는 텍스트 유형, 상황 유형 등이다. 이는 또

10] 〈원저자 2〉 여기서 저자는 자료 수집의 방법론을 가리키는 것이며, 최종 이용을 가리키는 것은 아니다. 말뭉치의 이용을 위한 서로 다른 동기들에 대한 논의를 보려면 넬슨(Nelson, 1992)을 참고하기 바란다.

11] 전체 집합의 줄임말로 '전집'으로 말하기도 한다. 모든 인구를 다 조사(전수 조사)하는 것이 이상적이겠지만, 현실적으로 불가능한 경우에는 무작위 선정 방식을 통하여 표본을 만들어야 한다. 고쎗(Gossett)은 무작위 표본이 30개가 넘을 때 정규분포를 이룸을 처음 밝혀내었다. 이를 따르는 방식을 t-test(t-검정, 소표본 검정)이라고 부른다.

한 일반적으로 입말 연구에서 갈래가 제대로 정의되지 않은 개념이라는 단점도 지닌다(제2장을 보기 바람).

갈래 접근법에서는 상황/맥락 유형뿐만 아니라 또한 모집단 인구 유형에 대해서도 결정이 내려져야 한다. 이런 결정들이 결코 간단한 것이 아니다. 갈래 접근법에 근거한 노팅엄 담화뭉치CANCODE 기획은, 자료의 수집에서 서로 다른 종류의 맥락 변인들을 제어하도록 시도함으로써, 갈래를 포괄하는 문제에 대처하였다. 그런 뒤에 일단 수집된 자료는 전반적 수준 및 지엽적 수준에서 모두 비슷한 언어 유형을 보여 준 '독립된 삽화episodes' 또는 언어상으로 표지가 들어 있는 발화사건에 대하여 검토가 이뤄질 수 있었다. 이는 아래에서 예시될 것이다.

귀결되어 나온 모형에서는, 독립된 입말 삽화spoken episodes들의 공통성을 이끌어 내도록 제안된 분류법을 제공해 준다. 이는 그것들의 맥락적 특징과 사회적 특징들을, 단계별로 하나씩 창조한 것에 대한 어휘-문법적 '기본 실행 세부지침nuts-and-bolts'과 직접 연결시켜 줄 가능성을 제공해 주는 방식으로 그렇게 분류한다. 이 모형은 '말해지기 위해 씌어진' 또는 '미리 연습된 입말'과 같은 범주들을 배제하는데, 이는 전통적으로 발화와 글쓰기에서 변이에 대한 연구로 알려진 것이다(최근의 좋은 논의를 보려면 Crystal, 1995를 참고하기 바람). 이는 첫째, 라디오 대담이나 대학 강의에서와 같이, 어떤 것이 한 가지 부류이거나 아니면 또 다른 부류인지 여부를 알아내기가 아주 어렵기 때문이다. 둘째, 노팅엄 담화뭉치CANCODE 팀에서는 될 수 있는 대로 언제나 미리 연습되지 않고 격식이 전혀 없는 이야기에 초점을 모으기로 결정하였기 때문이다.[12]

참여자들 사이에 있는 관련성의 유형에 근거하여, 자료 수집을 위한 다섯 가지 큰 맥락이 주로 우리 팀의 말뭉치 관리자인 진 허드슨에 의

12] 〈원저자 3〉 불가피하게 어떤 좀더 연습된 유형의 담화가 여기저기 들어 있다. 예를 들어 '교육적' 범주에서 반쯤 준비된 교실수업이나 강의, 또는 사실상 개인적인 일화가 그러하다. 이런 사례는 또한 종종 특정한 어떤 이야기를 아주 여러 번 말하는 것을 나타낼 수 있으며, 따라서 진정으로 '연습되지 않은' 것이라고는 말할 수 없는 것이다.

해서 찾아졌다.

① 정보전달 관련(transactional) 맥락
② 전문직 관련(professional) 맥락
③ 현장 교육 관련(pedagogical) 맥락
④ 공적인 친교 관련(socialising) 맥락
⑤ 사적으로 친밀한 관계(intimate) 맥락

① 정보전달 관련 맥락은 화자가 필요성이나 명령을 제시하고, 전문직 맥락이나 친교 또는 사적인 친밀 관련 맥락 이외에, 목표 지향의 모습으로 그런 필요성을 충족시키는 쪽으로 움직이는 관계로 정의된다. 분명한 사례는, 가게나 음식점 등에서 주인과 고객 사이에 일상적인 손님 맞기, 물건 팔기나 정보 제공 또는 봉사 제공하기가 될 것이다.

② 전문직 관련 맥락은 전문직업적 상황에서 전문 동료들 사이에 나누는 이야기로 제시된다. 가령 비격식적인 회사 모임, 간부 모임, 옆에 책상을 맞대고 있는 동료 직원과의 이야기 등이다.

③ 현장 교육 관련 맥락은 교사와 학생들 사이에 그리고 학생들 사이에 있는 이야기이다. 가령 비격식적인 수업 대화, 짝끼리 작업과 모둠별 작업 내용이다.

④ 공적인 친교 관련 맥락은[13] 참여자들에 의해 전개되는 사교적 활동이나 문화적 활동과 일치한다. 전문직 환경이나 사적으로 친밀한 환경에서는 제외된다. 가령 파티를 준비하는 한 무리의 친구들, 기차에서 낯선 사람과 이야기 나누기 등이다. 따라서 공적인 친교 맥락socialising은 가장 일반적인 범주의 하나이며, 우리 일상적 활동의 대부분에 해당한다.

13] 〈원저자 4〉 저자는 이런 범주에 대하여 공적인 친교 관련(socialising)이란 용어를 선택하도록 도와준 캐나다 토론토 대학교 온타리오 교육 연구소(OISE)의 메륄 스웨인(Merrill Swain) 교수께 감사드린다. 그녀는 이 범주에 대한 더 초기의 명칭인 사회문화적(sociocultural)이란 용어가 너무 일반적이며, 사회-문화 이론 및 제2 언어 습득에 있는 현행 작업과 혼란스럽게 겹쳐질 위험이 있음을 지적하여 저자를 설득하였다.

⑤ 사적으로 친밀한 관계 맥락^{intimate relations}은 가족 구성원들 사이에서 나 사적이고 비전문적 환경에서, 가까운 친구들 사이에 일어나는 이야 기와 관련된다.

이들 범주 각각에 대하여, 다음 세 가지 전형적인 목표 유형이 주어 진 사실로 가정된다.

㉠ 정보의 제공(provision of information)
㉡ 협력 과제(collaborative tasks 두 사람 이상이 협력하여 문제를 해결하는 과제)
㉢ 협력 착상(collaborative ideas 두 사람 이상이 의견을 내어 생각을 하나로 모아가는 일)

㉠ 정보의 제공은 현저하게 한 방향이며, 한 쪽에서 정보를 다른 사 람들에게 알려준다. 정보 제공자의 역할은, 물론 참여자들 사이에서 돌아가며 맡을 수 있다. 그러나 그 이야기의 주된 동기는 정보를 제공 하는 것이다. 가령 관광 안내소에서 여행 관련 질문 등이다.

㉡ 협력 과제는 화자가 이야기를 하는 동안에 물리적/신체적 환경과 상호작용하는 일을 보여 준다. 가령 여행에 앞서서 두 사람이 자동차 에 짐을 꾸려 넣는 일 등이다.

㉢ 협력 착상은 생각·판단·의견·태도 등에 대해서 서로 상호작용하 며 공유하는 일에 관심을 둔다(=여러 사람의 의견들을 한데 모아 하나의 착 상으로 만드는 일이며, §.7-4에서 다뤄짐). 맥락 유형들이 광범위하며, 배타 적이기보다는[14] 오히려 현저한 특색들을 뽑아내어 가리키듯이, 마찬 가지로 목표 유형들도 또한 그러하다.

그 범주들이 어떻게 운용되었는지에 대한 일부 사례가 [표 1]에 주어 져 있다.

14] 어느 하나의 특색만을 유일하게 끄집어내어 말하기 어렵고, 여러 특색들이 함께 모여 복합적으로 어떤 두드러진 성격을 결정한다.

[표 1] 운용된 범주들의 사례

맥락 유형	목표 유형	대표적인 사례
① 정보전달 맥락	ⓗ 정보 제공	관광 안내소에서 여행 정보를 묻는다
② 전문 직업 맥락	ⓖ 정보 제공	회사 판매 회의, 비격식적인 정보전달 이야기
③ 현장 교육 맥락	ⓒ 협력 착상	대학에서 작은 모둠으로 된 수업
④ 공적인 친교 맥락	ⓛ 협력 과제	잔치 음식을 준비하는 친척과 친구들
⑤ 사적인 친밀 맥락	ⓒ 협력 착상	집안일에 대하여 어머니와 딸이 함께 의논한다

다섯 가지 광범위한 맥락 유형과 각 유형에 대한 세 가지 목표 유형들이 15개의 칸으로 된 행렬을 만들어 내는데(5×3=15), 목표 유형 및 자료 유형에 따라서 각각의 칸이 자료 표본들로 채워지는 것을 목표로 삼았다. 비록 애초 목표가 각 칸마다 대략 6만 5천 개의 가동 중인running(현장에서 실제로 쓰이는) 낱말들을 모으는 것이었지만, 각 칸을 동일한 분량의 자료로 채워 놓는 일이 가능하지 않음이 밝혀졌다. 모든 종류의 자료가 아주 민감하였다. 가령 참여자들이 친밀한 대화나 사업 계획 등과 같은 자료를 발설하기를 꺼려했기 때문이다. 그렇지만 가능하다면 그 말뭉치 속에서 광범위한 유형들을 모두 다 다루도록 균형점이 추구되었다. 지속적으로 개별 칸들의 배열 체계에 대하여 조정이 이뤄졌고, 현재도 이뤄지고 있다.

1백만 낱말에서 5백만 낱말로의 발전은, 그 행렬에서 일부 '덜 채워진' 칸들을 채워 놓는 목표를 포함한다. 만일 이렇게 채워 놓는 일이 어렵거나 불가능함이 밝혀진다면, 이는 말뭉치 기획에 대한 유용한 평가가 될 것이다. 노팅엄 담화뭉치CANCODE의 입장에서 이것은 중요하다. 과거에 말뭉치는 화석화되는 경향이 있었다. 왜냐하면 애초 기획이 완고하게 그리고 타협 불가능하게 설계되었기 때문이거나, 또는 (질을 고려함이 없이) 특정한 숫자상의 목표만 달성되었기 때문이다. 그러므로 해당 말뭉치는 '다 완결된 대상'이 되어 버렸던 것이다. 노팅엄 담화뭉치CANCODE 기획은 그 구조에 대하여 그리고 그 크기에 대하여, 본래 수립된 지속적 평가를 받는다. 구조 평가는 칸별 모형(15개의 칸)에 대한 생명력과 관련된다.

크기 평가는 충분히 일반화 능력을 지닌 정보에 대한 회복 가능성 recoverability, 보충 가능성과 관련된다. 이 두 번째 문제는 높은 빈도의 문법 구조들에 대해서는 1백만 낱말도 너무나 많은 정보를 산출하므로, 하위 표본들이 적출되어야 한다는 사실을 포함한다. 반면에 가령 '-ing'(동명사) 절과 같이 다른 낮은 빈도의 낱말과 구조들은, 더 많은 분량의 자료가 필요할 수 있음을 시사한다. 이런 지속적인 평가 과정이 노팅엄 담화뭉치CANCODE의 개선에 핵심적이다. 따라서 이 말뭉치는 좀더 씽클레어(Sinclair, 1995)에서 '자료의 흐름flow of data'이라고 부르는 모습으로 다가간다.15]16]

말뭉치가 구축됨에 따라 조합된 자료 표본들은, 그것들이 녹취된 특정한 환경들을 놓고서 그리고 그 환경들을 넘어서서 비교 가능성을 제공해 준다. 예를 들어, (좀더 공적인) '친교 맥락의socialising' 협력 과제가 사적인 친밀 환경에서 실행된 것과 공통적으로 갖고 있는 것은 무엇일까? (하위목표 유형으로서) 집안에서 결정을 내리는 일이 직장에서 결정을 내리는 일과 동일한 종적generic(동종의 속성을 지닌, 동종으로 분류되는, 갈래별) 활동을 어떻게 반영하는가? 만일 그런 질문들에 대하여 부분적인 답변이 찾아질 수 있다면, 입말 교육을 위하여 유형별 얼개 속으로 번역될 수 있는 유용한 갈래 지향 분류법이 손닿는 범위 안에 있을 것이다.

비록 그러하지만, 처음부터 끝까지 [표 1]에서 예시된 분류법의 산출

15] 〈원저자 5〉 씽클레어는 사실상 약간 다른 생각을 염두에 두고 있다. 새로운 자료에 대한 자동적 유입을 이용함으로써 지속적으로 스스로 갱신되는 말뭉치에 대한 것이다. 가령, 신문 텍스트들이 전자 공학적으로 수입(≒자동 입력)된다. 이는 입말 자료와 관련하여 현재 기술 상태에서 비현실적이다.

16] 씽클레어(1933~2007)는 1975년 쿨싸드(Coulthard)와 함께 『교사와 학생에 의해 수업에서 이용된 영어 담화 분석(*Towards an Analysis of Discourse: The English used by teachers and pupils*)』(Oxford University Press)로 유명하다. 2004년에는 『언어 교육에서 말뭉치 이용법(*How to Use Corpora in Language Teaching*)』(John Benjamins)을 엮어냈다. 중요한 논문들을 모아 6권의 총서로 나온 Teubert and Krishnamurthy 엮음(2007), 『말뭉치 언어학(*Corpus Linguistics*)』(Routledge)은 고(故) 씽클레어에게 바쳐져 있다.

물이 입말 텍스트의 표본들임이 반드시 기억되어야 한다. 즉, 그것들이 그 자체로 발화 갈래는 아닌 것이다. 우리가 입말 녹취 기록(=전사)에서 자취를 남겨 놓은 반복된 특징들을 뽑아 놓는 경우에, 우리는 갈래별 활동을 '포착하는 것'이 아니라, 오히려 갈래와 텍스트 유형론 사이에 다리를 이어가는 쪽으로 움직여 가고 있다. 이 책자에서 계속 이어지는 장들을 위하여 원시 자료가 되는 것은, 바로 그런 텍스트 표본들이다. 반복되는 그런 특징들은 참여자들이 긴어히는 서로 다른 빙식으로 종적generic(동종의 속성을 지닌, 갈래별) 활동을 반영해 준다. 제2장에서는 그런 활동이 말뭉치의 칸별 구조를 이루는 발췌extracts 인용들을 놓고서 어떻게 어휘-문법 및 담화 특징들로 명백히 나타나는지에 대하여 좀더 자세히 다룬다. 말뭉치가 구축됨에 따라서, 그 구조에 대해 시행해야 할 조정이 있을 수 있겠지만,[17] 이 책자의 나머지 부분에서 보여 주려고 시도하듯이, 애초 결과물은 교육적 관련성에 비추어 볼 때 전망이 있는 것으로 보인다.

§.1-5 입말 말뭉치에 있는 지속적인 문제점들

지금까지 시행된 많은 성공적 기획에도 불구하고, 자연스런 입말 자료를 조합하는 일에 지속적으로 어려움이 있음을 아무도 부인할 수 없다. 심지어 가장 좋은 녹음 설비라 하더라도, 방음 시설이 된 녹음실 밖에서라면 어디서 쓰든지 간에 주의를 분산시키는 소음이 좌절스러울 만큼 많은 양이 담긴 녹음 테이프를 만들어 내기 일쑤이다. 이는

17] 〈원저자 6〉 앳킨즈 외(Atkins et al., 1992)에서는 오직 초기 말뭉치가 구축된 뒤에라야 균형점이 성취될 수 있음을 강조하여 지적한다. 우리는 입말 말뭉치에서처럼 이것이 글말 말뭉치에 대해서도 참이 될 수 있을 것으로 가정할 수 있다. 글말에 대한 기존 유형론들이 발화 공동체의 산출물을 믿음직스럽게 반영해 준다고 가정해서는 안 된다. 비록 그런 자료를 읽어야 할 필요가 있다고 하겠지만, 공동체 구성원 대부분은 일부 글말 말뭉치에 대해 정보를 주는 그런 글말 산출 종류에 간여한 적이 있다 해도 드물다.

실생활에서 놀라울 정도로 인간의 귀에 의해서 주의를 받지 못하고 밖으로 걸러 내쳐지는 수음들이다.

숨겨진 어려운 점들은 다음과 같다. 기술적으로 양질의 음성 녹음이라도, 바람직하지 않은 정도의 인위성을 만들어 내면서, 거치적거리게 거의 화자들 가까이에 마이크를 대고서 녹음이 이뤄짐을 의미한다. 가장 자연스럽고 방해가 없는 자료는, 녹음기와 녹음 운용자가 끼어들지 않기 때문에, 불가피하게 녹음의 기술적 품질이 희생되어 낮아지는 녹음 내용으로부터 나온다. 이들 문제가, 일부 입말 기획으로 하여금 비교적 수집하기 쉬운 방송 자료를 선호하도록 이끌어 왔다. 비록 카터·머카씨(Carter and McCarthy, 1997a)에서는 입말 텍스트를 최대한 다양하게 선택하기 위해 지역 방송에서 청취자의 전화 녹취 기록을 포함하였지만, 노팅엄 담화뭉치CANCODE는 이런 유혹을 떨쳐 버렸다. 우리의 최우선 목적과 관련하여, 대량의 방송 자료 쪽으로 편향된 말뭉치는 대부분 입말을 위한 최상의 모형이 되지 않는다고 믿고 있다. 우리의 목적은, 특히 비격식적 상황에서 일상적인 듣기·말하기 기술을 가르치는 일과 관련하여, 언어 교사에게 관련되고 유용한 입말 기술의 향상인 것이다.

녹취 기록(=전사)도 또한 문제가 된다. 시간과 경비뿐만 아니라 또한 채택된 체계에 비춰 보더라도 터무니없이 비싸다. 평균 잡아, 녹음된 1시간 분량의 입말 자료는, 만족할 만한 세부 사항과 정확성을 기준으로 전사해 내는 데에 20시간 정도 걸릴 수 있다. 심지어 그렇다고 하더라도, 원래 화자들이 정보 제공자로서 참여할 수 있을 때, 불가피하게 그들에게조차 알아들을 수 없는 마디 및 해독 불가능한 마디들도 있을 것이다. 그러므로 특히 가장 최근의 광학 스캐너가 신속히 방대한 분량의 글말 텍스트를 처리해 내고, 그것들을 중간급 용량의 탁상용 컴퓨터의 입력기 속에다 기계가 판독할 수 있는 형태로 집어넣을 수 있는 정확성에 견주어 보면, 언제나 불완전한 산출물을 다루고 있는 셈이다. 입말에 대한 좋은 전사자(=녹취 기록자)가 되기 위해서는 반드시 그런 과제에 대해 훈련을 받아야 한다. 심지어 최상의 녹음 내용

타자수들이라 하더라도, 흔히 반복과 서로 겹치는 화자 발언기회 등과 같이, 입말 담화 분석자에게 아주 중요하게 관련된 세부 내용들을 '단순히' 놓쳐 버린다. 와츠(Watts, 1989)에서 가장 인상적으로 예증되었듯이[18] 상호작용의 개시에서 실행하는 작업을 분석하는 일을 시작하는 순간, 중요한 몫을 지니게 되는 담화 표지들의 출현과 다른 '사소한little: 작은' 낱말들에 대해서도 듣지 못하는 귀머거리가 될 수 있다.

§.1-6 녹취 기록(=전사)
⠸ 무한성 포착 시도에서 블랙홀black hole

쿡(Cook, 1990)에서는 참된 입말 자료를 전사하는 문제점이 잠재적으로 무한하다고 언급한다. 이론상으로는 그 정도가 전사(=녹취 기록)에서 억양과 표정 몸짓으로부터 시작하여, 참여자들이 어떤 옷을 입고 있는지, 또는 이야기를 하고 있는 장소에서 벽지 색깔이 어떤지에 이르기까지, 어떤 분량의 맥락 자료라도 모두 다 포함시킬 수 있다.

더 흥미로운 암흑 성운black hole은 그런 탐색의 말미에 놓여 있다. 노팅엄 담화뭉치CANCODE는 우리가 연구 목적과 관련되는 것으로 간주한 바를 전사해 놓으려고 시도하였다. 따라서 원래 발화의 형상에서 또한 어떤 역할을 떠맡았을 것 같은 다수의 현상들을, 아무런 언급도 하지 않은 채 그대로 놔두었다. 여기서 다루는 원칙은 ① 언어 연구자와 교사들에게 지각된 유용성, ② 텍스트의 기계 및 인간에 의한 판독 가능성, ③ 시간과 비용, ④ 상식의 큰 힘large dashes 등 여러 가지 내용의 혼합으로 이뤄져 있다.

따라서 텍스트의 해석을 도와주는 언어 외적 정보(가령 '아기 울음소리가 배경으로 들림')와 더불어, 중간에 잘린 낱말들과 (실행할 수 있는 경우)

18] 〈원저자 7〉 담화 표지 용법에 대한 공적인 지각 모습에 대해서는 스떠브·홈즈(Stubbe and Holmes, 1995)도 살펴보기 바란다.

잘 들리지 않는 마디(즉, 발화를 들을 수 있어도 충분히 그 뜻을 알아내기 힘든 경우임)에 의해 점유된 음절들의 숫자가 표시되어 있듯이, 중복된 내용과 중간에 간섭받아 잘린 발화들도 표시되어 있다. 심지어 마지막 전사(=녹취 기록)에서 무엇이 어떻게 매듭지어지는지에 대한 이러한 제약들을 갖고 있다고 해도, 컴퓨터 속에 들어가 있는 텍스트는 극히 너저분해 보일 수 있고, 내용에 주로 초점을 모으고자 하는 독자를 낙담스럽게 만든다.

다음 발췌 인용은 다행스럽게도 실제 일이 어떻게 보이는지를 보여 주지 않지만, 그런 복잡다단한 마디들이 실제로 언제나 아주 자주 생겨남을 보여 준다.

(1.1) [두 사람이 정원 가꾸는 일에 대해서 이야기하고 있다]

〈$1〉   Worms they're good.
〈$2〉   Well balance of opinion on that is that er worms are generally good excepting 〈$=〉 er the wor= 〈\$=〉 the casting worms on lawns.
〈$1〉   I don't think they 〈$O2〉 do any harm at all 〈\$O2〉.
〈$2〉   〈$O1〉 〈$=〉 That they on balance 〈\$=〉 on balance 〈\$O1〉 they do more harm than good.
〈$1〉   I don't think I'd go to the trouble of getting rid of them.
〈$4〉   〈$G?〉 〈$E〉 pause 〈\$E〉 No actually although we don't profess to be green we don't use pesticides.
〈$3〉   Mm.
〈$2〉   We don't use 〈$O2〉 fungicide either really do we 〈\$O2〉
〈$4〉   〈$O2〉 〈$=〉 And we don't 〈\$=〉 Fungicide 〈\$O2〉 and +
〈$2〉   Mm.
〈$4〉   + only weed killer on the paths.
〈$1〉   Mm.

〈화자 1〉 벌레들은 좋은 거죠.
〈화자 2〉 글쎄 그것에 대한 의견의 절충점은 어 벌레들이 일반적으로 좋은데 예외가 〈중간 잘림〉 어 그 벌=〈\중간 잘림 끝〉 잔디 위에 허물 벗는 벌레들을 제외하면 말이에요.
〈화자 1〉 저는 그것들이 〈2와 발화 겹침〉 조금도 해를 입히지 〈\2와 발화 겹침 끝〉 않는다고 생각해요.

〈화자 2〉 〈1과 발화 중복〉〈중간 잘림〉 그것들이 결국 〈\중간 잘림〉 결국에는 〈\1
과 발화 중복 끝〉 그것들이 이롭기보다 해를 더 많이 끼치죠.

〈화자 1〉 전 그것들을 없애려고 신경 쓰지 않으려고 하거든요.

〈화자 4〉 〈청취 불가능〉〈몸짓〉 휴지 〈몸짓 끝〉 아뇨 실제로 없애지 않죠. 비록
잔디가 파랗다고 공언하진 않지만 우린 살충제를 쓰지 않습니다.

〈화자 3〉 으음.

〈화자 2〉 우린 〈4와 발화 겹침〉 살균제도 안 쓰죠. 사실 그렇잖아요 〈\4와 발화
겹침 끝〉.

〈화자 4〉 〈2와 발화 겹침〉〈중가 잘림〉 그리고 우리 앞 〈\준간 잘림 끝〉 살균제
〈\2와 발화 겹침 끝〉 그리고 +

〈화자 2〉 으음.

〈화자 4〉 + 오직 진입로 위에만 제초제를 쓰거든요.

〈화자 1〉 으음.

앞에서 발언기회의 시작 부분에 있는 기호 〈$1〉, 〈$2〉 등은 컴퓨터에게 어느 화자가 말을 하고 있는지 알려 주며, 필요하다면 연구자들로 하여금 화자 개개인에 대하여 가령 나이나 성별 등을 기록해 둔 정보로 되돌아가서 알아볼 수 있게 해 준다. 〈$O1〉 및 〈\$O1〉과 같은 기호는 서로 화자들이 경쟁하여 발언기회를 얻어내려고 하면서, 발언이 서로 겹친 부분의 시작 부분과 끝 부분을 나타낸다. 이 경우에는 이 특정한 대화에서 처음 그렇게 겹친 부분이 된다. 같다는 기호는 '='는 다 끝나지 않은 낱말이나 모종의 방식으로 절단된 단위를 나타낸다. 〈$=〉 및 〈\$=〉는 절이 중간에 잘렸음을 보여 준다. 〈$G?〉는 셀 수 없지만 다수의 청취 불가능 음절들을 가리킨다. 〈$E〉는 표정이나 몸짓 등 언어 이외의 정보를 의미한다(흔히 이를 '언어 딸림 요소paralinguistic elements'라고 부름: 뒤친이). 더하기 기호 '+'는 (중간에 남이 끼어들어도 끊기지 않고) 자물쇠로 단단히 걸려 있는 이야기를 가리킨다. 이 경우에 〈$4〉의 마지막 발화는 지속되나, 오직 〈$2〉의 '으음' 반응 소리에 의해서만 잠시 중단된다. 일정 정도의 '성상적인' 구두점이 포함되어 있지만, 특수한 의미들을 지닌다. 가령 온전히 멈추는 마침표 '.'는 화자 발언기회의 종료를 의미하거나, 한 발언기회 속에서 낮은 음높이 어조를 지닌 한 단위의

종결을 의미한다.[19] 용어들에 대한 설명은 맨 끝에 실린 '용어 해설'을 참고하기 바란다. 전사(=녹취 기록)에 대한 이런 복잡한 정보는, 그 내용을 검토하고 있는 경우에 발췌[extracts 인용] 내용을 사실상 쉽게 읽어 나갈 수 없도록 만들어 버린다. 따라서 이 책에서 재생한 발췌 인용은, 전사법을 단순하게 만들고, 겹친 부분을 독자가 좀더 알기 쉽게 시각적 형태로 나타낸다. 앞에 제시된 발췌 인용은 다음과 같이 될 수 있다.

(1.2) 단순하게 만들어 놓음 [두 사람이 정원 가꾸는 일에 대해서 이야기하고 있다]

⟨S 01⟩　Worms they're good.

⟨S 02⟩　Well balance of opinion on that is that er worms are generally good excepting, er the wor, the casting worms on lawns.

⟨S 01⟩　I don't think they do any harm at all.

⟨S 02⟩　　　　　　　　　⌊That they on balance, on balance they do more harm than good.

⟨S 01⟩　I don't think I'd go to the trouble of getting rid of them.

⟨S 04⟩　[inaudible] ⋯ no actually although we don't profess to be green we don't use pesticides.

⟨S 03⟩　Mm.

⟨S 02⟩　We don't use fungicide either really do we.

⟨S 04⟩　　　　　⌊And we don't, fungicide and

⟨S 02⟩　　　　　　　　　　　　　⌊Mm.

⟨S 04⟩　　　　　　　　　　　　　　　　⌊only weed killer on the paths.

⟨S 01⟩　Mm.

⟨화자 01⟩ 벌레들은 좋은 거죠.

⟨화자 02⟩ 글쎄 그것에 대한 의견의 절충점은 어 벌레들이 일반적으로 좋은데, 예외가, 어 그 벌, 잔디 위에 허물 벗는 벌레들을 제외하면 말이에요.

⟨화자 01⟩ 저는 그것들이 조금도 해를 입히지 않는다고 생각해요.

⟨화자 02⟩ 　　　　　　　　⌊그것들이 결국, 결국에는 그것들이 이롭기보다 해를 더 많이 끼치죠.

⟨화자 01⟩ 전 그것들을 없애려고 신경 쓰지는 않으려고 하거든요.

19] ⟨원저자 8⟩ 입말에 대한 영국 국가 말뭉치(British National Corpus)의 전사 방법을 알아보려면 크로디(Crowdy, 1994)를 참고하기 바란다.

〈화자 04〉[청취 불가능] … 아뇨 실제로 없애지 않죠. 비록 잔디가 파랗다고 공언하진 않지만 우린 살충제를 쓰지 않습니다.

〈화자 03〉 으음.

〈화자 02〉 우린 살균제도 안 쓰죠. 사실 그렇잖아요.

〈화자 04〉 　　　　└ 그리고 우린 안, 살균제 그리고

〈화자 02〉 　　　　　　　　　　　　└ 으음.

〈화자 04〉 　　　　　　　　　　　　　　　　└ 오직 진입로 위에만 제초제를 쓰거든요.

〈화자 01〉 으음.

게다가 우리는 대괄호를 써서 청취 불가능한 마디들을 나타내게 될 것이다. 청자가 '으음, 예, 아하'와 같은 것을 말하는 경우에, 또는 다음과 같이 화자의 이야기 흐름을 간섭함이 없이 동시에 그런 맞장구 반응을 내보내는 경우에, 배경의 맞장구 발화도 괄호 속에 집어넣을 것이다.

(1.3)

〈S 05〉　　 The nicest pizza I've ever had was in Amsterdam [〈S 03〉 oh yeah] I had a brilliant pizza

〈화자 05〉 지금까지 먹어본 것 중 최고로 좋았던 피자는 암스테르담에서였는데 [〈화자 03〉 아 그래] 내가 굉장한 피자를 먹어봤지

우리는 1초와 2초 사이의 멈춤^pause 휴지을 나타내기 위하여 세 점의 생략(…) 부호를 쓰고, 2초 이상의 더 긴 멈춤(휴지)은 해당 길이의 시간(초)을 괄호 속에 써 넣는다.[20] 쉼표는 절단된 구조가 있는 경우에, 또는

20] 클락(1996; 김지홍 뒤침, 2009), 『언어사용 밑바닥에 깔린 원리』(도서출판 경진) §.9-3-2에서는 '1초의 한세(one second limit)'라고 불렸다. 휴지 또는 공백(hiatus)이 1초 이내라면 군말도 uh(어)를 쓴다. 그러나 시간이 더 오래 갈 것으로 판단되면 무의식적이지만 um(엄)을 쓰는 경향이 있고, 또한 자신의 이야기를 다시 반복 재개하거나 목청을 가다듬거나 다른 신호들로 휴지 또는 공백을 채워 놓아 변호하고, 자신의 발언권을 유지해 나간다. §.3-2-2-1에 있는 각주 16을 보기 바란다.

그 구조를 새로 고치는 경우에, 실용적 목적을 위하여 심각한 중의성이 생겨날 법한 임의의 다른 곳에서 이용될 것이다. 이들 관행은 순전히 이 책에 있는 발췌(인용) 내용의 가독성을 위한 것이다. 연구를 위해서 원래의 녹음 테이프와 전사(=녹취 기록) 내용들이 언급되었다.

§.1-7 응용언어학(늑주로 언어교육)에서 입말의 지위

비록 인간 사회에서 발생에 비춰보면 입말이 1차적이며, 글말이 2차적인 것이 분명해 보이지만, 수세기에 걸쳐서 아주 분명히 글말은 언어학자들과 응용 언어학자들이 기본 자료로 이용해 온 바가 되었다. 글말은 관찰하기도 쉽고 부호화하기도 쉽다. 문법 서적 및 사전 형식으로 적혀 있으면서 부호화 내용 그 자체가 그 나름의 생명력을 지녔으며, 용법에 대한 질문이나 논쟁이 어떤 것이든지 참고하게 될 '올바른' 표준이 되는 지위를 획득하였다.[21] 이는 녹음 테이프에 기록된 자료가 나타나기 이전에는 입말이 언어의 연구와 기술에서 또는 언어교육에서 무시되었음을 의미하는 것이 아니다. 가령 영국에서 튜더 왕조 시기(1485~1603)에 문법학교 학생들이 라틴어를 배웠던 교과서인 Vulgaria 평민어(common people을 뜻하는 라틴어 vulgar에서 파생된 것으로 평민들이 쓰는 말이나 천한 말을 가리키며, 우리 전통에서는 '속어, 언문' 등으로 불렸음: 뒤친이)는 입말 라틴어와 관련되어 있으며(White, 1932를 보기 바람), 그들의 라틴 교육 사례들과 영어 번역에서 놀라울 만큼 많은 입말 발화를 담고 있

21] 〈원저자 9〉 미츨(Mitchell, 1957)에서는 다음처럼 언급하였다. "분명히 글말 형태가 마땅히 주의를 받으며 연구되고 세련되어야 하는 유일한 대상이라는 점은 공통된 시각이다."
〈역주〉 번역서로서 옹(Ong, 1982; 이기우·임명진 뒤침, 1996), 『구술문자와 문자문화』(문예출판사)와 맥루한(Mcluhan, 1962; 임상원 뒤침, 2001), 『구텐베르크 은하계: 활자 인간의 형성』(커뮤니케이션 북스)가 많이 읽힌다. 인쇄 문화가 보급되면서 글말은 고유한 속성을 지니게 되고, 글말 속성 그 자체가 새로운 인식법을 만들어 내어 인간을 구속하고 지배해 버리게 됨을 구체적으로 논증하고 있다. 중요한 책들이다.

었는데, 다음 예들과 같다(White, 1932: 19 및 Horman, 1519: 142).

I was beten this morning
(I was beaten by the schoolmaster^{저는 교장 선생님한테 매를 맞았어요})

Thou stynkest
(you stink^{너 이 지린내 나는 놈아!})

This bredde is moulled or here for longe keping
(this bread has gone off from being kept too long^{이 빵은 너무 오래 놔둬서 맛이 갔다/상했다})

이렇듯이 벤 존슨(Ben Jonson, 1960)의 『영어 문법^{English Grammar}』이 그 자체로 다음처럼 선언되었다.

For the benefit of all Strangers, out of his observation of the English Language now spoken, and in use. (front matter)
지금 말해지고 사용 중인 영어의 관찰로부터 나온, 모든 외국인들을 위한 책이다. (책표지)

존슨은 덧붙여 다음처럼 진술하였다.

Grammar is the art of true, and well speaking a language: the writing is but an accident. (ibid.)
문법은 참되게 말을 잘하는 기술이다. 작문은 오직 우연이다. (같은 곳)

널리 인정되듯이, 존슨은 라틴어 용어로 영어를 기술해 나갔다. 이는 그런 기원이 글말 텍스트를 연구하는 데에서 실행되어 온 것이지만, 적어도 존슨의 마음속에는 언어 기술·언어 사용·발화^{speech 말하기, 연설} 사이에 중요한 연결점이 있었다. 16세기 이래로 영국에서는 또한 연설에서 수사법과 웅변술 교본들에 대하여 출간 흐름이 꾸준히 이어졌다.

여기서는 미사여구·분명한 발음·명백히 말하기 등에 강조를 두었다. 가령 쉐뤼(Sherry, 1550), 피캄(Peacham, 1577), 헤뤼스(Herries, 1773)를 보기 바란다.[22]

17세기와 18세기에도 또한 영어에서 발음과 철자법 사이에 있는 연결에 대하여 정밀한 조사가 많이 있었다. 가령 로빈슨(Robbinson, 1617)과 와츠(Watts, 1740)이다. 19세기에는 뉴질랜드·동양·아프리카 등 지역상으로 유럽 사람들에 의해 새로 접하는 발화 공동체들의 입말을 기술해 주는 교본이 참으로 폭발하듯이 쏟아져 나왔다. 글말 텍스트가 없거나 [해독할 수 없어서] 접속할 수 없었으므로, 직접 입말을 대상으로 하여 다룰 실용적 필요성이 생겨났다.[23] 이런 모든 것들은 발화speech 입말가 여러 세기에 걸쳐서 언어의 사용을 가르쳤고 장려한, 우리 응용 언어학자들의 선조인, 학자들의 공동체에서 결코 관심 밖으로 벗어난 적이 없음을 보여주고 있다. 그럼에도 불구하고, 밑바닥에 깔려 있는 글말적 편견과 더불어, 고전적 모형들의 지배적인 흐름은, 씌어진 기호(=글말)가 지속적으로 언어가 지각되는 방식을 흐려 놓았다.

20세기에는 (제1 언어교육 및 제2 언어교육으로서) 영어교육의 한계 내에서 입말을 포함시키도록 옹호하는 일부 초기 연구자들이 찾아진다. 베이커(Baker, 1924)에서는 모국어로서 영어교육이 그 언어의 문법과 이론적 원리(그리고 아마 논술 작성)뿐만 아니라, 또한 응당 입말 의사소통을

22] 〈원저자 10〉 16세기 수사법에 대한 견해를 요약해 놓은 글을 보려면 헤일(Hale, 1903)을 참고하기 바란다. 예의 바른(courtly) 수사법은 적어도 불어를 배우기 위하여 하나의 언어 교재를 판매하기 위한 강조점으로 간주되었다. '… 왜냐하면 그것이 지금 프랑스 왕실(the court of France)에서 말해지기 때문이다.' 이는 '친숙한 대화, 불어의 미세함, 12가지 담화'를 포함하였다(Boyer, 1694).

23] 〈원저자 11〉 독자들은 체드윅–히일리(Chadwyck-Healey, 1994)에 의해 CD-ROM으로 간행된 19세기 참고문헌을 읽어볼 수 있다. 거기에는 당시 서양 사람들에게 '이국적인' 입말들에 근거한 언어 교본의 많은 사례들이 찾아질 수 있다. 가령, 이는 일본어에 대해서도 똑같이 성립했다(가령 Mutsu, 1894). 그러나 다른 언어를 소개하는 일반 목적과 달리, 다른 상황에서도 많은 책자가 발간되었다. 예를 들어 커닝엄(Coningham, 1894)의 강좌는 실무(business) 대화 익히기로 '외국인을 상대하는 일본 상인들을 위하여 특별히 씌어졌다.'

위한 도구로서 사회적 맥락 속에 쓰이는 언어에 초점을 모아야 한다고 촉구하였다. 베이커의 업적은 실제 업무business를 맡는 남녀에 대한 조사에 근거하였으며, 그녀는 압도적인 언어 필요성이 '입말 의사소통을 위한 것'이라고 결론을 내렸다.

1920년대와 1930년대에 또한 라디오의 형태로 그리고 변사가 이야기해 주는 무성영화 형태로 기록된 매체들이 탄생하였으며, 교육에서 입말의 지위를 놓고 벌인 논쟁에 영향을 미쳤다. 예를 들어, 트루블러드(Trueblood, 1933)에서는 입말로 된 대중매체의 성장을 전체 인구들 중에서 '양질의' 발화speech, 말하기를 증진시키는 긍정적인 것으로 간주하였다. 영국에서 제2차 세계대전 동안에 젊은이들을 전쟁터에 배치시키는 일이, 또한 교육에서 발화(입말)의 지위를 놓고 모국어 교사들 사이에서 벌어진 논쟁에 기여를 하였다. 독일 공군의 폭격에 대한 공포 때문에 도시로부터 시골 쪽으로 피난했던 일들로 말미암아, 정확히 방언군들 사이에 있는 악센트 상의 차이점과 잠재적인 의사소통 문제점들에 좀더 초점이 맞춰졌다.

이런 분위기 속에서 캄튼(Compton, 1941: vi~vii)에서는 '전통적인 웅변조로 말하기 압박감'의 영향을 전혀 받음이 없이, 젊은 사람들이 '쉽고, 분명하며, 합리적으로 정확히, 그리고 친절한' 방식으로 말하도록 훈련시키는 일의 중요성을 언급하였다. 문법 기술에 대한 기존의 가정들을 재평가하면서, 기존의 문법에 대한 글말 편견에 대항하기 위하여 자연스런 입말 자료의 수집을 옹호하는 목소리들이 들리기 시작한 것은, 녹음기가 출현함과 더불어, 오래된 일이 아니다(가령 Dykema, 1949를 보기 바람). 『입말 영어Spoken English』로 제목이 붙은 클락(Clark, 1946)에서는 문법 규칙들을 입말 사례들로 예시한다고 약속하였다. 그렇지만 그 사례들이 모두 여전히 강하게 글말 입김을 지니는 듯하며, 녹음 기술의 실제 영향력이 제대로 느껴지기 이전에, 얼마간의 시간이 중간에 가로놓여 있다.

외국어 교육으로서 영어의 관점에서 보면, 아마 20세기 전반에서 가장 중요한 출간물이 파머 외(Parlemr et al., 1924) 『입말 영어 문법A Grammar of Spoken English』(1969년에 나온 제3 수정판은 킹든Kingdon에 의해서 고쳐지고 다시 씌어짐)이다. 이 대단한 책자는 그 속에 입말 문법이 이상적으로 지녀야 할 것을 많이 담고 있다. 가장 두드러진 것으로, 단일 문장 사례로부터 벗어나서 (지난 20년 동안에 담화 분석가들에 의해 정교하게 다듬어진 용어들 덕분에) 우리가 지금 주고받는 대화와 전체 발화로 부를 법한 것을 기꺼이 받아들인 점이다. 그 사례들은 다음에 있는 생략의 예시나 조동사만 쓴 대용표현에서와 같이, 종종 두 사람 이상의 화자를 고려해 놓는다.

A: It must be mended.
B: What must? (p.193)
갑: 그게 꼭 고쳐져야 해요.
을: 왜 꼭 그렇죠? (193쪽)

A: I must leave early.
B: Yes, you must. (p.193)
갑: 난 반드시 일찍 떠나야 해요.
을: 그래요, 꼭 그래야 해요. (193쪽)

그 저자들(같은 책, 283쪽)은 또한 비격식적인 발화가 내포문보다 절들의 병렬 접속구조를 선호하며, 일부 문법적 현상은 '실시간' 처리의 결과임을 인정하였다. 파머와 같이 초기 개척자들의 업적은, 오늘날 1970년대 초반 이래로 우리들에게 퍼부어져 내리는 언어교육 관련 출간물의 급물살 속에서 종종 잊혀져 버린다. 그러나 이는 무시되어서도 안 되고, 그 영향력이 과소평가되어서도 안 된다.

§.1-8 입말과 의사소통 중심 교육

앞에서 언급하였듯이 입말을 선호하면서 제기된 여러 목소리[voices: 주장]들에도 불구하고, 바로 1970년대에 다다를 때까지도 대부분의 외국어 교육에서 입말이 글말보다 더 약한 모습으로 남아 있음을 부인할 수 없다. 심지어 행동주의 바탕 위에서 학습자들에 말하기를 실제 장려하였고 목표 용법들을 반복 연습시킨 밀이스-듣기[audio-lingual, 청화] 접근법과 같은 방법에서조차 그러하였다. 학습자들에게 말하도록 허용되지 않았음을 의미하는 것이 아니라 — '대화 수업'과 다양한 종류의 입말 검사는 오랜 배경을 지님 — 1차 원시 입력물[raw input]이었던 문법과 어휘의 모형들이 굳건히 글말 부호에 토대를 두고 있었다는 뜻이다.

이는 제1 언어 및 제2 언어 습득에 대한 연구에서, 언어에 대한 촴스끼 학파 견해(생득적인 언어능력이 실제 언어자료의 매개에 의해서 전깃불이 켜지듯이 발현됨: 뒤친이)의 지배에 의해서도 뒷받침되지 않았다(1970년대의 언어교육은 촴스끼 생각에 반발하여 나온 하임즈 계열의 사회언어학으로 이어짐: 뒤친이). 이 학파의 견해는 인공적으로 만든 자료의 이용을 기꺼이 용인하였고, 실제 발화를 '수행 자료'의 차원으로까지 강등시키거나 또는 노골적으로 타락한 것으로 여겼던 견해이다. 촴스끼 학파에 영향을 입은 응용언어학에 대한 신랄한 비판을 보려면 보그란드(Beaugrande, 1997)를 보기 바란다.

1970년대와 1980년대에 화행 이론에 대하여 관심이 늘어났는데, 그 모든 것을 바꿀 것으로 기대되었을 법하다. 사실상 외국어 교육으로서 영어를 앞질렀던 의사소통 혁명(뒤에 의사소통 중심 언어교육 CLT로 자리 잡음: 뒤친이)은, 궁극적으로 중요한 구성부문의 하나로서 입말 연구와 더불어 좀더 쉽게 응용언어학에 대해서 말할 수 있게 만들었다. 그러나 의사소통 기획도 문제가 없는 것은 아니었다. 가령 윌킨즈(Wilkins, 1976)에서와 같이 언어에 대한 개념적-기능적 접근들은 '언어를 갖고서 뭔가를 행하는 일'에 초점을 맞춘 언어관(추상적 체계로서가 아니라, 오히려 사회적 행위로서의 언어임)을, 언어 교실수업의 안팎에서 일어나는 글쓰기로서의 그리고 너너와, 밀터기로서이 '실제 의사소통'을 위한 지각된 필요성과 결합시킬 가능성을 제공해 주었다.

그럼에도 불구하고, 우리는 그런 과정에서 오류가 저질러졌다고 결론을 내리지 않을 수 없다. 가장 두드러진 것으로, 흔히 대중적으로 불렸듯이 화행(언어 행위)을 일종의 화행에 대한 'phrasicon(구+도상, 어구에 대한 그림)'이나 '기능functions'들인 특정한 언어의 정형화된 고정표현과 동일시하는 너무 단순한 경향이 있었다. 실제 자료를 검사하기보다는 오히려 단순히 그런 정형화된 고정표현을 만들어 내는 경향이 짙었다.[24] 이런 종류의 환원주의는 불가피하게, 가령 영어에서 누군가에게 반대의견을 표현하기 위하여 거의 쓰지 않는 표현

I disagree with you
(나는 당신에게 반대하오)[25]

라고 말하거나, 또는 어떤 그런 정형화된 고정표현의 발화를 말할 수 있도록 교육을 받은 학습자들을 만들어 내는 데로 이끌어 갔다. 실제 자료에서는, 화행이 전개 과정에서 훨씬 더 간접적이며, 미묘한 어감을 지님을 보여 준다. 의견 반대가 한 가지 좋은 사례이다. 노팅엄 담화뭉치CANCODE에서는 누군가 'I disagree나는 반대요'라고 말하는 경우가 오직 8개의 사례만 있다. 'with you당신에게'가 뒤따르는 경우는 한 가지 사례도 없다. 여덟 가지 사례는 모두 화자 쪽에서 그런 대담한 진술을

24] 〈원저자 12〉 두루 여러 문화들에 걸쳐 적용되는 경우에, 심지어 더 근본적인 문제점들이 화행 이론에 내재되어 있었다. 왜냐하면 개인별 행위에 대하여 서구 문화에 근거한 모형이 여러 상이한 문화적·사회적 맥락들을 고려하지 못하기 때문이다. 교차 문화적 관점으로부터 화행 이론에 대한 좋은 비판을 보려면 특히 로잘도(Rosaldo, 1982)를 보기 바란다.

25] 이 표현은 문법적으로는 맞는 것이지만, 사교적인 상황에서는 직접적이고 노골적인 표현이 되기 때문에, 상대방의 체면을 깎아 내려서 적절하지 않다고 판단하는 것이다. 대신 우회적이고 간접적이며 부드러운 표현을 쓰는 것이 더 낫다.

발화하기에 주저거림을 시사해 주는 모종의 수정 내용들을 담고 있는
데,[26] 다음과 같다.

I just disagree,

(난 그것만 반대해요)

I beg to disagree, (반쯤 격식을 갖춘 공식 모임에서)

(난 반대해도 괜찮소?)

you see now I do disagree,

(아시다시피 시방 저는 반대이거든요)

I'm bound to disagree,

(저는 반대쪽에 있어요)

I'd er, I'd disagree

(저는 어 전 반대하고 싶은데요)

동사 형태 disagree^{반대하다}가 나오는 경우에는, 대부분 그 맥락이 누군가
와 반대되는 의견을 '보고하거나'(또는 예측하거나), 사람에 대해서보다
는 오히려 '생각과 명제'들에 대해서 반대하는 것이다. 언어교육을 위
한 생생한^{raw} 자료와 관련하여, 이것이 바로 단순히 화행 이론을 옹호
함으로써 만들어 낼 수 있는 한 가지 종류의 문제점이다. 아마 또한
다른 화행도 이런 방식으로 당연히 대화 상대방의 개인 체면에 대하여
민감히 고려하면서, 간접적으로 전개되고 그리고 타협해 나가면서ⁱⁿ
^{negotiation} 이뤄진다고 가정하는 것이 합리적일 것 같다. 그리고 disagree
^{반대하다}, complain^{불평하다}, invite^{초대하다} 등과 같은 화행의 '수행 동사'들이, 그
행위를 수행하는 것이 아니라, 오히려 화행에 대하여 보고하거나 예측

26] 이런 경우를 포함하여, 자신의 주장을 강하게 내세우거나 반대로 완전히 누그러뜨리는
일을 '완화 표현, 추궁대비 표현, 울타리 표현(hedge, hedging)'이라고 말한다. 테일러
(1989; 조명원·나익주 뒤침, 1997)의 『인지 언어학이란 무엇인가: 언어학과 원형 이론』
(한국문화사) 제4장 4절을 보기 바란다.

하거나 또는 모종의 방식으로 말을 하는 한 가지 수단으로서 좀더 유용함이 밝혀질 수 있다.

화행에 대하여 고려되어야 할 필요가 있는 또 다른 점은, 가령 '사과'와 같은 행위가 여러 단계(가령 책임을 깨닫고 인정하기, 다시 일어나지 않도록 약속하기)로 이뤄질 수 있다는 점에서, 코언(Cohen, 1996)이 '의미상의 고정형식semantic formulas'으로 언급한 내용에 있는, 화행의 여러 단계들이다. 더욱이 코언Cohen의 견해로는 화행이 (특정한 상황에서 특정한 행위들의 적합성에 관하여) 사회문화적 선택들뿐만 아니라, 또한 (어떤 언어 형식이 가장 적합한지에 관하여) 사회언어학적 선택들도 함의한다.

요점은 오직 실제 자료들을 검토함으로써만, 입말 상호작용에서 화행이 어떻게 실현되는지에 대한 예민함과 섬세함을 깨달을 수 있다는 것이다. 기능적 교과과정의 초기 옹호자들과 학습자들의 화행 수행 내용에 대한 초기 탐구는 그렇게 하는 데 뚜렷이 실패하였다. 이런 점들은 조금도 놀랄 게 못 된다. 왜냐하면 응용언어학(≒언어교육) 기획에서 연구 대상으로서 입말의 지위가 응당 받아야 하는 수준까지 아직 도달하지 않았기 때문이다. 한편으로는 '실제 언어', '의사소통을 위한 언어', '입말 기술'을 가르치려는 우리의 야심찬 계획과 관련하여, 그리고 다른 한편으로는 이 책의 주요한 집필 동기가 되는 것인데, 화자들이 실제로 말하는 내용에 토대를 둔 목표언어에 대하여 수정된 기술 내용을 받아들이는 우리의 준비 상태와 관련하여, 사실상 여전히 많은 것들이 개선되지 않았다는 느낌을 받는다.

§.1-9 담화 분석과 대화 분석, 그리고 결론

언어교육과 언어 습득 연구에서 담화 분석 및 대화 분석의 영향은, 학습자들 자신의 입말 산출을 기록하고 분석하는 노력에서, 실제 입말 자료의 지위를 향상시키는 데 적잖은 도움을 주었다. 이 책의 제3장에서는 그런 연구들을 많이 언급한다. 문장 층위보다 더 높고, 문장을 벗어난 언어 유형화에 대해 제공해 준 유용한 통찰력과 더불어(일반적인 개관을 보려면 Cook, 1989(김지홍 뒤침, 2003, 『담화』, 범문사)와 McCarthy, 1991을 보기 바람), 담화 분석가들은 더 높은 층위에서 교과과정과 자료들을 구조화하기 위한 얼개를 제공해 주었다(Aston, 1988b와 McCarthy and Carter, 1994와 이 책의 제5장을 보기 바란다).

반면에 대화 분석과 소집단 관찰 해석 방법론ethnomethodology에[27] 대한 미국인들의 전통은, 대화 참여자들이 상호 호혜적 목표를 향하여 자신을 스스로 어떻게 방향을 정해 놓으며, 고도로 특정한 상황에서 그들의 방식을 어떻게 타협하여 진전시키는지에 대하여 자세히 미립자 수준의 서술 가능성을 제공해 주었다(Psathas, 1979, 1995와 Atkinson and Heritage, 1984와 Boden and Zimmerman, 1991을 보기 바람). 이들 통찰력은 언어교육을 위한 자료 및 활동의 구성에서 응용 내용을 안내해 줄 수 있다. 대화 분석가들은 '상호작용을 하는 이야기'를 연구한다. (비-언어적인 것과 비-음성적인 것을 포함하여) 상호작용의 모든 측면들이 관련된 것으로 간주되며, 이야기에서 '순서'의 반복 발생은 탐구의 핵심 대상이다(Psathas, 1995: 3쪽).

그렇지만 대부분 이런 종류의 작업은 많은 실천적 언어 교사들에게 거의 알려지지 않은 채 묻혀 있다. 멈추고 시작하는 모든 일과 우물쭈물하는 발화와 더불어, 실제 입말의 세부 내용을 연구하는 일은, 문맹과 속어와 게으른 발화에 대한 연구라는 의구심이 많이 남아 있다. 심지어 더 걱정스러운 것은, 실제 발화를 연구하는 일이, 남부 영국 발음(또는 미국 발음) 습관을 문화상으로 독립적인 국제 맥락에서 영어를 이용하기를 희망하는 전세계 공동체에 강요하고자 하는 또 다른 '세계

27] 이를 '민족지' 또는 '민속지'로 번역하는 일본인들의 용어는 부적합하다. 사회학에서 이런 용어를 맹목적으로 받아들여 쓰는 일도 바람직하지 않다. ethno(사람의)는 작은 집단이란 뜻이다. 이 어근과 관련된 용어는 모두 작은 집단이나 하위 문화집단을 관찰하고 해석하는 일과 관련되어 있다.

정복 음모'의 일부라고 비난하는 것이다. 그런 견해(언어 제국주의로 불림: 뒤친이)들이 여전히 언어교육 현장에 많이 있고, 대규모 언어교육 학술회의에서도 이런 주장을 곧잘 들을 수 있다(또한 Prodromou, 1997을 보기 바람).

이 책에서는 그런 음모를 염두에 두고 있지 않지만, 저자는 교과과정으로서 '전세계적인' 또는 문화 중립적인 영어의 변이체가 어떤 모습일지에 대하여 알고 싶고, 궁금할 뿐이다. 영어 용법 조사Survey of English Usage, 코빌드COBUILD, 영국 국가 말뭉치British National Corpus, 영어의 국제적 말뭉치ICE, 또는 노팅엄 담화뭉치CANCODE와 같이, 말뭉치 연구corpus projects에서 입말 영국 영어를 놓고서 어떤 작업이 이뤄져 왔든지 간에 상관없이, 교육적 모형화를 위하여 필요한 경우에는 임의의 영어 방언이나 사회 계층 방언에 대하여 그리고 임의의 다른 언어나 방언에 대하여 복제될 수 있다(그리고 이상적으로 복제되어야 한다). 입말 (또는 글말) 영어의 '표준 특징'들로 불릴 수 있는 바를 결정하는 데에서 문제점들은, 마이어(Mair, 1992)에서 '표준' 커뤼비언 영어Caribbeasn English의 말뭉치와 관련하여 보여 주었던 것처럼, 기술되고 있는 것이 영국 영어인지, 아니면 다른 어떤 영어 변이체인지 여부를 결정하는 일과 아마 똑같을 것 같다.

핵심은 우리가 어딘가에서 시작해야만 하고, 열린 마음을 갖고서 시작해야 한다는 점이다. 지속적인 여러 가지 문제점에도 불구하고, 더 나은 입말 말뭉치를 위한 전망은 밝다. 따라서 입말 연구에 대한 양적·질적 연구에 의해 가능해진 언어교육과 다른 응용 내용에 대한 기여가 계속 늘어날 수 있다. 이 책에서는 입말을 중시하고, 입말을 사회적 맥락에서 언어를 이해하는 데에 가장 중요한 '생생한raw 자료'로 여기며, 교육적 모형 속에서 그 자리가 최선두에 있게 되기를 희망한다. 우리가 글말을 내팽개쳐 두지는 않을 것이다. 글말도 반드시 생생한 자료로 남아 있어야 한다. 그래야[28] 우리는 의사소통을 하는 두 가지 방식들을 이해하는 데에 더욱 더 상보적인 방식으로 입말과 글말을 비교할 수 있을 것이다.

한 가지 마지막으로 언급될 필요가 있는 것이 있다. 저자의 입장은 오직 말뭉치를 검토함으로써만 언어 교사들이 입말이 어떻게 작동하는지를 이해하게 된다고 주장하려는 것이 아니다. 말뭉치는 유용하다. 그리고 언어 형태들이 두루 다양한 사용자들에 걸쳐서 어떻게 이용되는지를 알아보는 데 좋은 지름길이 된다. 그러나 심지어 가장 큰 입말 말뭉치조차도 어른 언어 사용자에 의해서 여러 해 동안에 걸쳐 '처리된' 낱말들의 숫자와 비교되는 경우에, 덜 중요해지는 듯하다.

언제나 다음 사실이 기억되어야 한다. 컴퓨터가 무엇이 말해졌는지에 대하여 '지식을 가질' 수도 있다. 그러나 그 지식을 '사용하지' 못한다. 어떤 언어를 능통하게 쓰는 사용자들이 반성적 '깨달음knowing'에 아주 그렇게 유능하지 않을 수도 있겠지만,[29] 말을 할 때마다 언제든지 그들의 지식을 (무의식적으로) 이용한다. 따라서 최적의 성취가 이뤄질 수 있는 것은, 오직 좋은 언어 관찰자가 컴퓨터를 이용하여 자신의 재능을 자료의 제시 및 분석과 결합할 때뿐이다. 그렇기 때문에 우리는

28] 원문에 접속사는 but(그러나, 역접 접속사)으로 되어 있다. 번역에서는 필수 조건을 나타내는 접속사로 바꾸었다. 그런데 왜 영어에서는 역접으로 두 문장을 묶었을까? 이는 실제 세계에서 입말과 글말이 서로 상충되게 받아들여지기 때문이다. 글말이 생생한 자료로 되면, 입말은 그렇게 되지 않는다든지, 아니면 반대의 상황처럼 입말이 생생한 자료로 되면, 글말은 인공적인 자료로 된다. 저자는 이런 전제가 일반적이라고 보고 있기 때문에, 그런 상황에도 불구하고 역접의 상황이 성립될 수 있다고 서술하고 있다.

이런 접속사 용법의 차이는 영어와 한국어의 대답 'yes/no, 예/아니오'의 사용에서도 그대로 관찰된다. 우리나라 말에서는 '예/아니오'의 사용이 반드시 말하는 사람의 의견에 따라 결정된다. 그렇지만 영어는 화자 의견이 어떻든지와 무관하게, 실제 사실의 유무에 따라서 'yes/no'를 결정하게 된다. "너 아직 밥 안 먹었지?(you didn't have lunch yet, did you?)"라는 질문에 대한 대답이 영어와 한국어에서 차이가 난다. 내가 아직 굶고 있다면, 한국어에서는 '응, 예'라고 대답해야 한다. 그러나 영어에서는 'no'라고 대답해야 한다.

29] 아주 중요한 지적이다. 이런 사실 때문에, 언어교육은 이런 반성적 언어 자각을 일깨워 주는 일(self-awareness of language)을 도맡아 키워 줘야 한다. 흔히 이를 언어 사용의 자각 또는 전략에 대한 자각(strategic knowledge)이라고 한다. 또는 상위 인지 지식(meta-cognition)이라고도 부른다. 대립적으로 표현하면, 무의식적인 지식을 의식 수준까지 끌어올려, 늘 자기반성이 이뤄질 수 있도록 해 주는 것이다. 이는 부단한 연습 과정을 통해서 얻어질 수 있을 뿐이다. 흔히 심리학에서는 '절차지식'이란 말을 쓴다.

노련한 응용 언어학자 및 언어 교사들의 경험·관찰·직관의 중요성을 축소(평가 절하)해 버려서는 안 된다. 교사들의 직관이 존중되어야 한다고 옹호하는 설득력 있는 논거를 보려면 오윈(Owen, 1996)을 참고하기 바란다. 더 중요한 것으로, 실제로 일어나는 말뭉치로부터 어떤 특징이 결여되어 있다고 하여, 그것이 '변종'임을 의미하지도 않고, 또는 연구할 가치가 덜함을 의미하지도 않는다.

마지막으로, 말뭉치를 책처럼 또는 생생한 드라마처럼 '읽는 일'은 단순히 컴퓨터에 의한 대규모 숫자의 신속 처리로 대체될 수 없다는 것이[30] 저자의 경험이다. 말뭉치에 대한 양적 분석과 질적 분석 사이에 올바른 균형이 중요하다. 우리는 *just*(좀, 막, 바로, 금방)라는 낱말을 갖고서 이 점을 예시해 볼 수 있다.

만일 노팅엄 담화뭉치CANCODE에서 6천 번이 넘는 이 낱말의 출현을 검사한다면, 수치상으로 따져서 압도적으로

go(가다), have(현재완료 보조동사, 갖다), said(말했다), think(생각하다), come(오다), put(놓다), want(원하다), take(얻다, 취하다)

와 같은 높은 빈도의 동사들과 '오른편 쪽'(=즉 곧 뒤따르는 '후행 항목'임)으로 이음말collocate로[31] 이어져 있음을 알게 된다. 이것들은 이 낱말의

30] 사람이 자료를 읽는 것은 반드시 '이해'를 바탕으로 깔고 있다. 그러나 기계는 이해와 관계없이 자료를 처리한다. 즉, 의미 처리 대 형식 처리의 대조로서, 기계는 형식만을 처리할 뿐이다. 인간은 자기반성(재귀적 의식)에 의한 상위 이해 체계(다차원 및 고차원의 체계)를 가동시키지만, 기계는 1차원적 처리밖에 할 수 없는 것이다. 때로 비유적으로 말하여 기계는 얕은 처리만 할 뿐이지, 인간처럼 깊은 처리를 할 수 없다고 표현한다. 깊은 처리를 하려면 우리가 경험하는 세계에 대한 포괄적 지식을 내재하고 있어야 하기 때문이다.

31] 접속사라는 한자어를 이음말로 번역하였기 때문에, 이를 피해서 collocation(이음말)을 때로 연어(連語)라는 한자어로 번역하는 경우가 있다. 그러나 번역자는 여기에 쓰인 collocate를 '이음말'로 쓰고, 접속사(conjunction)라는 것을 고리/고릿말로 번역하는 것이 좋을 듯하다. 최근에는 접속사라는 말 대신에, 작은 '담화 표지(micro [discourse] marker)'라는 말도 쓴다. collocate의 어원은 place together(함께 놓여 있다, 서로 이어진 채 놓이다, 連置, 共置)이다.

'의미상 선호 내용들^{semantic preferences}'을 나타내어 준다(씽클레어 Sinclair 교수와의 개인 편지에 따름). 그렇지만, 똑같이 중요한 것은 '왼편 쪽'(=즉 바로 앞서는 '선행 항목'임)과 이어지는 이음말인데, 이는 뜻밖에도

  can, could, would, might, should

와, 같은 양상/양태 조동사이 높은 출현 빈도를 드러낸다. 이들 왼편 쪽(=선행 항목) 현상은, '잠정성^{tentativeness}/간접성^{indirectness}/체면 살려주기 face-saving'의 맥락에서 출현하는 것 같다는 측면에서, *just*의 의미상 '운율 prosody'(강세가 얹히는 운율: 뒤친이)에 대하여 우리들에게 많은 것을 말해 준다(Sinclair 교수와의 개인적 편지 교환, 그리고 Louw, 1993도 참고하기 바람). 노팅엄 담화뭉치^{CANCODE}의 사례들은[32] 다음과 같다.

Could you	just	pass the gravy
그 고기 국물	좀	건네주실 수 있으세요?
Can you	just	take me through stage by stage
단계마다 저와	좀	맞춰 읽어 줄래요?
Could you	just	tell me about the department
그 부서에 대해	좀	말해 주실 수 있으세요?

그렇다면 이것이 실제로 어떻게 작동하는지에 대한 것은, 오직 실제로 개별 대화 마디들을 자세히 검토해야만 충분히 감식될 수 있을 것이다. 그러므로 *just*는 공손함^{politeness}/간접성^{indirectness}의 표지로서 작동하면

32] 여기서 모두 '좀'으로 번역해 놓았다. 상대방에게 간단한 그 행동/행위만 요구하며, 그 이외에는 더 요구하지 않는다는 속뜻이 깔려 있기 때문이다. 맥락에 따라서 내 자신의 일을 가리키면서 just(이 경우 '바로'나 '막'를 쓰면, 강조를 하거나, 사건이 막 끝났음을 가리킬 수도 있다.

서 중요한 화용 첨사pragmatic particle가 될 뿐만 아니라, 또한 언어교육에서 전통적인 위치를 유지하면서, 최근에 일어난 (따라서 증거를 댈 수 있는) 사건들을 표현하기 위하여

have + past participle (조동사 have + 과거분사[33])

와 결합하는 어휘도 되는 것이다.[34] 이들 질적 판단은 중요하며, 오직 컴퓨터의 대규모 숫자 처리 능력과 연계된 자세한 관찰로부터만 나오게 된다.[35] 컴퓨터의 능력이 드러낼 수 있는 바에 대해 열린 마음을

33] '과거분사'란 개념은 전통문법에서 오해하였듯이, 결코 시제나 시간의 개념이 아니다. 다만 어떤 행위나 과정이 발생하여 끝났거나 완성된 '결과 상태'를 가리키는 표현이다. 그런 결과 상태를 현재 have(경험하다, 갖다)하는 것이거나 또는 과거에 had(경험하였다, 가졌었다)하는 것이다. 분사를 써서 과거완료를 나타낼 때에는 조건이 '인용문'이라는 형식을 띤다. 그렇지만 현재완료는 좀 다른 기능을 지닌다.

　제5장에서는 이야기를 전개하는 시작 부분에서 반드시 현재완료 형태의 문장을 써서, 지금 이 시점과 관련 짓는 일을 먼저 하고, 이를 중심으로 과거시제를 쓴다고 하였다(완료시제 ⇨ 과거시제…). 결국 어떤 이야기도 화자와 청자가 있는 이곳·이 시점에서부터 시작하여, 원심력을 타고서 과거나 미래로 여행을 하는 셈이다. 이를 비유적으로 말하면, 이야기를 하는 얼개는 먼저 현장에서 무대를 마련하고, 그 무대 위에서 연극배우들이 행위를 해 나가며, 관객들이 이를 지켜보는 것과 같다. 제일 처음 이뤄지는 무대 설정은 현재완료에 의해 이뤄진다. 그 무대 위에서, 배우들은 '과거시제'라는 옷을 입고 연극을 진행하는 것이다. 현재완료를 써서 현재와 관련짓는 일은, 무대를 설정하여 그 무대를 관객들이 지켜보는 것으로 비유될 수 있다(무대와 관객의 관계). 뒤에 있는 §.4-3의 각주 8도 참고하기 바란다.

34] 〈원저자 13〉 에이주머(Aijmer, 1985)에서는 17만 낱말로 된 입말 자료에서 just를 연구하였다. just는 글말에서보다 입말에서가 더 빈도가 높게 많은 횟수로 나타남을 주목했지만, 그녀는 이 일을 수치상의 비율보다 더 심층의 것으로 여기고서, 이 낱말에 대한 여러 가지 상이한 기능들로 해석한다. 그녀의 자료에서는 그 발화가 진리임을 강조해 주는 강조 첨사(emphatic particle, 영어의 particle[작은 알갱이라는 용어는 전혀 활용이나 곡용을 하지 않는 알갱이[입자]라는 뜻이 있지만, 번역 용어 '첨사'는 덧붙여진 요소라는 뜻을 지녔으므로 반드시 뜻이 서로 일치하지는 않다: 뒤친이)로 되는 것이 just의 가장 일반적인 기능이다. 의미상의 운율을 포함하면서, 씽클레어 교수의 접근법에서도 맥락의 좀더 일반적인 층위를 살펴보는데, 심지어 더 큰 정도의 질적 분석을 함의한다.

35] 〈원저자 14〉 질적 해석의 필요성에 대한 또 다른 사례로서, 입말 영어에서가 글말 영어에서보다도 훨씬 더 많은 부정 표현을 담고 있다는 수치상의 사실을 논의한 토티(Tottie, 1983)가 있다. 그녀는 이 사실을 상호작용의 화용론 속성에서 기인하며, 입말 상호작용에서 관찰되는 분명한 부정 및 거절과 같은 행위들의 출현 속성에서 비롯되는 것으로 보았다.

가지고서, 어떤 편견을 지닌 채 낱말들이 어떻게 작동하는지에 대하여 그 자료에 접근하지 않는 것이, 토니니-보넬리(Tognini-Bonelli, 1996)에서 '말뭉치 주도적corpus-driven'(이하에서는 맥락을 고려하여 '말뭉치 선용'으로 번역함) 철학으로 언급한 그런 철학의 일부가 된다. 이를 그녀는 '말뭉치에 주저앉아 버린corpus-based'(이하에서는 맥락을 고려하여 '말뭉치 오용'으로 번역함) 접근과 대조하는데, 후자에서는 철학과 착상들이 미리 당연시되며, 말뭉치는 단순히 그런 착상들을 강화시켜 주는 수단으로만 잘못 이용된다.

말뭉치 선용 방식은 심지어 더 질적인 작업을 요구하는 것이다. 왜냐하면 이용 가능한 통찰력들이 미리 파악/지각되지도 않고, 또한 단순히 언제나 통계로부터 튀어나오지도 않기 때문이다. 노팅엄 담화뭉치CANCODE는 이런 의미에서 말뭉치를 선용하는 일이다. 하지만 언어 교육에서의 통찰력을 놓고서 우리가 하는 바를 위해 '말뭉치가 정보를 알려준corpus-informed'이란 용어를 잠시 유보해 두어야 하겠다. 왜냐하면 통찰력은 단독으로 좋은 교육을 보장해 주지 않으며, 모종의 방식으로 언어 학습자들에게 의미가 있고 유용한 모형들을 창조해 내기 위하여 반드시 [다른 것에] 매개되어야 한다. 즉, 이는 교실수업에서 말뭉치를 이용하기에 앞서서 말뭉치 인용/발췌를 편집하는 일을 포함하거나, 그 활동의 일부로서 실제 녹취기록/전사내용을 이용하는 것이 아니라 오히려 특정한 입말 갈래의 단계들에 근거한 역할 놀이 활동을 [알맞게] 구성하는 일을 포함할 수 있다.

여기서 언급될 필요가 있는 마지막 요점 한 가지는 다음과 같다. 입말 자료를 분석하는 경우에 응당 또한 글말 말뭉치 연구와 관련된 상위 언어를 도맷금으로 다 받아들이는 위험을 자각해야만 한다. 저자가 앞에서 '왼편 쪽'과 '오른편 쪽'처럼 작은따옴표를 지른 것은 불필요한 것이 아니다. '왼편 쪽'과 '오른편 쪽'은 책장 쪽지에 이끌린 비유이며, 용례 제시 프로그램의 글말 출력물에 근거하고 있다. 만일 진실되게 입말을 대한다면, 왼쪽과 오른쪽이 아니라, '선행'과 '후행' 이음말에 대하여 말해야 옳다. 왜냐하면 입말은 공간 속에 존재하는 것이 아니라, 시간 속에 존재하기 때문이다. 저자는 문법상의 용어와 관련하여 §.3-2-2에서 이 문제를 다시 다룰 것이다.

컴퓨터 능력 및 광대한 텍스트의 정렬에 대한 매력을 대면하고서, 우리가 냉철한 안목을 유지하는 한, 실제로 그 낱말들을 산출해 놓은 참된 사람들을 차가운 숫자로 대체해 버리는 유혹에 빠지지 않을 것이다. 저자는 췌이프(Chafe, 1992)에서 이뤄진 말뭉치 언어학자의 정의를 최상의 것으로 보는데, 말뭉치 언어학자들은

'… 언어의 확대된 자연스런 표본들을 신중하게 검토함으로써, 그리고 나서 통찰력과 상상력을 지니고 그런 관찰들을 두루 포괄하고 설명해 주는 참다운 이해를 구성하는 일로써'

언어를 이해하려는 사람이다. 이것이 이 책자의 나머지 부분에서 기대에 부응하기 위하여 저자가 노력하게 될 내용이다.

제2장 입말, 그리고 갈래의 개념

§.2-1 도입

노팅엄 담화뭉치CANCODE의 설계로서 제1장에서 언급되었듯이, 이 말뭉치는 교육 목적을 위해 유용할 것 같은 일상 갈래들을 대상으로 하여 알맞게 적용하는 목표를 지니도록 결정되었다. 그렇지만 갈래의 개념은 정의하거나 작동시키기가 쉬운 것이 아니었다. 좀더 세부적으로 글말의 다양한 갈래들을 놓고서, 아주 좋은 연구들이 이뤄졌다. 가장 두드러진 것으로 스웨일즈(Swales, 1990)가 있다. 또한 크뤼스티(Christie, 1986), 뤼드(Reid, 1987), 마틴(Martin, 1992)을 보기 바란다. 이런 업적으로부터 광의의 정의를 엿볼 수 있다. 이들은 갈래의 사회적 뿌리 속성과 '담화 공동체' 내부에서 참여자들을 위한 갈래의 인식 가능성을 강조한다. 이런 측면에서 토박이 언어 사용자가 입말 담화와 글말 담화를 갈래 이름들로 명칭을 붙일 수 있다는 사실은, 참여자들에게 '스스로 갈래를 인식'할 수 있다는 관점으로부터 분명히 중요하다(Walter, 1988: 6을 보기 바람). '이야기'나 '논쟁'을 인식하기 위하여 꼭 언어학자가 되어야 하는 것은 아니다. 제도화/관습화 가능성institutionality의 정도 또한 중요한 요인이 된다. 학업용 글쓰기·과학기술 보고서·소설이나 정형시sonnet 같은 문학 갈래 등과 같이, 이는 고도로 관습화된 맥락들에서 가장 두드러지다. 스떠브즈(Stubbs, 1996: 12)에서는 비록 표현의 특징적 모습들을 가리키기 위하여, 그가 '갈래'와 '텍스트-유형' 간에 서로 통용하여 쓰고 있지만, 제도 및 갈래들의 상호 정의 속성을 강조한다. 제도들이 바뀌고 발전함에 따라, 마찬가지로 그 활동들을 표현하는 텍스트-유형들도 그렇게 달라진다. 그럼에도

① 서로 다른 갈래들의 출현을 드러내는 관련된 언어 사실들을 우리가 어떻게 인식하는지,
② 참여자들이 어떻게 그 갈래들로 지향/추구하는지,
③ 그 갈래들에 대한 인식을 어떻게 보여 주는지

에 대한 질문이 남아 있다. 이들 문제는 입말에서 특히 예민하다. 고객 응대service encounters(Merritt, 1976; Hasan, 1985; Ventola, 1987; Aston, 1988a; Iacobucci, 1990)와 서사이야기(Labov, 1972; Jefferson, 1978; Polanyi, 1981; Goodwin, 1984)와 같이 잘 연구된 갈래들을 제외하면, 우리가 간여하는 많은 일상생활의 이야기 형태들이 갈래 용어로 분류되지 않은 채 남아 있다. '언어 투식register 말투',1] 즉 언어 특징 및 발화 맥락 사이에 있는 관련성에 대하여 많은 연구가 이뤄져 왔다(가장 두드러진 것으로 Halliday, 1978). 이들 연구의 대부분은 격식성의 수준, 의미의 사교적interpersonal 상호작용적 측면, 입말과 글말의 차이에 초점을 모은다.

언어 투식 연구의 맥락 속에서, 글말 및 입말 텍스트의 특징들을 구

1] 일본 용어 '사용역'은 사용 범위를 가리키므로 잘못된 번역이다. 우리말에서 흔히 쓰는 '공손한 말투, 불손한 말투, 건방진 말투'에서 찾아지는 '말투'가 가장 가깝다. 여기서는 글말도 포함시키기 위하여 '언어 투식'으로 번역한다. 언어 변이(variants) 중 지역적 변이인 방언은 개별 화자가 대부분 둘 이상 지니지 않지만, 사회적 변이인 언어 투식은 동시에 여러 종류를 한 개인이 머릿속에 지니고 맥락에 맞춰 적절히 사용한다. 언어 투식은 다양한 의사소통 상황에 따라 한 개인이 거기에 맞춰 바꿔 쓰는 것이기 때문이다. 가령 격식 갖춘 9시 뉴스의 말투도 쓰지만, '가족오락관'에서처럼 비격식적 말투도 상황에 맞춰 쓰게 된다. §.2-4의 각주 8을 같이 보기 바란다.

별해 내며, 핵심 언어 특징들이 서로 다른 텍스트의 유형들에서 어떻게 군집화되는지cluster 무리로 모아지는지를 다룬 바이버(Biber, 1988)의 획기적 업적은, 갈래의 연구와 어느 정도 중첩된다. 더 뒤의 연구(Biber, 1995: 9)에서, 바이버는 '사용되는 변이체variation의 모든 측면들'에 대하여 '언어 투식register'이란 용어를 쓴다. 그의 연구는 이 책에서 우리가 갈래와 관련을 짓게 될 측면들을 다루고 있다. 언어 투식 연구는, 언어 선택에 영향을 주는 상이한 요인들의 이해에 크게 기여한다. 그렇지만, 가령 고객 응대service encounters 손님맞이가 무엇인지, 참여자들이 그런 갈래의 행위에 간여하고 있다는 그들의 인식을 어떻게 보여 주는지에 대하여 분명한 모형을 제공해 주지는 않는다.

§.2-2 입말 갈래에 대한 이론

이 절에서 우리에게 흥미를 끄는 연구 유형의 가장 두드러진 초기 사례는, 아마 리비아 동부 지방 씨뤄내이커Cyrenaica에 있는 가게와 시장에서 물건을 사고파는 언어들에 대한 미췰(Mitchell, 1957)의 조사이다. 미췰의 연구에서는 서로 다른 상황 맥락의 측면들이 판매자와 구매자 사이에 이용된 언어를 어떻게 인식 가능하게 유형화된 상호작용의 형태로 모습 지어 놓았는지에 관심이 있었다. 미췰은 자신이 관찰한 고객 응대service encounter 손님맞이에서 여러 단계stages들을 찾아내었다. 그 이후 허싼(Hasan, 1985)과 뷘톨러(Ventola, 1987)와 같은 입말 갈래 분석자들의 업적에서 메아리(긍정적 반향)를 찾아볼 수 있다. 고객 응대는 상품·정보·봉사의 상거래에 관한 상호작용이다. 가장 전형적으로, 가게나 음식점 등에서 볼 수 있는 대화로 예시된다. 미췰이 찾아낸 단계들은 다음을 포함한다.

salutation → enquiry as to the object of sale → investigation of the object of sale → bargaining → conclusion

(인사 → 판매 상품에 대한 문의 → 판매 상품에 대한 조사 → 거래 → 매듭 짓기)

각 단계마다 내부에서 현저한 변이가 있을 수 있다. 가령, 참여자들 사이에 서로 다른 공간적 관계에 의해서 달라질 수 있다. 개방 공간의 시장(야외 시장, 노천 시장, 오일장)에서는, 폐쇄 공간의 가게에서 관찰되는 것과는 차이가 나는 '전달 공간론proxemics; 근접 거리, 간격 벌리기'을 만들어 내었다(가령 Hall, 1966에서는 아주 친밀·가까움·일반 사회생활·연설 등의 적정한 거리를 각각 15~46cm, 46~120cm, 120~370cm, 4m 이상으로 보았음: 뒤친이). 전체 상거래들은 미췰에 의해서 인상적인 심상 마디로 요약되었듯이, 다음과 같이 텍스트를 역동적으로 구성하면서 진행되었다.

텍스트는 일종의 눈뭉치이다. 그 속에 있는 모든 낱말과 이음말들은, 이 용어의 더 넓은 의미에서 그 자체의 맥락에 대한 일부가 된다. 더욱이 눈뭉치는 이런 방식으로도 굴러 뭉쳐지고, 저런 방식으로도 굴러 뭉쳐진다.

미췰의 획기적 연구 이후, 입말에서 갈래 개념이 다양하게 여러 언어학자들에 의해서 탐구되어 왔다. 가장 두드러진 것으로 하임즈(Hymes, 1972)가 있다. 하임즈는 갈래를 개별 발화사건speech events들에 대한 더 높은 층위의 특징으로 간주한다. 그는 갈래의 역동적 성격을 강조하며, 발화사건 그 자체로부터 갈래들을 분리해 낸다. 갈래는 개별 발화사건과 함께 일어날 수 있지만, 갈래는 또한 개별 발화 속에서도 일어날 수 있으며, 동일한 갈래가 서로 다른 개별 발화사건에서 변이를 보여 줄 수도 있다.

후속 논쟁은 갈래들의 실제 실현에서 대부분 역동성과 지엽적 변이에 대한 이런 질문을 중심으로 하여 이뤄져 왔다. 논쟁에 참여하는 대부분의 언어학자들은, 갈래들의 이론적 존재를 인식 가능한 규범-지배적 활동들로 받아들이는 듯하다. 이는 다양한 정도로 변이되는 제도화된 언어적, 비언어적 행위들로 이뤄진다. 쿠플런드(Coupland, 1983)에서는 이런 변이 가능성을 강조하고, 우표 또는 신문을 팔고 사는 일 및 여행사에서 휴가여행 상품을 사는 일 사이에 대조점을 제시한다. 둘 모두 '고객 응대service encounters 손님맞이'이지만, 후자가 어떤 틀을 따르면서 하나의 의례로서 진행되는 일이 덜할 듯하며, 거래 업무가 진행되도록 하는 상거래 이야기와 병행하여 상호작용/인간관계 이야기(즉 사교적 관계를 수립하거나 유지하는 쪽으로 향한 이야기)를 위한 기회가 더 많이 제공될 것 같다.

바길러–치아피니 및 해뤼스(Bargiela-Chiappini and Harris, 1995)에서도 (그들의 사례에서 업무 회의와 대조된 것으로서) 고객 응대와 같은 무대에서, 좀더 제도화된 역할 및 목표 사이를 구분하면서 비슷한 논점을 언급한다. 고객 응대 활동은 좀더 유동적이며 쉽게 변이될 수 있을 듯하다. 일레니–머큐언(Ylänne-McEwen, 1997)에서는 고객 응대에서(다시 한 번 여행사에서 여행 상품을 판매하는 맥락에서) 역동적으로 상거래 요소와 인간관계/상호작용 요소들이 어떻게 유의미하게 맞물려 얽혀 있는지를 아주 자세히 보여 주었다. 아주 긴밀히 얽혀 있으므로, 갈래에 대한 어떤 모형화도 상호작용/인간관계 과정뿐만 아니라, 적어도 전형적인 고객 응대에서 실현된 상거래 과정에 동등하게 관심을 두지 않고서는 쓸모가 없을 것이다.

이 점을 강조하면서, 프랑스 도시 시장에서 잡담small talk 자잘한 이야기에 대한 린든펠트(Lindenfeld, 1990)의 연구는 인간관계의 '잡담'이 무작위적이지 않음을 보여 준다.[2] 가판상vendor 잡상인의 잡담은 주로 실리주의utilitarian

---

2] 클락(1996; 김지홍 뒤침, 2009), 『언어사용 밑바닥에 깔린 원리』(도서출판 경진)에서도 잡담과 같은 사교적/사회적 의사소통도, 협동과제로서 공평성 원리에 따라 이익을 증대하고 비용을 감당하며, 체면 세우기 원리에 따라 자존심·자율성 등을 높이거나 낮춰서 마디마디(매듭매듭) 진행해 나감을 시적한다. 하나의 마디는 '입장 ⇨ 본체 ⇨ 퇴장'의 전개과정을 준수한다. 이를 준수하기 위해 이미 정형화된 절차를 이용하거나, 일반적인 절차를 응용하거나, 더 큰 목적을 지닌 절차를 도입하거나, 확대된 절차 등을 이용한다. 청자와의 협동과제를 완결짓기 위해서, 먼저 화자는 예비 연결체를 말하면서 상대방의 반응을 점검 확인할 수도 있다. 각각의 마디는 평가 또는 촌평으로

의 관심거리에 초점이 모아져 있다. 반면에 고객들의 잡담은 강력히 개인적 화제 쪽으로 향하는 경향이 있다. 담화에서 가판상과 고객이 모두 자신들의 정체성을 구현하고 재확인하는 것이다.

비록 현저하게 소집단 관찰 해석법/대화 분석법 용어로 표현되어 있지만, 콤터(Komter, 1991)의 취업 면담에 대한 연구도 또한 면담 과정을 전개하는 데 적합한 단계로서, 면담의 시작 부분에서 일어나는 잡담을 살펴본다. 전체적으로 면담의 '단계별 구조'(54쪽)를 언급함으로써 미첼(Mitchell, 1957)의 획기적 연구에 대한 반향(긍정적 메아리)을 보여 준다.

톰슨(Thompson, 1997)에서는 대학에서의 입말 연구발표에 대한 심층 연구를 진행하였는데, 또한 화자와 청중 사이에 적합한 관계의 수립을 강조하고, 연구발표 갈래의 통합 부분이 되는 역할들에 대한 공동 구성을 강조하였다. 연구 발표자는 보통 자신을 '겸손하게 스스로를 비하하는 전문가'(334쪽)로 구성하며, 복잡한 체면 보호 작업에 간여한다. 다시 말하여 그런 관계를 수립하고 유지하기 위하여, 상호 평가에 대한 잠재적 손해로부터 자신과 청자를 보호하는 것이다. 이런 모든 것이 중요하다. 왜냐하면 인간관계의 구체적 사례('사무를 보는' 것과 대립되는 것으로서 사교적 관계를 수립하고 보강하는 데 관심을 둔 구체적 사례 또는 일화)들이 공식적으로 단순히 예측할 수 없는 방식으로 '생겨나며', 그 갈래의 정보전달 요소에 대한 규범적 '흐름'을 방해하는 것으로 바라보는 갈래 모형들이, 잘못 오해되고 오도되어 있음을 시사하기 때문이다. 앞으로 보게 되겠지만, 인간관계의 전개에 동등하게 관심을 쏟는 갈래에 대한 견해는, 입말 교육의 모형을 위해 중요한 함의를 지녀야 한다.

일부 연구에서는 좀더 갈래를 특성 짓는 다양한 연결체와 활동들의 혼합에 관심을 모은다. 듀런티(Duranti, 1983)에서는 갈래에 대한 역동적 견해를 옹호하는 논의를 편다. 동일한 갈래가, 화자가 누구인지, 그들의 목적이 무엇인지, 발화사건에 있는 연결체에서 어디쯤에 그 갈래가

매듭이 이뤄질 수 있다.

나오는지 등에 따라서, 특정한 사건에 따라 상이한 방식으로 수행될 수 있는 것이다.

법정에서 최종 변론의 일반적 성격을 묘사하면서 월터(Walter, 1988: 2~3)에서는 또한 중요한 변인으로서 발화가 일어나는 현장setting을 강조한다. 시간이 경과함에 따라 갈래 특성들이 어떻게 변할 수 있는지를 예시하기 위하여 방송상의 정치 담론을 이용하면서, 페어클럽(Fairclough, 1995: 167쪽 이하)에서는 갈래들이 연결되고 서로 뒤섞이는 방식을 강조한다. 이 경우에 그가 정치 담론에 대한 '대화 모습 갖추기conversationalisation'로 부른 과정인 것이다(김지홍 뒤침, 2012, 『담화 분석 방법』(도서출판 경진)의 제4장 참고)

필수적 요소와 수의적 요소를 구별하면서 요소들을 이어가는 일에 대한 물음과, 특히 갈래 수립 활동에서 일반적인 변이 과정 도중에 그런 요소들이 어떻게 인식되는지에 대한 물음은, 에긴스 및 슬레이드(Eggins and Slade, 1997: 230~5)에 의해 강조되었다. 현재 이 책에서 시도하려고 하는 방식으로 그들은 어휘-문법적 분석(즉, 어휘적 평가 기제들)의 중요성은 물론, 또한 말할 차례(발언순서) 얻어내기나 인접쌍과 같은 절 차원을 넘어선 요소들의 분석에 대한 중요성도 잘 인식하고 있다.

바흐찐의 업적, 특히 바흐찐(Bakhtin, 1986)은 갈래에 대한 이해를 높여주는 데 큰 영향력을 발휘해 왔다. 바흐찐의 개념은 '발화'에 중심이 놓여 있다.[3] 길이상 하나의 화자 발언기회로부터 시작하여, 전체 혼잣말이나 (글말에서) 전체 소설로까지 변동될 수 있는 다소 추상적인 이야기 단위이다. 정의상의 특징은 '대화 상대방이 반응할 수 있는 지점'에서 종료가 이뤄진다.[4] 바흐찐은 발화를 특정한 조건 및 (목적 지향적)

3] 바흐찐에 대해서는 국내에서 잘못 이해되는 부분이 적잖음이 지적되어 왔다. 특히 이은경·홍상우·유재천(2004), 「바흐찐의 국내수용에 관한 비판적 고찰(1)」과 이은경·유재천(2006), 같은 논문 (2), 각각 『노어 노문학』 제16권 2호, 제18권 3호를 참고하기 바란다.

4] 〈원저자 1〉 바흐찐이 언급한 일부 범주들의 양면성(ambivalence)에 대한 비판을 보려면 허싼(Hasan, 1992)을 참고하기 바란다. 허싼이 바흐찐의 업적을 운용하기 어려운

인간 활동의 상이한 영역들에 대한 목표를 반영해 주는 것으로 본다. 이는 발화들의 어휘적·문법적·구절 구성적phraseological 형상(윤곽)을 통해서뿐만 아니라, 또한 발화들의 '합성적 구조compositional structure'를 통해서도 이들 조건 및 목표들을 반영해 준다(Bakhtin, 1986: 60, 합성적 구조란 수학자 Frege 프레게에 의해 주장된 것으로서, 개별 요소들을 적분하는 과정처럼, 전체 문장의 진리값을 개별 구성체들의 진리값을 통해 찾아낼 수 있다는 원리임: 뒤친이). 발화들은 지엽적으로 배열되고 개체화되는 반면에,

each sphere in which language is used develops its own relatively stable type of these utterances. (Bakhtin, 1986: 60)
언어가 이용된 각 영역마다 이들 발화에 대해 그 나름의 상대적으로 안정된 유형을 발전시킨다.

그리고 이들 안정된 유형이 갈래를 구성하는 것이다. 상대적 안정성뿐만 아니라, 또한 바흐찐의 갈래에서 중심이 되는 것은 상호작용(사교적) 측면들이다.

each speech genre in each area of speech communication has its own typical conception of the addressee, and this defines it as a genre. (Bakhtin, 1986: 95)
발화 의사소통의 각 영역에서 각각의 발화 갈래는 수신자(청자)에 대하여 그 나름의 전형적인 개념을 지니며, 이것이 그것을 갈래로 정의해 준다.

켈리 홀(Kelly Hall, 1995)에서는 상호작용 주체들에게 이용 가능한 갈래의

것으로 비판하는 것은 옳다. 그렇지만 바흐찐의 착상들을 분석의 모형이나 도구로 간주하지 말고, 대신 이론들에 대해서 사고를 촉발해 주는 모음으로 간주한다면, 입말에 대한 이해와 입말의 본질을 구성하는 우리의 능력을 뒷받침해 주는 데 있어서 그것들의 가치는 온전히 중요하게 남아 있다.

자원에 대한 관습화된/사회 역사적 의미 및 상호작용 주체들이 마주치는 각각의 새로운 상황에서 그들의 실천 전략들 사이에 있는 상호 영향을 탐구함으로써, 상호작용에 대한 바흐찐 식 관점을 보강한다. 바흐찐 업적의 중요성(그리고 간접적으로 또한 Vygotsky 업적의 중요성: Emerson, 1983; Wertsch, 1985를 보기 바람)은, 개인별 정신psyche 마음 산물로서의 언어 및 사회적 구성물social construct로서의 언어 사이에 놓인 구별을 무위로 만들었다는 점이다(참스끼는 언어를 개인이 갖고 태어나는 것으로 봤지만, 공산주의나 사회주의 심리학자들은 언어와 같은 고등정신도 집단이나 사회의 압력에 반응하여 발현되는 것으로 보는 관점을 취했음: 뒤친이). 갈래의 이론은 어떤 것이든지 그런 관점을 담을 필요가 있다(=생득적 요소 및 후천적 요소의 조화).

§.2-3 상호작용에서 목표 지향성

역동성dynamism·유동성fluidity·변이 가능성variability·혼합성mixing·타협성negotiation에 대한 그림이, 입말 갈래들에 대한 현재 합의로부터 부각된다. 특히 덜 엄격히 관습화된 현장에서, 대화 주체conversationalists들이 실용적 목표를 지닌 사회적 동물이며, 상호작용을 가동하는 것이 '갈래상의 규범generic norms'에 대한 어떤 복종감이 아니라 그들의 목표이기 때문에, 이런 그림이 기대될 것이다. 게다가, 목표들은 고정되거나 운명적으로 미리 예정되지 않으며, 담화 속에서 새롭게 부각되어 나올 수 있고, (즉, 시작에서부터 목표를 모양새 지우는 것이 아니라, 참여자들 사이에서 상호작용의 결과로서[5] 명백해지게 됨) 본질적으로 다수가 될 수 있다(Tracy and Coupland, 1990). 참여자 목표들로써 갈래를 살펴보는 일은, 역설적

5] 대화는 서로간의 협력 행위이다. 화자가 어떤 공동 목표를 청자에게 제시하게 되면, 청자는 ① 그것을 그대로 받아들여 서로 그 목표를 이루도록 전념해 나가거나, ② 딴 평계를 대면서 정중히 그 제안을 거절하거나, ③ 공동 목표를 다소 수정하여 바꾸거나, ④ 아니면 시큰둥하게 협력 행위 그 자체로부터 빠져나가 버릴 수 있다.

으로 효과적이면서 동시에 문제가 된다. 만일 우리가 목표 지향 견해를 택한다면, 좀더 만족스럽게 대화의 정보전달 요소와 인간관계적/사교석 요소늘을 봉합할 수 있다.

예를 들어, 야코부치(Iacobucci, 1990)에서는 전화 회사의 고객 상담전화customer call에서 인간관계의 구체사례episodes 일화들이 결코 지엽적이거나 또는 단순히 본래 주제와 무관한 곁다리 연결체side sequences로 간주될 수 없으며, 대신 흔히 명백히 그 담화의 정보전달 목표들을 어떻게 좀더 효율적으로 실행하는 일 쪽으로 지향해 있는지를 보여 준다.

흔히 [무계획적으로 이뤄지는] '우연한 대화casual conversation'로 불리는 것은, 아마 목표 지향성 연구가 얼마만큼 유용한지에 대한 1차적 사례가 된다. 우연한 대화는, 갈래의 명칭에 대하여 자격을 부여하는 것이 너무나 막연한 개념이라는 견해로 이끌어가거나, 또는 그렇지 않으면 갈래 혼합과 내부 삽입에 비추어 '어떤 것이든 진행되어 나간다anything goes'는 바로 그 사실에 의해 정의된다는 견해로 이끌어 가는 다양한 속성들을 보여 준다. 그렇지만 비록 목표들이 여러 가지이고 새로 부각되어 드러나며, 현저하게 인간관계 내용(≒유대감 강화)이라고 하더라도, 우연한 대화가 다른 유형의 이야기보다 덜 목표 지향적인 것은 아니다.

다음 (2.1)에서는 한 무리의 여학생들이 우연히 어느 일요일 저녁에 마신 차에 대해 잡담을 하고 있다. 첫 번째 주제는 '일요일'이지만, 그 잡담의 전반적인 목적은 그 학생들이 쌓아온 우정을 강화해 주려는 것이다. 그 뒤 그 여학생들 중 한 명이 장신구 하나에 눈길을 줌에 따라, 주제에서 갑작스럽게 분명히 비일관적인 전환이 생겨난다.[6] 그런 전환이 우연한 대화에서 문제가 되는 것은 아니다. 왜냐하면 밑바닥에

6] 가까운 사람들 사이에서 관찰되는 대화는 주제 전환이 매우 잦고, 그 전환 또한 이전의 대화 내용을 제대로 매듭짓지 않은 채 일어나기 일쑤이다. 그들 사이에 상당 부분 공통기반이 있기 때문에, 상대방의 제면 손상을 심각히 고려하지 않고서도, 자유롭게 주제 전환이 일어날 수 있는 것이다. 다시 말하여, 여태 좋은 사이로 지내왔기 때문에, 비록 낯선 사람을 대할 때에 결례가 될 만한 언어나 행위들이라고 하더라도, 그러한 신뢰를 바탕으로 하여 그런 것들이 사과나 용서를 구하지 않고서도 거리낌 없이 서로 간에 수용될 수 있는 것이다.

깔려 있는 인간관계 목표들이 일관성을 제공해 주기 때문이다. 여기서는 칭찬하거나 찬사를 보내거나 시인하는 형태를 취하고 있다.

(2.1)

⟨S 03⟩   I like Sunday nights for some reason, I don't know why.

⟨S 02⟩   [laughs] cos you come home.

⟨S 03⟩   I come home.

⟨S 02⟩   You come home to us.

⟨S 01⟩   And pig out.

⟨S 02⟩   Yeah yeah.

⟨S 03⟩   Sunday's a really nice day I think.

⟨S 02⟩   It certainly is.

⟨S 03⟩   It's a really nice relaxing day.

⟨S 02⟩   It's an earring it's an earring

⟨S 03⟩   ⌊ Oh lovely oh, lovely.

⟨S 02⟩   It's fallen apart a bit but

⟨S 03⟩   It's quite a nice one actually, I like that I bet, is that supposed
           to be straight.

⟨S 02⟩   Yeah.

⟨S 03⟩   Oh I think it looks better like that.

⟨S 02⟩   And there was another bit as well another dangly bit

⟨S 03⟩   What, attached to

⟨S 02⟩   ⌊ The top bit

⟨S 03⟩   ⌊ That one

⟨S 02⟩   Yeah … so it was even

⟨S 03⟩   ⌊ Mobile earrings

⟨S 01⟩   What, that looks better like that it looks better like. that

〈여학생 03〉 난 일요일 밤이 좋아 아무튼, 이유는 잘 모르겠지만 말야.

〈여학생 02〉 [웃음] 니가 집에 오니까 그런가 봐.

〈여학생 03〉 내가 집에 오니까 그런다고?

〈여학생 02〉 니가 우리하고 죽이 맞잖니.

〈여학생 01〉 그리고 억수로 쳐먹고 말야.

〈여학생 02〉 맞아 맞아.

〈여학생 03〉 일요일이 진짜 좋아 내 생각에도,

〈여학생 02〉 확실히 그래.

〈여학생 03〉 정말로 멋지고 편안한 날이지.

〈여학생 02〉 귀걸이로구나 귀걸이

〈여학생 03〉   └ 아 귀여운데 아, 귀여워

〈여학생 02〉 약간 부서졌지만

〈여학생 03〉 사실 참 멋진 거네, 좋다야 정말, 이게 길게 드리워야 되는 거지?

〈여학생 02〉 맞아.

〈여학생 03〉 아 내 생각에 저것처럼 더 좋아 보이네.

〈여학생 02〉 그러고 이거 말고 또 다른 게 있는데 늘어뜨리는 거 말야.

〈여학생 03〉 뭐, 붙여 놓은

〈여학생 02〉   └ 위에 있는 거

〈여학생 03〉   └ 저거

〈여학생 02〉 그렇네 … 그래서 그게 더

〈여학생 03〉   └ 움직이는 귀걸이로구나

〈여학생 01〉 뭐, 저게 그것처럼 더 좋아 보이네. 그게 더 나은데. 저거처럼

따라서 인간관계 목표(≒유대감 강화)들을 살펴보는 일은, 종종 단순히 '주제'나 '진행 중인 업무'와 같은 개념들을 추구하는 일보다도, 우연한 대화를 더 잘 이해할 수 있게 도와 줄 수 있다. 동전의 다른 측면으로, 참여자 목표를 연구하는 일에 들어 있는 문제점은, 실제로 그 목표들이 무엇인지를 어떻게 결정하느냐에 대한 것이다. 왜냐하면 이런 목표들

이 종종 참여자들에 의해서 명백히 진술되지 않을 것이며, 대화 분석가를 위한 증거가 보통 간접적이며 오직 '내용 정리/입장 정리formulations'로서만, 그리고 아래에서 우리가 다루게 될 다른 유사한 종류의 언어적 증거와 같은 현상의 모습으로서만 이용될 수 있기 때문이다. '내용 정리'는 앞에 있었던 이야기에 대한 풀어주기가 되거나, 또는 지속되는 이야기에서 도달한 입장들에 대한 요약이 된다.7) 이로 말미암아 참여자들이 아직 전개되지 않은 담화의 방향과 목표들에 대한 자신의 견해를 명백히 하게 된다(Heritage and Watson, 1979). 대화 분석가들은 이를 그 담화가 진행되어 나가는 방식에 대한 진술들의 직접적 증거로 이용할 수 있다.

목표 지향성goal-orientation은, 행위와 긴밀히 묶어 주는 갈래의 견해에 대한 본질적인 부분이다. 도울즈·슈늘리(Dolz and Schneuwly, 1996)에서는 갈래 및 사회적/사교적 행위 사이에 있는 관련성을 개념 정의 속성으로 간주하며, 목표를 달성하고자 갈래상의 자원generic resources들을 이용하는 능력을, 직접적인 사회적/사교적 상황에서 행위를 하는 능력과 분리될 수 없는 것으로 여긴다. 그렇지만 늘 그러하듯이, 그런 개념들이 실제 자료에서는 붙들어내기가 힘들다. 대화 분석가들은 실제 일어난 바에 대한 불완전한 기록을 갖고서 작업하고 있다. 그럼에도 불구하고, 참여자들의 관점에서, 그리고 그들 자신의 이해를 어떻게 명확히 해 놓는지에 비춰서 대상을 바라보려고 시도하는 일은, 적어도 분석가들이 임의로 질서를 부과하는 최악의 월권을 피하게 해 준다. 월권이란, 대화 속에 포함된 참여자들에 대하여 어떤 방식으로든 대화를 통해 만나는 실제 현상을 반영해 주지 못할 가능성이 있는 수사학 전개 얼개를 이용하는 일이다.

---

7) 대화가 진행되는 모습은 여러 가지 하위 마디 또는 매듭들로 이어져 나가는데, 각 마디 또는 매듭 위치에 지금까지 담화 내용에 대한 평가나 촌평이 들어가게 된다. 이 일은 흔히 민간에서 자주 쓰는 관용구나 속담을 빌어, 그 속에 녹아 있는 가치를 이용하기도 한다. 담화의 하위 마디에 대한 매듭 짓기로 번역할 수도 있다. 78쪽의 각주 15를 보기 바람.

§.2-4 사회적 협약social compact으로서의 갈래

여기서 저자는 글쓰기이든 말하기이든 관계없이 갈래가 참여자들이 담화 전개 과정에서 참여하게 되는 반복적이며 변별적인 사회적 협약 (즉 행동의 상호 협동적 집합)들을 포착해 주는 유용한 개념이라는 입장을 취할 것이다. 사회학자들은 그런 사회적 실천 관행들이 창조하고 반영해 주는 것으로 간주될 수 있는 얼개, 또는 사회 구조에 의해서 제약되는 것으로 간주될 수 있는 얼개들을 제공한다. 자신의 몫으로 사회언어학자 및 소집단 관찰 해석 연구자들은, 참여자들이 어떤 방식으로 스스로 필요한 행위들, 가령 역할 및 정체성 수립·체면 보호·목표 달성 등을 지향하는지 관찰한다. 갈래 분석가들은 이들 및 실제 텍스트들 사이에 있는 어느 지점에 서 있다. 갈래 분석가들에게 확고한 증거가 되는 것은, 반복적인 사건들에 대한 일련의 텍스트 인용 발췌extracts들이다.

텍스트들이 그 자체로 갈래가 되는 것은 아니다. 텍스트들은 단순히 사회적/사교적 활동들에 대한 유형화된 흔적들이다. 텍스트들 및 사회적으로 구성된 활동들 사이에서 연결점을 구성함으로써, 텍스트가 유의미해지고 원래의 실시간 전개 과정에 대한 단서들을 제공할 수 있게 되는 것(아마 그 이상이 아닐 것임)이, 갈래 분석가들의 과제가 된다. 이런 목표에 대하여, 갈래 분석가들은 다양한 유형의 증거들을 놓고 작업할 수 있는데, 특히 다른 것보다 좀더 자연스런 어떤 언어적 증거이다. 이런 방식으로 '갈래별 활동generic activity'의 상이한 유형들은, '갈래'에 대한 정적인 개념이 아니라 그보다 오히려 앞으로 진행할 연구의 초점이 되는 것이다.[8]

8] 〈원저자 2〉 학업상의 입말 및 글말에 대한 연구로서 영(Young, 1990: 75 이하)에서는 그처럼 정태적인 '갈래들'을 언급하는 것이 아니라, 핼리데이(Halliday, 1978)에 의해 마련된 용어들의 의미로 주제 영역(field)·전달 격식(tenor)·실행 모습(mode)의 선택에 영향을 주는 '갈래 상황'을 언급한다. 그녀는 어휘-문법적 선택에 의해서 주제 영역·전달 격식·실행 모습이 표현되는 언어적 '부호'와 사회적/맥락적 차원이 되는 '행위'로서의 언어 사이를 구별해 내려고 시도하고 있다. 거기에 갈래 상황이 위치하게 된다.

그러나 우리는 다음과 같은 점을 확실히 해 두어야 한다. 갈래별 활동generic activity이 적어도 언어 사용자들에 대하여 사회-심리학적 실재를 지닌다는 모종의 증거를 제시할 수 있다. 분석자들을 만족시키기 위하여 어떤 개념 고안물edifice을 만들어 내는 것은 아니다. 텍스트들에서 찾아질 수 있는 갈래 지향 행위에 대한 많은 언어 흔적들 가운데서, 네 가지 차원(§.2-4-1~§.2-4-4)을 따라 분류될 수 있는 특성들이 있다. 이는 갈래별 활동이 언어 사용에서 실제 기반을 지님을 시사해 준다. '내용 정리/입장 정리formulations' 이외에도, 앞에서 이미 언급되었듯이 저자는 '기대, 회상, 사례 제시'의 작은 제목들 아래 이것들을 언급하게 될 것이다.

§.2-4-1 기대

갈래상의 활동 종류와 관련하여, 화자들은 사회적/사교적 협약을 실현시켜 주기 전에 미리 또는 그런 과정에서 협상하게 될 기대들을 (언

〈역자주〉 핼러데이(Halliday, 1985), 『입말과 글말』(케임브리지 대학 출판부) §.3-8에서 관련 대목을 인용하면 다음과 같은데, §.2-1의 각주 1도 보기 바란다. "① 포함된 말하기 또는 글쓰기 과정에서 사람들이 실제로 무엇을 실행하는가, ② 무엇이 진행되든지 간에 참여하고 있는 사람들이 누구이며 어떤 지위와 역할을 지니는가, ③ 언어가 그 과정에서 정확히 무엇을 성취하고 있는가, 또는 성취하려고 이용되고 있는가? 이들 세 가지 변인들은 각각

  ① 주제 영역(field; 즉, 무엇이 다뤄지고 있는가, 제도적 현장),
  ② 전달 격식(tenor; 즉, 누가 참여하고 있는가, 참여자들 사이의 관계),
  ③ 실행 모습(mode; 즉, 어떤 역할의 언어가 실행되고 있는가, 의사소통 매체)

으로 언급된다. 이것들은 이용되고 있는 언어의 기능적 변이체 또는 언어 투식(register)을 집합적으로(다 함께) 결정한다. 방언은 우리들이 습득하여 습관적으로 말하고 있는 것이고, 원칙상 여러분이 누구인지에 의해 결정된다(오직 모어 방언 하나만을 사용한다). 반면에, 언어 투식(register)은 우리들이 임의의 현장에서 실제로 말하고(또는 글을 쓰고) 있는 바이며, 그 당시에 여러분이 실행하고 있는 바에 의해서 결정된다(여러 개의 언어 투식이 같이 머릿속에 들어 있고 그 중 알맞은 투식을 하나 선택하여 사용한다). 물론 '언어 투식'이 '방언'만큼이나 허구적이다. 그러나 사람들은 이런 방식으로 다시 언어가 변동함을 깨달으며, 쉽게 '시적 언어(시적인 말투)', '법률적 언어(법률적인 말투)' 등에 대하여 말한다. 그렇지만 '기능상의 변이체'에 대한 별개의 용어가 없었기 때문에, 이를 위해 '언어 투식(register)'이라는 용어를 언어학에 도입한다."

어로) 신호해 줄 수 있다. 이는 대체로 켈리 홀(Kelly Hall, 1995)에서 '[갈래별] 자원들의 이용에 대한 기대'로 언급한 바와 일치하며, 가망성이 많이 있다. 거의 분명히, 입말 서사이야기에서 우리는 이를 이야기 담화 상으로 개시하기 위한 노력의 형태로 찾아내게 된다.

(2.2) [화자가 최근에 그리스에서 일어난 지진에 대하여 말하고 있음]

⟨S 01⟩ About seven people died outside Athens, more down[9] in Corinth **but this one guy, [laughs] this is true**, there was a guy down down in Mega and that town got you know it got really badly hit.

⟨화자 01⟩ 아테네 밖에서 7명 정도 사망했고, 아래쪽에 있는 코륀쓰에서는 더 많**지만, 이 어떤 녀석 [웃음] 이건 정말이야**, 아래 더 아래에 있는 메가에서 어떤 녀석이 있었는데, 그 마을이 했, 너도 잘 알겠지만 그게 아주 정말 심각하게 타격을 입었어.

여기서 복합적인 기대를 신호해 주는 일은, '인용된 사실'로부터 '참된 이야기'로 전환하는 데에서 일어난다. ① 주제 전환 표지 but^{지만, 그러나}을 포함하고, ② 부정관사 a^{하나의}를 쓰지 않고, 그 대신 지시사 this^{이것}에 대한 서사이야기 특정 용법이 들어 있다(Wald, 1983을 보기 바람). (보통 특정한 종류의 청자층, 우연히 발언기회를 얻게 되는 투식 등과 더불어) 이는 어떤 이야기가 막 말해질 것이라는 기대를 열어 준다. 또한 웃음과 (비극적 맥락임에도 불구하고, 이것이 우스갯소리로 될 것임) 진리에 대한 주장이 있다. 이들 모두 전개될 활동의 종류에 대한 기대를 표현해 준다. 물론 입말 상호작용에서 그것이 (그런 기대대로) 전개될 것이라는 보장은 전혀 없다.

그러나 다만 서사이야기와 고개 응대처럼 관습화되어 이어진 활동

9] down은 서울인 아테네를 중심으로 멀리 더 떨어져 시골에 있다는 뜻으로 쓰고 있다. 마치 우리말에서 서울로 올라가고, 시골로 내려간다는 표현과 같다.

들만이, 참여자 기대에 대한 증거를 보여 주는 것이 아니다. 다음 내용은, 가족 잔치를 위하여 막 큰 그릇에 채워진 과즙-알코올 음료^{punch bowl,} ^{식혜}를 마련하려는 두 사람 사이에 나눈 대화 시작 부분이다.[10]

(2.3)

⟨S 01⟩   <u>Right</u>.

⟨S 02⟩   <u>Right</u> … <u>so where</u>.

⟨S 01⟩   <u>Oh we're going to need more</u> than that [laughs].

⟨S 02⟩   <u>More</u> orange juice.

⟨화자 01⟩ <u>그래요</u>.

⟨화자 02⟩ <u>그래요</u> … <u>그래서 어디에</u>.

⟨화자 01⟩ <u>아 우리가 그거보다 더 많이 필요할 거예요</u> [웃음들].

⟨화자 02⟩ 오렌지 주스를 <u>더 많이요</u>.

여기서 다시 한 번 기대에 대한 아주 복잡한 표현들을 보게 된다. ① 담화 표지 'right^{그래요, 그렇군요, 좋아요}'는 어떤 새로운 활동 단계가 막 시작될 예정이라는 기대를 설정해 놓는다. ② 'so^{그래서, 그러면}'는 순서 및 고려된 행위를 시사해 준다. ③ 'we're going to need more^{우리가 … 더 많이 필요할 거예요}'는, 권위로 명령하는 것이 아니라, 협력하게 될 추가 행위들에 대한 기대를 신호해 준다. ④ 감탄사 'oh^아'와 웃음은 정서적이며 사교적인 즐거움에 대한 좀더 인간관계/상호작용 요소들을 기대하도록 해 준다. ⟨화자 01⟩의 more^{더 많이} 사용에 대해서, ⟨화자 02⟩는 메아리처럼 more를 따라 말해 주면서, 설정된 기대에 수렴해 가고 있다. 이는 일종의 의사소통상 맞춰 주기^{communicative accommodation; 맞장구쳐 주기}로 간주될 수 있다. 좌일즈 등(Giles et al., 1991)에서는 이를 '서로의 의사소통 행위에 맞춰

10] 밑줄이 그어지고 굵은 글씨로 되어 있는 부분은, 인용 아래에서 설명이 이뤄질 대목들이다. 이하 동일함.

주는 전략'strategy of adapting to each other's communicative behaviors'으로 정의를 내렸다.

우리는 갈래별 활동을 다음처럼 탐지할 수 있다. 행위의 수준 및 사회적/사교적 관계, 참여자들에 대한 특정한 정렬(서로 조율하여 행보를 맞춤), 뒤이어질 활동을 예기하며 (진행되어 나감에 따라 일이 어떻게 진척될지 결정하게 되며, 미리 결정되어 있는 것은 아님) 새로 부각되는 협동 작업으로 수렴되는 형태로 드러난다. 그 활동의 끝점(여기서는 과즙-알코올 음료 그릇이 가득 채워진 경우)에서, 분석가로서 우리에게 남겨진 텍스트들은, 또한 갈래상 '행위에-동반된-언어'language-in-action' 유형으로 될 수 있다(즉, 그 언어가 참여자들의 행위에 동반되어 직접 생성되는 상호작용임: §.6-2를 보기 바람). 그렇지만 '행위에-동반된-언어' 텍스트의 출현을 가장 가능성 있게 만들어 주는 서로 다른 사회적 매개인자들에 따라 기대를 설정해 놓음으로써, 간단히 바로 시작 단계에서부터, 분석가로서 우리가 '행위에-동반된-언어'로 부르는 산출물 쪽으로 꾸준히 작업해 나가는 것이다.

§.2-4-2 회상recollections

회상은 사교적/사회적 활동들에 대한 참여자들의 과거 경험을 가리키며, (바흐찐의 의미로)[11] 우리의 담화에서 메아리쳐 울리는 다른 담화로부터 나온 '목소리' 모습으로 분명해진다. 이것들이 공공연히 활동을 반복적이고 유형화되도록 표시해 주는 '의례적 표현'이 될 수도 있다. 가령 반복된 농담 걸기의 잡담임을 나타내면서

Did I tell you the one about…?

11] 〈원저자 3〉 바흐찐(Bakhtin, 1986: 89)에서는 담화의 다중 목소리 내기(multiple voicing)에 대하여 언급한다. "우리의 발화는 … 다른 사람들의 낱말로 채워져 있다." 바흐찐에게 모든 언어는 이전의 담화에 대한 메아리들을 담고 있다. 어떤 화자이든지 상관없이, "결국 우주의 영원한 침묵을 깨뜨리는 사람인 첫 번째 화자는 아니다."(같은 책: 69쪽). 그리고 발화는 각각 "메아리와 다른 발화들에 대한 잔향으로 채워져 있는 것이다."(같은 책: 91쪽)

(내가 너한테 …에 대한 걸 얘기해 줬니?)

라고 하거나, 비격식적 모임에 대한 시작 발언으로

'Okay as usual we're going to start by talking about …'
(좋아 평상시처럼 우리는 …에 대해 이야기하면서 시작할 게)

라고 하는 경우이다. 또는 관계되거나 유관한 다른 담화들에 대해 좀 더 간접적인 참고사항이 될 수도 있다.

다음 인용 (2.4)에서는, 대학생 작은모둠 보충교습 시간 동안에, 강사가 다시 강의실에 들어오더라도 학생들로 하여금 숨기거나 거리낄 필요가 없는 어떤 모둠 과제를 맡아 실행하도록 맡겨 두고서, 그 강의실을 막 떠나는 시점에서 한 모둠의 학생들이 비격식적으로 잡담을 하고 있는 대목이다.

(2.4)

⟨S 01⟩   It's really embarrassing, he always comes back into the room when nobody's talking! [laughter]

⟨학생 01⟩ 진짜 황당하거든, 언제나 아무도 떠들고 있지 않을 때 강사가 슬며시 강의실 뒷문으로 들어온단 말야! [웃음]

이렇게 그 맥락에 대하여 반복적이며 (이 경우에) 그렇게 불만스레 표시해 주는 일은, (아마 상이한 강사들이 진행하는 다른 보충교습으로부터 나온) 참여자들에게 알려지고 친숙한 이상적 유형의 행위 쪽으로 향한, 어떤 희망을 명백히 해 준다(≒자신을 봐 주는 특정 강사에 대한 불만을 노골화하고 있음: 뒤친이). 학생들에게 그 보충교습은 학생들이 그 이야기(≒불만 사항)를 응당 토로해야 하는 경우의 사례로 간주된다. 보충교습 모둠 과제가 토론에 수반된 협력 활동이 되어야 한다는 사실은, 학생들이 과거에 자신의 적합한 역할을 실행하지 못한 것으로 간주하는 바에 대하여, 참여자들의 즐거움 그리고/또는[14] 낙담(웃음)으로 인식된다. 여기서 그들의 회상은 초점이 되며, 분명히 현재의 활동을 향하여 그들이 지향하는 내용에 제약을 가한다(=특정 강사에 대한 불만을 표시).

다음 (2.5)는 이발관에서 녹음된 것이다. 머리를 자르는 의자에 고객이 앉으면서 시작되는 그 활동은, 이전의 일(=이전에 깎았던 머리 무양새)을 환기해 내며, 여성 이발사는 반복된 자신의 '목소리'로 대답하게 된다.[13]

(2.5) [⟨S 01⟩은 여성 이발사이고, ⟨S 02⟩ 고객임]

⟨S 01⟩   Now, are you all right?

⟨S 02⟩   I'm fine thanks and you?

⟨S 01⟩   I'm fine thank you, yes [⟨S 02⟩ laughs] <u>are we cutting it as normal or anything different or</u>?

⟨S 02⟩   Erm <u>any suggestions</u>, or [laughs]? <u>I always ask you that</u>

⟨S 01⟩   Without touching the back.

⟨S 02⟩   ⌊Ya.

⟨S 01⟩   <u>I mean you could</u> go very wispy into the neck and sort of have a wedge.

⟨S 02⟩   Yeah.

⟨S 01⟩   Keep that back wedge, keep that very into the neck like sort of

---

12] and/or는 '포괄적 이접'이라고 말하는 것으로, 두 선택지 중 둘 모두 선택하거나 어느 하나만 선택할 수 있는 경우이다. 가령, "배가 과일이거나 사과가 과일이다."는 진술문은 둘 모두 참이 된다. 이와는 달리 '배타적 이접'은 반드시 어느 하나만 옳은 것으로 선택해야 한다. 가령 "영이는 남자이거나 여자이다." 이때에는 오직 'ᴜ'만 쓴다. 자세한 것은 콰인(Quine, 1976), 『수리 논리(*Mathematical Logic*)』(Harvard University Press) 제1장을 보기 바란다.

13] 이발사는 여성이다. 그러나 머리를 깎는 고객이 남성인지 여성인지 나와 있지 않다. 번역에서는 미용실이 아니라 이발관이므로 남성으로 상정해 둔다.

wedge.

〈이발사〉 자, 잘 지내시죠?

〈고 객〉 난 괜찮아요. 그쪽은요?

〈이발사〉 저도 괜찮아요. 고맙습니다, 예 [〈고객 02〉 웃음] <u>우리가 보통 모습으로</u>
<u>머리를 자를 건가요 아니면 어떤 다른 모습으로 할 건가요, 아니면?</u>

〈고 객〉 에 또 <u>어떤 좋은 제안이라도</u> 있어요, 아니면 [웃음]? <u>늘 내가 당신에게</u>
<u>그걸 요구하죠</u>

〈이발사〉 머리가 뒤쪽 부분을 덮지 않도록요.

〈고 객〉 ⌊예.

〈이발사〉 <u>제 말뜻은</u> 손님 머리 모양새를 뒷목 쪽으로 아주 곱슬지게 하고 뒷머리에
일종의 층이 지도록 <u>할 수 있다는 말씀이거든요.</u>

〈고 객〉 그래요.

〈이발사〉 뒷머리 모양새를 층이 지게 하고, 바로 목쪽으로는 일종의 층이 지도록
해 둘 게요.[14]

여기서 참여자들은 과거의 행위 유형으로부터 자유롭게 벗어나려고
하는 것처럼 보인다. 고객에게 'we우리'를 쓰는 일은, 격식 없도록(≒친밀
해지도록) 부추기며, 대상에 대한 정규성regularity과 메아리 속성echoic nature
을 신호해 준다(≒늘상 하던 방식대로 응대하도록 함). 그렇지만 대화 상대
방 양쪽이 모두 좀더 자유롭게 (우리가 가정하기에) 정규적인 것으로부터
벗어나서, 다른 담화로 귀결되어 가는 타협 단계로 들어간다. (그 목표
를 효율적으로 성취하는 데에 그 담화를 뒷받침하는 '마음 합침meeting of minds'을 말
하게 될) 합치/수렴을 위한 새로운 가능성이 활짝 열려 있다.

14] wispy는 머리끝이 감겨진 곱슬머리 상태를 말한다. wedge는 긴 뒷머리가 가지런히
내려오다가 갑자기 경사지게 깎인 것을 말한다.

내용 정리에서는,[15] 현재 진행에 비춰 보아서, 화자들이 그 담화가 어디쯤에 와 있다고 생각하는지(≒개시·전개·평가·마무리 등)를 정기적으로 요약해 주면서, 현재 진행되고 있는 활동에 대해 촌평을 가한다. 회상이 현재의 활동을 이전의 경험과 이어 주면서 관련된 과거 담화를 언급한다는 점에서, 내용 정리는 회상과 차이가 난다. 아래 인용 (2.6)은, 이발사와 고객이 계속해서 고객의 머리 모양새를 놓고 어떻게 깎아야 할지를 이야기하면서, (2.5)로부터 계속 이어져 나간다.

(2.6) [앞에서 계속 이어지는 고객과 여성 이발사의 대화임]

⟨S 01⟩　Would you like height?

⟨S 02⟩　I do like height yes it has gone a bit sort of flat on the, yeah.

⟨S 01⟩　That is the only thing.

⟨S 02⟩　Yeah.

⟨S 01⟩　I mean the top heavy here, but I know you like the height.

⟨S 02⟩　You can do it as normal.

⟨S 01⟩　Do you want it cut over your ears?

⟨S 02⟩　You did that last time and I, it was alright but I wasn't too struck you know.

⟨S 01⟩　<u>So basically you want it cut shorter?</u>

⟨S 02⟩　<u>Yes.</u>

⟨이발사⟩　머리 윗부분을 더부룩하게 올리고 싶으세요?

⟨고　객⟩　난 더부룩한 걸 좋아해요. 그래요. 약간 꼭대기가 평평하기 때문인데, 그래요.

15] 클락(1996; 김지홍 뒤침, 2009, 『언어사용 밑바닥에 깔린 원리』, 도서출판 경진) §.11-2 에서는 sections(마디, 매듭)이라고 불렸고, 종결 마디(closing section)에서 촌평이나 평가 또는 내용이나 입장 정리가 일어난다. 매듭 짓기로 의역할 수도 있겠지만, 평가를 내린다는 점에서 이하에서 formulation은 '내용 정리'로 번역해 둔다.

〈이발사〉 그게 바라는 유일한 거죠.

〈고 객〉 그래요.

〈이발사〉 제 말씀의 뜻은 [손으로 가리키면서] 여기 꼭대기에 숱이 더부룩하게 놔두라는 뜻이지만, 저는 손님이 더부룩한 모양새를 좋아하는 걸 알고 있어요.

〈고 객〉 여느 모양새처럼 해 줘요.

〈이발사〉 양쪽 귀 둘레는 짧게 자르길 원하시죠?

〈고 객〉 지난 번에는 그렇게 했고, 내가, 그게 괜찮았지만, 알고 있듯이 썩 마음에 들지는 않았어요.

〈이발사〉 **따라서 기본적으로 머리를 더 짧게 깎아 주기를 원하시는 거죠?**

〈고 객〉 **예.**

이발사는 그 담화 내용을 파악함에 따라 요점을 요약해 놓고 있으며, 현재 활동에 대한 내용 정리로서 그것을 제시하고 있다(늑밑줄 그은 진한 글씨로 되어 있음). 물론 고객도 그 평가를 자유롭게 다시 정리할 수 있다. 그런 내용 정리가 참여자들로 하여금 협력하면서 대화를 한 단계에서 다른 단계로 이끌어 나갈 수 있게 해 준다.

§.2-4-4 사례 제시

앞의 (2.5)에서 본 첫 번째 이발사 대화 인용은, 동시에 사례 제시에 대해서도 말할 수 있도록 해 준다. 이는 갈래들이 어떻게 전개되는지를 이해하는 데에, 핵심이 되는 네 번째로 가장 빈번한 증거 유형이다. 왜냐하면 잠재적으로 사교상 반복된 담화의 따분한 속성을 인식함으로써, 이발사와 고객이 새로운 묶음의 목표들을 예시해 놓기 위한 절차를 활성화해 주기 때문이며, 이것이 갈래상의 활동들에다 종종 쉬 분류할 수 없게 만드는 유동성 및 역동성을 제공해 주는 것이기 때문이다. 사례 제시는 목표 지향적이다. 그것들이 정보전달 요소들이 좀 더 효율적으로 전달될 수 있게 해 준다는 의미에서,[16] 그리고 상호작용적으로 지향되거나(가령 칭찬해 주기/농담하기) 또는 동시적일 수 있다는[17] 의미에서 그러하다.

어느 서점에서 녹음된 다음 인용 (2.7)에서는, 어떻게 고객이 그 만남에 대한 매듭을 제시해 놓는지 주목하기 바란다. 이는 매듭지어져 끝나기 전에 여러 차례 발언기회가 오가며, 점원이 거기로 수렴해 가게 된다. 고객이 원하는 책이 현재 구입할 수 없지만, 곧 구입할 수 있게 될 것이라고 점원이 설명하는 시점에서 인용 내용은 시작된다.

(2.7) [〈S 02〉는 서점 점원이고 〈S 01〉은 고객임]

〈S 02〉 It's on a stock list so we should have it back in the space [〈S 01〉 mm [inaudible]] we don't have it here now.

〈S 01〉 I'll probably call here again, there's no particular

〈S 02〉   ⌊ Sure, it's going on here Handy's [inaudible] [〈S 01〉 mm] space on here instead of

〈S 01〉 Erm

(8 secs)

〈S 01〉 Well I'll call back then

〈S 02〉   ⌊ I'm sorry about that

〈S 01〉   ⌊ see whether it's

〈S 02〉   ⌊ I'll make sure, it will take to, going through again but it erm probably will take a couple of days it'll be back [〈S 01〉 yes] in stock again

---

16] 다음 부분이 본문 속의 괄호로 들어 있다. 그렇지만 번역에서는 본문 이해가 쉽게 되도록 각주로 돌려놓는다. "가령 음식점에서 음식을 주문하는 데 마음이 바뀐 것을 정중하게 신호해 주기(늑이선 주문을 취소하고 새로 주문하기), 또는 그렇지 않다면 매듭짓기 위하여 머리를 짧게 잘라 주는 일."

17] 다음 부분이 본문 속의 괄호로 들어 있다. 그렇지만 번역에서는 본문 이해가 쉽게 되도록 각주로 돌려놓는다. "더 나은 사회적 유대를 만들어 주고 동시에 실행될 일에 동의를 나타내면서 이발사 대화 인용이 그렇게 되는 것처럼."

[〈S 01〉 yes].

〈S 01〉　　Thanks very much indeed.

〈S 02〉　　Thank you.

〈S 01〉　　Thank you.

〈점원〉　　그게 재고 목록에 올라 있기 때문에 꼭 서가에 갖다 놓겠습니다 [〈고객 01〉 음 [청취 불가능]] 지금 여기 그 책은 없습니다.

〈고객〉　　아마 다시 여기 전화를 할 게요, 특별히 할 건 없

〈점원〉　　　　　　　　　　　　　　　　　　└ 틀림없이, 그 책이 여기 핸디의 [청취 불가능] 서가 [〈고객 01〉 음] 대신 여기 서가에 있게 될 겁니다.

〈고객〉　　어 또

(8초간 침묵)

〈고객〉　　그럼 그 때 다시 전화해서 알아볼게요.

〈점원〉　　　　　　　　　　　└ 미안합니다 그 점에 대해

〈고객〉　　　　　　　　　　　　　　　　　└ 그게 있는지 여부를 알아보기

〈점원〉　　　└ 제가 틀림없이 해 놓겠습니다. 그게 시간이 좀, 다시 서가에 진열하는 해 놓는 게. 허지만 어 또 아마 며칠은 걸릴 거예요. 그게 다시 [〈고객 01〉 예] 창고에 되돌아오는 데 말이에요 [〈고객 01〉 예]. 갖다 놓도록 하겠지만

〈고객〉　　정말 고맙습니다.

〈점원〉　　고맙습니다.

〈고객〉　　고맙습니다.

기대·회상·내용 정리·사례 제시들이 언제나 별개의 것들은 아니며, 그럴 것으로 기대하지도 않을 것이다. 그러나 이것들은 갈래별 활동을 향한 상이한 지향 내용들에 대하여 실제로 시사적인 분류법을 제공해

준다. 그런 지향 내용이 언제나 존재하지만, 오직 담화 흐름 속에서 목표들이 그것(≒분류)을 요구하는 특정한 시점에서 분명하게 저절로 나타날 뿐이다. 따라서 우리가 기대들이라고 부르는 바가 필연적인 것은 아니더라도, 전형적으로 시작 부분 동안에 표면화된다. 반면에, 사례 제시들은 주제 변화·끝맺기 등에 대한 결정과 주제 전환과 미리 끝내기 신호pre-closure 등을 작동시키는 일을 포함할 것 같다. 그러나 갈래별 활동을 향하여 참여자들이 좀더 견본적인 지향점에 내어서 발할 수 있을 것 같다. 그렇지만, 한편으로 갈래별 의미significance 중요성를, 발화사건을 구성하는 특정하게 선택된 다수의 언어 형태들로 귀속시키는 데에는 여전히 현저한 문제점들이 남아 있다. 갈래의 유용한 교육 모형을 탐색하는 사람에게는 누구나 어떤 시점에서 지엽적(즉 어휘-문법상으로, 아래 논의를 보기 바람)으로든, 아니면 또한 이상적으로 좀더 전반적인 규모 상(이런 규모에서 시작하기·끝맺기·주제 변화 등과 같은 사건들의 정규적인 유형을 관찰할 수 있음)으로든, 형태-기능 상관성correlates 등가물, 상관물들이 가장 흥미로운 사안으로 된다. 이것이 갈래 이론가들이 오직 부분적인 답변만을 제공해 온 문제인 것이다. 아래의 논의에서 우리는 노팅엄 담화뭉치CANCODE 자료에서 상이한 유형의 텍스트들에 나타나 있는, 지엽적인 어휘-문법적 특징들의 갈래별 의미significance 중요성에 대한 증거를 살펴보게 될 것이다.

§.2-5 더 높은 층위의 특징 및 더 낮은 층위의 특징들을 통합하기

　　상이한 현장setting으로부터 나오고, 상이한 참여자들이 들어 있는 발화 텍스트들에 대한 비교는, 우리들로 하여금 종종 갈래별 유형 내용을 관찰할 수 있게 해 주는 어휘-문법상의 유사성을 만들어 낸다. 거기에서 어휘 및 문법에 대한 더 낮은 층위의 특징들은, 노팅엄 담화뭉치CANCODE의 행렬에서 목표 유형 및 맥락 유형의 더 높은 층위 특징들과 일치한다(§.1-4의 [표 1]을 보기 바람).[18] 똑같이, 두루 여러 텍스트들에 걸친 어휘-문법 특징들에 대한 분포 상의 차이점들은, 상이한 맥락 유형뿐만 아니라 또한 목표 유형들에 대해서도 중요할 수 있다. 바이버·휘니건(Biber and Finegan, 1989)에서는 이를 명백히 글말 및 입말 텍스트 사이의 차이점들로 보여 준다. 이런 차이는 많은 측면에서 비슷할 수 있지만, 중요한 측면들에서 차이가 날 수 있다. 예를 들어, 그들의 말뭉치에서 사적인 개인 편지들은 많은 비-대화적 입말 갈래들과 여러 특징을 공유하지만, 더 많은 수의 '정서적/감정적 표지들'에 의해서 구별된다(가령 I feel저는 …라고 느낍니다 따위; 추가 논의를 보려면 Biber, 1988: 131~133 쪽을 참고하기 바람).

이런 유형의 변이를 예시해 주기 위하여 일부 노팅엄 담화뭉치 CANCODE 인용들을 비교하기로 한다. 다음 인용 (2.8)에서는 (2.3)에서 시작된 과즙-알코올 음료 사발을 가득 채우는 일을 계속하고 있다. 이제 더 많은 화자들이 참여하는데, 더 가까운 가족 관계 및 좀더 먼 친척들이 뒤섞이어, 모두가 가족 잔치를 위해 함께 모인다. 논의되고 있는 문제는 과즙-알코올 음료를 신속히 식히는 방법이다.

(2.8) [가족 잔치를 위해 과즙-알코올 음료를 식히는 방법을 의논하고 있다]

⟨S 01⟩   If you put this in the freezer

⟨S 02⟩   ⌞Yes

⟨S 01⟩   ⌞That'll cool it down quicker won't it.

⟨S 02⟩   Yes and it won't freeze

18]   [표 1] 운용된 범주들의 사례

맥락 유형	목표 유형	대표적인 사례
정보전달 맥락	정보 제공	관광 안내소에서 여행 정보를 묻는다
전문 직업 맥락	정보 제공	회사 판매 회의, 비격식적인 정보전달 이야기
현장 교육 맥락	협력 착상	대학에서 작은 모둠으로 된 수업
공적인 친교 맥락	협력 과제	잔치 음식을 준비하는 친척과 친구들
사적인 친밀 맥락	협력 착상	집안일에 대하여 어머니와 딸이 함께 의논한다

⟨S 01⟩　　　　　　　　　　　　⌐ No no

⟨S 02⟩　　　　　　　　　　　　　⌐ Cos of the alcohol anyway so.

(4 secs)

⟨S 03⟩　Oh yeah there should be room in the top here.

⟨S 01⟩　Mm yeah that'll cool it down.

⟨S 04⟩　　　　　　⌐ Erm there's erm two of them.

⟨S 01⟩　That'll cool it down very quickly

⟨S 02⟩　Orange … oh.

⟨S 05⟩　Too much orange in there is there Tone.

⟨S 02⟩　No there wasn't enough orange.

⟨S 05⟩　Well the extra bit you've got there.

⟨화자 01⟩ 그걸 냉동실에 집어넣으면

⟨화자 02⟩　　　　　　　　⌐ 예

⟨화자 01⟩　　　　　　　　⌐ 그게 더 빨리 식힐 거 같지. 안 그래?

⟨화자 02⟩ 예 그리고 얼지 않을 거예요.

⟨화자 01⟩　　　　　　　⌐ 그럼 그럼

⟨화자 02⟩　　　　　　　　　⌐ 어쨌든 알코올 때문에 그런 거죠.

(4초가 지남)

⟨화자 03⟩ 아 그래요 [손으로 가리키면서] 여기 꼭대기에 공간이 있을 거예요.

⟨화자 01⟩ 음 그래 그게 식혀 주겠네.

⟨화자 04⟩　　　⌐ 에 또 거기 공간이 에 두 개 있네.

⟨화자 01⟩ 그게 아주 빨리 식혀 놓을 거야.

⟨화자 02⟩ 오렌지 … 아.

⟨화자 05⟩ 너무 오렌지가 많네. 저기에 저기 말야, 앤토니(Anthony).

⟨화자 02⟩ 아뇨 오렌지가 충분하지 않았어요.

⟨화자 05⟩ 그런데 나머지 것이 저기 들어 있구나.

목표 유형은 협력 작업이며(§.1-4를 보기 바람), 맥락은 공적인 친교 맥락 socialising이다(즉, 비록 가까운 친척 구성원으로서 일부 참여자들이 때로 친밀하게 행동할 수 있겠지만, 이 시점에서는 사적으로 친밀한 관계intimate인 친교는 아님). 안심하고 우리는 그 목표에 비춰서, 그리고 물리적 환경이 직접적이며 가시적이라는 사실에 비춰서, 높은 정도의 공유지식이 있다고 말할 수 있다. 분위기는 편안하고 비격식적이다. 발화는 지속적이지 않으며, 다른 맥락에서 지나친 침묵(가령 언급된 4초)도 행위가 지속되는 동안에는 수용될 수 있다. 이들 특징이 어휘-문법 층위에 반영되어 있다. 맥락의 즉각성, 그리고 이용된 낱말들 및 실행되고 있는 과업 사이에 긴밀한 관련성(Ure, 1971에서 '행위에-동반된-언어language-in-action'라고 부르는 것임)은 높은 빈도의 손가락으로 가리키는 표현 항목(this, the, here, there 등)에 반영되어 있다. 이는 직접적인 환경(≒현장 상황)에서 대상을 손으로 가리키거나, 담화 표지(oh, well)와 낮은 빈도의 완전한 어휘 낱말들을 가리킨다(비격식적이고 가까운 사이에서는 대상들이 꼭 이름으로 불릴 필요는 없기 때문인데, 그렇지 않을 경우에는 현학적으로 보임). 이들 어휘 낱말(cool, orange)들이 때로 반복된다. 따라서 (내용이 있는 어휘 항목들의 숫자를 텍스트에 있는 모든 낱말들의 비율로 계산하는 측정값인) 텍스트의 실사어휘 밀집도lexical density가 오직 22% 정도이다(추가 사례와 논의를 보려면 §.6-2를 참고하기 바란다).[19] 이는 아주 낮다(입말과 글말을 통틀어서 모든 텍스트에 대한 평

19] 핼러데이(Halliday, 1985), 『입말과 글말』(옥스퍼드 대학 출판부)의 제5장을 참고하기 바란다. 실사어휘 밀집도를 따르면 글말인지 입말인지를 분간할 수 있게 된다. 먼저 전체 낱말의 숫자를 헤아려야 한다. 여기서 실사와 허사를 나눠서, 실사어휘의 숫자를 전체 낱말의 숫자로 나눠서 백분율을 내게 된다. 직관적으로 입말이 허사를 많이 사용하고, 글말이 실사를 많이 쓸 것임을 알 수 있다. 소략하게 말하여, 언어의 구성부문은 사전 및 규칙들이다. 실사어휘는 사전에 등록되지만, 허사어휘는 문법책에 등록되어야 하며, 허사들을 쓰는 규칙을 알아야 한다.

그런데 문제는 실사어휘의 밀집도를 얼마정도로 잡아야 하는지 정확히 통계를 잡을 수 없다. 오직 어림치만 상정할 수 있을 뿐이다. §.6-2에서 인용된 유뤄(Ure, 1971)에서 기준치 40%를 받아들이면, 40% 이상의 실사어휘 밀집도는 언제나 글말로 판정되는 것이다.

한편 이를 적용하려면, 언어마다 지닌 특성들도 반영되어야 할 것이므로 언제나 주의할 필요가 있다. 개인적으로 교재로 쓰고 있는 핼러데이 번역 초고 77쪽 이하의

균 어휘 밀집도는 보통 완전한 실사 항목들에 대해서 40% 정도에 달한다). 주어와 동사의 축약이 많이 있고, 또한 'Too much orange in there is there Tone'너무 오렌지가 많네 저기에 저기 많이 앤토니'에는 (비록 아주 비격식적 발화에서 똑같이 단순히 유동적 어순의 특징으로 간주될 개연성도 있겠지만) 시작하는 구 there is거기 있다의 가능한 생략도 있다.

만일 우리가 그 맥락을 친밀한 맥락으로 바꾼다면(가령, 집에서 누이가 멀리 대학교로 떠나기 위해 짐 꾸리는 일을 도와주고 있는 오빠와 누이 둘 사이의 대화임) 우리는 다시 일부 동일한 특징들을 볼 수 있는데, 일부는 악센트가 들어가 있다.

(2.9) [〈S 01〉는 누이, 〈S 02〉는 오빠임]

〈S 01〉   Mm can we try and get this stuff downstairs.

〈S 02〉   Well you take that, you give yourself a er hernia … so is this this styling brush going in or, it won't go in will it.

〈S 01〉   Which one … I'm gonna use it.

〈S 02〉   Oh right so you want it left up here.

〈S 01〉   Yeah.

(14 secs)

〈S 01〉   Cos I got er things like plates and.

〈S 02〉   I'll leave the stereo somewhere where you can't find it okay.

〈S 01〉   I'm not going without that.

(4 secs)

〈S 01〉   Helen's just gonna go right.

〈S 02〉   Don't they look after it, it was all, it was all dusty when I got

---

한영 대조 예시를 보기 바란다. 가령, 영어 '실사 6 : 허사 3'이 우리말 번역에서 '8 : 11'로 되고, 영어의 '실사 11 : 허사 13'이 우리말 번역에서 '11 : 17'로 되며, 영어의 '실사 13 : 허사 10'이 우리말 번역에서 '15 : 20'이 되기도 하므로, 밀집도 내용 자체가 달라질 수 있는 것이다.

it back off holiday, looks cleaner again, only cleaned it before
I came back from university.

⟨S 01⟩ I'm wearing this.

⟨S 02⟩ Oh yeah I was gonna take them down actually.

⟨누이⟩ 음 우리가 이 물건을 아래층으로 내려갈 수 있을까?

⟨오빠⟩ 글쎄 네가 저 무거운 걸 들면, 탈장이 될 걸 … 이것도 그렇지, 이 머리
모양새 내는 솔도 가방 속에 들어갈 거지, 아니면, 그게 들어가지 않을
거야, 안 그래?

⟨누이⟩ 어떤 거? … 난 그걸 사용할 거야.

⟨오빠⟩ 아 맞아, 그래서 네가 그걸 여기 놔두고 싶은 거로구나.

⟨누이⟩ 그래요.

(14초 흐름)

⟨누이⟩ 왜냐면 내가 어 접시 같은 것들을 갖고 가기 때문이야 그리고.

⟨오빠⟩ 난 전축을 어디 네가 찾을 수 없는 데에다 놔 둘 거야, 괜찮지?

⟨누이⟩ 난 그것 없인 안 갈 건데.

(4초 흐름)

⟨누이⟩ 헬렌이 막 가려고 하네, 그지?

⟨오빠⟩ 걔네들이 그걸 돌보지 않을까, 그게 전부, 내가 일요일에 도로 갖고 왔을
때 그게 온통 먼지투성이였어, 다시 더 깨끗하게 보이네, 다만 내가 대학으
로부터 집으로 되돌아오기 전에 그걸 닦아 놓았어.

⟨누이⟩ 난 이 옷을 입을 거야.

⟨오빠⟩ 아 그래. 내가 사실 그것들을 들고 아래로 내려가려고 했던 거야.

공유된 지식의 정도는 여기서 직접적인 물리적 환경(≒화자와 청자가 공
유하는 현장 상황)에 비춰 보아 아주 높다. 그러나 목표, 더 정확히 말하
여 어느 짐을 꾸려야 하는지에 비춰 보면 더 낮다. 이는 누이가 혼자
결정을 해야 한다. 놀랄 것 없이, 그 환경에 있는 더 너른 범위의 항목

들과 일치하면서, 실사어휘 밀집도는 상대적으로 앞 예문의 22%에 비해 더 높다(28.5%). 누이에 의해서 이런 환경으로부터 어떤 중요한 선택들이 이뤄져야 한다. 그러나 일반적으로는 여전히 실사어휘 밀집도가 낮은데, 또한 모든 텍스트들에 대하여 일반적 평균이 되는 유뤄Ure의 40%보다 더 낮다. stuff(대상, 것)와 thing(대상, 것)이라는 두 어휘 항목은 애매하며 일반적인 것으로서, 친밀하고 편한 인간관계에서 쓰기 적합한 낱말이다. 여전히 손가락으로 가리키는 표현(this, that, the, down 등)이 많이 있고, 행위 지향 담화 표지(oh right, oh yeah^{아 맞아, 아 그래})들이 있으며,

> (*It*) *looks cleaner again*
> ([그게] 다시 더 깨끗해 보이네)
> (*I*) *only cleaned it*
> ([내가] 다만 그걸 깨끗이 닦았을 뿐이야)

과 같이 주어 생략이 있을 뿐만 아니라, 또한 양적으로 주어-동사 축약도 많다. 친밀한 인간관계에서는 전혀 문제가 되지 않는 직접성(≒상대방의 체면을 고려하지 않는 직접적 표현)도 있다. 즉 체면을 고려한 상식적인 녹음에서는 'you's are stressed네가 스트레스 받는다(속어 표현으로 조동사 's는 잘못이며 삭제되어야 함)'라고 말하게 될 것을 여기서는

> 'well YOU take that, YOU give yourself a hernia'
> (글쎄 네가 저걸 들면, 넌 저절로 탈장이 될 걸)

로 표현한다. 긴 침묵도 또한 전혀 문제가 되지 않는다(가령 14초의 침묵 시간). 따라서 앞에서의 인용 (2.8)과 (2.9)는 많은 것을 공통되게 갖고 있는데, 우리들에게 갈래상의 공통성을 말할 수 있게 해 준다. 거기에서 참여자들 사이에 맺어진 인간관계의 차이들에 따라서, 활동과 정보

전달 및 인간관계 목표를 향한 합치가 지엽적인 언어 선택에 반영된 것으로 볼 수 있다. §.6-2에 주어진 '행위에–동반된–언어language-in- action'의 추가 사례는, 오직 이런 관점을 강조하는 데 기여할 뿐이다.

만일 '협력 과제'(§.1-4를 보기 바람)의 일반적인 표제 속에서, 상이한 하위목표 유형으로 전환하여, 미래 행위를 위한 결정 내리기(즉, 이전의 두 인용 발췌에 대한 언어 및 행위 사이에 동시 연결이 있는 것이 아님)를 다룬다면, 다시 관계 유형에 따라서 내부적으로 달라지는 특징들에 대한 상이한 유형을 보게 된다. 아래 인용 (2.10)에서는 결혼한 부부가 집에 있는데, 손님으로서 와 있는 두 사람의 가까운 친족 앞에서 휴가 일정을 짜고 있다. 그 관계는 친밀하다.

(2.10) [〈S 01〉 남편, 〈S 02〉 아내, 〈S 03〉 여성 친족]

〈S 01〉 <u>Mm that's interesting</u> [〈S 02〉 what] there's two places offering deals at the same hotel <u>let's</u> compare them.

(6 secs)

〈S 02〉 Bit dear.

〈S 03〉 Yeah one's by boat and one's by plane.

〈S 01〉 Oh I see.

(7 secs)

〈S 01〉 It's even the same library shot they've got of the hotel.

〈S 02〉 <u>Why don't you</u> have a look and see if we should take the car or go on the train have look at *The Rough Guide* and see.

〈S 01〉   <u>I think we should</u> go by train.

〈S 02〉 Do you think, take the car to Felixstowe and go over on the boat.

〈S 01〉 Yeah we haven't got to worry about parking then and finding our way back.

〈S 02〉 Well have a look at *The Rough Guide* and see what it says about train travel.

〈S 01〉 I don't want to at the moment I'm too tired.

〈S 02〉 Oh come on do it.

〈S 03〉 I'll do it I will plan your holiday [laughter].

〈S 01〉 You two managers get together and leave me and Dave to have sleeps.

〈S 03〉 Alright where's *The Rough Guide* ⋯ erm.

〈S 01〉 This is the same have you got two the same or something oh you're there.

〈S 03〉 Where's *the Rough Guide* then.

〈S 02〉 It's in that bag you're sitting on it.

〈S 03〉 You great elephant.

〈S 01〉 I couldn't feel it cos my bottom is so enormous [laughter].

〈S 02〉 <u>Yeah we'll just leave</u> the car behind and go on the bus, go on the trains.

〈S 01〉 <u>I reckon that's what we should do</u> [〈S 02〉 yeah] the only problem that we've got then is carrying luggage.

〈S 02〉 Yeah I won't take any.

〈S 03〉 Just take a ruckie.

〈S 02〉 Just take one, just take a Sainsbury's bag.

〈S 01〉 Well this is what we usually do I haven't got a rucksack.

〈S 02〉 Well at least take, we've got the cool bag so we'll take that and just so we can keep, it's only small so we can take things in that and we can get the train down to Brugge and then cos it's only a wee bit south then take the train back up and go into Delft and up to Amasterdam and there's somewhere else nice on the way go up to Amsterdam and then just get it back again is Delft in Holland or Belgium?

⟨S 03⟩   Delft Holland.

⟨S 01⟩   Holland.

(5 secs)

⟨S 02⟩   And it says in my book the train's quite cheap.

⟨S 01⟩   The only problem I suppose if we do go by train in the hassle
         of finding the right buses and coaches and.

⟨S 02⟩   Nah cos the train stations'll be in the cities won't they it'll be fine.

⟨남편⟩   **으음 흥미롭네** [⟨아내⟩ 뭐가?] 똑같은 호텔에서 숙식을 제공하는 게
         두 군데나 있는데 **어디** 비교해 보자.

(6초가 흐름: 안내책자를 살펴보고 있음)

⟨아내⟩   좀 여보.

⟨친족⟩   그래 하나는 배 여행이고 하나는 비행기 여행이야.

⟨남편⟩   아 알겠어요.

(7초가 흐름: 계속 안내책지를 살펴보고 있음)

⟨남편⟩   심지어 그 호텔에 대해서 필요시 대비해 둔 똑같은 보관용 사진을 실었어.

⟨아내⟩   **어디 한 번** 살펴보지 **않고요**? 그리고 우리가 차를 가져 가야 하는지 아니면
         기차로 가야하는지를 알아봐요. '개략적 여행안내서'를 살펴보고 알아봐요.

⟨남편⟩   └ **내 생각으론**
         우리가 기차로 가야 할 거 같은데.

⟨아내⟩   당신은 펠릭스토까지 차를 갖고 가서 배를 타고 건너자고 생각하는 거예요?

⟨남편⟩   그래요. 그렇다면 주차와 귀향길을 찾는 일에 대해서 걱정하지 않아도 돼요.

⟨아내⟩   글쎄 '개략적 여행안내서'를 들여다보고서 기차 여행에 대해 뭘 말하는지
         알아봐요.

⟨남편⟩   지금 하고 싶지 않아요, 너무 피곤해.

⟨아내⟩   아 그러지 말고 얼른 알아봐요.

⟨친족⟩   내가 알아볼게. 내가 너희들의 휴가를 짜 줄게 [웃음].

⟨남편⟩   당신들 관리자 두 사람이 함께 해 봐요. 나와 데이브를 잠 좀 자게 놔 두고서.

〈친족〉　좋아 어디 '개략적 여행안내서'가 있지? … 에 또.

〈남편〉　이건 똑 같은 건데, 당신 두 개 똑같은 거나 또는 어떤 거 갖고 있소? 아 저기 있네요.

〈친족〉　그런데 '개략적 여행안내서'가 어딨지.

〈아내〉　그게 당신이 깔고 앉아 있는 가방 속에 있어요.

〈친족〉　자네 육중한 코끼리로구나.

〈남편〉　난 그걸 느낄 수 없었어유 왜냐면 내 구두가 그렇게 크기 때문이죠 [있음].

〈아내〉　**옳아요 우린 뒤에 차를 놔 두고서 버스에 오를 거고, 기차를 탈 거예요.**

〈남편〉　**내 생각엔 그게 바로 우리가 해야 하는 거예요** [〈아내〉 그래요] 그렇다면 우리에게 문제는 짐을 운반하는 건데.

〈아내〉　그래요 난 아무것도 갖고 가지 않을래요.

〈친족〉　배낭 하나만 갖고 가렴.

〈아내〉　하나만 갖고 가죠, 바로 쎄인스베리 가방 하나만요.

〈남편〉　글쎄 이게 흔히 우리가 하는 건데, 난 배낭을 갖고 가지 않아요.

〈아내〉　글쎄 최소한 갖고 가요, 우리한테 아이스 가방이[20] 있는데 그걸 갖고 갑시다. 그리고 바로 그렇게 우리가 놔 둘 수 있거든요, 그게 아주 자그맣고 그래서 그 속에 물건들을 담아 놓을 수 있어요. 그리고 기차를 타고 부루기까지 가서 내릴 수 있어요. 그런 뒤에 단지 조금 남쪽이기 때문에 기차를 타고서 도로 델프트까지 가고 암스테르담으로 올라가서, 그리고 나서 바로 다시 되돌아오면 델프트인데, 홀란드나 벨기에에 있죠?

〈친족〉　델프트 홀란드.[21]

〈남편〉　홀란드에요.

(5초가 흐름)

20] 대형 마트에서 아이스크림을 많이 살 때 아이스크림이 안 녹게 하려고 담는 비닐 가방이 있는데, 이를 cool bag라고 한다. 이 인용의 번역에 M. J. Guilloteaux 교수로부터 크게 도움을 받았다.

21] 델프트는 네덜란드에 있는 도시이다. 바다를 긴 남부 홀란드의 주에 있으며, 인구는 9만 정도이다. 홀랜드는 특히 네덜란드 발전에 기여한 바다를 긴 남·북 홀란드 지방을 가리키는 말이다.

〈아내〉　　　그리고 내 책에서는 기차표가 아주 싸대요.

〈남편〉　　　우리가 기차로 가는 경우에, 유일한 문제는 올바른 버스와 객차를 찾아내는 소동이라고 짐작이 되는군요.

〈아내〉　　　아니에요. 왜냐면 그 기차역이 도심 속에 있을 것이기 때문인데, 안 그래요? 괜찮을 거예요.

여기서 더 높은 층위의 수준에서 보면, 그 목표는 일련의 결정들이다. 이것들이 문제별 토대 위에서 다뤄진다. 각 문제는 참여자들에 의해서 받아들여진 어떤 해결책으로 수렴되고 있으며, 여러 결정들이 이뤄질 수 있게 해 준다. 호이(Hoey, 1983)에서는, 문제를 제기하는 일로부터 시작하여, 그 문제에 대답을 하고, 그런 대답을 평가하며, 그런 뒤 해결책으로 옮아가는 정규적인 담화 마디들의 연결체에 비춰서, 글말 담화에서 '문제 해결' 유형으로 서술해 놓는다. 입말 담화에서도 동일한 많은 부분이 문제 해결로 분명해진다.

이 인용 발췌에서, 공유지식은 전반적인 목표들에 비춰보아 아주 높지만, 〈S 01〉(남편)이 여행 책자를 갖고 있다는 점으로 보면, 이 시점에서 남편만이 볼 수 있는 것이므로 공유지식이 아주 낮다. 그 분위기는 편안하고 비격식적이다. 침묵도 허용되지만, 오직 그 안내서를 살펴보고 있는 경우에만 가능할 듯하다. 즉 행위에 동반된 언어 단계인 것이다. 그렇지 않은 경우에는 이야기가 지속된다.

실사어휘 밀집도는 35.5%이다. 이는 여행 장소 및 직접 상황(≒현장 상황)을 벗어난 활동들을 가리키는 데 필요한 어휘적 지시내용(lexical references)의 많은 숫자를 반영해 준다(≒현장 상황을 벗어난 대상을 가리키려면, 반드시 실사어휘를 써서 언급해 주어야 함). 직접적인 환경에[22] 대하여 손가락

22] 직접적(immediate) 환경이란 오감으로 느낄 수 있는 구체적인 물리적 환경을 뜻한다. 아마 '현장 상황'이라는 말로 바꿔쓸 수 있을 것이다. 이에 대립하는 말로 간접적 (mediate 매개적) 환경이란, 언어나 다른 보조수단을 통하여 시간과 공간을 초월한 다른 세계(과거에 경험한 세계와 상상의 세계도 포함)를 가리킨다.

으로 가리키는 표현 내용들은, 그 인용 발췌의 마지막 쪽에 있으며 오직 숫자상으로만 많다(높다). 거기에서 화자들은 '개략적 여행안내서' 책자를 찾아내려고 하고 있다(this, there, that). 이는 또 다른 작은 '행위에 동반된 언어' 구체사례^{episode 일화}이다. 정관사 the가 빈번히 나오는데,[23] 이는 화자들의 세계에서 공유된 지식(the car, the boat, The Rough Guide 등)을 가리킨다. 개인별 제안 내용들은 목표 지향성의 중요한 부분이 되며, 격식화되어 있을 뿐만 아니라, 또한 좀더 간접적인 방식으로 실현된다.

① Mm that's interesting … let's …

　(으음 그게 흥미로운데 어디 한 번 …)

② Why don't you …

　(어디 한 번 … 지 않으시구요?)

③ I think we should …

　(내 생각으로는 우리가 … 해야 할 것 같은데)

④ imperative verb forms(명령형 동사 형태)

인용 발췌의 마지막 부분에 있는 내용 정리^{formulation}는 참여자들 사이의 합치를 드러내 준다.

① Yeah we'll just …

　(그래요 우리는 막 …을 거예요)

② I reckon that's what we should do

　(내 생각엔 그게 바로 우리가 해야 하는 거예요)

23] 부정관사는 a는 존재하는 대상만 있으면, 어떤 것이든 상관없이 쓰인다. 그러나 정관사 the는 청자와 화자가 이미 알고 있는 대상을 가리키거나(본문에서 이용되는 용법이며, 우리말의 지시대명사 '그'와 일부 의미가 겹쳐 있음), 그 범위와 영역이 명확히 한정되어 있는 대상을 가리킨다. the는 확정된 대상이나 영역을 표시한다. the sun(태양)처럼 유일한 대상은 당연히 범위가 한정되어 있으므로, 정관사가 붙을 수밖에 없다.

비교를 하기 위하여, 또 다른 결정 내리기의 협력 과제 인용을 살펴보기로 한다. 이번에는 출판사의 모둠 회의에서 이뤄지는 일이다. 맥락 유형은 전문 직업적이지만 비격식적이다. 화자들이 탁자 위에 있는 책자들에 대하여 여러 가지 출판 계획을 지니고 있고, 진행 날짜와 효율적인 출판을 보장해 주기 위한 행위들을 결정해야 한다. 다시 한 번, 문제 해결의 구체사례episode 일화들이 더 높은 층위의 얼개를 만들어 놓는다(≒문제 해결 과정이 뼈대가 되고, 이 뼈대 위에 대화 내용이 살갗처럼 붙게 된다는 뜻임). 그런 회의가 정규적 행사이므로 공유지식은 목표들에 비춰 보아 높은 편이지만, 개인 각자의 전문지식 및 문제에 대한 현재의 해결 관점에 비춰 보면 낮다. 아래 있는 인용 발췌 (2.11)는 그 모둠이 특정한 제목의 책을 놓고서 재판을 찍어낼지 여부를 논의하고 있으며, 여러 가지 결정들을 내렸다.

(2.11) [어느 출판사의 출판 계획에 대한 회의 내용임]

〈S 02〉   That first six month's going to be a killer … not to worry erm any other questions.

〈S 01〉   No that's all.

〈S 02〉   Well l've got one [〈S 01〉 yes] and that's about the readers [〈S 01〉 yes] can you just fill me in[24] again [〈S 01〉 mm] just very quickly [〈S 01〉 mm] how many and when are they likely to hit me.[25]

〈S 01〉   How many books [〈S 02〉 yeah] how many titles.

〈S 02〉   Was it sixty did you say.

〈S 01〉   Erm we were talking about, well the adult series will be six levels

---

24] 옥스퍼드 고급학습자 영영 사전에 'fill sb in'을, 일어난 것에 대해서 모두 누군가에게 이야기해 주다(to tell somebody about something that has happened)로 풀이하였다. 즉 'give me all the information again'이란 뜻이다.

25] hit me는 'ask me to produce these books(이 책들을 출판하도록 요구하다)'이다. 이 인용에 대하여 전반적으로 친절히 가르쳐 준 M. J. Guilloteaux 교수께 감사드린다.

and ⋯ er thirty initially.

⟨S 02⟩ Right and six months after that another thirty [⟨S 01⟩ yeah] and that's likely to hit me in a year.

(4 secs)

⟨S 02⟩ Erm.

(3 secs)

⟨S 01⟩ Yes ⋯ year to eighteen months.

⟨S 02⟩ Right that, and to what degree I mean that means that they'll come into production thirty titles will come into production or er that that will be the beginning of looking at an identity and pre-planning.

⟨S 01⟩ No I suspect they will actually be going into production in about say about summer next year.

⟨S 02⟩ Right.

⟨S 01⟩ ⌊ It's what I would aim for.

⟨S 02⟩ Right well then what we need to do is erm er sit down together and have a planning meeting [⟨S 01⟩ mm] I think again [⟨S 01⟩ mm] just go over it I know you've already spoken to me about it but er I'd like to just go over it again and think what the issues are and see erm ⋯ I'm pretty confident about the extents which I gave you but I'd like to have a look at the production issues involved and who's going to actually do the setting.

⟨S 01⟩ Mm.

⟨화자 02⟩ 첫 6개월은 죽도록 힘들 거라는 거 ⋯ 걱정할 거 없어요. 어엄 다른 질문들 없어요.

⟨화자 01⟩ 없습니다 그게 전부예요.

⟨화자 02⟩ 그럼 하나를 확정했네요. [⟨화자 01⟩ 예] 그리고 그게 독자들에 대한 건데 [⟨화자 01⟩ 예] 좀 다시 모든 정보를 내게 알려 줄 수 있을까요?

[〈화자 01〉 으음] 아주 신속히요. [〈화자 01〉 으음] 얼마나 많은 책을 그리고 언제 출판하도록 내게 요구할 것 같은지에 대해서요.

〈화자 01〉 얼마나 많은 책들과 [〈화자 02〉 그래요] 얼마나 많은 제목들인지.

〈화자 02〉 60권이었나요, 그렇게 말씀하셨죠.

〈화자 01〉 어엄 글쎄 성인 총서에 대해서 말하고 있었는데요, 성인 총서들이 제6 수준이 될 거에요. 그리고 … 어 시작에서는 30권요.

〈화자 02〉 그래요. 그 뒤에 6개월 동안 또 다른 30권 [〈화자 01〉 맞습니다] 그리고 그게 다음 해에 출판하도록 내게 요구할 것 같네요.

(4초가 흐름)

〈화자 01〉 에 또

(3초가 흐름)

〈화자 01〉 예 … 1년에서 18개월까지요.

〈화자 02〉 옳아요 그게, 그리고 어느 정도로요, 내 말뜻은 그게 그것들이 제작될 거 거라는 건데요, 30가지 책명이 제작될 것이거나, 어 그게 정체성과 사전 기획을 살펴보는 시작 단계가 될 거라는 뜻이죠.

〈화자 01〉 아닙니다. 저는 그것들이 대략 가령 대략 내년 여름 정도에 실제로 제작될 거라고 짐작하죠.

〈화자 02〉 옳습니다.

〈화자 01〉   ⌊그게 바로 제가 목표로 삼고 싶은 바예요.

〈화자 02〉 옳습니다. 그렇다면 실행해야 할 것은 엄 어 함께 모여 앉아서 기획 회의를 갖는 건데 [〈화자 01〉 으음] 내 생각으로는 다시 [〈화자 01〉 으음] 그걸 검토하는 거예요. 우리가 이미 그것에 대해서 나한테 말한 걸 알고 있지만, 어 다시 저는 그걸 검토해 보고 싶거든요. 그리고 그 논제가 무엇인 지 생각해 보고 어엄 … 저는 여러분들에게 제시해 준 범위들에 대해서 아주 자신이 있지만, 포함된 제작 논제들을 살펴보고, 또 누가 실제로 그 작업을 실행해 나갈 것인지 알아보고 싶어요.

〈화자 01〉 으음.

또한 참여자들이 물리적 환경(이 경우에는 그들 앞에 놓인 서류들)에 주의를 할 때에 침묵이 허용되지만, 그렇지 않은 경우에는 이야기가 지속된다. 발언기회늘이 우리가 이 절에서 살펴본 다른 인용들에서보다도 더 길다. 실사어휘 밀집도는 35.7%이다. 이는 또한 직접적 환경(≒현장 상황)을 벗어나 있는[26] 대상들에 대하여, 필요한 어휘적 지시내용lexical references을 반영해 주고 있다. 그러나 여전히 전반적인 텍스트 상의 평균으로 보면[27] 확고히 '입말' 쪽에 놓여 있다 비록 공식적으로 회의 의장이 주재하지 않지만, 그 회의는 단계별로 개인들에 의해서 일정한 방향으로 진척되어 나간다(가령 회의를 시작하는 발언을 〈화자 02〉가 맡음). 회의 및 결정 과정에 관련된 상위 언어는, 내용 정리에서 분명해진다. 다시 시작 발언기회에서 또한

① That will be the beginning of looking at an identity and pre-planning
(그게 정체성과 사전 계획을 살펴보는 시작 부분이 될 거예요)

② What we need to do is erm er sit down together and have a planning meeting I think again just go over it
(우리가 실행해야 할 것은 엄 어 함께 모여 앉아서 기획 회의를 갖는 건데, 내 생각으로는 다시 그걸 검토하는 거예요)

담화 표지들은 결정 단계 및 주제 전환을 나타낸다(right, well[좋아요, 글쎄]). 공간을 손가락으로 가리키는 표현(here, over there[여기에, 저 건너에]와 같은 항목)은 명백하지 않다. 참여자들이 진행되어 나가는 상호작용에 대하여

26] 현재 여기에서 5관의 자극을 통해 감각되는 것(감각 자료, qualia)을 직접적 환경이라고 말한다. 아마 '현장 상황'이라는 말로도 쓸 수 있을 듯하다. 앞의 각주 22를 보기 바란다. '어휘적 지시내용'이런 현장 상황을 벗어나 있는 대상이나 사건들을 가리키기 위해 이용하는 실사어휘들을 가리킨다.

27] 앞에서 유뤄(Ure, 1971)를 인용하여 40%를 기준치로 제시한 바 있다(§.6-2도 보기 바람). 이 기준치에 미달하면(여기서는 35.7%이므로 미달임), 입말에 속하는 것으로 해석하고 있는 것이다.

만족 또는 걱정(not to worry[걱정할 거 없어])을 신호해 주며, 제안 내용들이 다음처럼 협력하면서 말해진다.

① It's what I would aim for

(그게 제가 목표로 삼고 싶은 거예요)

② Well then what we need to do is …

(그렇다면 우리가 실행해야 할 거는 …)

공손 표현과 간접 표현도 다음처럼 이용된다.

① Can you just fill me in again just very quickly

(다시 한 번 모든 정보를 내게 말해 줄 수 있나요? 아주 신속히요)

② Erm we were talking about …

(에 또 우리가 …에 대해서 말하고 있었는데요)

③ No I suspect …

(아뇨 저는 …라고 짐작하거든요)

우리는 네 가지 인용 발췌들을 비교해 왔고, 활동 유형에 대한 근거뿐만 아니라 또한 그것들의 어휘-문법적 특징들에 비춰보아, 그것들이 자연스럽게 두 가지 짝으로 소속됨을 살펴보았다. 물론 그것들이 두 가지 짝 속에서도 변동하지만, 상이한 현장과 관계 유형들에도 불구하고, 고려된 매개인자들 상으로 그것들을 세분하는 것이 아니라, 더 통합해 준다고 말할 수 있다.

따라서 대략적으로 갈래상의 유사성을 다음처럼 나타낼 수 있다.[28]

28] 이 도표에서 deixis(다익시스: 손으로 가리키는 표현, 일본 용어로는 '직접 보여 준다'는 뜻의 직시(直示) 표현으로 번역하지만 우리 조상들이 써온 직지(直指)라는 용어가 더 옳다)와 lexical density(실사어휘 밀집도)가 대립되어 있는 점에 주목하기 바란다. 더 쉬운 표현을 쓰면, '허사'와 '실사'의 대립이다. 이 도표에는 네 개의 차원이 들어 가 있기 때문에 좀 복잡하게 보이며, 직접성의 증가와 '손으로 가리키는 표현이

[표 2] 앞에서 살핀 네 가지 인용 발췌에 대한 갈래의 유형화 내용(2-8, 9, 10, 11)

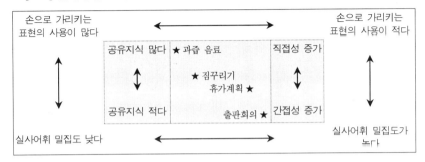

[표 2]는 최소한 무엇이 아주 복잡한 차이점인지에 대한 이상화된 내용이다. 그러나 흔히 몇 가지 차원을 따라 그것들의 유사성과 관련해서 입말 텍스트들이 어떻게 위치할 수 있을 것인지(≒어떤 위치를 점유할지)를 보여 주기 위하여 의도되었다. 다른 차원들도 또한 수립될 수 있을 것이다. 이런 모양새로 텍스트들의 위치를 점(≒별표)으로 표시해 두는 일은, 갈래별 차원의 활동들에서 유사성을 공유하는 텍스트들에 제시된 변이 내용을 더욱 잘 포착할 수 있게 해 줄 것이다. 그리고 우리로 하여금, 더 높은 수준의 관심사항들 및 화자들이 특정한 현장에서 그들의 목표와 인간관계에 연동되어 이뤄 놓는 기본적인 어휘–문법적 선택 사이에, 최소한 모종의 연결을 만들어 놓을 수 있게 해 준다. 그러므로 여기 제시된 갈래상의 특징들에 대한 점진적 등급화는, 글말 갈래의 분류에서 점진성 및 변이 가능성에 대한 인식을 옹호하는 윅버그

적다'가 오른쪽 윗 꼭지점에 있어서 모순스럽거나 혼란을 초래한다. 비록 소략하다고 비난받을 수 있겠지만, 더 간단히 두 개의 차원만으로 이 특성들을 묶어보면 다음과 같다. high deixis·high shared knowledge·directness·low lexical density가 하나로 모이고, 다른 쪽에 low deixis·low shared knowledge·indirectness·high lexical density가 모아져 있는 것이다(371쪽에 뒤친이가 정리한 도표 참고). 즉,

① 대화 참여자들 사이에 공유된 지식이 많으면 허사를 더 많이 쓰고, 비격식적인 말투를 쓸 것이며, 또한 직접성이 늘어나 그 이야기 화세가 내화 현장에 있는 대상들을 가리키는 쪽(손으로 가리키는 표현)이 많아질 것이다.
② 반대로 공유지식이 적으면, 실사어휘들을 많이 쓰고, 격식 갖춘 말투가 될 수 있으며, 또한 간접성이 늘어나 이야기 화제가 현장 중심이 아니라 현장을 벗어난 대상이나 상황을 다루게 될 소지가 많다.

(Wikberg, 1992)의 주장과 연동되어 있는데, 흔히 과도하게 단순화된 텍스트 유형론으로 되기 십상이다. 바이버·휘니건(Biber and Finegan, 1991)에서 옹호하듯이, 갈래 연구는 전형적인 텍스트들의 특성뿐만 아니라, 또한 변이의 범위에 대한 특성까지도 포함해 놓아야 한다. 이 절의 좁은 범위 속에서, 입말 갈래에 대한 적합한 서술 얼개를 탐색하는 데에서 저자는 갈래에 근거한 방법론이 진행될 수 있는 방향들을 시사해 놓았다.

§.2-6 결론

제2장에서 저자는 발화사건speech event 말하는 일에 나타나는 변이 내용이지만 그럼에도 공통 특징을 공유하는 것으로 알려진 바에 비춰, 입말 갈래에 대한 잠정적인 이론을 이끌어 내었다. 저자는 갈래 활동에 대한 참여자들의 자각을 설명해 내려고 노력하였다. 부분적으로 과거 사건과 다가올 사건과 진행 중인 활동에 대해 '내용 정리'를 위한 필요성, 그리고 그런 절차를 사례로 제시해 줄 필요성에 비춰 이뤄졌다. 이런 필요성에 의해서 언어학자들이 그것들을 상이한 갈래들 속으로 분류해 놓을 수 있도록 사건들이 모양새와 특성들을 갖추게 되는 것이다. 저자는 인용 발췌들이 어떻게 목표 유형과 같은 변수들을 통제하는지, 그리고 맥락 유형이 갈래상으로 지향된 활동을 놓고서 어떻게 더 높은 층위의 특징들과 들어맞는 어휘-문법 차원에서의 유사성을 보여주는 것으로 간주될 수 있는지를 시범적으로 예시해 주기 위하여, 노팅엄 담화뭉치CANCODE 자료 행렬을 이용하였다.

갈래는 언제나 다루기 힘든 개념으로 남아 있게 될 것이다. 왜냐하면 정확히 인간 활동이 너무 많은 변이 내용에 열려 있기 때문이며,[29]

29] 자연계의 질서를 다루는 인과 관계와 인간의 활동을 서로 구분시켜 주기 위하여, 더 흔히 쓰이는 가장 포괄적인 용어는 자유의지(free will)이다. 비록 윤리학에서는 도덕적

상호작용 주체들의 상식적 목적 및 인간관계를 수립하고 유지할 필요성에 의해 가동되기 때문이다. 이 장에서 이용된 모든 인용 발췌에서, 목록상으로 참여자들에 대한 인간관계 유지 작업 정도가 높았다. 이는 오직 드물게만, 금새 논의될 수 있는 정보전달 업무로부터 구별될 수 있으며, 그런 일이 어느 정도 관습화될 수 있는지와 무관하다.

분명한 것은 정보전달 행위·상호작용 행위·목표 지향 행위·참여자들 사이에 인간관계 유지 행위·지엽적인 어휘-문법적 선택 행위의 모든 층위에서, 행위들이 서로 유기적으로 통합되어 있다는 점이다. 분석가들이 서로 다른 긴급한 요구 내용들을 따로 구분해 내고, 집중 조명을 받도록 놔두는 것이, 때때로 우리가 희망할 수 있는 모든 것이다.

제2장과 제1장에서는 언어교육에서 교육상으로 도출된 입말에 대한 이론을 위하여 토대를 마련해 두려고 시도하였다. 지금까지 그 이론은 다음 원리들에 기반을 두고 있다고 언급할 수 있다.

① 입말 교육이 단순히 언어 사용과 관련하여 글말 교육과 똑같은 가정으로부터 진행될 수는 없다. 언어교육에서 역사적으로 글말의 우월한 지배력이 입말의 올바른 이해에 불리하게 작용해 왔다.

② 입말은 그 나름의 문법과 어휘를 지닌다. 대부분의 경우에 비록 글말과 일치되더라도, 이는 특정한 현장setting에서 목표 및 참여자들의 관계에 대응하는 중요한 영역들에서 차이를 보여 준다.

③ 실제 자료를 살펴봄으로써만 오직 이야기의 특정한 어휘-문법에 대하여 서술을 시작할 수 있을 뿐이다.

④ 입말에 대한 교육적 이론을 위한 최상의 자료는 격식 차리지 않은 일상

책무와 관련하여 논의되지만, 인간만이 지닌 여러 특성들은 거의 자유의지라는 개념에서 도출될 수 있다. 무어(Moore, 1922; 정석해 뒤침, 1958) 『윤리학 원리』(문교부), 헤센(Hessen, 1959; 진교훈 뒤침, 1977) 『가치론』(서광사), 왓슨(Watson, 1982; 최용철 뒤침, 1990) 『자유의지와 결정론』(서광사)과 안건훈(2006) 『자유 의지와 결정론』(집문당)을 읽어볼 수 있다. 가장 포괄적인 논의는 케인(Kane, 2002) 엮음 『자유의지에 대한 옥스퍼드 소백과(The Oxford Handbook of Free Will)』(Oxford University Press)인데, 크게 8개의 범주로 나눠 서구에서의 논의를 다루고 있다.

이야기이다.

⑤ 글말의 기술에서 자주 이용된 텍스트 유형론이 간단히 입말로 옮겨 적용되어서는(전이되어서는) 안 된다. 먼저 서로 다른 유형의 발화사건들에서 차이점이 무엇인지를 연구해서, 입말 갈래들을 이해하는 데 이르러야 한다.

⑥ 입말 갈래에 대한 이론에서 중심 내용은 참여자의 목표 및 인간관계이다.

⑦ 교육적 목적을 위하여 입말의 말뭉치가 목표 변이 및 맥락 변이를 유념하면서 설계되어야 할 것이며, 언어 학습자들과 관련된 목표 및 맥락(가령 교육적 관련성, 고객 응대의 정보전달 목표)들을 포함해 놓아야 할 것이다. 이들 설계 특징은 단순히 말뭉치의 크기보다 더 중요할 것이다.

⑧ 교육용 입말 말뭉치는 교육상으로 유용해지도록 양적 분석뿐만 아니라 또한 질적 분석도 해 놓아야 한다.

⑨ 실제 다양한 종류의 만남을 놓고서 참여자들에 의한 입말 사용을 관찰하는 일이, 언어 교육과정과 교육 자료를 수립하는 데에 첫 번째 단계가 된다.

이런 배경을 깔아 두고서, 제3장에서는 언어교육에 대하여 좀더 자세하고 실용적인 질문들을 제기하고, 거기에 대한 답변을 제시하게 될 것이다.

제3장 입말에 대해 무엇을 가르쳐야 하는가?[1]

§.3-1 도입

제1장에서는 응용언어학에서 입말의 지위가 여러 세기에 걸쳐서 어떻게 발전해 왔고, 최근 몇 십 년 동안에 최선두에 나오는 말뭉치 연구 내용과 더불어, 중요성이 어떻게 커져 왔는지를 개관하였다. 제2장에서는 입말 갈래를 위한 모형에 대하여 여러 연구들을 살펴보았다. 오늘날 입말을 놓고서 영어 및 널리 쓰이는 다른 언어들을 대상으로 하여 광대한 기술 문헌descriptive literature이 이용될 수 있다. 사회언어학자와 담화 분석가와 대화 분석가들은 모두 자신들의 여러 관점들로부터 입말을 파악하면서 관심 지닌 언어 교사들에게 마음 설레게 할 뭔가를 제공하며, 종종 제2 언어 또는 외국어 교육에 관련되는 듯한(또는 관련되어야 하는 것으로 보이는) 발견 내용들을 제시한다. 제2장은 그런 참고 문헌들로 넘쳐 난다. 이러 종류의 추가 연구는 머카씨(McCarthy, 1991), 머카씨·카터(McCarthy and Carter, 1994), 쉬프륀(Schiffrin, 1994), 스펜스뜨룀

1] 〈원저자 1〉 제3장은 1995년 나온 『호주 응용언어학 학술지(*Australian Review of Applied Linguistics*)』 제17권 2호 104~120쪽에 실린 논문을 참고문헌을 확장하고 고쳐 놓은 내용이다.

(Stenström, 1994)에서 개관되고 논의되어 있다. 이들 연구는 일반적 특성상 많고 다양한데, 범위가

① 구조에 비춰서 입말을 모형으로 만들려는 주요한 시도들(가령 Sinclair and Coulthard, 1975)로부터 시작하여,

② 발언기회 얻어내는 일(가령 Sacks et al., 1974)과 같이 대화 참여자들이 스스로 지향해야 하는 사회-문화적 규범들에 대한 처방prescription

③ 서사이야기(가령 Labov, 1972)와 같은 전반적인 입말 삽화episodes들을 정의해 주는 갈래상의 특징에 대한 처방,

④ 담화 표지 붙이기(가령 Schiffrin, 1987)와 같은 복잡한 표면 현시내용에 대한 기술들이며

그리고 다른 많은 관심사항들에 걸쳐 있다. 제2장에서는 언어 사용자로서 우리에게 익숙한 갈래들을 특성짓기 위하여, 이것들과 다른 자원들이 어떻게 결합하는지를 살펴보았다. 실용적 수준에서 우리가 관심 갖는 목표 지향성 및 인간관계와 같은 더 높은 층위의 관심거리들과 관련지을 수 있도록 하기 위해서, 각 유형의 언어 자원을 자세하게 검토해야 한다. 더 뒤에 있는 장들에서는 특정한 종류의 어휘-문법 자원들을 검토하게 될 것이다.

제3장에서는 좀더 집중적으로 담화 수준의 특징들을 놓고서 다루기로 한다. 이런 이유로 인하여, 제3장의 시작 부분에서부터 입말 연구의 다소 비정형화된 세계를 아주 광의의 유형들로 나눠 놓고서, 각 유형을 가르치는 일을 위한 잠재적 함의에 비춰 논의를 전개해 나가는 것이 도움이 될 듯하다. 여기서 '가르치는 일teaching'이란 용어로, 저자는 교실수업에서 학습/습득2] 과정에 끼어들어 간섭하는 일 및 교과과정·

2] learning/acquisition(학습/습득)은 서로 구별하여 쓰는 용어이다. 학습은 인위성과 간섭 등 의식적이고 제도적인 노력이 들어가 있다. 그렇지만 습득은 모국어 습득이 대표적인 것으로, 자발성과 능동성 등을 포함하는 무의식적인 과정을 가리키게 된다. 따라

자료·방법의 형태로 설계된 입력물input을3] 의미한다. 뒤에 이어지는 광의의 분류법은 본질적으로 통합적이고 교육적인 고려에 의한 것이다. 왜냐하면 제3장에서는 위도슨(Widdowson, 1980)에서 언어 기술의 '관련 모형들relevant models'로 부르는 바를 만들어 내는 관점으로부터 입말을 검토하려고 하기 때문이다.

§.3-2 입말: 핵심적인 기술 영역

§.3-2-1 구조적 특징

모든 입말 상호작용에 근본적인 세 가지 구조적 단위가, 담화 분석 및 대화 분석에서의 광범위한 연구들로부터 부각되어 나온다. 정보전달·상호작용 주고받기·인접쌍이다.4]

(1) 정보전달the transaction

여기서 정보전달transaction이란 용어는, 특정 유형의 활동에 의해 확인되는 이야기 연결체들을 다른 것과 구별되도록 이름을 붙여 주기 위하여 씽클레어·쿨싸드(Sinclair and Couthard, 1975)에서 이용한 의미로 광범위하게 사용된다.5] 예를 들어, 교실수업에서 교사는 전형적으로 특징

서 acquisition(습득)은 모국어 환경에 노출됨으로써 어린이가 절로 언어를 익혀 내재화하는 것이지만, learning(학습)은 학교 교육과 같이 제도적 환경에서 특정 언어나 언어 속에 깃든 심층의 내용들을 점진적으로 명백히 익히게 되는 것이다.

3] input(입력물)은 교실수업에서 일어나는 의사소통 활동들을 촉진하기 위해 준비된 모든 수업 자료를 가리킨다. 이는 비단 언어 자료뿐만 아니라, 또한 도표·그림·동영상 자료들도 포함하므로, 포괄적인 용어로서 input(입력물)을 쓰는 것이다.

4] 〈원저자 2〉 하우스(House, 1985)에서는 주고받기 및 인접쌍의 보편성에 대하여 촌평을 달았지만, 그것들 속에서 일어나는 투식으로 되는 정도는 여러 언어에 걸쳐 차이가 있을 것임을 시사하였다.

있게 하강 억양으로 발화한다. 종종 휴지 또는 '침묵 강세'가 뒤따르는 어떤 종류의 관례적인 표지(right, okay, now,[6] so 등)를 이용하여, 새로운 단세도 이동하여 전환됨을 표시해 주면서, 수입의 내용을 나눠 놓게 될 것이다. 이들 표지를 중심으로 하여 또한 상위언어 활동도 일어날 수 있다. 가령 전화통화에서

'*Okay, well*, that was the main thing I was ringing about, *but* there was one other thing' (attested)

(**좋습니다, 그런데** 그게 제가 전화하려고 했던 주요 내용이**었지만**, 또 다른 게 있었어요: 받아들여짐)

글말에 있는 단락처럼 정보전달도 어떤 미리 정해진 길이를 지니지 않으며, 오직 그 경계에 의해서만 인식될 뿐이다.[7]

5] 언어의 기능을 논의할 때 흔히 로만 야콥슨의 6기능을 거론해 왔다(신문수 편역, 1989, 『문학 속의 언어학』, 문학과지성사의 제6장 '언어학과 시학'을 보기 바람). 그러나 이 여섯 가지 기능은 서로 중첩될 뿐만 아니라, 언어교육에 응용하기에는 너무 번다하다. 이에 브롸운·율(Brown and Yule, 1985) 『담화 분석(*Discourse Analysis*)』, 앤더슨 외 (Anderson, Brown, Shillcock, and Yule, 1984) 『말하기 교육(*Teaching Talk*)』(두 권 모두 Cambridge University Press)에서는 크게 정보전달용 의사소통과 사교적(상호작용) 의사소통으로 대분한 바 있다. 전자는 씽클레어·쿨싸드(1975: 22, 56)에서 교실수업 내용을 분석하면서 썼던 용어이다.

6] 〈원저자 3〉 담화 표지로서 now(시방, 이제)의 사용에 대해서는 에이주머(Aijmer, 1988)를 보기 바란다.
〈역자주〉 담화 표지란 문장과 문장을 잇거나 문단과 문단을 이어 주는 고리 역할을 하는 언어 형태들이다. 앞의 것을 미시적 담화 표지로 부르고, 뒤의 것을 거시적 담화 표지로 부른다. 미시적 담화 표지로 대표적인 것은 접속사이다(그러나, 그리고, 그래서…). 거시적 담화 표지는 의미 단락을 구분해 주거나 또는 말의 전개 과정을 거점별로 지적해 준다. 가령, '결론을 내리면, 각설하여, 이상을 요약하면, …' 등이 있다. 지금까지의 연구에 따르면, 학습자들의 이해를 촉진시켜 주는 것은 주로 거시적 담화 표지들이다. 루오머(Luoma, 2004: 106), 『말하기 평가(*Assessing Speaking*)』(Cambridge University Press)에서는 담화 표지를 '작은 낱말(small words)'로도 부르고, 실마리 화용표지(gambit, 91쪽)로도 부른다. 또한 작은 낱말이나 실마리 화용표지를 쓰는 능력 또한 유창성을 늘려 주므로 말하기 평가에서 중요한 고려 요소임을 강조한다. §.3-2-2-2 에 있는 각주 17도 참고하기 바란다.

7] 대화에 들어 있는 마디와 짜임새에 대해서는 클락(1996; 김지홍 뒤침, 2009) 『언어사용

참여자들이 이런저런 방식으로 신호를 보내주는데, 그런 경계점들을 인식하는 일 없이 이야기가 효율적으로 진행되기를 상상하기란 어려운 일이다. 하나의 구조로서 정보전달은 아마 모든 남화에 보편석일 것이다. 그렇지만 언어 교사로서 우리가 말할 수 있는 것과 이런 진술이 똑같이 다수의 다른 특징들에 적용되는 바는, 담화의 단위로서 정보전달이 두 가지 구별되는 차원으로 우리에게 문제를 던질 수 있다. 첫 번째 차원에서, 교사 및 학습자들 사이에서 정보전달 신호 보내기가, 목표언어에서 언어로 실행하는 중요한 부분이 된다는 사실에 대한 자각awareness 깨우침의8] 문제가 있을 수 있다. 가령 어떤 유형의 좀더 격식 갖춘 이야기에서 상위언어 신호 보내기에 대한 결여는, 이해 가능성에 부정적으로 영향을 끼친다는 증거가 있다(Williams, 1992를 보기 바람).

두 번째 차원에서의 문제는 주로 어휘적인 것이다. 목표언어가 그런 담화 표지들을 어떻게 실현하는 것일까? 영어의 well그럼, 글쎄을 스페인어의 bueno와 pues, 불어의 bien, 스웨덴 어의 nå와 비교해 보기 바란다. good!좋습니다!과 now then!이봐!, 그렇지!, 여기 보게!과 같은 항목에 대하여, 제2언어에서 축자적으로 된 어휘 대응물이 또한 담화 표지 목적을 위하여 동일하게 이용되는 것일까?9] 이중 언어 사전(≒가령 영한, 일한, 중한 사전 따위)은 그런 언어 교차적 정보에 대해 빈약한 자원으로 악명이 높다. 교사들은 깨우침(자각) 문제와 어휘 문제를 모두 실제 자료의 관찰을 통하여 가장 잘 다뤄 줄 수 있을 듯하다. 이는 우리가 되돌아가 살펴

<hr />

밑바닥에 깔린 원리』(도서출판 경진) 제11장을 읽어보기 바란다.

8] 언어 자각(language awareness)란 용어는 호킨스(Hawkins, 1984)에 의해 도입되었다. 그런데 언어를 가르치려면, 언어뿐만 아니라 언어 사용에 대한 자각까지 필요하다. 김지홍(2007), 「언어와 언어 사용에 대한 자각」, 전북대『국어문학』42호 또는 김지홍(2010), 『언어의 심층과 언어교육』(도서출판 경진)을 읽어보기 바란다.

9] 〈원저자 4〉 두루 여러 언어들에 걸쳐서 담화 표지들의 번역 가능성에 대한 업적으로 프뤼이저·맬러멋-마콥스키(Fraser and Malamud-Makowski, 1996, 영어 및 스페인어), 휘셔·드뤼셔(Fischer and Drescher, 1996, 영어와 독어와 불어) 등이 있다.

〈역자주〉최근 나온 것으로 집먼(Siepmann, 2005)『범언어적 담화 표지(*Discourse Markers Across Languages*)』(Routledge)가 있다.

볼 사항이다.

그러나 심지어 깨우침(자각) 문제와 어휘 문제가 해결될 수 있다고 하더라도, 여전히 학습자에게 자연스런 현장에서 정보전달을 위한 기회를 제공해 주는 교실수업 활동들을 생성해 내는 문제들이 남아 있다. 이는 교사를 내세운 교사 중심 교실수업(이른바 ppp)에서는 실행할 수 없을 것 같다. 교사 중심 교실수업에서는 보통 정보전달을 맡는 역할은 홀로 교사만이 갖고 있다.

저자는 다른 곳에서 학생들에 의해 모둠 활동으로 실행되는 과제 중심 맥락들이, 교사가 더 이상 주도적으로 되지 않을 경우에, 참여자들에 의해서 경계 표지들의 자연스런 이용을 산출할 수 있음을 보여 주는 자료를 일부 제시한 바 있다(McCarthy, 1991: 131). 그러나 그런 이상적이며 자연스런 담화의 표명이 늘 보장되지 않으며, 과제 성공을 낳는 많은 요인들이 고려되어야 할 것이다(Skehan, 1996을 보기 바람).

저자는 정보전달의 물음과 그것을 가르칠 수 있는 가능성에 초점을 모아왔다. 왜냐하면 많은 방식으로 전체 담화 특징들에 대해 물을 수 있는 질문들을 요약해 놓기 때문이다. 이는 차례로 아래에서 검토된다. 질문들은 다음과 같다.

① 담화 특징들이 자동적으로 제1 언어 행위로부터 제2 언어 행위로 옮겨가는가(전이되는가)?

② 그런 전이가 어휘-문법적 입력물이 없이도 효과적으로 일어날 수 있는가? 달리 말하여, 담화 표지 같은 것들이 보통 그 방식에 따라 '그냥 터득되는' 것인가, 아니면 따로 가르쳐져야 하는 것인가?

③ 입말에 대한 교사/학습자의 깨우침(자각)이, 앞의 질문 ①과 ②에서 제기된 잠재적 문제들을 미리 차단하여 그 답을 충분히 언급할 수 있는가?

④ 제2 언어에서 정보전달 표지와 같은 특징들의 수행이 없이도, 의사소통이 학습자들에게 적합하고 만족스러우며 충분할 수 있는가?

스까슬러(Scarcella, 1983)에서 다루는 것으로 관련된 질문 한 가지는, 목표언어에서 담화 상으로 능력을 갖추게 될 학습자의 능력으로 작동하는 발달 요인들이 있는지 여부에 관한 것이다. 스까슬러는 대화 전략과 같은 특징들이 일반적인 언어 유창성과 더불어 증가하는지 여부, 그리고 모종의 전략적 영역들이 다른 것들보다 앞서서 먼저 습득될 것 같은지 여부에 관심을 가졌었는데, 두 질문에 모두 적격한 긍정적 대답을 제시하고 있다. 동일한 질문이 정보전달 표지 붙이기와 같은 구조적 특징들에 대해서도 제기될 수 있다. 비록 확고한 증거가 존재하지 않지만, 적격한 긍정 답변이 그 질문에 대한 대답이 될 것 같다.

앞에 있는 질문 ①과 ②는 서로 연결되어 있다. 언어 행위의 특징들은 대부분 실제로 충분한 노출 및 동기가 주어진다면, 장차 한 언어로부터 다른 언어로 옮겨져 보존된다. 노련한 언어 교사들이 알고 있듯이, 상당량의 언어가 교실수업 안팎에서 저절로 '터득'되는 것이다. 그러나 장차 '어쨌건 터득될 것이기' 때문에, 가령 과거시제나 음식과 음료의 어휘를 가르치기를 거부하는 것은 기묘한 일이 될 것 같다. 중요한 것은, 제1 언어 수행에서 자연스럽고 또한 학습자의 제2 언어 수행에서 바람직한 그런 특징들을 찾아내는 것이다. 그런 특징들을 실현시키기 위해 필요한 어휘-문법 지식을 놓고서 지름길을 제공해 주고, 무엇보다도 교실수업에서와 교수 자료들에서 적합한 맥락 환경들이 창조될 수 있도록 해 줌으로써, 그런 행동이 실제로 전이되고, 학습자의 목록 일람 속에 일부가 되어 있는지 여부가 관찰될 수 있다는 것이다.

질문 ③은 이 책 전반의 동기를 강조한다. 교사들 중에서 입말에 대해 깨닫지 못하며 관찰도 서툰 그런 교사라면, 실제로 이야기의 특징들을 정의해 주는 핵심 사항에 대해서, 학습자의 깨우침(자각)을 일으켜 주는 데 필요한 종류의 입력물을 줄 수 있을 것으로 생각되지 않는다. 저자는 자료에 대한 좋은 관찰자가 되도록 훈련 받은 학습자들이, 실제 그런 특징들의 산출이 실제 사용에 비춰서 아무리 장기간이 되거나 늦어질 수 있다 하더라도, 바로 그런 특징들의 섭취를 용이하게 만들어 놓는 쪽을 향하여 중요한 단계를 밟아 나간다고 굳게 믿고 있다. 앞에 있는 질문 ④는, 더 뒤에서 일반적으로 담화 표지 붙이기를 논의하는 경우에 집중적으로 다루게 된다.

(2) 상호작용 주고받기|The exchange

정보전달을 위해 제기된 문제와 비슷한 문제들이, 비록 정보전달로부터 따로 떼어놓고 논의할 가치가 있게 만들어 주는 특정한 특징들이 있지만, 상호작용 주고받기exchange의 개념에서도 그대로 적용된다. 상호작용 주고받기는 제일 작은 상호작용의 구조적 단위이며, 개시 및 반응으로 이뤄진다. 가령, 질문과 대답, 또는 인사와 답례 인사이다. 그러나 이런 최소한의 조건은, 전형적으로 우연한 대화에서 제3의 기능인 후속 내용follow-up을 포함하도록 가다듬어져 있으며, 실제로 종종 아주 복잡한 모습으로 실현된다(Hoey, 1991b를 보기 바람). '개시 ⇨ 응답 ⇨ 후속 내용IRF: Initiation ⇨ Response ⇨ Follow-up' 구조에 대한 규범적 사례는 다음과 같은 노팅엄 담화뭉치CANCODE 인용 발췌이다.[10]

(3.1) [〈S 01〉이 자신의 손자 여조카에게 곧 예정된 런던 여행에 대해 묻고 있음]

〈S 01〉	What part of London would you be actually in?	I
〈S 02〉	Well I would be going from Paddington to Victoria.	R
〈S 01〉	I see yes.	F

〈할머니〉	넌 실제로 런던 어느 곳에 가 있을 거니?	개시
〈손질녀〉	글쎄 패딩튼(서부 런던)부터 빅토리아까지 갈 것 같애요.	응답
〈할머니〉	알겠다 응.	후속 내용

10] 〈원저자 5〉 앤타키·디아즈·콜린즈(Antaki, Díaz and Collins, 1996)에서는 상호작용 주고받기의 세 번째 부분(후속 내용)을 두 번째 부분에서 대화 상대방의 기여 내용에 대한 승인이나 거절로 간주하였다(늑곧, '개시 ⇨ 응답 ⇨ 승인 또는 거부'가 됨: 뒤친이).

그렇지만 좀더 복잡한 연결체(가령 점검이 필요하다고 느껴지는 경우)는, 때로 비록 여전히 제시되지만 후속 내용이 지연됨을 의미할 수 있다.

(3.2)

〈S 01〉	What time is it?	I
〈S 02〉	Twenty to six.	R
〈S 01〉	Is that all?	R/I2
〈S 02〉	Yeah.	R2
〈S 01〉	Oh I thought it was later.	F

〈화자 01〉	몇 시지?	개시
〈화자 02〉	20분전 6시.	응답
〈화자 01〉	그게 전부야?	응답/2개시
〈화자 02〉	그래.	2응답
〈화자 01〉	아 더 늦은 걸로 생각했어.	후속 내용

학습자들의 목록 일람^{repertoires}은 종종 오직 응답 기능을 수행하는 일(특히 초기 단계에서, 또는 교사가 개시 및 후속 내용 빈칸들^[slots]을 모두 통괄하게 되는 전통적인 교사 중심의 교실수업에서)로부터 시작하여, 개시하기까지 걸쳐 있지만, 여전히 후속 내용은 어떤 것도 실행하지 않는다. 이런 후자의 행동은, 때로 교실수업에서 교사가 흔히 위에서 맴돌면서(관찰하면서) 수행을 점검하는 짝끼리 활동에서 두드러지다. 그러나 그런 난점들에 대하여 교사가 어떻게 건설적으로 대응할 수 있을지에 대한 논의로는 키어·키어(Kehe and Kehe, 1989)를 보기 바란다. 후속 내용은 아주 빈번하게 인간관계의/상호작용의 기능^{relational/interactional function}을 지닌다. 거기시 응답과 그 정보를 받아들이는 일 이외에도, 응답과 관련하여 사회적·문화적·정감적 의미가 부호화된다. 그리고 수렴/합치와 같은 핵심적 대화 과정이 효력을 발휘하게 된다. 따라서 전반적인 갈래 얼

개에서 중요한 구조적 요소가 된다. 제2장에서 옹호되었듯이, 정보전달의 특징처럼 거기서는 인간관계의 특징이 동일하게 우선권이 주어진다.[11] 그러므로 그것을 학습자의 목록 일람 일부로 만들어 놓는 일은 아주 중요한 것이다. 후속 내용으로 부호화된 반응은 흔히 격식이 갖춰져 있고, 두루 여러 언어들에 걸쳐서 어휘적 문제로 개관될 수 있다. 영국 영어에서 반응하는 표현

Really!, Oh, right, That's nice!, You don't say!,[12] I guess as much!, How interesting/awful!

(정말!, 아, 옳아요, 멋지네요!, 놀라지 않아요! 그정도는 짐작해요!, 진짜 재밌네/기분 잡치네!)

을 다른 언어에서 그리고/또는[13] 영어의 다른 변이체에서 실현되는 모습과 비교해 보기 바란다. 그러나 앞에서와 같이, 어휘 문제를 해결하는 일 하나만으로는 자연스런 상호작용이 후속 내용의 기능과 더불어 완성되도록 촉진하는 데 충분치 않을 수 있다. 따라서 자연스럽게 발생하도록 하기 위한 맥락 조건들도 또한 보장되어야 한다. 이런 조건들이 존재하지 않는 경우에는, 학습자들이 입말에 대한 이런 기본적이고 핵심적인 기능을 연습해 볼 알맞은 기회를 결코 갖지 못할 것이다. 이런 경우에 보통 깨우침(자각) 문제는, 일반적으로 학습자의 응답(교사

11] 앤더슨·브롸운·쉴록·율(Anderson, Brown, Shillcock and Yule, 1984)의 『말하기 교육(*Teaching Talk*)』(Cambridge University Press)에서는 정보전달용 말하기는 일정한 구조를 갖고 있기 때문에 가르쳐질 수 있지만, 상호작용 말하기는 그렇지 못하다고 가정했었다. 그렇지만 말뭉치 분석이 이뤄지면서 후자도 또한 일정한 원리에 따라 주고받기가 이뤄짐을 찾아내게 되었다. 따라서 상호작용의 의사소통도 대등하게 교육이 이뤄져야 하는 것이다(의사소통 전개방식의 이해). §.2-2에 있는 가주 2도 참고하기 바란다.

12] 옥스퍼드 사전에 'I'm not surprised(당신이 말하지 않아도 다 알고 있으니 놀라지 않는다)'로 풀이되어 있다. 예문은 "They left without us. You don't say!(우리를 놔두고 그들이 떠났어. 놀랄 일도 아냐!)"

13] and/or는 포괄적 이접을 가리킨다. §.2-4-2에 있는 각주 12를 보기 바란다.

개시에 대한 응답이든지, 아니면 짝끼리 또는 모둠 작업에서 동료 학생들의 개시에 대한 응답이든지 간에)에 대한 언어 품질을 평가함으로써, 뒤따라 말한 사람이 교사가 될 것이라는 학습자의 기대와 관련된다. 학습자한테는 후속 내용follow-up 후속 촌평이 교사를 위한 것이 아니며, 또한 정확하거나 부정확한 수행을 평가하기 위한 것도 아님을 깨닫게 해 놓을 필요가 있다. 후속 내용(후속 촌평)을 지니지 않는 대면담dialogue을14] 담고 있는 교재는, 이런 과제에서 분명히 도움이 되지 않는다. 자연스런 자료가 접속 불가능하거나 이용할 수 없는 경우에, 차선책은 적어도 일부 후속 내용(후속 촌평)이 포함되도록 보장해 주기 위하여, 교재 대면담을 짜기워 놓는 일이 될 수 있다. 그렇지만 좋은 편집자가 되는 것은, 후속 내용(후속 촌평)이 언제 어디서 어떻게 이용되는지에 대하여 알맞게 깨우치는 일을 전제한다. 말뭉치에 대한 신중한 관찰 그리고/또는 접속이 이런 측면에서 큰 장점을 제공해 준다.

(3) 인접쌍The adjacency pair

인접쌍은 미국의 대화 분석 연구와 결부된 단위(가령 Schegloff and Sacks, 1973)로서, 보통 '소집단 관찰 해석 방법'의 관점ethnomethodological standpoint으로부터 시행된다. 전형적으로 참여자들이 상호작용에서 정렬 (즉 상대방과 관련하여 사회적으로 스스로를 어떻게 자리 매김해 놓는지)·목표 성취·타협 결과 등에 비춰서 어떻게 행동하는지에 관심을 둔다. 서로 간에 교호적으로 조건을 만드는 담화 발화에서, 화자는 자연스럽게 스스로 함께 협력하도록 지향해 나간다. 다음과 같이 인용 (3.3)에 있는 연결체는 참여자들의 기대와 긴밀히 이어지는 것으로 간주된다.

14] 대립 용어는 monologue(독백담)이다. 상대방 얼굴을 마주보고 대담하는 것이므로, 대면담으로 번역해 둔다. '대화'로도 번역할 수 있겠지만, 짝을 이루도록 여기서는 대면담을 취한다.

(3.3) [저녁 식사 자리에서 〈S 02〉는 손님임]

〈S 01〉   D'you want some olive oil Dennis?

〈S 02〉   Mm ta.

〈주인〉   데니스 올리브 기름 필요해?

〈손님〉   으음 고마워.

동일한 대화의 뒷부분에 있는 (3.4)를 보면, 〈S 05〉에 의한 언급이 자신의 아내 〈S 04〉의 말에 대한 대답이지만, 그 대답이 문제가 된다.

(3.4)

〈S 05〉   The nicest pizza I've ever had was in Amsterdam [〈S 03〉 Oh
         yeah] I had a brilliant pizza.

〈S 04〉   ⌊ In Cyprus.

〈남편 05〉 지금까지 암스테르담에서 내가 먹어본 가장 맛있는 피자인데 [〈화자 03〉
         아 그래요] 내가 대단한 피자를 먹어 봤거든요.

〈아내 04〉   ⌊ 그것보다도 싸이프러스(터
      어키 아래 지중해 있는 섬)에서 먹었던 게 맛이 더 나아요.

새로 들어오는 정보가 합치를 촉진하지 않았지만, 엉뚱한 도전에 열려 있으며, 그 이야기에서 잠재적 지연^{hold-up}을 해결하기 위하여 화자 쪽에서 말을 하도록 요구할 것이다. 인접쌍의 첫 번째 부분은 두 번째 부분의 발생을 예측해 준다. 두 번째 부분은 모종의 방식으로 그런 예측을 이행하는 것으로 간주된다. (3.4)의 경우에, 우리는 관심을 보여 주면서 〈화자 05〉로 하여금 계속하여 대단한 그 피자를 서술하도록 격려하는 응답을 기대했을 법하다. 그러나 그 대신에 예측하지 못한 일이 일어났다. 그 정보가 모순되는 것이다.

화자들에 의한 지엽적 결정과 관련하여, 인접쌍은 사실상 상호작용

주고받기exchange의 개념과 겹친다. 차이점은 다음과 같다. 상호작용 주고받기는 주로 더 높은 층위의 단위들 속으로 수립해 나가는 구조적 단위로 간주된다. 반면에 인접쌍은 참여자들 사이에서 좀더 지엽적인 합치에 관심을 둔다. 이를 다음처럼 달리 표현할 수도 있다. 상호작용 주고받기를 놓고서 작업하는 담화 분석가들은, 분석 목적을 위하여 텍스트에 있는 하나의 흔적으로서 그 유형들의 출현에 더 많은 흥미를 지닌다(선택된 언어 표현에 초점 모음). 반면에 인접쌍을 놓고 작업하는 대화 분석가들은, 참여자들의 관점으로부터 지엽적이고 개별적인 선택을 이해하려고 노력한다(언어 표현을 선택하는 동기에 초점 모음).

학습자들이 실제적으로 아무리 불완전하게나마 인접쌍을 구현한다고 하더라도, 적합한 인접쌍을 만들어 내려고 스스로 지향하는 바가 전무함을 시사하는 증거는 없다. 따라서 전반적인 개념으로서 인접쌍은 흥미롭지만, 교육을 위하여 유관한 언어 모형의 필수 구성성분이 되지 않을 수도 있으며, 아마 '가르쳐질' 필요가 없을 것이다. 그렇지만 다시 한 번, 다수의 인접쌍들은 아주 형식이 갖춰져 있으며, 교과과정에 대한 어휘-문법 내용의 측면으로 취급될 수 있다. 학생들에게 '인접쌍'이 된다고 가르쳐질 필요는 없겠지만, 다수의 기존 얼개로부터 배우는 일도 또한 혜택을 입을 수 있다. 이들을 내틴쥐·드캐뤼코(Nattinger and DeCarrico, 1992)와 루이스(Lewis, 1993: 94)에서는 각각 '어휘적 구절' 및 '관습화된 표현'으로 언급하였는데, 이것들이 유창하고 자연스러우며 문화적으로도 화용적으로도 적합한 인접쌍들이 실현될 수 있게 해 줄 것이다. 쉽게 머릿속에 떠오르는 사례들은, 조문·축하 연결체·새해 인사·전화 시작 관례·의례용 주고받기 등에 대한 응답이다. 관련된 방식으로 인접쌍에 대한 '바람직하지 않은' 두 번째 부분에 대한 문제도 있다(Pomerantz, 1984). 즉, 인용 (3.4)에서 피자pizza에 대한 그 아내의 도전에서와 같이, 화자의 기대에 들어맞지 않는 응답을 하는 것이다. 예를 들어, 기분 나쁘지 않게 하거나 받아들이는 사람이 위협을 느끼게 하지 않으면서도, 어떤 주장에 대해 어떻게 반대를 하거나(§.1-8에 있는 에둘러

'반대하기' 논의를 참고하기 바람) 어떻게 초대를 거절할 수 있을까? 토박이 화자들의 발화에서 관찰되는 경향은, 두 번째 응답 짝 부분(인접쌍의 두 번째 무문)을 좇고서, 붙일지에 대한 이유 및 실제로 '바람직하지 않은' 발화에 대한 빌미를 담아놓기 위해, 두드러지게 가다듬어 놓는 일이다 (반대나 거절을 구구하게 해명하는 일). 물론 이들 조건은 일반적으로 상호협력 담화에도 적용된다. 앞에 있는 인용 (3.4)에서 〈아내 04〉가 자신의 남편에 대해서 상충된 의견을 지닌 것으로 느끼듯이, 사람들이 반대되는 선택을 하거나 적어도 사뭇 직접적인 표현을 선택할 경우에는, 언제나 상충되고 무례하게 대하는 까닭을 해명해 주게 될 것이다. 다음 두 가지 추가 말뭉치 사례들이, 전형적인 상호협력 행위를 예시해 준다. 두 번째 인용 (3.6)이 첫 번째 인용 (3.5)보다 더 직접적이다.

(3.5) [어린 딸 〈S 01〉이 도움을 주며 모든 사람에게 토스트를 구워 주마고 제안하고 있다. 대부분의 가족 구성원들이 두 조각을 받는다. 그런 뒤 딸이 아빠한테 말한다]

〈S 01〉　Dad, one piece or two?

〈S 02〉　<u>One'll do for me</u>, Jen, if you

〈S 01〉　　　　　　　　　⌊ Right, okay.

〈S 02〉　Cos I've gotta go in the bath in a minute, love.

〈 딸 〉　아빠, 한 조각 먹을래요, 두 조각 먹을래요?

〈아빠〉　원한다면 <u>한 조각이면</u> 돼요 제니퍼

〈 딸 〉　　　　　　　　　⌊ 그래요, 좋아요.

〈아빠〉　왜냐면 1분 뒤에 목욕하러 가 봐야 하기 때문에요, 내 사랑.

(3.6) [〈S 01〉이 자신의 형수 〈S 02〉에게 말을 하는데, 그녀가 직접 스위스 롤 빵을 만들었다는 사실을 깨닫지 못했다고 말한다.]

〈S 01〉　And I've never realised that you've made it, I thought this was probably, I probably thought it was bought.

〈S 02〉　　Oh, you're joking! **It's our specialty of the house!**

〈시동생〉　그리고 난 형수님이 그걸 만들었다고 깨닫지 못했어요, 이거 아마 내 생각

　　　　　으로는, 아마 가게에서 사왔다고 생각했었죠.

〈형　수〉　아, 농담하는군요! **그게 우리 집의 특별식이에요!**

여기서 바람직하지 않은 발화는 밑줄 친 굵은 글씨로 표시되어 있다. 분명히 화자들은 일반적으로 너무 퉁명스런 거절·불합치·모순을 피하려고 한다. 다시 한 번, 바람직하지 않은 응답을 가다듬기 위하여 어휘 선택에 두드러지게 많은 노력이 들어간다. (3.5)에서 그 딸이 오직 토스트 한 조각만을 먹겠다는 아빠의 선택을, 부엌일을 도와주려는 그녀의 노력에 대한 핀잔으로 곡해하게 만들 위험이 있다. 앞 인용에는 중도에서 중단된 공손 조건처럼 보이는 내용 및 아빠로부터 나온 해명이 있다.

(3.6)에는 첫 번째 화자(=시동생)가 뭔가 대략 잘못된 것을 말하고 있다는 증거를 부드럽게 만들어 주는, 관습화된 비격식적 부인 어법이 들어 있다. 여기서 담화 및 문화가 서로 겹쳐진다. 공손성의 개념, 체면에 대한 위협(Brown and Levinson, 1987), 상이한 문화에서 받아들여질 수 있는 행동 따위가 표면화된다. 가령, 음식을 받거나 거절하는 일과 관련된 풍습, 음식을 집에서 만들어야 할지 아니면 가게에서 사와야 할지에 대한 문화적 기대 등이다. 비록 그러하지만, 다시 한 번, 제시 방법론presentational methodology; 교사 중심 수업을 통해서 제2 언어 문화를 효과적으로 '가르칠' 수 있는지 여부, 또는 언어 및 문화 자각(깨우침) 활동들이 바람직할 것인지 여부는 질문거리이다. 거기에서 그 목표를 관찰하고, 상호작용의 특징들을 '배우거나' 모방하는 것이 아니라, 그보다는 상호작용의 특징들을 논의하고 이해하게 된다.

사실상 그런 접근을 옹호하는 여러 논의들이 있다. 한 가지 논의는, 언어 및 문화에 대한 현행 모형이 문화가 단순히 언어 속 '거기에' 있다

는 개념으로부터 멀리 벗어나서('상충하는 문화' 관점), 좀더 상호작용 모형 쪽으로 다가가 있는데, 문화는 맥락 의존적이며 상황 의존적으로 간주되고, 내와 상내방를 사이에서 타개된 어떤 것으로 간주된다. 다른 논의는 교육적인 논의이다. 아마 학생들을 위해서 해석되고 교사들에 의해서 (다시) 제시되는 것보다, 오히려 학습자들이 실제 자료를 대상으로 하여 탐구적이며 문제 해결의 경험으로부터 더 나은 자각(깨우침)을 얻어 낼 것이라는 점이다. 학생들 자신의 언어 분석과 이런 논제득에 대한 좋은 논의를 참고하려면 잭슨(Jackson, 1990)을 보기 바란다.

§.3-2-2 상호작용상의 특징

이 제목 아래, 우리는 화자들이 인간관계의 평형상태를[15] 유지하는 동안에, 효과적으로 그들의 목표를 향하여 진행해 나가기 위해서, (제약된 선택들에 대한 규칙적 유형으로 된 실현이란 의미에서) 덜 명백히 구조화된 방식으로 상호작용을 관리하는 언어 선택에 대한 영역들을 다루게 된다. 그런 특징들 중에서 발언기회 얻어내기, 담화 표지 붙이기, 정보를 앞에 내세우기가 중심적이다. §.3-2-1에서 좀더 외관상 구조화된 특징들에 대한 질문이 제기되었듯이, 그것들을 '가르칠 수 있는 가능성'에 대해서도 비슷한 질문들이 제기된다.

(1) 발언기회 얻어내기|turn-taking

비록 보편적 특징이지만, 발언기회 얻어내기가 문화적 차원에서 문제를 일으킬 수 있다. 영어교육 자료가 이 논제를 주로 어휘적인 것으로만 간주한다는 측면에서, 사실상 이것이 다소 잘못된 한 가지 영역이라고 논의할 수도 있을 것이다. 세 가지 문제점들이 종종 제기되는

15] equilibrium(평형상태)라는 용어는 클락(1996; 김지홍 뒤침, 2009)에서는 공평성(equity)이라는 사회학 용어로 쓰인다. 전자는 아마 피아제의 용어에서 가져온 듯하다.

듯하다. 하나는, 일부 문화에서 가령 핀란드 어로 대화를 하는 동안에 다른 유럽 사람들에 의해 자주 지각되듯이, 발언기회들 사이에서 더 긴 침묵 시간도[16] 허용하는 듯하다는 점이다. 그런 사례로 또 다른 예는 미국 영어에서 찾아지는 것과 같이 '침묵-채우기' 담화 모양새 및 일본어에서처럼 생각 붙들 시간과 체면 보호를 위해 침묵이 허용되는 문화 사이에 대화상 긴장을 야기할 수 있는 규칙 충돌이다(Noguchi, 1987; Lebra, 1987).

두 번째 문제는, 두루 여러 문화에 걸쳐서 받아들일 수 있는 [이야기 도중에] 끼어들기 형태와 관련된다. 가령 이탤리어에서 ma그런데 but와 같은 표지를 이용하여 직접 끼어드는 일에 대한 선호가, 영어에서 well그런데, 그렇지만(반대나 불일치의 속뜻이 깃듦) 그리고/또는 찬성하지 않음을 간접적으로 이용하여 중간에 끼어드는 일과 비교된다(Testa, 1988).

세 번째 문제는, '군소리 반응back-channel'에 대한 차이 나는 모습에 대한 것이다. 이는 청자들이 이해하였음을 보여 주거나, 지속적인 관심 등을 보여 주기 위하여 내는 군소리나 말소리이다(Yngve, 1970). 스페인어 화자들은 종종 영어로 번역될 경우, 기관총과 같이 '예-예-예!'로 번역되는 반응 소리를 내면서 자신이 듣는 이야기를 받아들인다(=긍정적임). 영국 영어에서는 이런 군소리 반응이 빈번히 조바심이나 성가심을 나타내게 된다(=부정적임). 여기서 다시 교실수업에서 언급될 필요가 있는 어휘적 그리고 문화적 문제점의 혼합이 있는 듯하다. 그럼에

16] 침묵은 언어 산출 과정에서 화자가 관련된 정보들을 장기기억에서 작업기억으로 인출하는 과정으로 해석한다. 이런 침묵을 잘 허용하지 않는 언어에서는 침묵 시간을 채우기 위해 군소리들을 대신 이용한다거나, 똑 같은 말을 두세 번 반복하는 전략을 이용하게 된다. 흔히 사람들이 50대가 넘게 되면, 모든 반응 동작이 느려지게 마련이고 기억도 원활하지 못하게 된다. 특히 말을 할 적에 생각이나 의미는 떠오르지만, 해당되는 소리가 인출되지 않아, 혀끝에서만 맴돌면서 침묵 시간이 길어지는 경우도 있다. 이미 §.1-6의 각주 20에서 지적하였듯이, 일반적으로 말하여, 클락(1996; 김지홍 뒤침, 2009: 414, 424)에서는 대략 1초 정도의 침묵을 경계로 하여, 시간이 더 길어지는 경우에는 시간 지연에 대한 해명을 해 주어야 할 압박감을 받는 것으로 서술하였다. 이를 '1초의 한계'로 불렀는데, 미국 영어에서 사소하게 1~2초의 침묵은 'uh'라는 군말로 채워지지만, 더 길어질 경우에는 'um'이라는 군말이 쓰인다고 지적하였다. 이 책의 자료에서는 'erm'으로 표기된 것들이 나오지만, 휴지 시간이 따로 표시되어 있지 않다.

도 불구하고 발언기회 얻어내기(그리고 특히 중간에 끼어들기)는 영어교육에서 어휘적 도움이 부족하지 않은 한 가지 영역이다. 교재들에서는 종종 다음과 같이

Sorry to interrupt
(중간에 끼어들어 미안해요)
Can I just say something?
(내가 뭔가 말해도 괜찮겠니?)

끼어들기를 위한 관습적인 구절들을 제시해 놓는다. 그런 구절들이 비록 유용하지만, 자료에 대한 자세한 관찰의 대안이 될 수 없다. 비격식적인(그리고 심지어 절반쯤 격식 갖춘 맥락들에서) 대화 장면으로부터 나온 자료를 이용하면서 이를 실행하는 경우에, 영어의 사례에서는 다음 인용 (3.7)과 (3.8)에서 보여 주듯이, 중간에 끼어들기가 종종 간단히 일어나고, 그러고 나서 끼어들기 표지가 뒤따르거나 그 자체로 중단이 됨을 알게 된다.

(3.7) [〈S 02〉가 어느 복도에 있는 두 여성들 사이의 대화 도중에 끼어든다]
〈S 01〉   with Carol and he doesn't even realise
〈S 02〉   ⌞ Helen, **sorry to interrupt**, erm did
        you manage to ring Patrick?
(attested)

〈화자 01〉 카롤과 말이요 그리고 그가 심지어 깨닫지도 못하잖아요
〈화자 02〉   ⌞ 헬렌, **끼어들어 미안한데**, 음 패트릭한
        테 제대로 전화를 걸었소?
(도중에 끼어듦이 받아들여짐)

(3.8) [〈S 02〉가 반쯤 형식 갖춘 토론 시간 동안에, 어느 동료가 말하는 도중에 끼어 든다]

〈S 01〉   well it would have to go to a later meeting

〈S 02〉   ⌊I don't … for this document,

        sorry to interrupt, but I don't think you can ignore the importance

        of [etc.]

(attested)

〈화자 01〉 글쎄 그게 다음 모임으로 가야 할 것 같은데

〈화자 02〉   ⌊난 안 … 이 문서에 대해서, **도중에 끼어들어 미안하지**

        만, 난 당신이 [등등]의 중요성을 무시해 버릴 수 있다고 생각하지 않거든요

(도중에 끼어듦이 받아들여짐)

(3.8)에서 도중에 끼어들기는, 사실상 끼어들기 표지가 이용되기 이전에 벌써 일어났다. 다시 한 번, 이는 교사와 학습자에게 흥밋거리가 되어야 하는 어휘 항목 및 문화상으로 수용 가능한 행위의 결합이다. 앞에서와 같이 실제 자료에서 무엇이 일어나는지에 대한 관찰과 자각(깨우침)이, 반드시 어휘 자원을 제공해 주는 행위에 추가되어야 한다. 직접 관찰로부터 나온 문화상으로 민감한 통찰력이 없이, 오직 어휘 자원 하나만으로는 불충분하다.

모든 것을 포함하는 우리의 갈래 모형에 비춰 보면, 도중에 끼어들기는 어떤 한 갈래에서가 다른 갈래에서보다 더 잘 허용될 수 있을 것이다. 가까운 사람들 간에 '행위에 동반된 언어' 협력 과제들에서는, 겹침과 끼어들기가 실용적이며 목표 촉진적으로 간주될 수 있다. 그렇지만 전문직 현장 또는 공식적인 사교적 현장에서 토론이나 논쟁 갈래에서는 도중에 끼어들기가 도발적임 또는 노골적인 무례함으로 간주될 수 있을 것이다.

(2) 담화 표지 붙이기^{discourse-marking}

담화 표지 붙이기는, 이미 정보전달의 경계 표시와 관련하여 언급이 이뤄졌다. 담화 표지들은 대화에서 상이한 많은 기능들을 신호해 주기 위하여 널리 이용된다. 가령 앞에서 언급된 well^{글쎄, 그런데, 그렇지만}은 반대 또는 불일치의 표지이다(Schiffrin, 1987; Fraser, 1990을 보기 바람). 모든 언어에서

공유지식(가령 영어에서 you know^{잘 알고 있겠지만, 잘 아시듯이})
단언된 지식(영어에서 you see^{지금 보시다시피})
주제 전환(영어에서 but^{그러나} 및 so^{따라서})
예비 종결 및 끼어들어 중단된 주제로 되돌아감(영어에서 anyway^{어쨌든지})
경계 표지 붙이기
다른 많은 상호작용적이며 구조적인 기능들

과 같은 것을 신호해 주기 위하여, 한정된 묶음의 어휘 항목(단일 낱말 및 구절)들을 갖고 있는 듯하다. 게다가 격식 갖추지 않은 대화의 어떤 확장 연결체도 표지가 없이는 나타나지 않는다. 다음 인용 (3.9)는 자연스런 대화 자료에서 결코 이례적인 것이 아니다.

(3.9) [〈S 01〉이 자신의 어머니가 작성하기를 꺼리던 보고서 서식을 고객에게 설명하고 있다]

〈S 01〉 She gets a pound or something, <u>you know</u>, a month, <u>but</u> it was something that, I remember I was a kid, <u>and</u>, <u>well</u>, <u>sort of</u>, about sixteen seventeen or something, <u>and</u> this woman came to the door *and* erm I agreed to it [laughs] <u>and</u> my mother kept, <u>you know</u>, my mother did it <u>and</u> she kept it on, <u>you know</u>, for about the last twenty years doing this.

〈딸〉 그녀는 **잘 아시겠지만** 한 달에 1파운드나 그 정도를 받죠. **하지만** 그게 어떤
거였는데, 내가 어린이였을 때로 기억해요. **그리고 글쎄** 일종의 대략 16파운드
나 17파운드나 그런 정도였거든요. **그리고** 이 부인이 출입문으로 왔고 어
내가 거기에 동의해 줬죠. [웃음] **그리고** 우리 엄마가 했는데 잘 **아시겠지만요**
우리 엄마가 그걸 했어요 **그리고** 그걸 계속 해 나갔죠, 잘 **아시다시피요**, 대략
지난 20년 동안 이걸 하면서요.

와츠(Watts, 1989)에서는 담화 표지들을 쓰는 데에 토박이 화자들이 얼
마만큼 무의식적일 수 있는지를 보여 주었다. 담화 표지들은 발화의
좀더 투식화된 측면들에 특징적인 자동성을 실제로 보여 주는 듯하다.
이는 언어 교재들에 있는 일부러 꾸며낸 대화(대면담)들에서 그리고 많
은 사전들에서, 담화 표지들이 그렇게 빈번히 결여되어 있는 이유 한
가지를 설명해 줄 수 있다. 연구 증거들도 또한 입말 담화에서 일반적
인 담화 표지들의 분포를 결여하는 경우에, 이해의 문제를 만들어 낼
뿐만 아니라, 또한 부자연스럽게 들릴 수 있음을 시사해 준다(Tyler,
Jeffries and Davies, 1988).[17]

교과과정 및 교육 자료에서 임의 언어에 대한 담화 표지들의 묶음
(set 집합)이 왜 가장 기본적인 어휘 입력물의 일부가 되어서는 안 되는
지 분명한 이유는 없는 듯하다. 왜냐하면 실제로 담화 표지들이 아주
유용한 항목들이며, 어휘상으로 보통 아주 간단하고 단순하며, 흔히
기본적인 의미(가령 good '좋다'가 이미 bad '나쁘다'의 반대말로 알려져 있을 듯
함)로부터 학습자들에 친숙한 것이기 때문이다. 제3장에서 살펴본 모
든 특징들 중에서 제시 방법론presentational methodology; 교사 중심 수업에 대해 담화
표지들이 표면상으로 가장 쉽게 다가선다.[18] 그렇지만 실제로 토박이

17] 루오머(Luoma, 2004), 『말하기 평가(*Assessing Speaking*)』(Cambridge University Press) 91
쪽에서는 하우스(House)를 인용하면서 담화 표지들을 gambit(실마리 화용 표지)으로
부르기도 하고, 106쪽에서는 smallwords(작은 낱말)로 부르기도 한다. 이들을 말하기
유창성을 구성하는 하나의 요소로 간주하므로, 말하기 평가에서 중요한 고려 사항이
되는 것이다. §.3-2-1에 있는 각주 6도 참고하기 바란다.

화자들이 언제 어떻게 담화 표지들을 쓰는지를 확립해 놓는 데에 많은 작업들이 실행되어야 할 것으로 남아 있다는 점에서, 주의사항이 추가되어야 한다. 예를 들어 애스뜬(Aston, 1995)에서는 영어의 'thank you고마워'가 고객 응대에서 '감사를 표현하는' 축자적 의미를 벗어나서, 중요한 '단계-표시 기능phase-marking function'을 지녔음을 보여 주었다. 따라서 담화 표지들의 묶음을 어휘적 형식으로만 가르치는 것은 너무 조급한 견해이다.

비록 그러하지만 늘 그렇듯이 입말에서 널리 퍼진 담화 표지들의 역할에 대하여 토론과 사례 제시를 통하여 자각을 일으키는 것이, 그것들을 항목들로 배우는 일과 나란히 진행될 수 있을 것으로 희망할 수 있다. 자연스런 자료에 대한 관찰이 또한 낱말 학습과 마찬가지로 이용 가능하다면 어디서든지 바람직하다. 더욱이 제시 방법론presentational methodology이 담화 표지들을 입력하기 위하여 작동할 수 있다는 사실은, 짝끼리 작업이나 모둠 작업에서 담화 표지들이 성공적으로 산출될 수 있다는 보장이 없으며, 적합하고 자연스런 기회가 생겨날 때까지 단순히 산출을 늦추어 놓도록 허용하는 것이 더 나을 수도 있다.

(3) 정보를 앞에다 내세우기information-staging

정보를 앞에다 내세우기는, 앞에서 다른 담화 현상의 일부를 위해서 제시된 어휘 지향 및 문화 지향 해석들과 대립하는 것으로서, 문법 수준 상으로 흥미로운 관찰을 할 수 있게 해 준다. 영어에서 절에 대한 전형적인 어순

18] 〈원저자 6〉 담화 표지들에 대한 대조 연구와 어휘 입력물을 위한 토대로 이용될 수 있는 상이한 언어에 있는 담화 표지들의 목록은 교육적 맥락에서 특히 유용하다. 가장 빼어난 사례를 보려면, 담화 표지 용법을 포함하여 영어와 스페인어의 담화 전략 및 영어와 일본어 담화 전략을 다루는 프뢰이저·맬러멋-마콥스끼(Fraser and Malamud-Makowski, 1996)의 연구를 참고하기 바란다.

'주어 + 동사 + 목적어 + 부사'

는 종종 비격식적 발화에서 부호화된 정보의 다양한 재배열을 산출하기 위하여 조절이 이뤄진다. 이들 재배열이 개체를 초점으로 앞에다 내세울 수 있게 하며, 화제 상으로 두드러진 항목들 및 부가 의문문(tags)과 오른쪽 끝으로 자리를 옮긴 요소(tails)와 같은 상호작용 특징들을 신호해 준다(용어 해설을 보기 바람). 초점화 또는 대조를 위하여 발화 맨 앞으로 내세워진 대상들뿐만 아니라, 우리는 핵심 절 요소들의 앞쪽과 그것들의 뒤쪽에 놓인 항목들도 발견하게 된다.

다음 인용 (3.10)은 주절에서 복제되어 앞으로 자리 잡은 항목이, 청자의 의식에서 주제를 닻으로 묶어두기 위하여 어떻게 유용한 정보를 제공할 수 있는지를 보여 준다. 추가 사례들을 보려면, 겔루이큰스(Geluykens, 1992)와 카터·머카씨(Carter and McCarthy, 1995b)를 참고하기 바란다. 다음 인용 (3.11)은 전형적인 상호작용 기능을 보여 주는데, 끝에 복제된 항목들은 평가를 위해서 뽑혀 나왔다(Aijmer, 1989; McCarthy and Carter, 1997b를 보기 바람).

(3.10)

⟨S 01⟩　　Well, Karen, where I'm living, a friend of mine, she's got her railcard and I was telling her …

⟨화자 01⟩ 그런데, 카렌, 내가 사는 곳에서 내 친구인데, 그녀가 자신의 기차 카드를 갖고 있었고, 내가 그녀한테 …라고 말했었거든.

(3.11)

⟨S 01⟩　　It's very nice that road up through Skipton to the Dales.

⟨화자 01⟩ 스낍튼을 통과해서 데일즈까지 가는 길이 아주 멋있단 말야.

모든 증거는 (분열문을 포함하여) 어순 현상과 이런 종류의 정보 구조화 내용이 많은 언어에 존재함을 시사해 준다. 가령 불어 연구로는 램브뢱트(Lambrecht, 1988)를 참고하고, 이탤리어 연구로는 듀뢴티·옥스 (Duranti and Ochs, 1979)를 참고하고, 스웨덴어와 중동부 유럽 유태인이 쓰는 이디쉬Yiddish어 연구로는 캘그뢴·프륀스(Källgren and Prince, 1989)를 참고하고, 일본어 연구로는 오노·스즈끼(Ono and Suzuki, 1992)를 참고하고, 스페인어 연구로는 귀타앗(Guitart, 1989)을 참고하기 바란다.

이런 종류의 특징들이 자동적으로 제1 언어에서 제2 언어로 옮아가는지 여부와, 정확히 문법적 실현이 두루 여러 언어에 걸쳐서 변동할 것인지 여부를 숙고해 보는 것은 흥미롭다. 언어교육 교과과정의 문법 목록들은, 일부러 만들어 낸 교재 대면담이 그러하듯이, 종종 이들 현상을 무시해 버린다. 이는 분명히 한 강좌가 대화 현상을 알맞게 다루려면 언급될 필요가 있는 문법 범주들에 대한 수정을 시사해 주는 듯하다. 만일 우리가 예시해 놓은 종류의 기능들을 실현하기 위하여 학습자에게 기회가 주어지지도 않고, 문법적 기제도 없으며, 제1 언어로부터 나온 그런 특징들을 옮겨 주기 위한 자신감도 없다면, 인간관계의 기능을 놓고서 중요한 차원의 언어적 부호화는 없어져 버린다. 이런 방식으로 교과과정의 문법 구성부문을 수정하는 일은, 현재 생겨나는 경향보다도 오히려 아마 (화용상의 목적을 위하여: 뒤친이) 절에서 맨 앞으로 내세우거나 맨 끝에 옮겨 놓는 일(≒곧 전치 및 후치 현상)에 대하여, 그리고 핵심 요소들의 조절 가능성에 대하여 더 크게 강조하는 것을 의미하게 될 것이다.

비록 이전에 무시되어 버린 문법 현상에 대하여 이처럼 허용하는 일은 문제가 없는 것이 아니다. 특히 이런 문제들 중에는 무엇보다도 교과과정 및 대체로 교수 자료들이 압도적으로 글말로 씌어지는 경향이 있으며, 글말로 씌어진 사례와 연습들을 통해서 입말 형태들에 대한 자각을 일깨워야 하는 혼란스런 문제에 봉착하게 된다. 관련된 또 다른 문제는, 문법 정보의 본질에 대한 우리의 견해에 영향을 미치게 되는 글말 문장의 위력이다. 주제화 및 '후치 현상(tails: 맨 끝자리에 옮겨 놓는 일)'과 같은 기제를 실제 다루고 있는 언어학자들이 상위 언어로 그것들을 언급할 때에, '왼쪽으로 자리를 옮긴' 요소들(가령 영어에 대한 연구는 Geluykens, 1992를, 불어에 대한 연구는 Blasco, 1995를, 스페인어에 대한 연구는 Rivero, 1980를 보기 바람)이나 '오른쪽으로 자리를 옮긴' 요소들(가령 Fretheim, 1995와 Valiouli, 1991을 참고하기 바람)을 가리키면서, 종이 위에 씌어져 '페이지에 이끌린' 용어들로써 말하게 된다는 것은 단지 우연한 일만이 아니다. 분명히 입말에는 왼쪽이나 오른쪽이라는 것이 없다. 이와는 달리, '이전before'과 '다음next'이 있다.[19] 똑같이, '자리 옮김dislocation'이라는 비유 용어는, 완벽히 정상적이고 수용될 수 있으며 대화상의 용어로 유의미한 것이 아니라, 오히려 뭔가 잘못되었거나 '올바른 위치를 벗어남out of place'을 시사하는 경향이 있다. 이는 입말 문법 방법론이 교사와 학습자로 하여금 원래 발화를 재구성할 수 있도록 하기 위하여, 반드시 녹음 보조물이나 최소한 적합한 맥락화 쪽으로 크게 의존해야 함을 시사해 주는 것이다. 이는 또한 전반적으로 갈래에 근거한 우리의 관심으로부터 부각되어 나온 입말 교육이, 아직 언어교육 전문직에서 공유하지 않았지만 신중하게 가다듬어 놓은 상위 언어가 필요함도 시사해 준다.

§.3-2-3 갈래상의 특징generic features

제2장에서 기술되었듯이, 입말에서 갈래의 개념은, 참여자들이 특정한 언어사건에 간여한다는 의미를 포착해 주려고 한다. 그 언어사건 language events은 예측 가능하여 관습화된 방식으로 전개되고, 단계별로 인식될 수 있는 완성 쪽을 향하여 움직여 나간다. 글말 갈래를 성격

19] 〈원저자 7〉 이 책의 §.1-9에서 저자는 말뭉치 언어학자들이 또한 글말로 씌어진 페이지에 대한 '왼쪽/오른쪽' 비유를 물려받았으며, 입말 말뭉치가 말뭉치 분석 용어들뿐만 아니라 또한 문법 용어들도 고쳐 놓도록 강요하고 있음을 시인하였다.

짓는 일에 업적들이 많이 나와 있지만(Swales, 1990을 보기 바람), 반면에 입말에서 갈래의 개념은 빈약하게 서술되는 경향이 있었다(제2장을 보기 바람). 제대로 구획된 갈래들의 명백한 사례들은, 교회 설교·결혼 주례사·농담·강의·고객 응대·이야기들이다.[20]

일반적으로 제시된 요소나 단계들을 정의하고, 상이한 맥락에서 언어적 구현으로서 갈래들을 인식하는 일이 가능하다(McCarthy and Carter, 1994; 24 이하)[21] 갈래는 전형적으로 명백한 이유 때문에 시작 및 마무리 부분에서 좀더 예리하게 정의된다. 왜냐하면 화자와 청자들이 바로 어떤 종류의 언어사건에 간여하고 있는지를 알 필요가 있기 때문이다. 제2장에서는 지속적으로 일어나는 활동들에 대한 기대를 화자가 자각하는(깨닫는) 증거를 제시하였고, 이전의 경험에 대한 회상이 갈래를 전개하는 그들의 시각에 어떻게 영향을 미치는지를 보여 주었다. 따라서 농담이 관습적으로 다음과 같은 모종의 표지에 의해서 신호될 수 있다.

Have you heard the one about … ?

(…에 대한 것을 들어본 적이 있어요?)

반면에 테러주의자들의 자살 폭탄 폭거에 대한 실생활 언론 보도report는 결코 이런 방식으로 시작할 것으로 기대되지 않는다.

갈래는 다른 것 속으로 내포되기 마련이다. 예를 들어, 서사이야기 일화anecdotes가 대학 강의 도중에 나올 수 있으며, 대화로 된 우연한 사례episodes들도 고객 응대 동안에 일어날 수 있다. 또한 계속하여 저자가 논의해 왔듯이, 갈래들이 또한 순전히 정보전달 요소들을 놓고서 실행

20] 클락(1996; 김지홍 뒤침, 2009: 53)에서는 [±각본], [±격식성], [±언어적], [±협력적], [±평등성] 등의 복합 자질로 변이제를 설명한다.

21] 〈원저자 8〉 이 진술이 언제나 갈래가 상투화된 내용에 대해 참되게 성립한다고 말하는 것은 아니다. 제2장에서 예시해 놓았듯이, 갈래의 구현사례(episodes, 일화)들은 실시간 상호작용의 긴박한 필요성과 목표를 향해 움직일 필요성에 맞춰서 스스로 조정이 이뤄진다. 또한 벤웰(Benwell, 1996)도 참고하기 바란다.

되듯이, 그만큼 인간관계/상호작용 요소들에도 의존한다. 인간관계를 수립하고 유지하는 일이 단순히 논의되는 다른 업무로부터 분리될 수 없는 것이다(≒정보전달 기능과 상호작용 기능이 일부 서로 겹쳐져 있다는 뜻임: 뒤친이).

갈래와 관련하여 두 가지 주요 문제 영역이 생겨나는 듯하다. 첫째, 시작하기와 마무리짓기가 흔히 고도로 관습화되어 있다. 둘째, 학습자들은 어떤 요소들을 다른 요소들보다 더 잘 실현할 수 있을 것이다. 입말 일화들은 이런 두 번째 문제에 대한 좋은 사례이다. 다른 곳에서 자료의 도움과 더불어, 저자는 낮은 수준의 학습자들이 흔히 러보웁 (Labov, 1972)에서 서사이야기의 '평가' 기능으로 불렸던 것을 실현하는 데에 큰 어려움을 겪음을 시사하였다.[22] 다시 말하여 그 이야기에 흥미와 '말할 만한 보람'을 제공해 주는 어휘상의 수식 요소(가령 강조, 과장)들과, 가령

I might easily have been killed
(쉽게 내가 죽임을 당했을 것 같다)
if only I hadn't been so stupid!
(오직 나만이 그렇게 멍청하지 않았더라면!)

와 같은 문법상의 모습들이다. 러보웁Labov의 모형에서 평가 요소들은 서사이야기 구조의 골격만큼 아주 중요하다. 이것들은 ① 요점 제시(그 이야기의 목표점에 깃발을 꽂아 놓거나 일종의 제목을 제시함), ② 지향하여 전개함(청자에게 누가·어디서·언제 등을 말해 줌), ③ 복잡하게 얽히도록 사건을 전개함(그 이야기를 재미있는 이야기로 만들어 주는 이례적이며 우습고 무서

22] 서사이야기의 전개 방식에 대한 최근의 논의는 이정모·이재호 엮음(1998), 『인지 심리학의 제문제 II: 언어와 인지』(학지사)에 있는 제9장 김소영의 「덩이글의 문장 통합: 인과연결망 모델의 접근」과 조명한 외(2003), 『언어 심리학』(학지사)에 있는 제8장 김소영의 「텍스트의 이해와 기억」을 읽어보기 바란다. 또한 제7장 §.7-2에 있는 각주 5와 제7장 §.7-3에 있는 각주 12도 함께 보기 바란다.

운 등등의 사건들), ④ 해결함(그 사건들이 풀리는 방법), ⑤ 마무리짓기(그 이야기를 완성하고 도로 현재 순간으로 되돌아오기)이다(각주 22 참고).

적합한 평가를 제공해 주는 도전은, 흔히 청자뿐만 아니라 이야기하는 사람에게도 적용된다. 왜냐하면 자연스런 환경에서 청자들이 보통 어떤 형태로 평가에 기여하기 때문이며, 이탤리어 자료를 놓고서 듀런티(Duranti, 1991)에서 예증해 주었듯이, 이야기 말하기가 일방적인 독백담이 경우가 거의 없기 때문이다. 학습자들에게 평가 기법(가령 놀라움·두려움·감정 이입·구역질 등을 표현하는 일)을 숙지하도록 돕는 일은, 서사 이야기를 해 주는 대화 상대방과 더 나은 인간관계를 수립하고, 서술자로서 더 나은 자기 이미지를 제시하도록 도와준다.

교실수업에서 학습자들은 매번 더 나은 평가를 추가하면서 동일한 이야기를 다시 말해 보도록 장려될 수 있다. 이는 부자연스런 활동이 아니다. 왜냐하면 실생활에서 여러 시간에 걸쳐서 수립된 수식 내용들과 더불어 이야기가 흔히 말해지고 또 다시 말해지기 때문이다. 이야기를 다시 말해 주기re-telling는, 전형적인 입말 교실수업의 흔한 오직 '단 한 방one shot only'의 제약으로부터 벗어나는 출발점이다.

저자는 시작하기와 마무리짓기가 좀더 격식화될 것 같다고 제안하였지만, 종종 흥미로운 문화상의 차이점들이 있다. 가령 전화를 걸 경우에, 그리스어와 영국 영어 사이에(Sifianou, 1989), 화란어와 미국 영어 사이에(Houtkoop-Steenstra, 1991) 차이가 있다. 대화에서 중국어와 영어로 하는 시작 인사에서 차이가 있다(Hong, 1985). 마치 저와워스끼(Jaworski, 1990)에서 토박이 화자들과 폴란드어를 배우는 영어 학습자에 대해서 대조해 보여 주었듯이, 에드먼슨·하우스·캐스뻐·스떼머(Edmondson, House, Kasper and Stemmer, 1984)에서는 독일어와 영어에서 대화상 시작하기와 마무리짓기에 대하여, 내용 지향 및 상호작용 지향(즉 언어가 전달내용에 대해서보다는 대화 상대방에 예민해지는 방식)을 대조하였다.

언제나 그러듯이, 우리는 제2 언어에서 갈래들을 특징적으로 만들어 주는 일과 대면하면서, 그런 상호 문화적 현상들이 제시적 의미

presentational sense로 간단히 '가르쳐질' 수 있다는 개념이 아니라, 그보다는 오히려 관찰·자각·민감성을 위한 깨달음의 필요성으로 되돌아간다. 다행스럽게, 두루 여러 문화들에 걸쳐서 갈래들에 대한 정확한 서술을 산출하기 위하여 연구들이 더 많이 진행되고 있다. 문화상의 유사성과 차이점에 대한 지식은 오직 언어교육과 학습에서만 긍정적으로 뒷받침될 수 있다. 갈래 상으로 텍스트들을 분류하는 일에 대해서, 노팅엄 담화뭉치CANCODE의 잠재성potential 가능성이 그런 교육적 얼개를 창조해 내려는 작업을 위하여 특히 유용한 도구를 제공해 준다.

§.3-2-4 맥락상의 제약들

입말이 글말보다 즉각적으로 맥락에 의존할 것 같으므로, 우리는 화자가 맥락 특징들을 부호화해 주는 방식으로부터 부각되어 나오는 관심거리에 대하여 별개의 묶음을 찾아내게 된다. 상황에 따른 생략이, 전형적인 입말의 '맥락 의존적 특징'에 대한 좋은 사례가 된다(Carter and McCarthy, 1995). 영어에서는 대상들이 즉각적 상황으로부터 인출될 수 있는 경우에, 일반적으로 기대되는 구조의 항목들이 다음 인용들에서와 같이 생략될 수 있다.

(3.12) [〈S 01〉이 외출하기 전에 자신의 친구를 위하여 물건들을 챙기고 있다]
〈S 01〉　　Handbag is it, what else then?

〈화자 01〉 (네) 손가방이잖니, 아니라면 대체 뭐야?

(3.13) [〈S 01〉 소비자 조사에서 청자의 참여에 대하여 촌평을 하고 있는데, 이는 조사 기구에서 비용을 지불하여 예상치도 않은 새로운 전화선의 가설 혜택을 청자에게 안겨 주었다]
〈S 01〉　　Put the phone in as well for you, did they?

〈화자 01〉 당신을 위해서 (그들이) 또한 전화를 가설해 주었어요, 그렇죠?

(3.14) [〈S 01〉이 자신의 아파트에 있는 어느 불건늘 정자가 쏜 일늘 놓고서 다정하지만 농담 섞인 방식으로 촌평을 가하고 있다]

〈S 01〉　　Think it's your house or something?

〈화자 01〉 (당신은) 그게 여러분 집이나 어떤 거라고 생각해요?

(3.12)에서는 your녜가 생략되었다. (3.13)에서는 처음 나오는 주어(they)를 생략하고, 더 뒤에서 부가 의문문으로 구현하는 전형적인 입말 영어 구조이다. (3.14)에서는 조동사와 주어(do you)가 생략되었다. 생략된 모든 항목들이 맥락에서 분명해진다. 이런 유형의 생략은 현행 보편화된 영국 교육문법에서 놀랍게도 거의 주목을 받지 못하고 있다. 하나의 두드러진 예외는 스원(Swan, 1980/1995)이다. 반면에 노팅엄 담화뭉치CANCODE 내용에서는 우연한 대화에서(상황에 따른 생략이 드문 서사 이야기 담화 마디는 제외함) 대략 300개의 낱말 당 이런 유형의 생략이 한 번 일어남을 시사하고 있다. 스까슬러·브뤄낵(Scarcella and Brunak, 1981)에서는 그들이 다른 비토박이 화자 자료에서 이런 종류의 생략이 없음에 주목하였다. 이는 또한 그 존재 및 사용 맥락뿐만 아니라, 또한 구조적 제약에 대한 한 묶음의 안내사항(가령 앞에서 본 사례들의 경우에는, 종종 정신 처리과정을 나타내는 동사와 더불어, 특징적으로 1인칭 I와 2인칭 you임)들에 대한 자각(깨우침)을 만들어 내기 위하여, 교사에 의한 직접 간섭을 요구할 수도 있다.

　이 영역에서 많은 연구가 필요하며, 대화에서 일반적으로 일어나는 모든 유형의 생략들에 대하여 더 나은 서술이 앞을 향한 더 큰 발걸음이 될 것 같다. 그러는 동안에(≒당분간) 교사와 학습자들은 가능한 대로 실제 자료로부터 나온 많은 도움과 더불어, 규칙 및 안내지침들을 도출해 내기 위하여 그들 자신의 귀납 능력들에 의존해야 한다.

이야기의 또 다른 맥락 의존 특징은 §.2-5에 있는 사례들과 같이 다양한 실사어휘 밀집도인데, §.6-2에서 다시 추가 사례들로 예증해 놓을 것이다. '행위에 동반된 언어' 연결체와 같이 극단적인 맥락 의존 유형들에서는, 언어가 그 당시에 실천되고 있는 어떤 과제(가령 요리하기, 가구 위치 바꾸기 등)에 의해서 생성되는데, 아주 낮은 실사어휘 밀집도를 보여 줄 듯하다. 다시 말하여, 온전한 의미를 지닌 어휘 항목(≒실사)들과 대립되는 것으로서 기능 낱말(≒허사)들의 비율이 높다. 서로 다른 갈래들에 걸쳐서 변이 가능성에 대한 일부 사례들은 §.2-5를 보기 바란다.

다음 인용 (3.15)에서는 부엌에서 음식을 조리하는 가족의 자료로부터 나온 연결체를 보여 준다.

(3.15) [세 사람이서 가족들이 먹을 음식을 조리하고 있다]

⟨S 01⟩　What are you going to do with that?

⟨S 02⟩　Oh, it'll go in in a minute. I can taste it as I go along and then add the same amounts again.

(7 secs)

⟨S 02⟩　Yeah, I'll just give that a stir and see where we are first.

(6 secs)

⟨S 03⟩　If you put this in the freezer, that'll cool it down quicker, won't it?

⟨S 01⟩　Yes, and it won't freeze.

⟨화자 01⟩ 그걸로 뭘 만들 거예요?

⟨화자 02⟩ 아, 그거 곧 들어갈 거야. 내가 조리해 가면서 그걸 맛볼 수 있어. 그러고 나서 똑같은 양을 다시 더 넣을 수 있지.

(7초가 흐름)

⟨화자 02⟩ 그래, 그걸 한 번 저어 줄 거고 어디가 처음인지 보자꾸나.

(6초가 흐름)

〈화자 03〉 이걸 냉동실에다 넣으면 더 빨리 식을 건데 그렇잖아요?

〈화자 01〉 그래, 그러고 얼지는 않을 거야.

두드러지게 그런 연결체는, 보통 일반적으로 지시사·대명사·손으로 가리키는 낱말들을 많이 쓰며, 내용어휘(≒실사)들은 더 적다. 정의에 의해서 그런 1차 자료는 상당한 맥락 정보가 없이는 해석하기가 어려울 수 있다. 이런 이유로 일부러 꾸며낸 교재 대화에서는, 그렇게 크게 맥락에 의존하는 형태들이 거의 생겨나지 않는다.

그렇지만, 입말 의사소통에서 손으로 가리키는 표현(직접 보여 준다는 뜻의 직시[直示] 표현)과 같은 항목들의 근본적 중요성에 대하여 자각(깨우침)을 일으키도록, 교실수업에서 흥미롭고 재미나는 작업이 이런 종류의 감칠나게 하는 자료와 더불어 실행될 수 있음을 저자는 논의하려고 한다. 학습자들에게 어떤 것이 진행될 것인지 상상해 보고, 가능한 지시 대상들로서 어휘 항목들을 제시하도록 요구할 수 있다. 또한 이런 맥락에서 주목할 가치가 있는 것은, 손으로 가리키는 표현 항목들이 반드시 여러 언어에 걸쳐서 1:1로 번역될 필요는 없다는 것이며(가령 영어와 불어 또는 스페인어의 3원 지시 체계[23] 간에 지시사), 자연스런 발생 맥락에서 그것들이 초점 모아질 필요가 있을 것이다. 행위에 동반된 언어 텍스트는 보통 지시사 용법을 위한 좋은 매개체가 된다.

23] 우리말은 지시 체계가 2원 체계이다. 그러나 일본어와 스페인어는 지시 체계가 3원 체계이다(근칭·중칭·원칭). 그렇지만 일제 때 일본문법을 그대로 우리말에 받아들여, 우리말 지시사 체계(이:저//그)를 3원 체계로 잘못 기술해 놓았고, 지금도 그 잘못을 그대로 답습하고 있다. 우리말은 먼저 화자를 기준점으로 하여 '이:저'가 대립한다. 그리고 다시 청자와 화자의 공유지식이란 기준점이 도입되거나, 또는 화자가 뒤에 말할 내용을 가리키는 대용 기준점이 도입될 때 '그'가 쓰이는 것이다. 영어는 담화 전개에서 'it, this, that'이 서로 다른 기능을 한다. §.4-2의 관련 대목에 대한 논의와 그곳 예문 (4.3)에 대한 각주 7의 〈역자주〉를 참고하기 바란다.

§.3-3 논점들을 한데 모아 놓기: 교육 모형 만들기

제3장의 뒷부분에서 저자가 언급해 온 바는, 대부분 이 책자의 담화 분석적/대화 분석적 관심과 갈래에 근거한 관심으로부터 방향을 틀어서, 어휘-문법적 선입견과 여러 문화에 걸친 비교 내용 쪽으로 다뤄왔지만, 이 세 가지 영역을 별개로 나누어 놓는 일은 잘못일 듯하다. 우리는 담화 분석과 대화 분석에 의존할 필요가 있고, 어휘-문법 형태들이 어떻게 그리고 언제 실현되는지를 확립하기 위하여 모든 것을 포함하는 '갈래 지향 얼개'가 실제로 필요하다. 저자가 지금까지 예증해 주려고 노력해 왔듯이, 상호작용에 대한 담화 구조와 갈래상의 유형은 실현을 위하여 아주 종종 결정적으로 특정한 어휘-문법적 선택의 열strings들에 의존한다. 마지막 분석에서 담화는 맥락에 반응하며 참여자들의 필요성·목표·인간관계에 대응하는 어휘-문법적 그물짜임을 통하여 실현되고 가능해진다. 이는 뒤이어지는 장들에서 계속 논의될 것이다.

더욱이 제3장에서는 점점 더 담화에 민감해짐을 보여 주는 부호화에 대한 추가 층위, 즉 억양에 대해서는 언급하지 않았다. 실제 자료는 다시 우리로 하여금 억양에 대한 문장 문법 모형과, 억양을 '태도'와 '감정'과 같이 측정이 어려운 것들과 관련짓는 모형을 재평가하도록 요구한다. 브뢰포드(Bradford, 1988)에서는 자신의 작업을 브뢰질(Brazil, 1985) 모형에 근거하면서, 자각 일으키기awareness-raising 및 좀더 전통적인 연습의 결합 내용이, 억양에 대하여 담화에 민감한 접근법을 어떻게 교실수업 속으로 가져올 수 있는지를 보여 주었다.

그러므로 수업 자료들은 학습자들에게 '실천/실행하면서 학습한다doing and learning'는 느낌을 주는 실천적 연습을 제공해 주면서, 입말에 대한 사실들과 맞물려들 수 있다. 똑같이, 전체적으로 보아 교과과정에서 비록 실제 항목들이 어휘-문법적으로 조직되어 있을지라도, 주요한 표제로서 담화에 근거하고 갈래에 근거한 범주들을 지녀서는 안 될 이유가 없다. 가령 머카씨·카터(McCarthy and Carter, 1994) 제5장을 보기 바란다. 교과과정은 방법론이 아니라, 오히려 가르치는 일을 위하여 언어관 및 최우선 사항들을 반영해 준다.

제3장에서는 '입말에 대해 무엇을 가르쳐야 하는가?'라는 질문을 제기하였다. 그 대답은 분명히 아주 많지만, 어떻게 그리고 무엇에 의해 매개되어야 하는지에 대한 것은 다른 질문이다. 저자는 담화 분석가와 갈래 분석가들을 관심 갖게 하는 내용의 상당 부분이 문화적으로 동기가 마련된다고 논의해 왔다. 문화상의 자각이 여러 언어에 걸쳐서 담화 특징에 대한 부적합한 전이를 피하고, 적합한 전이를 촉진해 주는 데 열쇠가 됨을 논의해 왔다. 그러나 저자는 또한 그런 전이가 다음과 같은 경우에 일어나지 않을 것 같다고 논의하였다.

① 만일 어휘-문법 목록 일람이 과제에 부적합하다면, 그런 전이가 일어나지 않는다.
② 만일 수업 자료와 교과과정이 입말에 자연스런 맛을 주는 어휘-문법의 바로 그런 특징들을 무시하거나 이용하는 데 소극적이라면, 전이가 일어나지 않는다.
③ 교실수업 관리와 방법론이 학습자에게 우리가 살펴본 종류의 담화 기능들을 실현하기 위한 자연스런 기회를 한 번이라도 제시해 주는 일을 막아버린다면, 그런 전이가 일어나지 않는다.

몇 가지 특징만을 거론한다면, 주고받기에서의 후속 내용follow-ups 후속 촌평·정보전달 경계와 도중에 끼어들기는, 단순히 전통적인 '세 가지 P' 방법론(제시presentation ⇨ 연습practice ⇨ 산출production)으로는 가르쳐질 수 없다. 서사이야기 평가를 어떻게 '연습할' 것인가? 정보전달 경계를 어떻게 '제시할' 것인가? 담화 표지들을 어떻게 자연스럽게 '산출할' 것인가?

'세 가지 P(제시-연습-산출)'를 보완하는 대안 방법론이 답을 제공해 줄 수 있다. 이는 '세 가지 I(예시-상호작용-귀납)'에 근거한 것인데, '예시

Illustration ⇨ 상호작용Interaction ⇨ 귀납Induction'의 첫 글자들을 가리킨다. 예시Illustration는 실제 사료를 살펴보는 것을 의미한다. 가능하다면 또는 최소한 텍스트들이 실제 자료의 관찰에 근거하여 교육 자료는 신중하게 꾸며져야 한다.

상호작용Interaction은 언어에 대하여 학습자들과 교사 사이에 있는 이야기를 뜻하며, 필요하다면 제1 언어로 실행된다. 담화 자각 활동이 전면에 등장하는 환경에서 관점을 공유하고 형성하는 일, 문화적 장벽과 상투적 내용 등을 깨뜨리는 일 등이 포함된다. 가령 제1 언어의 특정한 담화 유형들에 초점을 모으는 활동이나, 또는 제1 언어와 목표언어 간의 비교 활동이다.

귀납Induction은 제2 언어가 담화 유형과 갈래를 실현하는 방법에 대하여, 그리고 어휘-문법의 특정한 사례들로 부호화된 의미에 대하여 결론을 이끌어 내는 일을 의미한다. 만일 이것이 어휘-문법적이며 억양을 담은 구성부문들이 단지 문장에 근거한 추상화 내용뿐만 아니라 담화에 민감한 교과과정과 나란히 실행된다면, 입말 교육은 예기치 않게 유창성과 자연스런 대화 기술에 대한 좀더 신속한 습득으로 강력한 보상을 받게 될 수 있다. 그런 주장은 최근에 제2 언어에서 '주목하기noticing' 현상이 효과적인 습득을 향한 중요한 단계임을 보여 주려고 노력해 온 제2 언어 습득 연구자들의 논지에 대한 일반적 동향과 노선을 같이 하는 일일 것 같다.[24] 그러나 '주목하기'를 위한 목표가 가장 관

24] 린췰(Lynch, 1996: §.2-6), 『언어 교실수업에서의 의사소통(*Communication in the Language Classroom*)』(Oxford University Press)에 보면, 리춰드 슈밋(Richard Schmidt, 1990)의 '주목하기'와 샤우드 스미스(Sharwood Smith, 1981)의 '자각 일깨우기(Consciousness rasing)'가 서로 비슷한 개념이라고 논의하였다. 보통 이해 가능한 입력물(comprehensible input)이 주어지면(Krashen의 'i+1' 단계의 입력물 또는 뷔고츠키의 근접 발달 영역), 학습자는 주목하고 나서 자각을 함으로써 소화하게 된다. 이를 '입력물 ⇨ 주목하기 ⇨ 자각 일깨우기 ⇨ 섭취물'과 같이 나타낸다. 그렇지만 메륄 스웨인(Merril Swan, 1985)에서는 마지막 단계에서 다른 사람들이 이해할 수 있는 산출물(comprehensive output)을 만들어 내도록 요구하는 일도 매우 중요함을 주장하였다. 거시적으로 이런 학습 모형은 학습자가 스스로 참여하여 상대방과의 의사소통 간격을 줄여나가는 활동을 함으로써 목표언어를 효율적으로 배울 수 있다고 전제한다. §.7-6에 있는 각주 24를 같이 보기 바란다.

심 사항이 되는 것이다. 만일 입력물이 아주 빈약하다면 주목할 만한
것이 많지 않을 것이다.

제4장 문장 문법이 언제 담화 문법으로 되는가?[1]

§.4-1 도입

앞에 있는 제1장에서부터 제3장까지에서는 사뭇 광범위한 질문들에 관심을 쏟았다. 제4장에서는 담화 처리과정과 갈래의 창조에서, 화자들이 만드는 더 낮은 층위의 선택들에 대해 살펴보게 된다. 제4장과 제5장에서는 담화 얼개 속에서 문법적 선택을 살펴보게 될 것이다. 그러고 나서 제6장과 제7장에서 입말 담화에 있는 어휘 특징을 살펴보게 될 것이다.

'담화 문법'이란 용어를 오늘날 자주 들을 수 있으나, 그 용어가 의미하는 바가 언제나 분명한 것은 아니다. 제4장에서는 이 용어에 의해

1] 〈원저자 1〉 이 글은 동일한 제목으로 저자와 뤄베카 휴즈(Rebecca Hughes)에 의해서 1995년 캘리포니어 롱 비치에서 열린 티쏠(TESOL) 학술회의에서 발표한 논문에 근거하고 있다. 거기에서 제시한 논점들을 반복하고 있지만, 예시를 위해서 상이한 자료 모음을 이용하고 있다. 그 논문의 더 확장된 다른 내용은 휴즈·머카씨(Hughes and McCarthy, 1998)에서 찾아질 수 있다.

〈역자주〉 sentence grammar(문장 문법)이란 말이 영어에서는 성립될 수 있다. 그러나 우리말에서는 문법이란 말 그 자체가 '문장에 대한 법칙'을 뜻하므로, 동어 반복을 하는 셈이다. 이런 점을 고려하면, 문장 문법이란 말보다 오히려 '문법'으로만 번역해 놓을 수도 있다.

저자가 의미하는 바를 정의하고, 사례를 제시하며, 담화에 근거한 응용언어학에서 이를 본질적 요소로 내세우게 될 것이다. 또한 입말에 담화 문법 기준을 적용하는 일이 선택적인 여분의 것이 아니라, 실제 입말 자료에 대한 적합한 분석과 설명을 위하여 필수적 도구임을 보여주려고 할 것이다.

제4장에 있는 논점은 노팅엄 대학에서 저자의 동료 로널드 카터[Ronald Carter]와 뤼베카 휴즈[Rebecca Hughes]와 함께 노팅엄 담화뭉치[CANCODE] 연구로 실행해 온 입말에 대한 계속 진행 중인 작업에 상당량 의존하고 있다 (제1장을 보기 바람, 또한 제4장에서 제기된 논제들의 일부에 대한 추가 논의를 보려면 Carter, Hughes, and McCarthy, 1995를 참고하기 바람).

여기서 저자는 문법적 선택을 절이나 문장의 경계에 국한된 현상이 아니라, 그보다는 담화의 측면으로 분석하기 위한 기준들의 목록을 마련하게 될 것이다. 저자는 말뭉치 사례들이 그것들 속에 담긴 종류의 선택들이 무시될 수 없는 맥락 특징들에 의존하며, 그런 특징들에 대한 기술적 진술이 맥락이 없이는 부적합함을 예증해 내기를 희망한다.

§.4-2 패러다임[paradigm]과[2] 실제 선택

억양에 대한 작업에서 고 데이빗 브뢰질[late David Brazil]은 '존재론적 패

2] 패러다임은 원래 '어형 변화표'를 말한다. 가령 영어에서 1인칭대명사 I는 격에 따라 'I, my, me, mine'으로 변하며, 동사 go는 'go, went, gone'으로 변한다. 여기서는 어형 변화표로도 번역할 수 있고, 또 비유적으로 모범 사례 체계로도 번역될 수 있다. 전통문법과 관련해서는 어형 변화표라고 해야 하고, 담화 차원의 확률적 선택내용에서는 범례로 번역하는 편이 낫다. 톨민(Toulmin, 1972: 106쪽 이하)의 『인간의 이해 역량: 개념의 집단적 사용과 진화(*Human Understanding: The Collective Use and Evolution of Concepts*)』(Princeton University Press)에 따르면, 18세기 중엽 리히텐버그(Lichtenberg)가 표준 형식의 '근본적 설명 유형'이란 뜻으로 확장하여 paradeigma를 썼다. 뒤에 마하(Mach)가 이 용어를 부활시켰고, 뷧겐슈타인(Wittgenstein)이 이를 채택하였다. 다시 쿤(Khun)이 이 용어를 유행시켰다. 그런데 이런 모습을 쿤(Kuhn)은 자연과학의 발전 역사에 대한 모형을 설명하는 개념으로 이용하기 시작하였다. 즉 어떤 문제를 해결하는 모범 사례

러다임existential paradigms: 기존 범례 체계'을 언급하였다. 이는 담화 속에서 주어진 임의의 장소에서 화자에게 열려 있는 실제 선택들에 대한 묶음(집합sets)을 가리킨다(Brazil, 1985: 41). 브뢰질은 어휘 항목들이 실제 담화에서 어떻게 나타나는지에 관심을 쏟았었다. 비록 어휘들이 종종 대형 개방 집합 속에 포함되지만, 맥락에 의해 제약된 방식으로 나타난다. 어휘 실현을 광범위한 가능한 대안 항목들로부터 나온 선택으로 생각하는 일은 도움되지 않는다.

실제 상황에서 임의 항목의 선택은, 작은 범위의 잠재적 대안 요소들로부터 나오거나, 또는 사실상 합성어 Queen of Hearts(하트 그림이 들어 있는 여왕 패)에 있는 'of'에서와 같이 실제 선택을 전혀 나타내지 못할 수도 있다.[3] 머카씨(McCarthy, 1988: 1922)에서 저자는 브뢰질의 업적을 토대로 하여, 지엽적인 유의어·반의어·상의어의 종류들을 화자가 어떻게 만들어 내는지 검토하면서 이 점을 다뤘었다. 검토 범위는 오직 그 관계들이 실현되어 있는 특정 담화만을 위하여 타당한 패러다임paradigm 범례 체계을 나타내지만, 사전이나 유관낱말 총괄사전thesaurus에서 유의어·반의어·상의어로 묶어 놓은 낱말들과는 차이가 날 수 있는 것이었다.

비슷한 일이 문법 항목들에서도 일어난다. 문법 묶음sets에 있는 항목 선택에 대한 전통적인 패러다임paradigms 어형 변화표이, 실제 담화에 있는 실제적인 선택들에 대한 패러다임paradigms 범례 체계으로 대치될 수 있는 것이다.[4] 한 가지 그런 충격적인 사례는, 대명사 it그것 및 지시사 this, that

---

(줄여서 범례範例)인데, 이 모범 사례를 따라서 여러 사람이 다른 곳으로 응용해 나가면서, 모범 사례의 적용 범위가 넓혀질 경우에 이를 패러다임이라고 불렀다. 여기서는 모범 사례 또는 범례 체계의 뜻으로 쓰고 있다. paradigm이란 말은 현재 좁은 뜻으로는 '설명 유형'을 가리키기도 하고, 더 확장된 의미로는 '이론 체계'나 '사고틀'까지 가리키기도 한다. 마음대로 늘어나 버린 셈이다. 이 번역에서는 '범례'나 '범례 체계'를 병기해 둔다.

3] one of them(그것들 중 하나)에서 of는 선택을 나타낼 수 있다. 그렇지만 여기서처럼 동격(appositive)을 나타내는 of는 선택과 무관한데, 가령 the month of May(5월 말)나 the city of Berlin(베를린시) 등도 그러하다.

이, 저 사이에 있는 관련성이다. (복수 형태와 더불어 두 개의 구성요소로 된 지시사 묶음 대신에) 세 가지 구성요소로 된 새로운 패러다임paradigms 범례 체계을 형성할 만큼, 많은 경우에 이들이 함께 나온다.

이 패러다임paradigms 범례 체계은 텍스트 또는 직접적인 현장 상황 속에 있는 대상들을 가리키고자 하는 화자나 필자에게 유의미한 선택을 제공해 준다. 실제적인 선택을 상이한 패러다임(어형표)으로 간주하는 일은, (전통적인 의미에서 구조적 형상 밑에 깔려 있는 규칙들 및 닫힌 집합으로부터의 선택으로 보는) 문법이 언제 담화 속에 있는 문법으로 되는지를 보여 주는 아주 분명한 사례이다(전통문법에서는 대명사와 지시사로 따로 분리해 놓았음). 다시 말하여, 오직 맥락 특징 및 형태에 대한 화자/필자의 선택들과 관련해서만 온전히 설명할 수 있는 현상들인 것이다.

머카씨(McCarthy, 1994)에서는 텍스트에 있는 초점의 조직 내용 및 주제화에서, 여전히 구별될 수 있는 기능들을 it, this, that이 어떻게 수행하는지를 보여 주기 위하여, 글말로 된 신문과 잡지를 이용하였다. 저자는 세 가지 점을 밝혀 놓았다.

① 대명사 it은 지속되는 진행 중인 주제를 신호해 주었다.
② 지시사 this는 새롭거나 중요한/유의미한 초점을 신호해 주었다.
③ 지시사 that은 다양한 거리 두기 기능이나, 주변으로 보류해 두기 기능을
  신호해 주었다. 가령 다른 속성, 정서적 거리, 제안이나 착상에 대한 거절,
  지위를 낮춰 놓거나 초점으로부터 젖혀 놓기, 여러 주제들에 걸쳐 있는
  지시 내용 등이다.

4] 〈원저자 2〉 형태적 특징보다는 오히려 담화 속성들에 근거하여 항목들을 다시 묶어 놓으려는 착상은, 호프먼(Hoffmann, 1989)이 'I, you, here, now(나, 너, 여기, 지금)'와 같은 낱말을 "발화 상황의 요소늘을 가리키는 수단"으로 묶는 작업을 메아리처럼 반영해 준다. "이것들은 전통적인 분류법(대명사나 부사)과 대립되며, 그것들 나름의 영역을 형성한다." 비슷하게 크롸이머스(Crymes, 1968: 64~70)에서도 'do so, do it, do this, do that(그렇게 하다, 그걸 하다, 이걸 하다, 저걸 하다)'을 대체 요소들의 담화 묶음(set 집합)으로 함께 갖고 와서 관련 용법들을 검토하였다.

이들 세 가지 선택이 1994년 논문에 있는 글말 인용에서 예시되었지만, 입말에 대해서도 동일한 내용이 실행될 수 있다. 다음 자료 인용은 세 가지 유형의 신호해 주기를 예증해 준다(우리말에서는 모두 '그거'로 될 듯함).

(4.1) 대명사 it이 단순히 주제 지속을 나타냄[5]

[고객 〈S 01〉이 점원 〈S 02〉에게 서점에서 도움을 청한다]

〈S 01〉 I wonder erm if you could help me.

〈S 02〉 Yeah.

〈S 01〉 I'm looking for two books, one's a book on organization *Schools as organizations* by Charles Handy [〈S 02〉 oh yes] Can you tell me where it might be.

〈S 02〉 Yes there would be one or two places we've got it on stock [〈S 01〉 yes] it might be on the business section because all his books are generally at the business section.

〈고객〉 좀 도와줄래요.

〈점원〉 예.

〈고객〉 책 두 권을 찾고 있거든요, 하나는 조직에 대한 책인데 찰스 핸디가 쓴 『조직으로서의 학교』고요 [〈점원〉 아 예] 그게 어디 있을지 말해 줄래요?

〈점원〉 예 한 두 군데 있을 거예요, 서가에 그걸 우리가 갖고 있거든요 [〈고객〉 예] 그게 경영 분야 서가에 있을 것 같애요, 왜냐면 그의 모든 책이 일반적으로 경영 분야 서가에 있기 때문이죠.

(4.2) 지시사 this가 새롭거나 중요한 주제에 초점을 맞춤[6]

5] 〈원저자 3〉 이 사례에 있는 it은 대상(책 한 권)을 가리키지만, this와 that이 하듯이, 또한 사건·사실·명제 등도 가리킬 수 있다. 피터슨(Peterson, 1982), 에릭(Ehlich, 1989), 머카씨(McCarthy, 1994)를 보기 바란다.

6] 〈원저자 4〉 물론 또한 격식 갖추지 않은 입말 이야기에 공통된 '새로운 this'도 있는데,

[〈S 03〉이 해외 영국 문화원 사무실에서 도서관 표를 얻기 위하여 갔을 때 pin money 소액 푼돈라는 구절을 처음 들었던 때를 설명해 주고 있다]

〈S 03〉 I worked there just a very short time erm it was when I was doing my PhD I went out there to do some research and erm I always remember there was a Director there at that time he was called MacNamara and I went along there to get to get him to sign for a library ticket so that I could use the university library or the public library or something and he said erm erm I always remember this I'd never heard this phrase before he said how would you like to earn some pin money and I was sort of, young fellah I didn't know what this meant [laughs]

〈화자 03〉 난 아주 짧은 기간 거기에서 일했어요. 어엄 그게 내가 박사 논문을 쓰고 있던 때였는데 내가 어떤 조사연구를 하려고 거기 갔었죠. 그리고 어엄 내가 언제나 기억하는데 그 당시 거기에 소장이 있었는데 이름이 맥너매뤄였어요. 거기 내가 거기 가서 그를 만나려고 거기 갔어요. 도서관 표를 받기 위해 서명을 하려고요. 그래서 대학 도서관이나 공공 도서관이나 그런 걸 이용할 수 있었거든요. 그가 말하기를 어엄 어엄 내가 언제나 그걸 기억하는데요, 난 결코 그가 다음처럼 말하기 전에는 이런 구절을 들어본 적이 없었거든요. 자네가 소액 푼돈을 어떻게 벌고 싶은가라고요. 난 일종의 어린 사람(fellah는 fellow의 Cockney 발음)이었는데 그것이 뭘 뜻하는지 알지 못했거든요 [웃음]

(4.3) 지시사 that이 거리 두기를 나타냄[7]

여기서 this는 부정 관사와 대립된다. 가령 'Then this policeman suddenly appears and everybody runs(그때 갑자기 이 경찰관이 나타나서 모두가 도망삽니다).' 여러 예문과 논의를 보려면 올드(Wald, 1983)를 참고하기 바란다.

7] 〈원저자 5〉입말 담화와 때로 일반 대중신문에 나오는 또 다른 의미의 that이 있다. 이는 주어지고 알려져 있지만 주제가 되지 않은 대상을 가리키게 된다. 다음의 예는, 휴가 비행 동안에 항공기 계류장으로 초대받는 '영예'를 안은 영국 여성공군 협회의

[대학 강사가 소설가 제인 오스틴에 대해서 말하고 있다]

⟨S 01⟩   She's looking at people who pretend for instance to have good
manners and the essence of good manners is concern for other
people and she can see that within that society many many people
have outwardly excellent manners but **that** is something of veneer

---

지체 장애가 있는 늙은 전 회원에 의해 말해진 어느 이야기의 시작 마디(늑개시 부분)
에서 예시된다. 그 이야기는 특징적인 '새로운 this'와 더불어 시작된다. 앞에 있는
각주 6도 같이 참고하기 바란다.

⟨S 01⟩ Well, I don't know how I got <u>this</u> honour really. I had all the badges, you
know, I used to be in the air force, and I'd spoken to two or three people,
but when we got on the plane, they took me on first, because they had
to lift me on, you know, with <u>that</u> lift, and the pilot was sat in one of
the seats. There was nobody on the plane but me, and, I don't know,
I must have said, either said something funny about flying, or he'd said
something, noticed my badges, I don't know which it was …

⟨할머니⟩ 글쎄, 어떻게 내가 실제로 <u>이</u> 영예를 안았는지 잘 모르겠어. 난 모든 휘장
(배지)을 갖고 있어, 잘 알고 있듯이, 내가 공군에 있었단 말야, 그리고
내가 두세 사람한테 말했거든, 우리가 그 비행기에 오를 때 날 맨 앞으로
데려갔어, 왜냐하면 날 올려 줘야만 했기 때문인데, <u>그런</u> 승강기로 말야,
그리고 비행기 조종사가 그 자리들 가운데 한 자리에 앉아 있었지. 나
빼고는 그 비행기에 아무도 없었어, 잘 모르겠어, 꼭 난 비행에 대해서
뭔가 재미난 걸 말해야 하겠어. 아니면 내 휘장(배지)들을 보고 그가 뭔가
말했는데 그게 …였는지 잘 모르겠어.

여기서 '그런 승강기'는 지체 부자유 승객들이 타고 내릴 수 있도록 비행기에 갖춰 놓은
전형적인 승강기의 한 가지임을 뜻할 수 있으며, 여러분도 알고 있는 것으로 가정할
수 있는데, 공유지식 표지 'you know(잘 아시다시피)'에 의해 재강화된다.

⟨역자주⟩ 영어 지시사는 2원 대립 체계(this : that)를 지니고, 우리말도 '이 : 저'가 2원
대립을 보인다. 우리말에서는 화자가 있는 물리적 장소가 기준점이 되어 화자에서
가까우면 '이'를 쓰고, 반대의 경우는 '저'를 쓴다. 우리말의 '그'는 화자가 곧 언급할
내용을 가리키거나, 또는 화자와 청자가 공유한 대상을 가리키게 된다. 영어의 it은
주제의 지속을 언급하는데, 청자와 화자에게 이미 알려진 대상을 가리키는 것이다.
이것이 it이 갖는 담화 기능인데, 우리말에서는 아마 zero 형태의 대명사를 쓸 듯하다.
우리말 '그'와 영어 'it'은 앞의 지시사들과는 다른 기준점을 이용하는 것이다.

설사 2원 대립 체계더라도 영어에서는 this : that의 사용에 물리적 장소뿐만 아니라,
심리적 친숙도 기준점으로 채택된다. 가령 수전증이 있는 사람이 자신의 손가락이
떨리는 것을 보면서 가리킬 적에, 비록 물리적 장소 기준에서 화자의 영역 속에 있지
만, 심리적 거리감 때문에 "Look at that! They are trembling(저걸 봐! 내 손가락들이
떨리고 있네)."라고 말할 수 있다. 우리말에서는 오직 물리적 장소라는 기준만 이용하
므로 이런 표현(*저걸 봐, 내 손가락들이 떨리고 있어)은 불가능하며, '이걸 봐!'로 말
해야 된다.

it's shallow it's pretence, appearance.

〈강사〉 그녀는 가령 좋은 예절을 가진 것으로 위선을 부리는 사람들을 바라보는데 좋은 예절의 본질은 다른 사람들에 대한 관심이거든요. 그녀는 그것을 그 사회 속에서 볼 수 있었는데 많은 수많은 사람들이 겉으로는 빼어난 예절을 지니지만 그게 모종의 겉치레거든요. 아주 얄팍하고 속임수이고 겉보기이 거든요.

앞의 인용 (4.2)와 (4.3)에서 화자는 지시사 this^{이젓}이나 that^{저젓} 대신에 대명사 it^{그것}으로써 자신의 주제를 지속시킬 수 있었지만, 대신에 언급된 담화 대상들에 초점을 모으거나 거리를 두려는 선택을 한다. 이용 가능한 선택들은 절이나 문장의 차원을 벗어나서 담화 차원에서 작동하며, 전달내용에 대한 화자의 입장을 신호해 주는 일과 관련될 것이다. 문법적 선택이 이런 방식으로 작동하는 경우에, '문법이 담화로 된다 grammar becomes discourse'. 다시 말하여 문법 현상이 담화 차원의 설명을 요구하는 것이다.

그러나 만일 대명사와 지시사 같은 항목들에 대한 전통문법의 설명이 대부분의 교육적 필요성을 위해 우리한테 도움이 된다면, 왜 우리는 교육을 위해서 괴롭게 담화 맥락을 찾아내려고 애써야 하는 것일까? 이 질문은 상식적인 것이지만, 전통문법의 설명이 흔히 선택 절차들을 적합하게 포착해 낼 수 없다는 사실에 그 해답이 있다. 학습자들은 더 큰 마디의 텍스트를 구성하는 데에 간여할 필요가 있을 것이며, 분명히 '글쓰기 기술'이나 '말하기 기술' 교육내용에서 우리 학습자들이 이런 일을 할 것으로 희망한다. 전통문법의 문장 중심 문법교육 방법은

① 디만 지시사들의 시공간적 의미에만 초점을 모으는 경향이 있다.
② 예시해 줄 목적으로 대명사 it과 지시사 this, that을 모두 수업 시간에 가져와 다루지도 않는다. 실제 담화에서 이것들이 흔히 실행 가능한 대안 요소

들로 존재한다는 자료상의 증거가 있음에도 불구하고, 전형적으로 이것들이 서로 별개의 다른 구성부문 속에 들어가 있다.

'패러다임(범례 체계)을 재배열하기'는 [비유적으로 말하여] 거실에 새로운 분위기를 주기 위해서 가구들을 재배치하는 것이 아니다. 그 목적은 좀더 충실히 실제 언어 사용을 드러내려는 것이다. 이것이(또는 그것이?, 저것이?) 언제나 문법을 담화로 취급해야 하는 주요한 동기가 되어야 한다.

§.4-3 충분히 설명해 주지 못하는 문법 규칙들

교육 문법가들은 문법적 사실들을 단순화하고, 대부분의 상황에서 학습자들에게 제2 언어 문법을 놓고서 작동될 주먹구구식 규칙을 제공하는데, 언제나 그 일을 지속하게 될 것이다. 그렇지만 적합한 문법을 생성하지 못하는 단순화는 역효과만 낳는다. 한 가지 그렇게 단순화된 규칙으로, 다음과 같은 예를 들 수 있다.

'영어의 과거완료는 다른 과거 시간보다 앞선 과거의 시간에 어떤 사건이 일어날 때 쓰인다'

이는 영어 학습자로 하여금 다음과 같이 적격한 문장을 구성할 수 있게 해 준다.

I *spoke* to Brian Thorne yesterday for the first time. I had actually met him once before, many years ago.
(난 어제 처음 브롸이언 쏘언에게 말을 걸었어. 사실은 그를 몇 년 전에 한 번 만났었던 적이 있거든)

그렇지만 두 문장에서 만일 두 번째 문장이 단순과거(had met → met)로 되어 있더라도, 비록 강조점이 다르겠지만, 명백히 둘 모두 적격한 것으로 될 듯하다. 그렇다면, 우리가 문명히 적격해지는 분법적 선택을 설명해 주는 규칙을 지니지만, 이는 동등하게 적격한 다른 유형의 많은 상황들에서 올바른 선택을 보장하는 엄격한 안내지침을 충분히 제공해 주는 것이 못 된다. 이런 문제가 제기되는 경우에, 화자나 필자가 실제 맥락에서 내려야 하는 선택을 살펴보고, 하나의 선택 또는 또 다른 선택을 결정할 것 같은 맥락 특징들을 검토하기 위한 대안은 존재하지 않는 것이다.

그렇다면 맥락상의 자각(깨우침)이 선택을 확정해 준다. 문법이 다시 한 번 더 담화로 되는 것이다. 그런 접근은 이런 내용들이 만들어질 수 있는 간단하고 분명한 안내지침을 배제하지 않는다. 예를 들어 과거완료의[8] 경우에는, 다음 인용에서와 같이 유의미한 여러 시제 형태

8] 영어에서 perfect(완료)라는 말은 어떤 사건이 일어나서 끝점까지 다 진행한 뒤에 어떤 결과 상태에 이르렀다는 뜻이다. 비록 영어의 전통문법에서 '미래·현재·과거·완료'처럼 시제 체계 속에 집어넣었지만, 이는 잘못이다. 완료는 어떤 사건의 결과 상태를 가리킬 뿐이며, 여기서 여러 가지 부차 해석이 나오게 된다. 따라서 현재완료(have + pp)와 과거완료(had + pp)는 각각 현재 시점에서 어떤 사건이 완료된 결과 상태를 가리키거나, 과거 시점에서 어떤 사건이 완료된 결과 상태를 가리킨다. §.1-9의 각주 33도 참고하기 바란다.

본문에서 인용동사 속에 과거완료 형태가 나온다고 언급한 것도, 인용동사의 시제가 과거이므로, 이 시점을 기준으로 하여 이미 끝난 사건의 결과 상태를 나타내고자 한다면 had + pp가 유일한 대안일 뿐이다. 우리말 번역에서는 '-었었-'이나 '-었더-'로 해 놓았지만, 그 뜻이 서로 다르다는 점을 명심하기 바란다.

우리말은 시제 형태소(사실은 상 형태소)로서 첫 번째 '-었-'이 어떤 사건이 완료되었음을 나타낸다. 두 번째 형태소 '-었-'은 '양태' 형태소로서 인식이 완료되었음을 나타낸다. '꽃이 피었다'는 사건의 완료를 나타내고, 부차적으로 지속 해석이 딸려 있다. 그러므로 핀 꽃을 청자가 볼 수 있다는 속뜻도 깃들게 된다. 그렇지만 '꽃이 피었었다'는 뒤에 있는 '었'이 인식 완료를 나타내어, 더 이상 완료된 사건을 인식할 수 없음을 나타낸다. 청자는 떨어진 꽃잎 등을 통해서 오직 피었던 흔적만 볼 수 있을 뿐이다. '-었더-'는 이미 끝난 사건을 직접 경험하였고, 그 사건을 현재 말해 주고 있음을 뜻한다.

이런 점을 고려하면, 원칙적으로는 이들이 '1 : 1'로 대응될 수 없는 것임을 알 수 있다. 그렇지만, 영어의 과거완료 분사를 과거시제와 구분하고 있으므로, 우리말에서는 임시 '었었'이나 '었더'를 써서 '었'과 구분해 놓기로 한다. 절대로 이들의 의미가 서로 같다는 말이 아님에 유의하기 바란다.

의 실현이 발화인용에서 찾아진다.

(4.4) [〈S 01〉이 어떤 사고에 대하여 말하고 있다]

〈S 01〉 And I chipped a bone at the end of, on the end of my elbow,
I didn't know it was broken it was two weeks before I went to
the hospital it just seemed to get worse and worse.

〈S 02〉 Right.

〈S 01〉 And then when I went finally went <u>they said that I'd chipped this
bone</u>.

〈화자 01〉 그리고 내가 끝에다 내 팔꿈치 끝에 있는 뼈를 부서뜨렸는데 그게 부러졌는
지 알지 못했거든. 내가 병원 가기에 앞서 2주쯤이었지. 그게 점점 더 나빠
지는 듯하였거든.

〈화자 02〉 그래요.

〈화자 01〉 그러고서 내가 갔는데 마침내 갔을 때 <u>그들이 내가 이 뼈를 부러뜨렸더라
고 말했어</u>

(4.5) [〈S 01〉이 하룻밤 동안 스스로 경찰서 응급실에 들어가서 잠을 자기 위하여
고의로 자동차 사고를 당함으로써 문제를 일으킨 노숙자에 대하여 자세히 말해 주고
있다. 그녀는 그 사람이 자신의 차에 어떻게 접촉 사고를 일으켰고, 다치지 않은 채
어떻게 피해 나갔는지를 말한다[9]]

〈S 02〉 So it was a bit of a miracle he wasn't hurt wasn't it.

〈S 01〉 ⌐ Apparently
it was his party no it was his party-piece because the police <u>told
me that he'd done it</u> very often this 'cos it got him a bed for the
night you know it got him in hospital.

9] 이와 관련된 예문이 다시 §.6-5에서 예문 (6.9)로 자세히 다뤄진다.

〈화자 02〉 그래서 그게 좀 기적이었지. 그가 다치지 않았어, 그렇잖아?

〈화자 01〉 ⌐명백히 그게
그쪽이었지. 아니 그게 그 작자가 늘 씨믹는 10빈이었이. 왜냐면 경찰도
내게 아주 자주 <u>그가 이런 일을 해 왔었다고 말해 주었기</u> 때문이거든.
왜냐면 이게 그에게 하룻밤 동안 잘 침대를 내 주기 때문이지. 알다시피.
이게 그를 병원에 머물게 해 주거든.

간단한 규칙이나 안내지침으로 귀결되어 나오는 실제 자료에 대한 관
찰이 극히 도움이 되지만, 때로 실현 내용은 좀더 복잡하며 더 자세한
정밀 조사가 필요하다. 과거완료의 경우에, 가장 흥미로운 사례는 그
선택을 설명해 주기 위한 형식적 증거(인용동사의 출현과 같은 것)가 거의
없는 경우들이며, 단지 맥락 특징들에 의존해서만 도움을 찾아내어야
하는 것이다. 다음에 있는 인용 (4.6)에서는 여러 가지 과거완료 형태
가 실현된다. 그러나 어떤 것도 구조적 제약 또는 어휘적 제약들에 의
해서 조건이 마련되어 있다고 말할 수 없는 것들이다.[10]

10] 〈원저자 6〉여기서 저자가 가리키고 있는 종류의 제약은 before, already, just(이전에,
이미, 막)와 같은 낱말에 의해 실행되는 것이며, 다음 사례들처럼 종종 과거완료의
이용에 필수적 맥락을 제공해 준다.

(1) [〈S 01〉이 병가를 구실로 하여 휴가를 받아내기가 얼마나 어려운지 깨달았음을
설명하고 있다]

〈S 01〉 Cos then at the time all I wanted to do was get back to work and being
stuck in the, you know in for six months [〈S 02〉 mm] you know I just
I just couldn't believe that they could leave anybody, I mean wasn't it better
to have me back at work instead of paying me sick pay

〈S 02〉 Yes

〈S 01〉 Em and because <u>I'd always worked and I'd never ever been off work before
you know I just couldn't handle it</u>

〈화자 01〉 왜냐면 그 때에 내가 하고 싶었던 건, 모두 일하러 직장으로 되돌아가서
열심히 붙어 있는 그, 잘 알겠지만 6개월 동안 말야 [〈화자 02〉 으음]
살 알고 있듯이 난 바로 닌 비로 그들이 누구든 떠날 수 있었다는 건 믿을
수 없었거든. 내 말뜻은 일터에서 나를 뒷받침하도록 해 놓는 게 더 낫지
않았겠느냐는 거지. 병가 수당을 받는 것 대신에 말야.

〈화자 02〉 그래

〈화자 01〉 음 그리고 왜냐면 <u>내가 언제나 일했었고 내가 바로 그걸 처리 못하기 전에는</u>

(4.6) [두 사람의 젊은 여성이 영국 남부에 있는 브루넬^{Brunel} 대학에서 학창 시절을 함께 보냈던 동급생들에 대해서 말하고 있다. 녹음이 이뤄질 당시에 고속도로를 달리고 있었는데, 〈S 02〉가 운전하였다. 이는 그녀가 그 이야기에 최소한으로 간여한 이유를 설명해 준다]

〈S 01〉 I got on better with Glynbob I think and John Bish let me and Trudie sleep in his bed last time we went up to Brunel or the one time when we stayed in Old Windsor with them cos erm **Ben had given us his room** cos **he'd gone away for the weekend** and erm it was me and Trudie just in Ben's room and John Doughty had a double bed so he, John Bish had a double bed so he offered us his double bed between us and then slept in Ben's room cos **Ben and PQ had gone away** for the weekend but they tried to get, **they'd gone away** and tried to get back like to catch me and Trudie before we left [〈S 02〉 Yeah] and they just missed us by half

---

잘 알듯이 한 번이라도 일터를 벗어나 본 적이 결코 없었었기 때문이란 말야

(2) 이번 사례에서는 여러 개의 과거완료가 있지만, 이탤릭 글씨로 된 것은 already(이미)에 의해 제약되어 있고, 반면 그 낱말 이전의 것은 제약되어 있지 않다. [〈S 01〉이 크리스마스에 대하여 말하고 있다]

〈S 01〉 Well yeah I mean Christmas was really good for us this time. I mean we'd done a lot of pre-planning for it hadn't we Mary you know we'd er
〈S 02〉   ⌐ saved
〈S 01〉   ⌐ saved
money for the, obviously to to cut the costs down towards, er we'd saved you know a fair a fair bit for presents and *we'd already saved* a hell of a lot of money for the food
〈S 02〉 Mm

〈화자 01〉 글쎄 맞아요. 내 말뜻은 이번 크리스마스가 우리에게 아주 좋았다는 거죠. 내 말뜻은 그걸 위해 우리가 미리 계획을 아주 많이 **했었**다는 건데, **그랬었잖소** 매리. 잘 알겠지만 우리가 어
〈화자 02〉   ⌐ **절약했었죠**
〈화자 01〉   ⌐ 돈을 **절약했었죠**. 그 분명히 비용을 아래 낮추는 쪽으로 깎아서 말예요, 어 우리가 잘 알다시피 선물을 위해서 아주 많은 아주 많은 비용을 **절약했었고** 음식을 위해서는 엄청 많은 돈을 우리가 이미 절약했었거든요.
〈화자 02〉 으음

an hour they were really pissed off because apparently <u>they'd been driving</u> really fast like trying to get back but erm I mean we didn't know they were trying to get back we didn't leave until like very late we went to the Little Chef for breakfast on the Sunday cos it was only over the road from where they were living and Andy Symons the bar manager like came back with us and stayed the night at Glynbob's house as well so he came to Little Chef with us in the morning as well.

⟨S 02⟩   Oh God.

⟨S 02⟩   There was like loads of us in the Little Chef ⋯ and we got there and we had to wait like ages for them to do the food and stuff and we were going oh we don't mind we don't mind ⋯ I remember going to the Little Chef after the Valedictory and erm we took the minibus down and Cooksie drove cos <u>he'd been driving all night</u> and he drove the minibus down and it was in the morning it was after like the ball and PQ still had some wine left ⋯

⟨화자 01⟩ 난 글린밥과 더 잘 지냈었다고 생각해. 그리고 존 비슈는 나와 트루디가 자기 침대에서 자게 해 줬거든. 지난 번 우리가 브루늘에까지 갔을 때나 아니면 그들과 함께 옛 윈저에 우리가 머물렀을 때이겠지. 왜냐면 엄 <u>벤이 자기 방을 우리한테 내 줬었거든</u>. 왜냐면 <u>그가 주말 동안 여행을 갔었단 말야</u>. 그리고 어엄 그게 나하고 트루디었어. 바로 벤의 방에 있었던 사람이. 그리고 존 도어티에게 2인용 침대가 있어서 그가, 존 비슈가 2인용 침대를 갖고 있어서 그가 우리에게 자기 2인용 침대를 제공했거든. 우리 사이에서 말야. 그러고서 벤의 방에서 잠을 잤어. 왜냐면 주말 동안 <u>벤과 피큐가 멀리 떠나 있었었거든</u>. 허지만 그들이 되돌아오려고 애썼는데, <u>그들이 멀리 떠났었고</u> 우리가 떠나기 전에 '마치'[11] 나하고 트루디를 잡을 것처럼

11] like은 이 화자가 늘 투식처럼 쓰는 '군말'이다. 제8장의 각주 28, 즉, ⟨원저자 14⟩에

되돌아오려고 애썼는데 말야. [〈S 02〉 맞아] 한 시간 반 정도로 바로 어긋나 버렸어. 그들이 정말 기분 잡쳤지. 왜냐면 분명히 되돌아오려고 노력하는 것처럼 정말 빨리 <u>운전하고 있었었단 말야</u>. 허지만 엄 내 말뜻은 우리가 그들이 되돌아오려고 애쓰고 있었다는 걸 몰랐다는 거지. 알았더라면 우리가 아주 늦게까지라도 떠나지 않았겠지. 우린 일요일 아침을 먹으려고 '작은 요리사' 식당으로 갔어. 왜냐면 그들이 살고 있던 곳으로부터 단지 길 하나 건너에 있었기 때문이지. 그리고 그 바 지배인 앤디 시몬스도 '마치' 우리와 함께 식당으로 도로 되돌아갔지. 밤새 글린밥의 집에서 같이 머물렀거든. 그래서 그도 또한 우리랑 함께 아침에 '작은 요리사' 식당에로 갔거든.

〈화자 02〉 오 그랬구나.

〈화자 01〉 거기 '작은 요리사' 식당에는 '마치' 우리 동창들이 많이 있었어 … 그러고 우리가 거기 도착하였고 '마치' 여러 해를 기다리는 듯 기다려야 했었거든. 그들이 음식과 딸린 부식을 마련하는 데 말야. 그리고 우리가 하려고 아 우린 늦더라도 개의치 않고 우린 꺼지지 않았지 … 난 발레딕터리 (졸업식에서의 고별사를 가리키는 듯함) 뒤에 '작은 요리사' 식당으로 간 것으로 기억하는데, 그리고 엄 우린 미니버스를 타고 아래로 내려갔어. 그리고 쿡시가 운전을 했는데 왜냐면 <u>그가 밤중 내내 운전하고 있었기</u> 때문이거든. 그리고 그가 미니버스를 운전해서 아래로 갔고 그리고 그게 아침이었지. 그게 '마치' 그 무도회 뒤에였거든. 그리고 피큐는 여전히 술이 남아 있었는데 …

이 예문들이 공통적으로 지닌 바는, 상세히 말해진 사건들에 대하여 그것들이 이유나 근거reason or justification를 제시한다는 점이다. 그것들이 그 자체로 주요 사건은 아니며, 오히려 일어난 바에 대하여 화자가 필수적인 배경이 되는 것으로 느끼는 어떤 부차 사건이다. cos왜냐면의 잦은 빈

보면, 직접 발화를 인용하는 표지로서, 젊은 세대에 의해 많이 이용된다고 언급하였다. 적절히 우리말에서 대응되는 것이 없으므로, 잠정적으로 여기서는 '마치'로 번역해 둔다.

도를 주목하기 바란다(한 경우에는 apparently '겉으로는, 분명히'). 사건을 정당화하거나 설명하기 위하여, 이런 cos/because^{왜냐면/왜냐하면}의 사용은 대화의 특징으로 보는(Ford, 1994)에 의해 흔평이 기메긴 비 있고,[12] 두드러지게 많은 사례에서 실제로 과거완료와 함께 공기되는^{co-occur 함께 나타나는} 듯하다(§.5-1의 각주 1을 보기 바람). 1백만 낱말의 노팅엄 담화뭉치^{CANCODE}의 표본에서는 76번 나온다. 배경에 대한 또 다른 분명한 사례는 다음 (4.7)를 보기 바란다.

(4.7) [〈S 01〉이 자신이 젊었을 때 술 취했던 일에 대해서 이야기를 하고 있다. '바스^{Bass}'는 영국에서 유명한 맥주 제조사이다. '패거리^{the crew}'는 자신의 친구/동료 집단을 가리키는 그의 표현 방식이다]

〈S 01〉　During the war they lowered the specific gravity of the beer.

〈S 02〉　Aha.

〈S 03〉　Yeah they did.

〈S 01〉　And er round about 1947 or so it was back to normal and **I'd gone out** it was after some exam results for the bank and, celebrating with the crew and unbeknownst to me **they'd got the new deadly old Bass on** you see and they finished up draping me over a hedge.

〈화자 01〉 2차대전 동안에는 그들이 맥주에 대한 특정한 중량을 낮춰 놓았어.

〈화자 02〉 아하.

〈화자 03〉 맞아요. 그랬어요.

〈화자 01〉 그리고 어 1947년이나 그 즈음에 그게 정상으로 되돌아왔어. 그리고 **내가 밖으로 나갔었거든.** 그게 그 은행 입사를 위한 어떤 시험 결과 뒤였지. 그리고 우리 패거리와 내가 모르는 녀석들과 함께 축하하면서 **그놈들이**

12] 〈원저자 7〉 또한 because의 화용론에 대해서는 먹티어(McTear, 1980)를 참고하기 바란다.

새로운 지독히 오랜 바스를 계속 마셔댔었거든 잘 알듯이. 그리고 그놈들이 날 천으로 휘감싸서 울담 위에 놓는 일을 끝냈어.

이들 과거완료가 실현되는 담화 조건들을 검토하는 일은, 문장 차원을 넘어선 층위에서 우리로 하여금 시제 형태에 대한 폭넓은 거시-기능을 배정할 수 있게 해 준다. 사건을 상술하는 절들이, 어떤 것은 배경으로 되고, 다른 것은 주요 사건으로서 초점이 되면서, 서로 간에 관계를 짓는 방법으로 이뤄진다.[13] 달리 말하여 담화 문법에서는 발화에서 화자가 상투적으로 다루는 것, 즉

전달내용을 분명하고 일관되며 관련 있고 알맞게 짜이도록 하기 위하여, 화자인 내가 조직화를 어떻게 가장 잘 엮어낼 수 있을까?

하는 종류의 급선무 사항에 초점을 모으는 것이다. 이는 문법을 브뢰질(Brazil, 1995)의 '발화 문법grammar of speech'과 같이 구성하는 방식으로 재고해 보자는 혁신적 제안과도 일치한다. 브뢰질은 문법 및 언어 사용자와 관련하여 그 입장을 적절하게 다음처럼 요약해 놓는다.

달리 말하여, 문장과 같이 추상적인 개념에 대한 고려가 조금이라도 대상들에 대한 사용자의 정신 얼개 속에 들어간다고 가정할 필요는 없는 것이다 (Brazil, 1995: 15).

동일한 논리에 의해서, 비록 문법 형태를 놓고서도 좀더 의식적인 강조를 할 수 있겠지만, 외국어 학습자들이 '조직화 내용·정보 앞으로 내세

13] 〈원저자 8〉 일반적으로 문법화 측면을 통한 초점 모으기 및 배경 만들기는, 하퍼 (Hopper, 1979)를 보기 바란다.
〈역자주〉 Hopper and Traugott(1993; 김은일·박기성·채영희 뒤침, 1999) 『문법화』(한신문화사)가 나와 있다. 초점 및 배경에 대한 논의는 Langacker(1987; 김종도 뒤침, 1999) 『인지문법의 토대 I』(박이정)의 제3장을 읽어보기 바란다.

우기·전반적인 전달내용의 일관성'을 반영해 주는 선택들에 대해서 동일하게 주의를 쏟을 필요도 없고, 쏟고 싶어 하지도 않는다고 반드시 사정될 필요는 없다. 그렇지민 과거인료기 빈번히 섬몀 ۱몌용 및 정당하 내용과 함께 나타난다는 가정은, 문법에 대한 개연적/확률적probabilistic 관점을 반영해 준다. 이는 다음과 같이 말하는 것에 지나지 않는다.

> '이것이 교육적 주의력을 보장해 주기 위하여, 그리고 유용하고 개연적/확률적 안내지침을 제공해 주기 위하여, 충분히 커다란 다수의 사례에서 실현된 하나의 사실이다.'

이 관점은 결정적deterministic 관점의 문법 진술(전통문법 방식)과 대조되는데, 적격 형태에 대한 구조적 검사를 통하여 옳고 그름의 확정을 유보한다(≒경향이나 추세를 확률적으로 나타냄). 담화로서 문법에 대한 많은 진술들이 개연적/확률적으로 될 것이지만, 교육적으로 그것이 유용성이 없게 만들어 버리는 것은 아니다. 그런 개연적/확률적 진술들은 언제나 수정될 수 있다. 그러나 두루 상이한 맥락들에 걸쳐서 신뢰할 만한 것으로 입증될 수 있다면, 문법이 담화로 되는 괜찮은 사례들로 수립될 수 있다. 관습적이며 좀더 결정적인 법칙들이 오직 아주 부적합하게만 설명해 놓는 문법적 선택을 놓고서, 종종 여러 가지 설명들을 시사해 줄 수 있는 것이다.[14] 문법은 관습적이며 문장에 근거한 규칙들이, 토박이 화자들이 자신의 전달 내용을 조직하고 중요한 정보를 '앞에 내세우기' 위하여 실행하는 방식으로, 학습자로 하여금 적합한 문법적 선택을 할 수 있도록 충분히 말해 주지 않을 때에 담화 차원으로 된다. 거기에서는 선택이 오직 맥락에 의해서만 설명될 수 있다(≒필수적 이동이 아니라, 화용 동기에 의한 수의적 이동이기 때문임).

14] 〈원저자 9〉 과거완료가 설명해 주는/정당화해 가는 사건들의 맥락과 함께 일어나는 것은, 글말 텍스트에서도 또한 많은 경우 참이 되는 듯하다. 휴즈(Hughes)와의 개인 편지에 따름.

§.4-4 입말 문법 및 글말 문법

입말과 글말 사이에 있는 차이점에 대한 질문들에 대답하기 위하여 문법은 담화 차원으로 된다. 왜냐하면 입말 모양새와 글말 모양새에서 형태들의 분포를 알맞게 기술할 수 있는 것은, 오직 실제 담화들을 관찰해 봄으로써만 이뤄지기 때문이다. 물론 대부분의 문법 특성이 입말과 글말 두 모양새 모두에 의해 공유되지만, 모든 문법적 특징에 대하여 분포상 달리 큰 차이점들이 존재한다고 시사하는 것은 과장된 말이 될 듯하다.

중요한 점은, 만일 문법이 글말 텍스트에 대해서 구성되었다면, 똑같이 글말 문법이 입말 텍스트에 대해서도 타당할 것이라고 가정해서는 결코 안 된다. 어떤 형태들은 한 모양새에서 또는 다른 모양새에서 훨씬 더 자주 나오는 듯하며, 어떤 형식들은 입말·글말 두 모양새에서 상이한 의미 색조를 지니고 이용된다. 과거에 거의 모든 문법들이 글말 규범에 근거한 서술을 따랐으므로, 그리고 퀵 등(Quirk et al., 1985)과 같이 입말 자료를 이용한 문법에서도 종종 입말의 공통 특징들을 무시해 왔으므로(실제 사례를 보려면 Carter and McCarthy, 1995b를 참고하기 바람), 유의미한significant 중요한 차이점들을 탐색하기 위하여 입말에서 실제로 무엇이 나오는지를 살펴보는 일이 중요하게 된다.[15]

노팅엄 담화뭉치CANCODE를 이용하면서 카터·머카씨(Carter and McCarthy, 1995b)와 머카씨·카터(McCarthy and Carter, 1997a)에서는 차이점들이 생겨나는 핵심 영역의 선별을 찾아내었다. 이 영역은 입말에서

15] 입말과 글말의 차이를 주제로 하여 여러 차례 국제 학술회의가 열린 바 있다. 하뤄위츠·쌔뮤얼즈(Horowitz and Samuels, 1987) 엮음, 『입말과 글말 이해하기(*Comprehending Oral and Written Language*)』(Academic Press)에 있는 13편의 글들이 크게 도움이 된다. 한편 바이버(Biber, 1988), 『입말과 글말에 걸쳐 있는 변이 모습(*Variation across Speech and Writing*)』(Cambridge University Press)에서는 겉으로 드러나는 입말과 글말의 차이보다는 더 근원적 변인이 언어 투식(register) 또는 갈래(genre)라고 논의하였다.

① 특정 유형의 생략에 대한 지배적인 실현(가령, 주어-대명사의 생략, 조동사 생략, 관사 생략, 굳어진 표현의 시작 요소 생략 등)
② 입말과 글말에서 인용/보고 받아이 상이한 형식적 유형(충분한 설명을 보려면 제8장을 참고하기 바람)
③ 대화에서 전치 항목(주제 요소) 및 후치 항목(맨 뒤에 빼어 놓는 꼬리 요소)

들을 포함한다. 마지막 현상은 더 자세한 관찰과 논의가 필요하다. 다음 인용 (4.8)에서부터 (4.11)까지는 거의 전적으로 격식 차리지 않은 발화에 관련된 구조적 형상을 나타낸다.

(4.8)

〈S 01〉 That woman who's a verger at church, her husband, his parents own that butcher's shop.

〈화자〉 교회에서 집사인 저 부인과 남편과 부모가 그 푸줏간을 운영해요.

(4.9)

〈S 01〉 Paul in this job that he's got now when he goes into the office he's never quite sure where he's going to be sent.

〈화자〉 지금 얻은 이 직업에서 폴은 회사에 들어가면 어느 부서로 보내질 건지 그는 결코 확실히 알 수 없었어.

(4.10) [두 명의 친구가 어느 식당에서 무슨 음식을 먹을지 결정하고 있다.]

〈S 01〉 I'm going to have Mississipi Mud Pie I am.

〈S 02〉 I'm going to have profiteroles. I can't resist them I can't … just too moreish.

〈화자 01〉 난 미시시피 머드 파이를 주문할래 나는.

〈화자 02〉 난 슈크림 주문할래. 난 그것들을 참을 수 없어 참을 수 없거든 … 너무 너 먹고 싶어시는 걸.

(4.11) [의사의 수술 대기실에서 학생들이 잡담을 하고 있다.]

〈S 01〉   You got a cold too?

〈S 02〉   Can't seem to shake it off … everyone's going down like flies.

〈S 01〉   Trouble is **can** leave you feeling weak for so long **it can flu**.

〈화자 01〉 너도 감기 걸렸니?

〈화자 02〉 떨쳐 낼 수 없을 것 같애 … 모든 사람들이 파리처럼 병으로 쓰러지네.

〈화자 01〉 문제는 아주 오래 무기력하게 느끼도록 놔 둘 수 있어. **독감일 거야.**

(4.8)과 (4.9)에서는 (전통문법의 의미에서) '참된 절proper clause'이 시작되기 전에, 자리slot 틈새를 하나 활용한다. 그런 현상은 다양하게 이름 붙여져 왔다. '왼쪽으로 자리를 옮김left dislocations, 화제themes, 주제topics'16] 등이다. 영어에 대해서는 에이주머(Aijmer, 1989), 겔루이큰즈(Geluykens, 1989)를 보고, 불어에 대해서는 블래스꼬(Blasco, 1995)를 보며, 스페인어에 대해서는 뤼버로(Rivero, 1980)를 보기 바란다.

이런 '주제 위치'나 '머리head'(McCarthy and Carter, 1997b)는 화자가 어떻게 청자를 방향지워 주는지에서 중요한 역할을 맡는다. 이는 청자에 대한 배려 행위가 된다. 가령 (4.8)에서 이미 친숙한 어떤 편리한 닻으

16] 다양한 이름으로 불리는 각각의 짝들은 theme-rheme(화제-설명); topic-focus(주제-초점); background-foreground(배경-전경); focus-foreground(초점-전경)이다. 이런 용어들은 기본적으로 우리가 상대방에게 말을 전하려고 할 때, 먼저 언어로 무대를 마련해 놓은 다음에, 그 무대 위에서 전개되는 사건을 언급해 나가는 습관(제시 전략)을 가리킨다. 건스바커·기본(Gernsbacher and Givón, 1995) 엮음, 『자발적 텍스트에 있는 의미 연결성(*Coherence in Spontaneous Text*)』(John Benjanins)에 있는 제7장 샌포드·막시(Sanford and Moxey)의 「글말에 있는 의미 연결성의 측면: 심리학적 관점」을 보기 바란다.

로부터, 새롭게 앞으로 나올 절의 주제가 될 어떤 대상에로 청자를 데려간다. 그렇듯이 그것은 순수한 본질에서 입말 특징이 되며, 얼굴을 마주보는 상호작용의 요구사항들과 이야기의 실시간 종합체를 반영해 준다.

그 거울 영상의 대척요소가 '오른쪽으로 자리 옮김right-displaced/dislocated' 또는 맨 끝에 자리 잡는 '꼬리' 위치tail slot이다(Aijmer, 1989). 불어에 대해서는 애슈비(Ashby, 1988, 1994)와 하일른먼·먹도널드(Heilenman and McDoanld, 1993)를 보고, 노르웨이어에 대해서는 프뤼싸임(Fretheim, 1995)을 보기 바란다. (4.10)과 (4.11)에서 실제로 그러하듯이 이는 정규적으로 평가를 언급하는 맥락과 호응한다. 이는 단지 '오른쪽 위치'로 자리 옮김이 없는 중핵 절 이상의 것을 신호해 주며, 덧씌워져 있는 것은 두드러지게 상호작용/인간관계의 내용이다.

바로 앞의 몇 문장들에서 낯선 용어들 주위에 작은따옴표를 많이 질러 놓았다. 이는 그 구조들 자체가 문법 전문가들에 의해 거의 다뤄지지 않음을 나타내기 때문일 뿐만 아니라, 또한 그밖에도 대부분의 용어가 그 자체로 언어에 대한 문장 중심의 글말 관점에 묶여 있기 때문이기도 하다. 입말은 인쇄된 종이 쪽을 성격 짓는 방식으로 '오른쪽'이나 '왼쪽'을 지니지 않는다. 주제topic와 꼬리tail(문장 뒤에 옮겨가는 요소)도 표시 없이 지나간다. 따라서 자연스럽게 어떤 것이든 '자리를 옮긴다'고 시사하는 것은 여하튼 기묘한 듯하다(비유의 부적합성은 또한 §.3-2-2를 보기 바람).

문법이 입말 담화를 마주하는 경우에, 글말 텍스트의 비유가 무비판적으로 옮겨져서는 안 된다. 입말이 공간상으로가 아니라 시간 경과에 따라, 한 순간 멀리 떨어져 있는 독자를 위해서가 아니라 바로 지금-여기에[17] 있는 청자를 위해서 산출된다는 사실이, 문법 현상을 설명하

17] 영어의 어순은 here-and-now(공간 먼저, 시간 나중에)이지만, 우리말 어순은 시간 먼저, 공간 나중에이다. 서로 정반대로 실현된다고 말하기보다는, 오히려 핵이 영어에서는 앞서고(선핵 언어), 우리말에서는 뒤에 나온다는 원리(후핵 언어)를 반영하는 것으

는 데에 가장 중요하다. 담화에서는 문법을 도출해 낼 수 있다. 그러나 그 반대는 성립될 수 없다.

문법을 넘어서서 맥락의 힘을 강조하고, 그 역이 성립되지 않음을 보여 주는 또 다른 사례는, 미래의 뜻을 지닌 'be to(be 동사 + to 부정사: ~될 예정이다)' 구조가 입말 텍스트와 글말 텍스트에서 분포하는 방식이다. 많은 교사들은 스스로

You **are to** be at the airport at eight-thirty

(당신은 8시 반에 공항에 있<u>게 될 예정</u>이다)

와 같은 문장들을 가르치고 있음을 깨달을 것이다. 여기서 'be to'는 미래에 대하여 확고하게 바뀌지 않을 사실(≒예정된 사건)을 가리키고 있다. 그럼에도 실제로는 이 구조가 일상 입말에서 아주 드물다. 저자의 생각으로는, 말하기 기술을 가르치는 문법 과정에서 의미 있는 자리를 차지하고 있지 않을 것으로 본다. 1백만 낱말로 된 노팅엄 담화뭉치 CANCODE에서 미래를 가리키는 'be to'가 단지 네 번만 나온다. 하나는 대학의 소규모 강의에서이고, 나머지 세 번은 다음 (4.12)와 (4.13)에서 예시해 주듯이, 반쯤 격식이 갖춰진 업무 회의에서 나왔다(그것들 중 하나는 반복되는 똑같은 구조의 실현이다)

(4.12) [소규모 대학 강의에서 강사가 제인 오스틴의 소설 '오만과 편견'에 대하여 말하고 있다]

⟨S 01⟩ And there's also of course the famous first sentence of *Pride and Prejudice* from which this section has received its name. It is a

---

로 봐야 옳다. 문장의 핵은 동사이다. 그렇다면 시간과 공간에서 핵어에 가까운 더 중요한 요소는 공간이라고 말할 수 있다. 이는 시간이 적어도 두 개의 공간 존재를 먼저 전제한다는 개념적 요구와도 상응하는 것이다. 시간은 인간에게서 기억을 매개로 표상된다.

truth universally acknowledged that a single man in possession of a good fortune must be in want of a wife. That this statement is meant to have ironic qualification is shown both by the orotundity of the diction and by contrast with what is said in the following sentence that the concern is to be not for the universe but with the neighbourhood not with the totality of mankind but with the surrounding families. Em that's all it says about that bit.

〈강사〉 그리고 물론 '오만과 편견'의 유명한 첫 번째 문장이 있는데, 그 문장으로부터 이 절이 이름이 붙여졌어요. 운명적으로 다복한 남자에게 분명 아내가 필요하다는 것이 보편적으로 인정된 진리입니다. 이 진술이 역설적 속성을 지니도록 의도되었다는 사실은, 뽐내는 말투에 의해서 찾아지고, 또한 관심이 우주가 아니라 이웃이 될 예정이고, 인간 전체가 아니라 주변의 가족이 될 예정이라는 다음 문장에서 말해진 바와 대조되어 찾아지는 것입니다. 음 그 부분에 대해서 그게 말해 주는 것 전부죠.

(4.13) [업무 회의]

〈S 01〉 Oh no oh right well no but it's taken two months to do that.

〈S 02〉 ⌊ Rob is to look at it and Ann Pascoe to look at it and formal comments to be collated and sent back to David.

〈S 03〉 ⌊ And one month for that.

〈S 02〉 Yeah.

〈S 03〉 I think that's safest.

〈화자 01〉 아 아니 아 그래. 글쎄 아냐. 그렇지만 그걸 실행하는 데 두 달이 걸려.

〈화자 02〉 ⌊ 롭이 그걸 살펴볼 예정이고 앤 패스꼬도 그럴 예정이고 격식 갖춘 논평들이 모아질 예정이고 데이빗한테 되돌려 보낼 예정이거든.

〈화자 03〉   ⌊또 그걸 위해 한 달이 걸리지.

〈화자 02〉 맞아.

〈화사 03〉 난 그게 가장 안전하다고 생각해.

이런 특징이 드문 이유는 아주 명백하다. 미래 의미로 쓰인 'be to~될 예정이다'는 거리를 두는 형식으로, 잘난 척하는 것으로 보이거나, 얼굴을 마주 보는 이야기에서 체면을 위협하는 것으로 보일 수 있는 종류의 외적이며 비인격적 권위를 담고 있다. 반면에 화자들은 압도적으로 동일한 의미를 supposed to~하기로 되어 있다나 going to~할 거다와 같이 '더 부드러운' 표현으로 나타내기를 선호한다. 그렇다면 'be to~될 예정이다' 표현을, 오직 '권위성'과 '거리 두기'가 그 갈래를 성격 지워 놓는 회의 및 강의에서만 찾을 수 있다는 점은 놀라울 게 못 된다. 반면에, 많은 글말 맥락에서는 권위적인 진술들이 체면 위협 없이 제시될 수 있다. 특히 언론의 보도 언어 투식에서 그러하며(가령 결정이나 사건이나 변화 등을 알려 주는 신문보도에서 'to be'의 사례들은 McCarthy and Carter, 1994: 126과 이 책의 제5장을 보기 바람), 또는 규정이나 의무 사항 등을 언급하는 텍스트에서 그러하다.

여기서 담화로 되는 문법이란, 다시 한 번 이야기에 있는 문법적 선택 및 구조적 형상을, 개념 또는 정보전달 요인들에 의해서가 아니라, 바로 상호작용 요인들에 의해서 동기가 마련된 것으로 간주하는 것이다. 입말 맥락과 글말 맥락의 핵심 측면들을 구별해 놓는 일은, 그것들의 형태 및 의미에 대하여 널리 차이가 나는 분포를 관찰하고 이해하는 데에 핵심적이며, 그 형태 및 의미들을 교실수업에서 우선순위로 놓는 데에도 중요하다.

§.4-5 문법 및 담화에서의 기술 단위

여러 언어학자들이 종종 문법의 핵심 특징으로 간주되고 문법 기술에 중심적인 글말 텍스트에 공통적으로 있는 형태들이, 상대적으로 입말 자료에 존재하지 않음에 주목해 왔다. 가령 격식 갖추지 않은 입말 자료의 대규모 양을 살펴본 사람이라면 누구나, 주절과 종속절을 지닌 적격한 '문장'이 없다는 사실에 놀라게 된다. 대신 바로 구, 불완전한 절, 종속절처럼 보이지만 어떤 주절에도 붙지 않은 듯한 절(늑수의적인 '부가절'로 불림) 등으로 된 발화 자료를 발견하게 된다. 하킷(Hockett, 1986)에서는 분석가들이 오랫동안 완벽한 문장이 나타나지 않는 현상을 무시해 왔지만

'화자와 청자들은 그런 완벽한 문장들을 무시한다. 그들은 의사소통 부담을 기준으로 적당한 몫을 실행하는 것이다'

라는 점을 주장하였다. 그러므로 적격한 문장들이 규범이 아니라는 사실은, '주절'과 '종속절'과 같은 개념들의 유용성을 우리들로 하여금 재평가하도록 촉구하는 것이다. 다음 인용 (4.14)에서는 '종속절'의 문제를 충분히 예시해 준다.

(4.14) [두 학생이 다가올 무도회에서 사람들이 무엇을 입을 것인지에 대해 이야기하고 있다.]

⟨S 01⟩   I really am I'm so pissed off that everyone's erm everyone's going to be wearing erm

⟨S 02⟩   Cocktail dresses.

⟨S 01⟩   I don't, I really don't see the point the whole point of a ball is that you wear like a proper dress.

⟨S 02⟩   Wear a ball dress I know I mean my dress is huge.

⟨S 01⟩   So is Nicola definitely going to, erm is Nick definite

⟨S 02⟩   ⌊Well she she
says she is but if she sees everybody else wearing a cocktail dress
she's bound to fork out the money she's got loads of money.

⟨S 01⟩   Cos mum said to me you know that she would buy me like a
a little black dress but the thing is then I wouldn't feel right you
know.

⟨S 02⟩   Well I mean you wear a

⟨S 01⟩   ⌊She, but you know she means like something from like
erm Miss Selfridge or something.

⟨S 02⟩   Yes if, I mean you wear a little black dress just to, you know

⟨S 01⟩   Clubbing or something.

⟨S 02⟩   To a party.

⟨S 01⟩   Yeah exactly.

⟨학생[18] 01⟩ 난 사실 난 좀 기분 잡쳤어. 모든 사람이 엄 모두가 엄 입을 거라서

⟨학생 02⟩ 칵테일 파티용 예복을.

⟨학생 01⟩ 난 안, 난 사실 그 점을 보지 않아. 무도회의 전체 초점은 '마치'[19] 네가
정장 예복을 입는 거지.

⟨학생 02⟩ 무도회 예복을 입는 거지. 알고 있어. 내 말뜻은 내 옷이 크다는 거야.

⟨학생 01⟩ 그래서 니콜라가 확실히 갈 거, 엄 닉이 분명히

⟨학생 02⟩   ⌊글쎄 그녀 그녀가 말하길
그녀가 그럴 거래. 하지만 그녀가 다른 사람들이 모두 칵테일 파티용 예복
을 입고 있는 것을 본다면 그녀는 마지못해 그 돈을 내 놓게 되어 있어.
그녀가 돈을 많이 갖고 있거든.

18] 원래 S는 speaker(화자)에서 따온 첫 글자이다. 여기서는 학생들끼리 대화이므로 학생
으로 번역해 둔다.

19] 이 화자도 like(~처럼, ~같이)이란 군소리를 자주 쓴다. 번역에서는 '마치'로 표시해
놓는다. §.4-3의 각주 11도 참고하기 바람.

〈학생 01〉 왜냐면 우리 엄마가 내게 말했는데 잘 알고 있듯이 엄마가 어떤 어떤 작은 검정 예복을 내게 사 주고 싶대. 허지만 문제는 그래도 난 괜찮게 느껴지지 않을 것 같애. 잘 알고 있듯이 말야.

〈학생 02〉 글쎄 내 말뜻은 네가 입어

〈학생 01〉   ⌐ 그녀가, 허지만 잘 알고 있듯이 그녀는 '마치' 어떤 거 '마치' 엄 〈미스 쎌프뤼쥐〉나[20] 그런 거로부터 나온 옷을 뜻하는 거지.

〈학생 02〉 그래 만일, 내 말뜻은 말야 네가 바로 …에 가려고 작은 검정 예복을 입는다면, 잘 알고 있듯이

〈학생 01〉 사교 클럽이나 그런 곳에.

〈학생 02〉 파티에.

〈학생 01〉 그래 정확히.

첫 번째 '문장'은 두 사람의 화자에 의해 말해진 듯하다. 〈S 02〉는 〈S 01〉이 말한 동사 wearing(입고 있다)의 목적어를 제공해 주는 것이다. 다음의 발화 짝에서도 〈S 02〉는 약간 달리 말해진 형태로, 〈S 01〉의 직접 목적어를 반복하고 있다.

〈S 01〉 … wear like a proper dress

      (… 마치 정장 예복을 입는 거지)

〈S 02〉 Wear a ball dress

      (무도회 예복을 입는 거지)

이 인용의 마지막 발화에서도 두 사람의 화자가 함께 동일한 절을 '완성하지만'

20] 구글을 검색해 보면, Miss Selfridge는 1966년 영국에서 창립된 여성 의류·신발·가방 등을 판매하는 회사이다. 정장 모양새가 아니지만(캐주얼 상품) 고급스런 모습을 담아서 세계 여러 곳에 점포를 두고 있다.

⟨S 01⟩ Clubbing or something

　　　(사교 클럽이나 그런 곳에)

⟨S 02⟩ To a party

　　　(파티에)

에서 보듯이, 서로 다른 구성성분을 갖고 있다. '다른 사람이 완성한 절/문장'을 어떻게 분석할 것인가? '다른 사람이 반복한 문법'을 어떻게 분석할 것인가? ⟨S 02⟩의 발화가 여기서 ⟨S 01⟩의 '문장'의 일부가 되거나 또는 그것들 나름의 단위로 되는 것일까? 두 사람이 함께 그 절을 완성하는 경우에, 구조상 동일한 지위를 지닌 상이한 두 개의 구성성분이 있는 것일까? 담화에 입각한 문법에서는 구조를 결정적인 산출물로 보지 않고, 대신 협력/타개 과정collaborative/negotiative process으로 간주한다. 기술의 관련 요인들 속에서 담화 문법은 발언기회 얻어내기·반복·적어도 두 사람 이상에 의한 협력 구성과 같은 실시간 맥락 특징들을 포함한다.[21]

　앞의 인용 (4.14)에는 다음과 같이 주절이 아닌(≒종속절인) 듯한 항목들이 몇 개 있다.

① that everyone's erm everyone's going to be wearing cocktail dresses

　　(모든 사람이 엄 모두가 엄 파티용 정장을 입을 거라서)

② that you wear like a proper dress

　　('마치' 네가 정장 예복을 입는 거지)

③ (she says) she is

　　(그녀가 말하길 그녀가 그럴 거래)

21] ⟨원저자 10⟩ 비록 플레밍(Fleming, 1985)에서는 (가령 발화의 실시간 제약 같은) 시간성을 언어 기술 속으로 통합해 놓는 일에 대한 난점들을 올바르게 비판하고 지적하지만, 해뤼스(Harris, 1990)에서는 엄격하게 의사소통의 언어적 특징 및 비언어적 특징들에 대한 통합을 옹호하는 논의를 전개하였다. 해뤼스의 관점은 분명히 문법을 담화로 간주하는 일을 뒷받침해 주는 견해이다.

④ if she sees everybody else wearing a cocktail dress

(만일 그녀가 다른 사람들이 모두 파티용 예복을 입고 있는 걸 본다면)

⑤ (mum said to me) that she would buy me like a a little black dress

(엄마가 말했는데 '마치' 어떤 어떤 작은 검정 예복을 내게 사 주고 싶대)

처음 두 문장 ①과 ②는 내포절(≒보문절)이다. 따라서 참된 의미에서 종속절은 아니며[22] 대화로 된 언어에서 빈번히 나타난다. 다음 두 개의 문장 ③과 ⑤는 인용 보고 속에 들어 있는 인용절/보고절이다. 이 또한 빈번하며(제8장을 보기 바람), 다른 담화로부터 옮겨온 '주절'이라고 논의될 수 있다. 오직 하나의 문장 ④만이 if~면를 지닌 관례적인 종속 조건절인 듯하다.

Cos mum said to me you know that she would buy me like a a little black dress

(왜냐면 엄마가 내게 말했는데, 잘 알고 있듯이 내게 '마치' 어떤 작은 검정 예복을 사 주고 싶대)

라는 절이 표면상으로 종속절에 대한 후보가 되는 듯하지만, (ㄱ) 그것이 끼어들기 발언기회에 의해서 '주절'로부터 분리되어 있고, (ㄴ) 주절 부분에 대하여 임의의 제약이나 가능성contingency 우연성을 더해 배당하는 것이 아니라, 그보다는 단순히 배경 정보만 더해 놓는 듯하다. 이는

22] 저자의 문장 분류 방식은 전통문법을 벗어나고자 하지만, 여전히 전통문법 방식을 따르는 듯하다. 전통문법에서는 문장이 단순문과 복합문으로 나뉘고, 다시 복합문이 내포문과 주절-종속절 문장으로 나뉘며, 주절-종속절 문장에는 필수적인 것('~면, ~이다'와 같은 조건절)과 수의적인 것('~할 망정, ~하더라도'와 같이 방임형 어미로 된 것)으로 나뉜다고 보고 있다. 그렇지만 새로운 분류 방식에서는 단순문과 복합문의 구분도 따로 없다. 다만 문상의 핵어인 동사의 속성에 따라 내포문을 요구할 수도 있고, 또는 종속절 문장을 요구할 수도 있는 것이다. 더 엄격히 말하여, 내포문은 핵어인 동사의 속성에 의해 만들어지지만, 종속절 문장은 어미 형태소(=&범주의 연결어미)에 의해서 만들어진다. 자세한 논의는 김지홍(2010), 『국어 통사·의미론의 몇 측면: 논항구조 접근』(도서출판 경진)의 제4부(제7장과 제8장)를 보기 바란다.

'this is the reason I'm asking about Nicola'

(이것이 내가 니꼴라에 대하여 묻고 있는 이유입니다)

를 의미하며, 주절에 대하여 어떤 이유 조건(≒Cos로 시작하였음)을 실현시키는 것이 아니다. 그러므로 cos 절을 비종속절(≒주절)로 취급하되, 담화상으로 배경 정보/뒷받침 정보를 제공해 주는 것으로 취급하는 것이 더 합리적일 듯하다.[23] 동일한 대화에 있는 세 가지 추가 사례들에서와 같이, 특정 유형의 if-절에 대해서 비슷한 내용이 성립된다.

(4.15)

⟨S 01⟩ Oh there's orange juice in the fridge as well if you want a drink ⋯ erm no if we have this and go back to your house.

⟨학생 01⟩ 아 냉장고에 또한 오렌지 주스가 있어. 만일 네가 음료를 마시고 싶다면⋯ 엄 아니 만일 우리가 이걸 갖고 너네 집으로 되돌아간다면 말야.

(4.16)

⟨S 01⟩ Yeah help yourself ⋯ there's scissors in the drawer if you need to cut it open.

⟨학생 01⟩ 그래 맛있게 먹어 ⋯ 서랍에 가위가 있어. 그걸 잘라서 열어야 한다면

23] 저자는 통사론과 화용론을 같은 차원의 것으로 보는 오류를 범하고 있다. 절에 대한 분류는 해당 절을 허용하는 핵어(head)가 무엇인지에 따라 구분되는 것이다. 내포절 또는 내포문은 동사의 속성에 의해 투영된다. 따라서 필수적이다. 그렇지만 종속절은 기능범주인 연결어미(&범주)에 의해 주절과 종속절이 투영된다. 연결어미의 의미자질이나 속성에 따라 종속절이 수의적으로 될 수도 있다. 등위접속에서 선행절과 후행절도 연결어미에 의해 투영된다. 종속절과 등위절은 김지홍(2010)에서 각각 2항 접속과 다항 접속으로 불렀다. 2항 접속은 연결어미의 속성에 따라 필수 종속절이나 수의적 부가 종속절을 투영할 수 있다.
　화용 조직 원리는 통사 투영원리와 다르다. 배경 또는 무대 제시 후에 초점을 제시하는 일은, 상대방의 주의력을 이끌어 내기 위한 전략이다. 여기서는 필수적·수의적이란 개념이 적용되지 않는다. 오직 화자의 의도와 청자 주의력에 대한 평가 결과에 의해서만 발화 단위가 계속 짜이어 나갈 뿐이다.

말야.

담화 관점에서 첫 번째 if-절과 세 번째 if 절은, 단위들을 선명하고 주절을 발화하기 위해 화자의 이유/근거를 분명히 만들어 주는 비종속절(≒주절)로 보는 것이 최선이다. 두 번째 발화 사례

if we have this and go back to your house

(이걸 갖고 너네 집으로 되돌아간다면 말야)

는 조건의 요소가 없이 '정중한 제안'으로 작동하는 듯하다. 담화상의 의미에서 이는 분명히 '주된main: 주절의' 정보이며, 앞에 있는 §.4-4에서 언급된 '주제화' 종류를 닮았다. 조건문을 '주제'로 논의한 것을 보려면 또한 하이먼(Haiman, 1978)을 참고하기 바란다.[24]

이런 종류의 분류 문제점이 입말 문법을 기술하고 설명하게 되는 경우에, 일부 언어학자들로 하여금 '종속절'의 개념을 모두 버려 버리고 (가령 Blanche-Benveniste, 1982; Schleppegrell, 1992), 절을 문장보다는 오히려 입말을 위한 좀더 실행 가능한 기본 단위로 대체하는 일을 옹호하도록 이끌어 갔다(Miller, 1995). 이를 옹호하는 일에 대한 또 다른 타당한 이유는, 일부 문장 형상이 대화에서 극히 드물다는 점이다. 가령 다음과 같이 '비완형 절/전치사절 + 주절'

On leaving the building she noticed a black car

(그 건물을 떠나면서, 그녀는 어떤 검정색 차를 목격하였다)

은 격식을 갖춘 글말에서나 찾아진다. 블랑슈-벤브니스뜨(Blanche-Benveniste, 1995)에서는 입말 불어에 대한 사례들을 제시하였는데, 거의

24] 이런 영향을 받아 우리말에서도 조건 어미 '~면'에 주제를 나타내는 '는'이 깃들어 있는 것으로 논의한 글도 1980년대에 몇 편 있었다.

동일한 내용이 입말 영어에도 적용된다(가령 내포절의 결여 현상에 대해서는 Esser, 1981을 보기 바람). 문법은 언어 기술에 대한 관습적인 문장 중심 난위늘이 사실을 설명하지 못하는 경우에 담화로 된다(≒담화 차원에서 다뤄진다). 대안이 되는 기술 모형(≒담화 문법)은 실제 맥락 속에서 생성된 정보 및 상호작용/인간관계 조건들의 단위에 더 많이 근거하고 있음을 시시해 준다.

§.4-6 문법상의 수수께끼

영어와 같이 한 언어에 대한 문법이 전부 지금까지 만족스럽게 기술되고 설명된 것은 결코 아니며, 영역들이 흐릿하거나 미결정적이고, 규칙 산출에 명백히 둔감하다. 단지 문장에만 국한시키지 말고, 범위를 담화로까지 더 넓혀서, 문법을 담화로 간주하는 일이 종종 도움을 줄 수 있다. 영어에서 조동사 get을 써서 수동태로 만드는 다음과 같은 사례

His bicycle got stolen

(그의 자전거가 도둑 맞았다: 피해 내용만 부각되고, 가해자는 드러나지 않음)

를 들어 보기로 한다. 콜린즈(Collins, 1996)에서의 두드러진 예외를 차치해 두면, 이것들이 대부분 비록 일부러 꾸민 문장에 근거하였더라도 오랫동안 연구되어 왔다. 이 현상을 바라보는 이 책의 현재 견해와 콜린즈(Collins, 1996)의 시각이 동일하다. 그러나 다른 점은 더 광범위한 함의를 끌어내려는 의도를 이 책에서는 지니지만, 콜린즈(1996)에서는 그러하지 않았다.[25] 언어학자들은 'get-수동태'와 'be-수동태'의 상호

25] 〈원저자 11〉 뷘뤼스페일(Vanrespaille, 1991)도 또 다른 예외인데, get-수동태에 대한 그녀의 연구는 말뭉치에 근거하고 있다. 비록 그녀의 말뭉치가 영어 용법 조사the Survey

교환성을 고려해 왔고, '수동태 형성 기울기passive gradient' 상에서의 get과 be의 위치를 살펴봐왔다(Svartvik, 1966). get-수동태 문장에서는 전형적으로 명백하게 **인간 행위수**(늑가해자)를 설여하는 특성을 실펴보았다(특히 Hatcher, 1949를 보기 바라고, 또한 Stein, 1979; Granger, 1983; Gnutzmann, 1991; Collins, 1996도 참고 바람). 관련 논쟁은 또한 행위 및 결과 상태를 놓고 동시에 초점 모아 주는 일에 대한 get의 가능성potential을 중심으로 이뤄져 왔다(Stein, 1979; Vanrespaille, 1991을 보기 바람). 계속 다뤄져 온 다른 고려사항들은 (1) get-수동태(늑대체로 피해 표현 수동태)가 가령

He got killed

(그가 죽임을 당하였다: 가해자가 드러나지 않음)

It got burnt

(그게 불 태워졌다: 행위 주체가 드러나지 않음)

등과 같이 보통 그 사건에서 액운이 생겨 손해를 끼치는 맥락과 일치하는지 여부, (2) get의 다른 의미와 관련하여 get-수동태에 대한 역사적 발달 과정(Givón and Yang, 1994), (3) 두루 영어의 상이한 변이체(늑가령 호주 영어, 남아공 영어, 홍콩 영어 따위)들에 걸쳐서 상이한 분포를 지니는지 여부들이다. 그럼에도 get-수동태(늑대체로 피해 표현 수동태)가 계속 흡족한 기술에는 이르지 못하고 있다는 느낌이 든다.[26] 다시 한 번, 앞으로 갈 길은 실제 자료를 살펴보고, 문법을 담화 차원으로 고려하며, 담화가 전달내용만이 아니라 또한 청자와 화자를 포함한다는[27] 사

of English Usage로부터 나온 입말 자료를 포함하고 있지만, 그녀가 다룬 get-수동태의 약 7백 가지 사례 가운데에서 어떤 비율이 자연스런 입말인지를 정확히 언급해 놓지 않았다. 그렇지만, 결과들에 대한 그녀의 도표로부터 판단해 보면, 그녀가 이용한 사례의 많은 숫자가 글말 희곡 대본으로부터 나왔던 듯하다.

26] 〈원저자 12〉 췌쁠(Chappell, 1980)에서는 get-수동태에 대하여 '감질나게 애태우는 미해결 문제들'을 언급하고 있다.

27] 전달 내용만 다루면 '정보전달' 내용만을 다루는 데 그치게 된다. 그렇지만 담화는 인간관계나 상호작용에 대한 전략들을 담고 있으므로, 반드시 화자의 접근 전략과

실을 전면에 부각시키는 일이 될 듯하다.

　노팅엄 담화뭉치^{CANCODE}에서는 분명한 get-수동태(≒대체로 가해자가 안 드러난 피해 표현 수동태)를 139개 담고 있으며, 이들로부터 아주 일관된 (그러나 전적인 것은 아님) 유형이 부각된다.[28] 139개의 사례 중에서 124개는 이런 저런 방식으로 '손해를 입히는^{adversative}'(피해를 입는) 맥락을 가리킨다.[29] 즉 명시적으로 대화 참여자들에 의해서 바람직하지 않거나 또는 적어도 문제가 있는 것으로 신호되는 사태인 것이다. 이들은 다음과 같은 동사 구절을 포함한다.

got flung about in the car

(그 차에서 내팽겨침을 당하다/내팽겨쳐지다: 가해자가 안 드러남)

got killed

청자의 반응 전략도 고려되어야 하는 것이다. 즉 직접 표현과 간접 표현, 체면(또는 상대방 자존심) 깎아 내리기와 체면 세워 주기, 상대방의 자율성 허용 등도 고려할 필요가 있다.

28] 〈원저자 13〉 1백만 낱말에서 139개의 실현 수치는 그뢴인서(Granger, 1983)에서 16만 낱말로 된 입말 말뭉치에서 9개 수치와 비교하면 2.5배나 된다. 우리의 수치는 콜린즈(Collins, 1996)에서 1백만 낱말 당 96개의 수치와 비교하여 약간 더 높은 수치에 해당한다. 그의 자료는 런던-룬드(Lundon-Lund) 말뭉치 및 영어의 국제적 말뭉치(ICE)에서 가져온 것이다. 저자는 이것이 격식 갖추지 않은 일상의 대화 갈래를 노팅어 담화뭉치(CANCODE)보다 덜 나타낸다고 논의하고자 한다. 뿐만 아니라, 비록 두 말뭉치가 글말에서보다는 입말에서 get-수동태(≒대체로 피해 표현 수동태)의 빈도가 곱절이 됨을 지적하는 데에서 우연히 일치하지만, 1백만 낱말의 글말 혼합 말뭉치(노팅엄 담화뭉치와 입말/글말 비교를 위하여 만들었음)에 있는 핵심이 되는 get-수동태의 65회 발생은 글말에 대한 콜린즈의 수치 1백만 당 43회와는 완벽히 일치하는 것이 아니다.

29] 손해를 입거나 피해를 당함을 강조하는 표현은 한자어로 '당하다'를 쓰는 것이 더 낫다. 우리말로는 '받다, 입다, 지다, 되다' 정도가 후보이지만, 이는 자연적인 과정에 의해서 생겨나는 것도 포함되고, 가끔 이익이 될 수도 있다. 그렇지만 '상대방의 고의'에 의해서 일방적으로 한 쪽이 억울하게 겪게 되는 것을 강조하려면, '당하다'는 말을 쓰는 것이 좋을 듯하다. 뒤친이에게는 '사기당하다. 창피당하다, 거절당하다'가 자연스럽고 '은혜를 입다, 손해를 입다'가 자연스럽게 느껴지기 때문이다. 한자어와 우리말이 서로 분포가 조금씩 다른 듯하며, 말뭉치를 자세히 살펴봐야 할 것이다. 허신('30~'124)의 『설문해자』에 당(當)의 어원은 밭(田)이 서로 맞닿아 대치(相峙)해 있다는 뜻이다. 단옥재(段玉裁, 1735~1815)는 갚을 보(報)의 훈이 당죄인(當罪人)인 점에 근거하여, 죄인이 죄값을 받는 뜻이 들어 있다고 보았다. 우리말에서는 아마 나쁜 운명에 맞닿아 어쩔 도리 없이 원하지 않는 손해를 겪는다는 속뜻이 담겨 있는 듯하다.

(죽임을 당하다: 가해자가 안 드러남)

got locked in/out

(안/팎에서 잠김을 당하다: 가해자가 안 드러남)

got lumbered

(잡동사니로 채워지다/채워짐을 당하다: 행위 주체가 안 드러남)

didn't get paid

(임근은 받지 못하다/임금 뗴딲을 당하다: 가해자가 안 드러남)

got picked on

(괴롭힘을 당하다, 혹평을 당하다: 가해자가 안 드러남)

got sued

(고소를 당하다: 원고가 드러나지 않음)

got burgled

(강도를 당하다: 가해자가 안 드러남)

get intimidated

(협박당하다: 가해자가 안 드러남)

get criticized

(비판받다/비난당하다: 가해자가 안 드러남)

get beaten

(물림을 당하다: 가해자가 안 드러남)

139개의 사례 중에서 130개는 명백히 언급된 행위주가 없는 것이다(즉 93% 가 되는데, 이는 Collins, 1996의 92% 수치와 부합된다). 그 예들 중에서 행위 주가 언급된 것들은 다음과 같다.

most things got written up **by scribes**

(대부분의 것들이 **필경사들에 의해** 씌어졌다)

the whole bus got stripped **by the Italian police**

(전체 버스가 **이탤리 경찰에 의해서** 비워졌다)

and got sued **by the owners**

(그리고 **주인들에 의해서** 고소를 당하였다)

she's going to get eaten **by the wolf**

(그녀가 **늑대에게** 잡아먹힐 것이다)

you get intimidated **by the staff** on the labour ward

(당신은 분만실/노동 병동에서 **그 직원에게** 협박을 당한다)

이들 행위주는 다소 비인격적이거나 또는 늑대의 경우 인간이 아니다. 행위주의 결여 또는 비인격적 주체의 출현, 다시 말하여 비특정적 행위주는 언어학자들이 이전에 주목하였던 바와 들어맞는다(가령 Granger, 1983: 194).[30]

그러나 여러 가지 '손해를 입히는^{adverse}'(피해를 입는) 경우에도, 본질적으로 손해를 입히지 않거나(=이익을 주거나) 또는 바람직한 환경과 마주하게 되는데, 다음 예들과 같다.[31]

(4.17) [시골 가게에서 어느 고객이 가게 주인이 이웃사람의 물고기 주문은 기억해 냈지만, 자신의 고양이 사료인 물고기 주문은 잊어 버렸음을 깨달았다. 그녀가 이웃사람한테 농담삼아 말을 건넨다]

⟨S 01⟩　　So **you got remembered** and our cat got forgotten.

30] 우리말에서 '당하다'는 영어의 조동사 get과는 달리 손해나 피해를 주는 상대방 행위주 (=가해자)가 '~에게, ~한테'로 나오거나 속뜻으로 깔려 있는 듯이 느껴진다. 이 점은 영어와 다른 점이다.

31] 우리말 보조동사를 다루는 경우에도 이런 사례가 있다. 가령 '-아/어 버리다'는 부정적인 뜻으로 기술된다. 가령 "철수가 떠나 버렸다"에서는 철수가 떠나지 않기를 바라는 기대가 무너졌다는 속뜻이 담겨 있다. 그렇지만 다음 사례에서는 긍정적인 바람직한 결과로 속뜻을 지닌다. "드디어 골칫거리를 없애 버렸다, 마침내 앓던 이를 뽑아 버렸다." 영어의 get과 비슷한 기능을 하는 보조동사는 우리말에서 '먹다'이다. 아마 방언에 따른 차이가 있겠지만, "손가락을 잘라 먹다/베어 먹다"라는 표현에서는 중립적인 표현 '손가락이 잘리다'와 이 사건에 대한 부정적 평가가 들어가 있다. 경남 방언에서 자주 듣는 '쌓다'도 비슷한 기능을 지니는데, "왜 자꾸 전화해 쌓노?"라고 말할 때, 전화하는 일에 대한 화자의 부정적 평가가 깃들어 있다. 영어의 get은 주로 행위주가 표현되지 않은 문장에 나오지만, 우리말 보조동사에서는 꼭 그러한 것은 아닌 듯하다.

〈화자 01〉 그래요 당신[것은 기억되었지만(결과적으로 이득임) 내 고양이 먹이는 잊혀졌어요(결과적으로 손해임).

(4.18) [학생들이 다가올 떠들썩한 사교 모임 시간에 대하여 말하고 있다]

〈S 01〉 I've got invited to the school ball as well.

〈S 02〉 Are you.

〈S 03〉 Don't really fancy it

〈학생 01〉 나도 또한 학교 무도회에 초대되었어/초대받았어(이득이 됨).

〈학생 02〉 그렇니?

〈학생 03〉 사실은 놀랍지도 않아.

(4.19) [학생들이 여러 가지 직업의 전망에 대하여 의논하고 있다]

〈S 01〉 Do you know **how much lawyers get paid for an hour** the best ones

〈S 02〉 ⌊I don't I don't care.

〈S 01〉 Six hundred pound an hour.

〈S 02〉 I don't care.

〈학생 01〉 가장 잘 나가는 변호사들이 **시간당 얼마를 받는지** 알고 있니?

〈학생 02〉 ⌊난 말야 난 관심 없어.

〈학생 01〉 1시간당 1만 2천원이래.

〈학생 02〉 난 관심 없어.

그 발화를 바람직하지 않거나 문제가 있는 것으로 신호해 주는 것은, 상황 자체가 아니라 그 상황에 대한 화자의 입장이다(Chappell, 1980을 보기 바라며, 또한 '손해 끼침/이득 봄' 이분법으로 과도하게 단순화해 놓는 일에 대한 비판을 보려면 Sussex, 1982도 참고하기 바람). 앞의 인용 (4.17)에서는 비록 그 상황이 물고기 주문을 잊어버리지 않은 이웃에게는 분명히 이득이 되더라도, 화자는 그것을 자신의 일반적인 불운의 일부로 본다.

맥락이 손해를 끼치는 것이 아니라 오히려 분명히 이득이 되는 비교적 드문 한 가지 경우에서, 여전히 화자가 'get-수동태'에 의해서 영향을 받음(이득이 됨)을 덧칠하여 표현하고 있음을 알 수 있다. 이런 사례에서 성공을 보고하는 경우에는, '자화자찬을 얕잡아 봄'을 시사해 준다.

(4.20) [화자들이 과거에 〈S 02〉가 거둔 정구선수로서의 성공들에 대해서 이야기하고 있다]

〈S 01〉 And were those like junior matches or tournaments or county matches.

〈S 02〉 Er both country and er, well I played county championships and lost in the finals the first year and er I got picked for the county for that and then so I I played county matches pretty much the same time.

〈S 01〉 Right, good.

〈화자 01〉 그리고 그것들이 청소년 시합이나 토너먼트 또는 군 대표 시합들이었던가?

〈화자 02〉 어 둘 모두 군 대표와 어, 그런데 내가 군 우승 시합을 벌였는데, 첫 해에 마지막 시합에서 졌어. 그리고 어 그것 때문에 내가 군 대표 선수로 뽑혔지. 그런 뒤 그래서 내 내가 똑같은 시기에 군 대항 시합을 아주 잘 해냈었거든.

〈화자 01〉 맞아, 좋았지.

'get-수동태'(≒대체로 피해 표현 수동태)를 이해하는 데 핵심은, 이것이 전달내용보다는 화자의 입장(≒관점이나 평가)을 반영한다는 점이다. 그렇지만 문장들을 검사하는 것은 또 다른 사안이며, 그 문장들을 산출한 사람들의 의도를 내던져 두고 고려하지 않는 것은 부적합하다. 'get-수동태'는 사실상 언어학적 수수께끼일 수도 있겠지만, 우리가 이를 화자가 사건에 대하여 자신의 입장stance을 반영하기 위해 덧씌워놓는 어떤 것으로 살펴보는 순간 두드러지게 신비를 벗는다. 일부 언어학자들이 이 점을 인식하였는데, 가장 두드러진 것이 레이콥(Lakoff, 1971)과 스따인(Stein, 1979)이다. 그러나 실제 입말 자료를 검토하는 잇점은, 그런 작업의 직관이 사실에 의해서 뒷받침될 수 있다는 점이다.[32]

우리는 'get-수동태'(≒대체로 피해 표현 수동태)가 압도적으로 ① 손해를 끼치는 환경이나 문제가 되는 환경과 더불어 생겨난다고 말할 수 있겠지만(실현된 내용의 89%임), 또한 ②'그 화자에 의해서 편집된 것으로서' 손해를 입고/문제가 된다고 말할 수 있다. get은 또한 압도적으로 '명백한 행위주(≒가해자)가 없는 구문'과 더불어 나온다(실현 내용의 93%임). 이는 강조점이 그 원인이나 행위주가 아니라, 그 동사 구절에서 **부호화된 과정을 겪어 나가는 사람**(=피해자) **또는 사물**(=피해물)에 있음을 시사해 준다.

이들 두 가지 진술(①, ②)은, 말뭉치에서 찾아지는 많은 실제 맥락들과 사례들이 유용하듯이, 직접적으로 가르치는 일을 위해 유용하다. 이런 경우에 그리고 많은 다른 경우에도 그러리라 짐작하겠지만, 언어학적 수수께끼(≒난문제)는 문법을 단지 문장들에 대한 내적 구조의 특징으로서가 아니라, 오히려 담화로 취급함에 따라 가장 분명히 해명될 수 있다. 마침내 'get-수동태'에 대해 확립해 놓은 종류의 진술은, 구조적 규범 처방의 진술(가령 수동태는 동사의 기본형이 아니라 과거분사 형태를 갖고 만들어진다)과는 다르다. 그러므로 다시 한 번 우리는 결정적 문법(≒전통문법)과 확률적/개연적 문법(담화문법)을 구별할 수 있다. 후자는 언어 사용을 놓고서 무엇이 가장 그럴 듯한 맥락인지에 대한 진술이 되는 것이다. 담화로서의 문법은 좀더 자주 개연적/확률적 문법 쪽으로 기울어지며, 확률적/개연적 진술은 언어 학습자들을 위하여 규범 문법의 옳고 그름에 대한 결정적 진술에 못지않게 유용한 것으로 본다.

32] 레이콥(Lakoff)은 일부러 만든 인위적 문장들을 사용하였다. 스따인(Stein)은 말뭉치를 이용하지만 글말이다(소설 및 희곡).

§.4-7 마무리

우리가 대명사나 지시사와 같은 개별 문법 항목들만 따로 고립시켜 살펴봐야 할지, 아니면 입말 담화에서 주제와 '꼬리tail'(맨 뒤로 이동하는 요소)·종속절·시제 선택 등과 같이 더 넓은 구조적 현상을 살펴봐야 할지는 자명해진다. 그 대답으로, 문법이 맥락 특징들을 언급함으로써 그리고 무엇보다도 얼굴을 마주보는 상호작용의 인간관계 측면을 고려함으로써 가장 적합하게 설명된다. 저자는 담화로서의 문법이 다음을 포함해야 하는 것으로 논증해 왔다.

① 긴밀하게 담화에서 실제 선택들과 관련하여, 기존의 패러다임paradigms 범례 체계에 대한 적의한 재배열

② 실제 맥락에 비춰서, 그리고 형식과 맥락 사이에 있는 확률적/개연적 상관관계에 비춰서, 옳고 그름을 지정하는 관례적인 결정적 규칙(≒전통문법의 규칙)들에 대한 재검토

③ 어떤 종류의 단위들이 실제로 입말 담화와 글말 담화에서 서로 다르게 명시되는지를 반영해 주기 위하여, 기술에 대한 전통문법 단위들의 재평가

④ 언어학적 수수께끼들을 실제 실현 속에서 정밀하게 살펴보지도 않은 채, 풀 수 없는 신비로 받아들일 수 없음(≒더 이상 신비가 아님)

물론 우리가 이런 노선을 더욱 더 추구할수록, 응용 언어학자가 원할 때마다 문법이 담화로 될 수 있음을 더욱 잘 깨닫게 된다. 문법과 담화, 양자가 오직 괴상한 문제들에 대한 해결책이 필요할 때에만 구별을 잊어버리려고 하는[33] 별개의 언어 층위가 아님을 깨닫게 된다.

33] 원문 brush shoulders는 속어이다. http://www.urbandictionary.com에서 보면 brush shoulders off(솔로 어깨 위의 먼지를 털어 버리다)로도 쓰이며, 어깨에 먼지를 솔로 털어버리면, 마주하였던 먼지에 대해 잊어버린다(when you brush ya shoulder off you forget about the 'dirt' you just confronted)라고 풀이하였다.

문법은 사실상 오직 **담화로서만 존재한다.** 즉, 단순한 정보전달 '내용'을 넘어서서 우위를 언제나 쥐고 있는 것, 사람 대 사람 사이의 의사소통에 대한 필요성이 우선시되는 수많은 대화상의 만남에 의해서 남겨진 정규적 흔적으로 간주되는 것이 최선인 것이다. 하퍼·톰슨(Hopper and Thompson, 1993)의 말로는, 문법은 '침전되어 쌓인 대화상의 실천 관행들이다'. 이 책자에서는 전반적으로 폭스·톰슨(Fox and Thompson, 1990)의 말처럼 문법이 이상적으로 다음처럼 간주되어야 한다는 견해를 취하고 있다.

… 대화 참여자들이 말하고 싶어 하는 사람과 대상들을 구성해 나가는 의사소통 상황을 놓고서, 온전히 상호작용 차원을 꼭 포함하는 것이다.

따라서 담화로서 문법은, 형식 갖춘 선택들에 오롯이 함의되는 사회적 정체성에 대한 협상/타개와 마주하게 된다. 언어교육 적용에 관심을 지닌 응용 언어학자들에게, 담화로서의 문법 접근법은 분명히 도전적이다. 그런 도전의 어떤 측면들은 때로 비현실적이 될 수도 있다. 가령, 입말 자각(깨우치기) 수업에서, 만일 자연스런 자료를 교실수업에서 접하지 못한다면, '의사소통 상황에 대한 완전한 상호작용 차원'을 어떻게 분명히 드러낼 것인가? 그렇지만, 흔히 아주 오래된 분명히 다루기 힘든 문법 문제들을 놓고서, 담화 접근법은 새로운 해결의 빛을 드리워 주므로, 예기치 않은 보상도 받게 된다. 또한 종종 교사와 학습자들에 의해서 합치점이 없이 서로 다른 세계로 지각된 '문법' 수업 및 '말하기 기술' 수업 사이에 흔히 존재하는 불행한 간격을 이어 놓는 방법도 제공해 준다.

제5장 입말 및 글말 영어에서
일부 동사형태의 공기관계[1] 유형

§.5-1 도입

제5장에서 우리는 계속 문법에 초점을 맞추고서, §.4-4에서 시작한 입말과 글말 사이의 동일성과 차이점들에 대하여 논의를 더 진행하게 된다. 여기서 우리는 입말 문법과 글말 문법 사이에 모든 것이 다르다고 결론을 내리려는 유혹을 접고서, 담화 차원에서 유형화되는 특징이 종종 의사소통의 두 가지 양식에 의해서 공유됨을 보여 줄 것이다. 그렇지만 제5장에서는 또한 두 양식(입말·글말) 사이에 공유되지 않은 유

1] 구조주의 언어학에서 다뤘던 개념인데, 한 문장 안에서 한 요소의 실현이 반드시 다른 요소의 실현을 요구하거나 전제할 때, 두 요소가 서로 공기관계(co-occurence, 같이 나타남)에 있다고 말한다. 가령, 우리말에서 '선생님'이란 대우 표현은, 동사에서 '시'라는 형태소와 함께 나온다. "선생님도 기뻐하셨다." 또한 형식명사 '줄'은 알다/모르다 동사와 같이 나온다. "날이 밝은 줄 몰랐다." 이와 같이 둘 또는 그 이상의 형태들이 서로 함께 실현되도록 전제하거나 요구하는 관계를 공기관계에 있다고 말한다. 이 책의 §.4-3 예문 (4.6)의 설명에서는 because와 had + 과거분사가 공기관계라고 언급하였다.

한편, 일원론을 추구하는 생성문법에서는 공기관계에 있는 어느 한 요소를 먼저 핵어로 지정하고, 이 핵어가 일치를 요구하여 다른 요소가 실현되도록 허용해 준다고 설명한다. 1970년대의 생성문법에서는 한때 이를 선택제약(selectional restriction)으로 부르기도 하였고, 최근에는 포괄적으로 자질 삼투 또는 자질 점검이란 용어로 부르며, 어휘범주뿐만 아니라 기능범주 핵어의 자질까지도 포함시킨다.

형들도 보여 준다는 사실이, 실제로 아주 중요하다. 왜냐하면 이 책자의 중심되는 논점들 중 하나 ─ 즉, 글말을 대상으로 하여 모형으로 만드는 문법이 단순히 도맷금으로 입말의 기술 속으로 수입될 수 있다고 가정해서는 안 된다는 점을 강조해 주기 때문이다. 입말 문법은 언제나 입말 자료를 이용하면서 고유한 용어로 정교하게 가다듬어져야 하는 것이다. 노력을 들인 끝에 만일 입말과 글말이 공통된 특징을 많이 지님을 보여 준다면, 이는 고맙게 여겨야 할 편리힘이지, 신중한 소사도 없는 채 미리 판정을 내릴 수 있는 어떤 것은 아니다. 우리의 과제는 정확히 어떤 것이 공유되는 영역들이며, 어떤 것이 그러하지 않은지를 찾아내는 일이다.

늘 어휘-문법 현상에 대한 담화적 해석을 옹호하여 논의해 온 언어학자들 가운데에는, 고顚 유진 윈터late Eugene Winter가 걸출하다. 가장 오래 지속되는 그의 공적은, 의심할 바 없이, 여러 층위의 언어 형태가 텍스트를 만들기 위하여 조화롭게 작동하는 방식에 대한 실증이 되어 왔다. 어휘이건 아니면 문법이건 간에, 형식의 요소들은 '더 큰 형식'의 해석 과정에 기여하는 데에 잠재력potential 가능성을 공유하는데, 텍스트를 이루는, 통사 결속되고 의미 연결되며[2] 유형화된 인공물patterned artifact이다

2] 텍스트가 되기 위해서는 먼저 기본 단위로 문장이 있어야 한다. 이 문장은 동사가 핵어로서 자신이 거느리는 요소를 논항으로 투영하여 나오는 것이다. 그런데 문장은 다시 다른 문장과 이어져야 한다. 문장들을 얽는 여러 방식 중에서도 지시 표현을 이용하는 일과 어휘 사슬을 이용하는 일이 가장 대표적이다. 이를 흔히 cohesion(결속)이라고 부른다. 어원은 서로 붙다(stick together)이다. 번역자는 이를 '통사 결속'이라고 번역한다. 1960년대 이후 문장론이란 말을 통사론이라고 이름을 바꿔 부르기 때문이다. 또한 참스끼의 생성 문법에서 두 개의 문장에서 대명사가 무엇을 지시하는지를 결정하는 일을 결속(binding)이라고 부른다. 이를 받아들여 '통사 결속'이란 용어를 만들었다(김지홍 뒤침, 2003, 『담화: 옥스포드 언어교육 지침서』, 범문사).

그런데 문장과 문장이 이어지면, 단락 또는 문단이 나오게 된다. 여기서 단락과 단락을 이어주는 것은 무엇일까? 이를 묶어 주는 것은, 문장 전개 방식이나 수사학적 구조라고 말한다. 가령 서론-본론-결론, 예시-주장, 기승전결 등이 그런 사례이다. 이렇게 문장보다 더 큰 층위의 단락들을 이어 주는 일을 coherence(의미 연결, 개념 연결)라고 부른다. 어원은 앞의 통사 결속과 동일하게 서로 붙다(stick together)이다. 번역자는 앞의 용어와 구분하기 위하여 '의미 연결'이나 '개념 연결'이란 용어를 쓰고 있다.

더러 심리학자들은 이를 하나의 용어(coherence)로 통일하여, 지엽적 연결 및 전반적

(Winter, 1982). 우리의 목적을 위하여 우리는 앞의 문장에다 '더 큰 형식 또는 갈래이'라는 낱말을 수식어로, 더해 놓을 수 있다.

윈터의 개념 얼개에서는, 임의의 개별 절이나 문장에 대한 문법은 더 높은 층위의 유형을 만들어 내는 데 간여한다. 문법과 맥락은 상승 효과로 작용한다. 텍스트에 대한 온당한 연구는 어떤 것이든지 문법 형태들의 유형화 내용에 대한 자세한 정밀 조사를 포함한다. 윈터의 업적은 보통 글말 텍스트 분석과 관련되지만, 제5장에서 우리는 텍스트-문법의 유형화에 대한 원리가 입말에도 동등하게 적용됨을 보여 주게 될 것이다. 글말 텍스트가 그러하듯이, 입말 텍스트 산출물은 이에 못지않게 다른 층위의 형태와 문법 형식의 조화로운 협력 내용에 대한 기록이다.

저자는 특정 유형의 글말 텍스트(서사이야기 및 보고하기)에서 찾아지는 문법 유형화의 종류가, 입말 담화에서 기능상의 대응 짝을 지니며, 담화에 대한 거시층위의 전개를 신호 보내 주는 일이 동일한 중요성을 지니고, 글말에서와 같이 입말에서도 비슷한 우세함이 주어짐을 예증하게 될 것이다. 그러나 입말과 글말 사이에 차이가 있는 경우에, 이것들은 중요한 것으로 주목될 것이다. 특히 저자는 '상황situation' 발화 및 이어지는 후속 발화에서 '연결체sequence'에 대한 윈터의 개념을 발전시키기를 희망한다. '상황' 및 '연결체'는 글말을 놓고 작업하면서, 윈터가

연결이란 용어를 쓰기도 한다. 그러나 통사 결속은 엄격히 언어 형식을 이용하는 것이지만, 반면에 의미 연결은 반드시 언어 형식으로만 이뤄지는 것이 아니다. 그러므로 같은 용어를 쓰면 오해를 빚을 수 있다. 건스바커 외(Gernsbacher and Givón, 1995), 『자발적 텍스트에 있는 의미 연결성(*Coherence in Spontaneous Text*)』(John Benjanins)에서 기본(Givón)은 coherence를 정신표상 속에 들어 있는 것(mental representation of a text)로 정의했다. 위도슨(Widdowson, 2004), 『텍스트·맥락·해석 구실(*Text, Context, Pretext*)』(Balckwell)에서는 언어 외적 정보(extra-linguistic)로 불러 coherence가 cohesion과 관련히 구별되는 것임을 지적하였다.

한편 우리나라 학교 문법에서는 전자를 응집성, 후자를 통일성으로 번역하였지만, 잘못된 용어이다. 문장은 한 점에 모아지는 것(凝集)이 아니라, 전개되고 펼쳐지는 것이다. 응집과 전개는 정반대의 방향을 가리킨다. 또한 통일성은 의미 연결에 대한 평가 결과를 가리키는 말이므로, 또한 적절치 않다. 통일성보다는 차라리 '일관성'을 쓰는 편이 낫고, 그럴 경우 일관된 연결로 번역할 수도 있다.

텍스트에 있는 절들의 연결체를 해석하는 데에서 근본적인 것으로 간주한 두 가지 개념이다(Winter, 1982: 2).

제5장에 있는 글말 사례들은 윈터(앞의 책) 자신의 작업 전통에서 일부 문학 예문과 더불어 영국의 대중신문 자료로부터 가져온 것이다. 입말 사례들은 노팅엄 담화뭉치CANCODE에서 가져왔다. 나란히 놓인 입말과 글말 사례들은, 연구자에게 다수의 가능한 탐구 경로와 대답할 질문들을 제공해 주는데, 다음 항목들을 포함한다.

① 반복되어 나타나는 어떤 종류의 문법 유형들이 글말 모습과 입말 모습에서 절 경계들에 걸쳐 관찰될 수 있는가?
② 그 유형들이 어떻게 결정되는가? 그것들 속에서 문법 요소들을 순서대로 배열하는 일이 비교적 고정되어 있는가, 아니면 고정되지 않고 융통성이 있는가?
③ 텍스트나 발화 연결체 속에서 그런 유형들의 기능이 무엇인가?
④ 한 가지(글말 또는 입말) 모습에서 찾아지는 유형들이, 다른 모습에서도 동일한 실현 내용을 지니고 나타나는가?
⑤ 여러 유형들이 한 가지 모습에서 나타나지만 다른 모습에서는 나타나지 않은 듯한 경우에, 동일한 기능 유형들이 존재하지만 각 (입말 또는 글말) 모습에서 서로 다른 형식으로 실현된다는 증거가 있는가?

짤막한 제5장에서 이들 질문이 모두 다뤄지거나 답변되지는 않겠지만, 특히 흥미로운 증거가 드러나는 경우에 ①에서부터 ⑤까지 관련된 논제들이 차례로 다뤄질 것이다.

5.5-2 분명한 평행성의 사례: 서사이야기의 '상황-사건' 유형

글말 텍스트에 대한 문법-및-담화 연구의 영역 속에서, 문법 특징

들과 텍스트 유형 및 '거시 기능macro-functions' 사이에 있는 상관성을 놓고
서 이미 출간된 업적이 있다. 거시 기능은 문장 차원을 넘어선 기능으
로, 단락의 짜임, 문장을 넘어선 지시내용 등을 가리킨다. 논의를 시작
하기에 알맞은 사례는, 신문이나 보도 방송에서 종종 찾아지는 이른바
'뜨거운 새소식hot news'을 놓고 다룬 자이대티스(Zydatiss, 1986)의 논문이
다. '뜨거운 새소식' 텍스트는, 전형적으로 오히려 '요점 제시/주요 뉴
스 abstract'3](Labov, 1972의 용어를 쓰면, 서사이야기 개시 발화를 위한 것임) 방식
으로 작동하면서 주의력을 사로잡는 제목 그리고/또는4] 첫 문장을 지
닌다(러보웁의 모형에 대한 또 다른 요소들에 대해서는 앞서 살펴본 §.3-2-3을 보
기 바람). 절을 분석하는 용어로는(Hoey, 1983: 138 이하를 보기 바람), '개관
하기 ➡ 세부내용 제시하기preview-detail'로 짜인 텍스트 유형에서, '요점 제
시/주요 뉴스'는 '개관하기preview' 마디와 동등한 내용을 담고 있다. 즉,
요점 제시/주요 뉴스 부분은

What, roughly, is this text going to be about?, What is its main point?

(개략적으로 이 텍스트가 무엇에 대한 것인가?, 무엇이 주된 요점인가?)

라는 질문에 대답을 해 주며, 'What are the details?세부내용이 무엇인가?'라는
질문을 촉발하게 된다. 좀더 일반적인 층위에서 이는 윈터(Winter, 1982)
에서 쓴 '상황'의 개념과 일치한다.

자이대티스(Zydatiss, 앞의 글)에 의해 검토된 '핫 뉴스'에서는, 그 텍스
트의 '주요 뉴스/개관하기' 문장이 전형적으로 주절 상에서 '현재완료
시제'와 함께 나타난다. 그리고 나서 뒤이어진 문장들은 '단순과거' 형
태를 지닌다. 다음에 두 가지 영국 신문 사례가 있는데, 관련된 주절의

3] abstract는 우리나라 방송에서 '주요 뉴스'로, hot news(뜨거운 새 소식)는 '속보'로 부를
   듯하다. 뉴스를 다시 한 번 마무리 짓는 경우에는 '간추린 소식'으로 부른다.
4] §.2-4-2에 있는 각주 12를 참고하기 바란다. 둘 중 하나를 선택해도 되고, 둘 모두를
   선택해도 되므로, 포괄적 이접이라고 부른다.

동사 형태들은 밑줄을 긋고 굵은 글씨로 되어 있다.

(5.1) 데일리 미뤄[Daily Mirror5] 신문 1990년 7월 26일자 8면의 기사

SAM DIES AT 109

The oldest man in Britain has died aged 109—six weeks after taking the title.
Sam Crabbe, a former sugar broker, from Cadgwith, Cornwall, did not give
up smoking until he was 98 and enjoyed a nightly tot of whisky. He was
taken ill just hours before his death.

Sprightly Sam became Britain's longest living man when 112-year-old Welshman
John Evans died last month.

쌤 109살에 사망하다('죽다'는 입말 투, '사망하다'는 글말 투이며, '역사적 현재' 시제는 우리말에
서 '절대시제'로 표현됨. 각주 7 참고)

영국에서 가장 나이 많은 분이 109세로 **사망하였다**(≒사망한 상태로 있다)—최고령자
칭호를 얻은 뒤 6주만이다.

쌤 크뢰브는 전직 설탕 중개상으로 영국 서남부 코어놀 캐뒤쓰에 살았는데, 98세가
될 때까지도 흡연을 **그만두지 않았고**, 밤마다 위스키를 한 잔씩 **즐겼다**. 그는 사망하기
몇 시간 전에 **아팠다**.

5] '매일 거울처럼 비춰본다'는 뜻을 지닌 이 신문은 썬(Sun) 지와 함께 노동자 계층을
독자층으로 하여 발간된다. 뒤의 각주 15도 함께 보기 바란다. 이와는 달리 중산층을
대상으로 발간되는 신문은 Guardian(수호자) 등이다. 따라서 노동자를 위한 신문인지
중산층을 위한 신문인지에 따라, 신문 보도의 논조와 지향 가치가 달라질 것임을 알
수 있다. 노동자들이 거칠게 쓰는 표현들이 여과 없이 그대로 신문 보도에도 인용될
수 있으며, 보다 자극적이고 과격한 낱말이 선택된다(invasion 침입도 그런 표현이며,
더 뒤에 있는 예문 5.16과 5.17을 보기 바람).

　우리나라의 경우에는 크게 한쪽에 정권 하수인 신문이나 기득권 층을 보호하는
보수층 신문이 있고, 이에 맞서서 힘겹게 살아가는 사람들을 옹호하는 신문으로 나눌
수 있을 듯하다. 계층 간에 골이 심해지고 갈등이 생겨나면, 우리나라는 더 이상 존속
할 수 없다. 왜냐하면 우리나라처럼 평등의식이 강한 경우도 드물고, 이것이 우리나라
를 삽시간에 선진국으로 발전시킨 추동력이기 때문이다. 영국이나 일본은 철저히 신
분사회이다. 그런 나라에서 살지 않는 것을 고맙게 생각해야 한다. 그렇지만 점차
개인별 능력에 따라 사회적 성취를 이루는 경우보다, 권세나 부의 세습에 의해 계층이
나뉘는 조짐이 생기고 있어, 크게 우려스럽다.

씩씩하게 쌤은 지난 달 112세의 웰슈먼 쫜 이반스가 사망했을 때 영국의 최장수 노인이 되었다.

(5.2) 데일리 미뤄^{Daily Mirror} 1990년 7월 27일자 19면의 기사

INVASION OF THE CRAWLIES

Poisonous black widow spiders <u>have invaded</u> Britain by plane.

They <u>stowed away</u> in crates of ammunition flown from America to RAF Welford, Berks.

A US airman at the base near Newbury <u>captured</u> one of the spiders in a jar after it crawled out of a crate.

기어다니는 곤충들의 침입

독이 있는 검정 과부 거미들이 비행기로 영국에 **침입하였다**(≒침입한 상태로 있다).

그들은 탄약 밀봉 상자로 미국으로부터 (미공군이 빌려 쓰는) 영국 왕립 공군(RAF) 기지인 벅셔 웰포드까지 **밀항해 들어 왔다**.

뉴버뤼 근처의 기지에 있는 어느 미국 공군이 거미 한 마리를 밀봉 탄약 상자로부터 기어 나온 뒤에 병 속에 **잡아 두었다**.

단순과거 시제의 문장이 뒤에 계속 이어지는 이런 현재완료 형태의 유형은, 영국 대중신문들에 있는 짤막한 기사에서 아주 일반적이다. 그 유형이 쉽게 뒤바뀌지도 재배열되지도 않음이 즉각 주목될 수 있다. 영국 영어에서 (비록 아마 미국 영어에서는 덜 그러하겠지만) 단순과거 시제로 된 첫 번째 문장은 기묘하게 들릴 것이다.

*The oldest man in Britain <u>died</u> aged 109―six weeks after taking the title

*Poisonous black widow spiders <u>invaded</u> Britain by plane.

비록 '지금-현재'로부터 분리됨을 나타내는 시간표시 형태(≒시간 부사)

가 없이도 단순과거 시제를 쓰는 데에 내재적인 제약이 전혀 없지만, 개시(시작) 문장의 변칙적인 내용을 구제해 줄 수 있는 유일한 방법은, 그런 표지(늑과거 시점을 가리키는 부사)를 포함해 놓는 일에 의해서 이뤄지는 것이다.

> The oldest man in Britain **died yesterday** aged 109—six weeks after taking the title. (어제 죽었다)
>
> Poisonous black widow spiders **invaded** Britain by plane when a cargo of bananas arrived from South America **last week**. (지난주 침입하였다)

현재완료로 실현되어 있고 따로 표지(늑시간 부사)가 없는 원래의 내용은, 주절의 시간 지시내용을 멀리 떨어지게 해 놓고 '지금과 관련된 relevant to now' 어떤 사건으로 그것을 신호해 준다. (5.1)의 경우에 쌤 크뢰브의 사망에 대한 실제 시간이, 그 기사의 마지막 줄 전까지 드러나지 않으며, 심지어 마지막에서도 다만 별개의 사건(횐 이반스의 사망)을 간접적으로 가리켜 주면서 드러날 뿐이다. 개시하는 현재완료 형태가 대치되지 않을 뿐만 아니라, 또한 전체 연결체의 시제도 뒤바뀔 수 없다. 우리는 이 유형을 (그 텍스트의 층위에서) 더 높은 층위의 시간 얼개를 공급해 주는 현재완료를 맨 앞에 내세운 것으로 해석할 수 있다. 그 속에서 개별 사건들이 정상적인 무표적(늑가장 기본적인) 서사이야기narrative/언론 보도report 시제, 즉 단순과거로 실현되는 것이다. 과거에서 사건들에 대한 '지금-관련성now-relevance'을 신호해 주는 능력을 지닌 현재완료는, 텍스트 그 자체 및 뒤따르는 모든 것들에 대한 '지금-관련성'을 신호해 준다. 각 세부사항이나 추가적 사실(또는 서사이야기 용어로 말하면, 사건들과 그 사건들이 지향하는 전개 방식)은, 시간적 해석과 비시간적 해석을 지배하면서 단순히 일반적인 서사이야기 관례 속에서 전개된다. 그러므로 시제와 상의6) 선택은 텍스트를 전개하는 데에서 순수히 시간적-개념적 기능들보다는, 오히려 중요한 텍스트상의 기능 그리고 인간관계

상호작용의 기능들을 떠맡아 실행한다. 윈터Winter의 용어로, 이야기 전반에 걸친 '상황'을 수립하기 위한 개시initial 시작 문장의 위력은, 그 문장과 뒤에 이어진 절들 사이에 있는 관련성을 해석하는 데에 주요한 몫을 맡는다. 이런 견해에 대한 추가적인 뒷받침은 (5.1)의 신문 표제로부터 나온다. 그 텍스트에서 더 높은 층위(일반적인 진술로서, 전체 텍스트가 특정한 개별 사건들을 제공해 줌) 쪽으로 옮아감에 따라, 관습적으로 또다른 시제로 변환한다. 이른바 역사적 현재이다(Sam dies쌤이 사망하다). 이런 형식은 그 자체로 관례상 제목 위치에만 국한되어 나온다.[7]

입말 담화에서 비록 현재시제 '표제/제목'에 대한 별도의 선택권이 없이도, 우리는 아주 비슷한 내용을 찾아낸다. 서사이야기narrative 또는 언론 보도report의 '개관하기preview/주요 뉴스abstract'는 흔히 현재완료로 실현되며, 뒤에 이어지는 세부사항은 과거시제로 말해진다. '보도 가치 속성newsworthiness: 뉴스로서의 가치' 요소가, 여전히 '개관하기/주요 뉴스'로 제시

6] tense-aspect(시상)의 구별은, 시제가 점으로 표시되지만, 반면 '상(相)'은 폭(너비)으로 표시된다. 시제는 시점 사이의 비교에 의해 이뤄진다. 특정하게 주어진 기준점을 앞서거나 뒤서거나 또는 동시인 것이다. 이는 시제논리의 아버지로 칭송되는 이는 프라이어(N. A. Prior, 1914~1969)에 의해 처음 도입된 설명 방식이다(Prior, 1967, 『과거·현재·미래(Past, Present and Future)』, Clarendon Press). 그러나 상은 지속 폭을 지닌 시간폭(時間幅)의 개념이다. 완료상, 진행상, 예정상(전망상) 등이 모두 폭을 지닌 개념이다. 어느 언어에서나 모두 상(aspect)을 지닌다. 그러나 시제(tense)가 없는 언어가 더러 있다. 많은 언어들은 시제와 상을 혼합해서 갖고 있다. 이런 까닭에 '시상'이란 한 낱말로 묶어 쓰는 것이다. 번역자는 개인적으로 우리말도 '확대된 상'만을 갖고 있다고 본다. §.1-9의 각주 33 그리고 §.4-3의 각주 8과 관련된 본문 논의에서, 영어의 분사 형태가 과거완료와 현재완료에 쓰이는데, 과거완료로 되는 경우는 조건이 '인용문' 형식을 띤다고 하였다. 현재완료는 비유적으로 무대 설정과 같은데, 지금과의 관련성(now-relevance)은 무대를 바라보는 청중으로 간주할 수 있다(늘 닻 내리기). 그 무대 위에 전개되는 사건들은 '과거시제'라는 빛바랜 옷을 입고 있는 것들이거나, 경상도 방언의 '카더라'(~라고 하더라)라고 말할 수 있는 '남의 일에 대한 기억 내용'을 되살린 연극이다.

7] 영어로는 historical present(역사적 현재)라고 말하지만, 국어에서는 무시제 또는 절대시제 문장이라고 말한다. 국어에서 이 형식은 신문 표제(가령, '남북 정상회담 열리다')뿐만 아니라, 일기체에서도 쓰인다(이 경우에 마치 영사기를 돌리면서 해당 장면을 계속 적는 듯한 느낌을 준다). 이는 현재완료로 마련된 무대 위에서 연극 배우들이 빛이 바랜 과거시제의 옷을 입는 것이 아니라, 지금 현실로 일어나는 생생한 사건처럼 느끼도록 만들어 주는 것이다.

되며, 그 기능이 다음과 같은 듯하다.

① 그 모노가 시금과의 관련성$^{\text{now-relevance}}$을 지닌다.
② 수립된 상황이 정보전달 종료가 신호될 때까지 뒤에 이어지는 절들로 확
장되거나 또는 대화 참여자들 사이에서 타개되어 나간다.

일부 노팅엄 담화뭉치^{CANCODE} 사례는 다음과 같다, 관련 항목들은 밑
줄 친 굵은 글씨로 되어 있다.

(5.3) [〈S 01〉은 24살의 여성이며, 아버지가 철도원이다. 그녀가 학생이었을 때에
철도여행을 무료로 즐기거나 할인 혜택이 있었다. 직장을 가진 지금, 그녀에게 모든 철
도여행 혜택이 없어졌다. 이 점을 다른 사람들에게 말해 주고 있다.]

〈S 01〉   I've started paying now

〈S 02〉   ⌞ [inaudible]

〈S 01〉   ⌞ As soon as I started working I lost it, I'm
         no longer dependent on dad and mum.

〈S 03〉   ⌞ You're only you only get
         that when you're a student Mary.

〈S 01〉   It was while I was dependent on dad [〈S 03〉 yeah] as soon
         as I'm earning [〈S 02〉 well] I've had my lot.

〈화자 01〉 내가 지금은 **기차 표를 사기 시작했거든**

〈화자 02〉   ⌞ [청취 불가능]

〈화자 01〉   ⌞ 내가 직장 일을 시작하자마자, 특혜를
         잃게 되었어, 난 더 이상 아빠와 엄마에게 부양받지 않거든

〈화자 03〉   ⌞ 네가 다만
         네가 다만 학생일 때 그걸 얻는구나 메뤼.

〈화자 01〉 내가 아빠한테 부양받았을 동안에만 **그랬어** [〈화자 03〉 맞아] 내가 돈을

벌자마자 [〈화자 02〉 글쎄] 난 내 혜택을 잃어 버렸던 말야.

(5.4) [〈S 01〉이 그녀와 그녀 짝이 어떻게 파스타 요리를 만드는 경험을 했는지 자세히 말해 주고 있다. 또한 서로 짝이었던 〈S 02〉와 〈S 03〉도 똑같은 일을 했던 경험을 말해 주고 있다.]

〈S 01〉　　We did this, erm, quite a lot of ravioli, didn't we, but it was fiddly, very fiddly, I imagine this is

〈S 02〉　　Yeah we've done that yeah

〈S 03〉　　We've done that … we started off trying to use ravioli moulds and then soon discovered that actually they're more trouble than they're worth so we just

〈S 02〉　　We cut them out.

〈화자 01〉 우리 이거 만들었는데요, 엄 뢰비오울리(이태리 국수) 아주 많이 만들었죠, 그랬잖아요, 허지만 그게 아주 힘들어 아주 힘들었어요, 내가 상상하기에 이게

〈화자 02〉 맞아 우리가 그걸 만들어 봤었지[8] 맞아

8] 거듭 이야기하지만, 영어의 현재완료 형식(have + 과거분사)이 결코 우리말에서 '-었었-'과 일치하지 않는다. 여기서는 우리말 과거시제 '었'과 구분되는 형태를 취하기 위하여 보조동사 '보다'에 '었었'을 쓰고 있는 것일 뿐이다. have + pp를 축자적으로 번역하자면 '결과 상태(past participle)를 현재 우리가 확인할 수 있다(have)'는 정도로 새길 수 있을 것이다. 우리말에서는 무대 설정을 해 주는 시상 형태소가 있을 것 같지 않다. 그러나 바로 뒤에 있는 〈원저자 1〉에서 기대하듯이, 그리고 더 뒤에 있는 [도표 5.1]에서 체계적으로 보여 주듯이, 시제 형태소를 이용하여 무대를 설정하고 연극을 전개해 나가는 기능 형태소가 우리말에도 있는지 주의 깊게 살펴보아야 할 것이다.
　저자는 현재를 중심으로 하여 무대를 만들고 나서(무대 설정 시제 형태 have + pp; used to; to be), 거기에서 과거 사건(have + 과거분사 ⇨ past 또는 used to ⇨ would)이나 미래 사건(to be ⇨ will)을 전개해 나가는 일이 영어 담화에서 일반적이라고 언급한다. 이런 담화 전략은 비단 영어에만 국한되는 것이 아니라, 인간의 언어에 공통적으로 있을 것으로 기대된다. 또한 언어 사용에만 국한되지 않고 비언어 표현(가령 영화나 텔레비전 등)에도 그대로 적용될 것으로 예상된다.
　만일 이런 주장이 옳다면, 우리말 담화 전개에서 시제나 상의 제시 방식에 주목하지 못하고 무심하게 지나쳤을 개연성도 있는 것이다. 소박하게 현재 번역자로서는 우리말 담화 표지(있잖아, 근데 말야 등)가 이런 역할을 하고 있지 않나 싶다. 차후의 연구

〈화자 03〉 우리가 그걸 **만들었었어요** … 우리가 뢰비오울리 반죽을 이용해 보려고 일을 시작**하였는데** 그러고 나서 곧 사실상 그게 반죽 이기는 값보다 더 많이 고생스러움을 **깨달았어요** 그래서 우리가 바로

〈화자 02〉 우리가 **그것들을 잘라내었거든**.

(5.5) [〈S 01〉이 음식점 식단표에서 그녀가 선택을 내리도록 〈S 02〉를 격려하고 있다. 그는 가시발새우 튀김scampi을 권했지만, 그녀는 거절한다]

〈S 01〉   You don't want scampi, no, oh you're calorie watching are you.

〈S 02〉   Yeah I**'ve been I've been going** to the weight-watchers but wait till you hear this I **went** on, first time and I'd lost three and a half pound [〈S 01〉 yeah] and I **went** last week and I'd lost half a pound so I **went** down to the fish shop and **got** fish and chips I **was** so disgusted [〈S 01〉 laughs] but I**'ve been** all right since.

〈화자 01〉 넌 가시발새우 튀김을 원치 않는구나, 아니, 아 넌 칼로리를 고려하고 있지 안 그래.

〈화자 02〉 맞아. 난 몸무게 점검소(=날씬 몸맵시 운동터)에 **나가고 있어 나가고 있거든**. 허지만 잠깐 기다려. 이걸 들어 봐. 내가 죽 **나갔는데** 처음으로, 그리고 내가 7.7kg을 빼었었거든. [〈화자 01〉 그래] 그리고 지난주에 **나갔는데** 1.1kg 뺐었던 거야. 그리고 물고기집으로 **내려갔지**. 거기서 '물고기와 감자칩'을 **먹었는데** 아주 역겨웠어. [〈화자 01〉 웃음] 허지만 그 이후로는 **괜찮아졌어**(괜찮은 상태를 그대로 유지하고 있어).

'시상時相'(시제와 상을 합친 말) 얼개에서 대칭성의 예로서 인용 (5.3)과 (5.5)는 아주 흥미롭다. 현재완료로 시작을 하고서 단순과거로 진행해 나가고 있나. 그러고 나서 도로 현재완료로 매듭을 짓고 있다. (5.5)는 또한 완벽한 서사이야기이다. '시상' 유형이 러보웁(Labov, 1972)의 개념

과제로 미뤄 둔다.

에 꼭 들어맞는다(§.7-3의 각주 12을 보기 바람). 즉, 서사이야기를 개시하며 요점 게시(그 이야기의 '표제'에 해당함) 및 서사이야기의 마지막 매듭짓기이다. 마지막 매듭이 이야기 속 시간으로부터 도로 현실의 현재 대화 시간으로 '다리를 놓아bridge' 주고 있는 것이다. 그러므로 (개시하기 및 매듭짓기에 있는) 현재완료 절들이 모두 거시차원에서 기능을 하는 것으로 간주될 수 있다. 이 절들이 그 텍스트를 얼개짓고, 맥락적 관련성을 수립해 놓는다.

(5.4)에서 〈화자 01〉은 그녀와 그녀의 부모가 했던 것을 자세히 말해 주기 위하여, 전형적인 서사이야기 과거시제를 이용하고 있다. 〈화자 02〉는 그 주제를 끌어와서 그것을 새로운 대화 초점으로 깃발을 꽂아 놓는데, 현재완료 we've done우리가 만들어 봤었지(만든 결과 상태를 지금 우리가 확인할 수 있다는 느낌을 줌: 뒤친이)를 씀으로써, 그 대화에서 그것을 좀더 중요한 위치로 끌어올려 놓는다. 이는 〈화자 01〉의 과거시제 표현 we did우리가 만들었어(현재와 떨어져 있는 과거 사건일 뿐임: 뒤친이)와 대조된다.

(5.1)에서부터 (5.5)까지 모든 인용 사례에 대하여 가장 중요한 질문은, 'When did these events happen?이들 사건이 언제 일어났느냐?'이 아니라, 다음과 같은 질문이다.

'How do these utterances relate to one another as a report/narrative and how should the receiver interpret the clauses that realise them in their context of utterance?'[9]
(① 이들 발화가 서로 언론 보도/서사이야기로서 어떻게 관련되는가? ② 그리고 청자가 발화의 맥락에서 그것들을 실현시켜 주는 절들을 어떻게 해석해야 하는가?)

9] 〈원저자 1〉 하퍼(Hopper, 1979)에서는 러시아 어에서 완료상과 미완료상 사이의 선택이, '새로운' 서사이야기 사건과 이미 확립된 이야기 사건 사이의 관계(즉 담화 차원의 기능임)를 신호해 줌을 보여 준다. 분명히 저자는, 제5장에서 논의된 동사의 시제/상 선택에 관련된 종류의 담화 차원 유형화가, 영어의 특별한 특성이라고 시사하고 싶은 것은 아니다(≒모든 언어의 담화에 일반화될 가능성이 있다는 뜻임). §.5-6도 참고하기 바란다.

이런 종류의 서사이야기narratives와 언론 보도reports가 제5장의 주요 논점에 대한 예시를 시작하기에 좋은 소재이다. 글말과 입말에서 동일한/동등한 개시 위치의 주제 제시 현상 때문만이 아니라, 또한 오랜 동안 담화 분석가들이 두루 대용량의 자료에 걸쳐서 특정한 서사이야기의 기능 및 시상 전환 사이에 일관된 상관성correlations 상관 관계에 골몰해 왔기 때문이기도 하다.

플라이슈먼(Fleischman, 1990)이 가장 내표적인 표본인데, 담화 분석가들은 이른바 '역사적 현재'시제(늑즉 과거 사건들을 보고하기 위해 현재시제를 쓰는 일, 한국어에서는 무시제 또는 절대시제라는 용어를 씀) 및 서사이야기에 있는 중요한 전환점들의 동시 발생을 검토해 왔다. 중요 전환점은 가령 정점이나 극점이다. 지향하여 나가기로부터 사건들을 복잡하게 얽어놓는 일이나, 또는 존스톤(Johnstone, 1987)의 경우에 발화 보고(인용 발화) 마디에서 참여자의 역할 전환을 가리키는 일이다. 발화 보고(인용 발화)에 있는 시제에 대해서는 제8장을 참고하기 바란다. 시상의 선택은, 입말과 글말에서 모두 절들의 연결체 사이에 있는 관련성의 해석을 위한 조건들을 만들어 내는 데에 중요한 역할을 맡는 듯하다. 그런 연결체들의 유형은 우리 문화 속에서 서사이야기를 위하여 관례로 확립되어 있다.

§.5-3 'used to늘상 ~하곤 했었다'와 'would가끔/더러~하곤 했었다'
: 또 다른 서사이야기 유형

교육 문법가들의 주목을 피하지 못한 것(가령 알렉산더 Alexander, 1988: 235)으로서 입말 자료에 있는 또 다른 아주 공통된 유형을 강조하기 위하여, 이 절에서 우리는 서사이야기에 머물며 논의하게 될 것이다. 이런 유형은 화자가 과거에 있던 전형적이거나 반복적인 사건들을 꺼내어 말하는 경우에, 언어 연결체에서 찾아진다. 다시 한 번 우리는 used to(과거 긴 시간 폭 속에서 반복된 습관으로서 '늘상 …하곤 했었다')를 이용하여 일반적인 상황을 수립해 주는 개관하기^{preview} 또는 요점 제시^{abstract 간추린 개요} 절을 관찰할 수 있는데, 곧 이어 세부내용이나 would^{가끔 …하곤 했었다}를[10] 이용하는 확장된 절들이 뒤따른다. 아래 (5.7)에서 단순과거 was의 두 가지 용법이 언급될 것이다.

(5.6) [〈S 01〉이 케이크 굽는 일을 배우고자 하는 그녀의 친구에 대해서 이야기해 주고 있다]

〈S 01〉   She wanted to bake them herself and she never really knew how and her gran always <u>used to bake</u> cakes and she'd go and watch.

〈화자 01〉 그녀는 스스로 케이크 굽기를 원했지만 사실은 방법을 전혀 몰랐어요. 그리고 그녀의 할머니가 언제나 케이크를 <u>늘상 구워 주곤 했었는데</u> 그녀가 <u>가끔 가서 지켜보곤 했었거든요</u>.

(5.7) [〈S 01〉이 자신과 자신의 아내 〈S 02〉가 어떻게 시장조사 실습에 참여하였는지를 상세히 설명해 주고 있다. 그 조사기관에서는 그 부부가 매주 구매한 내용을 전자기기에다 녹음해 놓는데, 보통 밤에 전화선을 통하여 자동적으로 실행되었다]

〈S 01〉   Cos it <u>used to ring</u> about three o'clock in the morning, you <u>used to go</u> down and answer it and there *was* no-one there.

〈S 02〉   And that *was* the computer.

10] 이 표현도 우리말에서 1:1로 대응되는 표현을 찾아내기가 어렵다. would는 과거 우연하고 불규칙적인 반복 행위로서 '가끔/더러 …하곤 했다'로 번역할 수 있다. 즉 used to보다 시간 폭도 좁고, 불규칙한 반복이므로, 시간 부사 often, sometimes가 같이 나오든지, 특정한 시간 폭을 표시해 주는 표현과 함께 나온다. 뒤의 본문에서는 이를 *the co-presence of a time expression*(시간 표현의 동시 출현)이라고 말한다.
　이 번역에서는 used to를 '늘상 …하곤 했었다'로 번역해 둔다. 곧 시간 부사 '늘상 : 가끔'으로 used to와 would를 구분해 놓는 것이다. 본문에서는 used to가 과거 반복 습관에 대한 배경(무대)이 되고, 이를 바탕으로 전개시켜 나가는 시제를 would로 쓴다고 언급하고 있다. 마치 현재완료 have + 과거분사를 맨 처음에 써서 무대나 배경을 설치하고, 그 위에서 전개되는 사건을 과거시제로 표현하는 일과 같다. 오직 조동사 형태의 선택만 다른 것이다.

⟨S 01⟩   You'd **hear** beep beep beep beep.

⟨남편⟩   왜냐면 대략 이침 0시에 진화 벨이 **늘싱 울리곤 했있는데**, 낭신이 내려가서 그 전화를 늘상 받곤 했었죠. 거기(≒수신자) 아무도 없었기 때문이에요.

⟨아내⟩   그게(≒수신자) 컴퓨터였어요.

⟨남편⟩   삐 삐 삐 삐 소리만 **가끔 듣곤 했어요.**

(5.8) [동일한 대화에서 더 뒤에 나오는 부분이다. ⟨S 03⟩은 ⟨S 02⟩의 삼촌이다]

⟨S 02⟩   They **used to** you know **ring up** early hours of the morning, well you **would**, the phone **wouldn't ring** they'd ring that computer.

⟨S 01⟩   And they'd **read** it.

⟨S 03⟩   Yeah.

⟨S 01⟩   And it'**d go** through the phone.

⟨아내⟩   잘 아시듯이 그들이 아침 이른 시간에 전화를 **늘상 걸곤 했었거든요.** 글쎄 당신이 **하곤**, 전화가 **걸려온 게 아니라**, 그들이 그 컴퓨터로 전화를 **걸곤 했었죠.**

⟨남편⟩   그게[11] 그걸 **읽곤 했거든요.**

⟨삼촌⟩   맞아.

⟨남편⟩   그리고 그게 전화로 연결되어 진행**되곤 했었죠.**

(5.9) [저녁 식탁에 둘러앉아 ⟨S 01⟩이 귀신 이야기를 한다]

⟨S 01⟩   When I lived in Aberdeen years ago erm we were in a cottage in the country my then wife and I you know and erm the people that lived there before **used to see** apparitions.

11] 원문 'they would read it'은 바로 앞에 있는 발화에서 they would ring that computer(조사자들이 컴퓨터가 자동적으로 전화를 걸어 설문지를 읽게 만들곤 했다)와 이어지는 '수긍 및 진행' 발화이므로, they는 컴퓨터이고 it은 설문 내용임을 알 수 있다. 번역에서는 컴퓨터를 가리키기 위해서 '그게'로 적어 둔다.

〈S 02〉　　Oh.

〈S 03〉　　Did they.

〈S 01〉　　Yeah ten o'clock on a Friday night regularly they **would hear** somebody and they'**d be sitting** in the living-room watching telly and at ten o'clock every Friday they'**d hear** someone walking up the stairs.

〈S 03〉　　Yeah.

〈S 01〉　　They'**d go** out there and there'**d be** nobody there you know.

〈화자 01〉 여러 해 전에 우리가 애버딘에 살았을 때, 어엄 우리가 시골에 있는 오두막에 있었거든요. 내 당시 아내와 내가, 잘 아시다시피. 그리고 어엄 이전에 거기에 살았던 사람들이 죽은 사람 귀신들을 <u>늘상 보곤 했었거든요</u>.

〈화자 02〉 아아.

〈화자 03〉 그랬죠.

〈화자 01〉 그래요. 금요일 밤 10시만 되면 정규적으로 누군가의 소리를 <u>듣곤 했었어요</u>. 그리고 그들이 거실에서 늘상 텔레비전을 보면서 앉아 <u>있곤 했었거든요</u>. 그리고 언제나 금요일 밤 열시가 되면 누군가 계단을 올라가는 소릴 <u>듣곤 했었어요</u>.

〈화자 03〉 맞아요.

〈화자 01〉 그들이 거기 밖으로 <u>나가보곤 했었지만</u>, 거기엔 아무도 <u>없곤 했었어요</u> 잘 아시다시피 말예요.

전체적인 'used to + would'(늘상 ~하곤 했었다 ⇨ 가끔 ~하곤 했었다)의 연결체는 다시 한 번 러보웁(Labov, 1972)의 용어로 말하면 '지향하여 전개함 orientation'으로 기능할 수 있다. 즉 (5.5)에서 그리고 (5.10)에서와 같이, 단 한 번에 끝나는^{one-off} 특정한 사건이나 또는 일련의 사건들을 놓고서, 서사이야기를 해 주기 위한 시간·장소·상황 등에 관련된 배경이다.

(5.10) [〈S 01〉이 자신의 첫 직장 경험에 대하여 기억을 되살려 내고 있다. 캔튼 ^{canton}은 영국 웨일즈 수도 카디프의 한 구역이다]

〈S 01〉   And er I got a job with an Irish milkman and he had er a pony and cart [〈S 02〉 yeah] and his stables was in the lane at the back of Albert Street in Canton where I [〈S 02〉 yeah] lived [〈S 02〉 yeah yeah yeah] and **I used to drive** this horse and cart and deliver his milk ··· the only snag was he was rather er fond of the booze [〈S 02〉 yeah] and of course as he got paid his money it **would go** across the bar

〈S 02〉   ⌊ Across the bar yeah yeah

〈S 01〉   ⌊ And one Saturday I, as a matter of fact I'll tell you my wage was twelve and six pense a week and I was up at half past four in the mornings with his milk as you know [〈S 02〉 my goodness yeah yeah] and on one Saturday he never had the money to pay me···

〈화자 01〉 그리고 어 난 아일랜드 우유 장수한테서 일자리를 얻었는데, 그가 어 조랑말과 마차를 갖고 있었거든. [〈화자02〉 맞아] 그리고 그의 마굿간이 캔튼에 있는 알버트가 뒷쪽 골목에 있었는데 거기서, [〈화자 02〉 맞아] 내가 살던 데 말야, [〈화자 02〉 맞아 맞아 맞아] 그리고 내가 이 말과 마차를 몰고 다니면서 그의 우유를 **늘상 배달해 주곤 했었거든** ··· 유일한 문제는 그가 외려 어 위스키를 좋아 했다는 거였는데 [〈화자 02〉 맞아] 그리고 물론 그가 자신의 우유 대금을 수금했지만 받는 대로 그게 길 건너편에 있는 술집으로 **가곤 했었어.**

〈화자 02〉   ⌊ 길 건너에 있는 주점, 맞아 맞아.

〈화자 01〉   ⌊ 그리고 어느 토요일에 난 사실상 내 1주당 급료가 3만원이었는데, 그리고 난 그의 우유를 배달하려고 새벽 4시 반에 일어났지 잘 알고 있듯이. [〈화자 02〉 저런 그래 그래] 그리고 어느 토요일에 그가 내게 급료를 줄 돈이 전혀 없었거든 …

다시 우리는 이런 유형에서 가역성^{reversibility}과 관련된 문제점을 주목할 수 있다. used to^{늘상 …하곤 했었다}는 그 속에 '지금은 더 이상 그렇지 않다/참이 아니다'라는 의미를[12] 담고 있으며(Dwoning and Locke, 1992: 364에서 지적된 내용임), 시간 수식어가 없이는 성립될 수 없다. used to^{늘상 …하곤 했었다}는 과거에 있는 상태는 물론, 습관적인 사건들도 가리킬 수 있다 (Swan, 1995: 633).[13] 따라서 서사이야기에서 '무대 마련^{scene-setting: 장면 설치}' 기능을 위한 이상적 후보가 되며, 거기서 이야기들이 흔히

'that was the state of things then'

(당시 그것이 관련된 대상들의 상태였다)

라는 얼개와 더불어 시작되는 것이다. 반면에 would는, 보통 다음과 같은 표현 방법을 지닌 시간표현의 동시출현^{co-presence}에 의해서, 시간상으로 닻을 내릴 필요가 있다(Quirk et al., 1985: 228~29).

When we were involved in the survey the phone *would ring* at three o'clock in the morning

(우리가 그 조사에 참여하게 되었을 때, 전화가 새벽 3시에 울리곤 했었어요)

12] 우리말에서는 '었'이 거듭 나온 형태인 '었었'으로 이런 기능이 표현된다. '꽃이 피었다'는 핀 사건이 완료되어 그 꽃을 볼 수 있다는 속뜻이 들어 있다. 그러나 '꽃이 피었었다'는 두 번째 '었'이 인식 완료 또는 단절을 표시하여, 더 이상 꽃을 볼 수 없다는 속뜻을 담게 된다. 또한 '더'에 의해서도 그런 속뜻이 담기게 되는데, 가령 '철수가 가더라'와 '철수가 갔더라'에서 전자는 '철수가 가는 사건'을 과거에 직접 경험하여 지금 말해 주는 것이고, 후자는 완료된 사건으로서 '철수가 모처에 도착하였음'을 화자가 과거에 직접 경험하여 지금 말해 주는 것이다.
13] 〈원저자 2〉 이것은 영어의 동사-구(verb-phrase)에서 찾아진 상태 및 습관에 대한 표현 사이에 있는 좀더 일반적인 중첩 현상의 일부로 간주될 수도 있다(Brinton, 1987을 보기 바람).

퀵 등(Quirk et al., 1985: 228~29)에서도 이런 제약에 주목하였지만, 놀랍게도 그들의 문법이 입말 자원을 이용한다는 점을 고려함으로써 관련 논제를 혼동하였으며, 과거 습관을 나타내는 would가 used to보다 더 격식적이라고 잘못된 결론을 제시하였다. 우리의 입말 자료에서는, 격식/비격식 구분 기능과 전혀 관계가 없는 듯하며, 아주 비격식적인 담화로서도, 동일한 유형으로 실현됨을 보여 준다.

used to는 담화를 흘로 would만으로는 나디낼 수 없는 방식으로 명백히 자리 잡게 해 주는(=무대 마련) 잠재력을 지닌다. 이는 특히 (5.10)에서 참인 듯하다. 거기에서는 used to가 이야기 전개 방향을 수립하며(≒무대 마련), 이어 좀더 자세한 정교화 내용이 뒤따른다(≒사건 전개). 그런 관찰은 개시 동사에 대한 '최우선 절above-clause' 기능을 명시해 주고, 다시 한 번 우리로 하여금 강조점을 순수 시간적-개념적 해석으로부터 벗어나서, 텍스트상의 상호작용적 함의를 지닌 '전면에 내세우는 staging' 기능으로[14] 전환할 수 있게 해 준다.

'used to + would'(늘상 ~하곤 했었다 ⇨ 가끔 ~하곤 했었다) 연결체가 글말 모습에서도 나타나야 한다고 제안하는 것은 더 이상 논란의 소지가 없는 듯하다. 그리고 씨인 오패일런Sean O'Faoláin의 소설 '홀로 남은 외로운 새 Bird Alone'에서 가져온 다음 예문들처럼, 문학 서사이야기에서도 실제로 이를 찾아내게 된다.

(5.11) [작가가 크뤼스티 틴슬리Christy Tinsley라는 사람을 묘사하고 있다. to 없이 쓰인 used만의 출현이 아일랜드 영어에서는 수용 가능한 형태임에 유의하기 바란다]

14] 이 장에서는 무대 설치(scene-setting, 장면 마련) 기능을, 문장 맨 앞에 내세우는(staging) 기능으로도 표현하고, 자리를 잡게 하는(situating) 기능으로도 표현한다. 바로 앞에서는 '최우선 절' 기능(above-clause function)이라고 표현하였다. 이들은 모두 같은 어휘 사슬(lexical chain)을 이루며 동일한 뜻이다. 또한 더 앞에서 개시(initial) 문장의 '지금과의 관련성(now-relevance)'이란 용어와도 뜻이 통하며, 예문 (5.23)의 설명에서는 present orientation(현재 지향)이라고 표현한다. 어떤 이야기라도 청자와 화자가 같이 있는 현재 지금의 현장에서부터 시작해 나가야 하기 때문이다. 뒤의 각주 17도 보기 바람.

He came out of gaol that May ··· we <u>used meet</u> from time to time and go wandering out the fields or around the city. Always he <u>would be chewing</u> the boiled sweets that he loved ··· (Oxford University Press edition, 1985: 284)

(그는 ··· May인 감옥에서 풀려 나왔다. 우리는 때때로 들판으로 나가서 또는 도심 주변으로 <u>늘상 쏘다니곤 했었다.</u> 언제나 그는 ··· 애용하였던 끓인 단것들을 씹으면서 <u>다니곤 했었다.</u>)

(5.12) [작가가 어느 여성이 없었더라면 위험천만한 관계를 즐겼을 것인데, 그녀를 보고자 하는 욕망과 어떻게 싸웠는지를 서술해 주고 있다]

I <u>used try</u> to interpose other things between us; wandering and drinking with my grander, and he hinting his sympathy and trying to plot for me; I <u>would</u> even <u>turn to</u> praying when the asp hurt cruelly (위와 같은 책, 163쪽)

(난 우리들 사이에 늘상 다른 것들을 개입시켜 놓고자 <u>시도하곤 했었다.</u> 할아버지와 함께 쏘다니고 술 마시는 일들이며, 그는 자신의 동정심을 암시해 주면서 나를 위해 일을 꾸며 주려고 노력하였다. 난 심지어 앵글론 색슨 개신교 교인이 심각하게 부상당하였을 때 때로 기도하는 쪽으로 마음을 <u>돌리곤 하였었다</u>)

그러나 여기서 주목할 만한 가치가 있는 것은, 문학 텍스트에서 일어나는 또 다른 유형이다. 일부 일치하는 사례들이 우리의 입말 말뭉치에서도 이 유형으로 실현된다. 그 유형은 조셉 콘뢰드^{Joseph Conrad}의 '서양 사람들의 눈으로 보면^{Under Western Eyes}'에서 가져온 사례들과 같이, used to에 단순과거 시제의 형태가 뒤따르는 것이다. greeted^{인사하곤 했었다} 형식이 그 이야기의 맥락에서는 '습관적'인 속뜻을 지닌다.

(5.13) [작가가 두 여인을 묘사하고 있다]

I <u>used to meet</u> them walking in the public garden near the university. They *greeted* me with their usual friendliness but I could not help noticing their taciturnity. (Higdon and Bender, 1983: 105.23)

(나는 대학 근처의 공원에서 걸어가는 그들을 **늘상 만나곤 했었다**. 그들은 평상시 친근함과 더불어 내게 인사를 **건네곤 했었지만**, 그들의 과묵함을 주목하지 않을 수 없었다)

(5.14)

Some of them **used to charge** Ziemianitch with knowing something of this absence. He *denied* it with exasperation. (Higdon and Bender, 1983: 272.16)

(그들 중 일부는 지미아니취가 이런 결여/결석에 대해서 뭔가를 알고 있다고 **늘상 간주하곤 했었다**. 그는 격노하면서 **부인하곤 했었다**)

이런 동일한 유형에 대하여 어떤 증거가 있다. 더 앞에 있는 입말 사례 (5.7)은 used to와 would 사이에 있는 두 가지 단순과거 시제의 실현 모습 'was, was'(이탤릭체로 표시됨: 뒤친이)가 들어 있는 것이다. 'used to + would'(늘상 ~하곤 했었다 ⇨ 가끔 ~하곤 했었다)와 'used to + past simple' (늘상 ~하곤 했었다 ⇨ 단순과거 시제)이라는 두 유형은 또한 다음의 입말 인용 (5.15)에서도 찾아진다.

(5.15) [〈S 01〉이 한 때 집안에서 길렀던 암코양이에 대하여 말하고 있다]

〈S 01〉   but er em Mrs Baker **used to look after** her and [〈S 02〉 mm] and so on but *when, as soon as* I **arrived** home [〈S 02〉 yeah] and it, I **put put** the car away in the garage you know [〈S 02〉 mm] and er and *when* I was walking halfway down from the garage to the house see erm she **used to** [〈S 02〉 mm mm] **run up** there you know yes up up there she'**d run up** and make sure they're [〈S 02〉 mm] like that and she'**d walk** down with me to the house like you know [〈S 02〉 yes] [〈S 03〉 mm] [〈S

02〉 ah] I **used to give** her a little bit of something to eat and
[〈S 02〉 yeah] and then er if er if I had a letter, take up a letter
up to er to post [〈S 02〉 mm] and I'**d say** to her, see show
her the letter 'Coming up to the post now?' see.

〈화자 01〉 그러나 어 음 베이커 여사는 자신의 암코양이를 **늘상 돌보곤 했었거든요.**
그리고 [〈화자 02〉 으음] 그리고 그렇게 계속 했지만, 내가 집에 **도착했었**
을 때 곧장 [〈화자 02〉 그래요] 그리고 그, 내가 차고에 있는 차를 멀리
빼내어 두었 두었었을 때 잘 알다시피 [〈화자 02〉 으음] 그리고 어 그리고
내가 차고로부터 집에까지 거의 절반쯤 걸어 내려가고 있었을 때, 보시듯이
어엄 그 암코양이가 거기까지 **늘상 달려가곤** [〈화자 02〉 으음 으음]
했었거든요, 잘 알다시피, 예 거기까지, 위로 위로요. 그 고양이가 뛰어
올라가서 그리고 그것들이 저것처럼 [〈화자 02〉 으음] 비슷하게 분명히
해 **두곤 했었죠.** 그리고 그 고양이가 나와 함께 집으로 **걸어 내려오곤**
했었죠 잘 알듯이요. [〈화자 02〉 예] [〈화자 03〉 으음] [〈화자 02〉
아] 난 고양이에게 먹을 걸 조금 **늘상 주곤 했었거든요** [〈화자 02〉
그래요] 그러고서 어 만일 어 만일 내가 편지를 받았었다면, 어 우체통에
가서 어 가서 편지를 끄집어내고서 [〈화자 02〉 으음] 고양이에게 **말하곤**
했었어요, 보시듯이 암고양이에게 그 편지를 보여 주면서 '지금 우체통에
가 볼까?'라고 말하면서요, 보시듯이.

여전히 used to^{늘상 ~하곤 했었다}는 '자리 잡게 하는' 기능^{situating function}을 지닌
듯하며(앞의 각주 14 참고), 뒤에 이어지는 단순과거 동사의 형태들이
would(과거에 불규칙적으로 가끔 ~하곤 했었다)가 선행되어 있는 것과 같이
반복된 사건으로 해석되어야 한다. 그러나 여기서 우리는 관련된 한
가지 차이점에 유의하는데, 단순과거의 형태는 when/as soon as에 의
해 도입된 종속절로 나타나고(앞 예문에서는 이탤릭체로 표시해 둠), (5.7),
(5.13), (5.14)에 있는 주절(각각 이탤릭체로 표시된 was, greeted, denied)에

서는 나타나지 않는다. 주절에서 'used to + 단순과거' 형태는, 훨씬 더 높은 'used to + would'(늘상 ~하곤 했었다 ⇨ 가끔 ~하곤 했었다)의 빈도와 비교하여 입말 자료에서 매우 드물다. 차이점은 단순히 관습일 수도 있고, 아니면 또한 주절에 있는 단순과거가 전달하는 습관적 속성에 대한 좀더 암시적 표현의 선택에서 특성적으로 문학적인 어떤 요인일 수도 있다.

§.5-4 미래를 이야기하기
∶ 동등한 기능(무대 마련 → 사건 서술)과 관련된 추가 문제

§.4-4에서 우리는 미래의 의미를 지닌 be to~을 예정이다를 살펴보았고, 비격식적인 입말 자료에서 극히 낮은 빈도에 주목하였다. 여기서 우리는 언론 보도에서 to be의 잦은 사용을 살펴보고, 글말에서 수행하는 기능들을 위하여 입말 모습에서 어떤 동등한 것이 있을지 살펴볼 것이다. 미래 사건을 놓고서 머카씨·카터(McCarthy and Carter, 1994: 126, 129)에서는 일반적인 영국의 언론 보도에서 공통된 문법 유형에 주목하였다. 거기에서 'hot news뜨거운 새 소식'의 과거사건 텍스트와 동등한 내용을 지닌

미리 개관하기preview ⇨ 세부내용 제시detail

텍스트 유형이, 주요한 'hot-news'의 미래사건을 위하여 'be to~을 예정이다' 형식을 채택하면서, 표제나 텍스트 개시 문장에서 독자들의 관심과 주목을 끌어 들인다. 개관하기 다음에 확장되는 뒤이은 문장들에서는 will 미래를 채택한다. 지금까지 살펴본 다른 사례들과 마찬가지로, be to~을 예정이다는 일반적인 상황과 뉴스 가치성을 확립하기 위하여 이런 종류의 언론 보도에서 관례적으로 이용되는 듯하다. 현재완료와 더불어, to be~

을 예정이다는 현재 관련성present relevance(앞에서는 '지금 관련성'으로 표현했는데 각주 14를 보기 바람)의 맥락 속에서 그 사건을 닻 내려 주지만, 미래 속으로 투영해 준다. 이에 대한 두 가지 사례가 다음 (5.16)과 (5.17)이다.[15]

(5.16) [데일리 미뤄 신문Daily Mirror 1990년 7월 27일자 제2면의 보도 기사]
ELECTRICITY CHIEFS TO AXE 5,000
Five thousand jobs **are to be axed** by electricity generating firm National Power, it was announced yesterday.
Smaller power stations **will close** but bosses pledged no compulsory redundancies over the next five years.

전기회사 사장들 5천명을 도끼로 쳐낼 예정
5천 개 일자리가 전기를 생산하는 회사인 '국립 전력'에 의해 (도끼로) **잘릴 예정**이라고 어제 발표되었다.
더 작은 전력회사들은 문을 **닫을 것이지만**, 사장들이 다음 5년에 걸쳐 강제적 과잉 인원 감축은 없다고 서약하였다.

(5.17) [데일리 미뤄 신문Daily Mirror 1990년 7월 27일 제6면의 보도 기사]
'KING' ARTHUR'S BATTLEGROUND TO BE WIPED OFF THE FACE OF THE EARTH
The battleground where Arthur Scargill and 7,000 miners took on the government **is to be razed**.
Orgreave coking plant—scene of Britain's worst industrial violence—**will be bulldozed** and **turned into** a landscaped wood.

15] 노동자를 위한 신문이어서 특히 그런 것인지, 낱말 선택이 매우 자극적이다. '감원하다'는 중립적인 표현보다 '도끼로 쳐서 잘라낸다'고 하고, '없어진다'는 중립적인 표현보다는 '면도날로 깨끗이 밀어버린다'는 말을 쓰고 있다. 선동적인 느낌마저 든다. 앞의 각주 5를 함께 보기 바란다.

아써 대왕의 전투장이 지구 표면으로부터 깎이어 없어질 예정

아써 스까길과 7천 광부들이 정부를 상대로 싸웠던 전투장이 [면도로 수염을 밀듯이] 완전히 깎이어 없어질 예정이다.

영국 최악의 산업 폭동 무대인 오그뤼브 지역의 코크스 초본식물이 불도저로 밀어질 것이며, 조경을 갖춘 숲으로 바뀔 것이다.

동인한 사건에 대한 비격시저 대하로 된 보고는, 어떤 거이든 거이 분명히 'be to~할 예정이다' 형태(글말 형태)를 피할 것 같다. 사실상 노팅엄 담화뭉치CANCODE 자료의 1백만 낱말에서, 'to be' 형식의 미래는 일상적인 우연한 대화에서 결코 나타나지 않는다. 그 형식이 나타나는 경우는 업무회의와 같이 격식을 갖춘 그리고 절반쯤 격식적인 맥락에서이다. 노팅엄 담화뭉치에 있는 네 번의 실현 사례 중에서, 다음처럼 세 가지 사례가 찾아질 것이다.

(5.18) [영국 국립 보건당국의 업무회의]

⟨S 01⟩   You've probably heard that er a lot of the recommendations that are coming out of central government now about complaints handling are precisely about the the jargon word empowering the staff [⟨S 02⟩ mm] to be able to deal with things at the front line like that ⋯ they've got a big task on their hands if this is to be in place by April nineteen-ninety-six.

⟨화자 01⟩ 아마 지금 불평 민원 처리에 대하여 중앙정부로부터 나오고 있는 많은 권고사항들이, 정확히 임직원에게 [⟨화자 02⟩ 으음] 전면에서 여러 가지 일을 처리할 수 있도록 권한을 주는 그 그 전문 낱말에 대한 것임을 들어보셨을 겁니다, 저것처럼 말예요 ⋯ 만일 이것이 1990년 4월까지는 발효될 예정이라면, 공무원들이 큰 과업을 떠안게 됩니다

(5.19) [출판사의 업무회의]

〈S 01〉   Right yeah sorry I thought you were I mean for turning it round
[〈S 02〉 no no no no] and getting it

〈S 02〉   ⌊Oh no oh right well no but
it's taken two months to do that.

〈S 03〉   ⌊ Rob is to look at it and Ann Pascoe to look at it and
formal comments to be collated and sent back to David.

〈화자 01〉 좋습니다. 맞아요. 미안합니다 저는 당신이 그런 줄 생각했거든요, 제 말뜻
은 그걸 돌리고서 [〈화자 02〉 아니 아니 아니 아녜요] 그걸 얻기 위해서

〈화자 02〉   ⌊아 아
니 아 좋아요. 글쎄 아녜요. 허지만 그렇게 실행하는 데에는 두 달이 소요됩
니다.

〈화자 03〉   ⌊로버트가 그
걸 살펴볼 예정이고 앤 패스코도 그걸 살펴볼 예정이고 공식적 촌평들이
모아질 예정이고 도로 데이빗한테 보내질 예정이거든요.

(5.20) [앞에서와 동일한 출판사의 업무회의]

〈S 01〉   Then there's a couple of things written in pencil there in the
schedule for the estimate for, can't remember what they are.

〈S 02〉   Which one's that.

〈S 01〉   ⌊ Which I am to check to confirm them.

〈화자 01〉 그렇다면 저기 그 예정표에서 견적을 내어 연필로 씌어진 것이 몇 개 있는
데, 그것들이 뭔지 기억할 수가 없거든요.

〈화자 02〉 어느 걸 말씀하는 거죠?

〈화자 01〉   ⌊내가 그것들을 확정하기 위하여 점검할 예정인
거를 말합니다.

전범으로 이용되는 퀵 등(Quirk et al., 1985: 217)의 문법에서는 be to~을 예정이다의 출현에 대한 제약을 어떤 것도 언급해 놓지 않았고, 동등한 내용의 비격식적인 입말 형식도 제시하지 않았다. 만일 입말이 그 ¦류의 고유한 방식으로 엄격하게 검토되지 않았더라면 이는 제기되지 않을 것 같은 종류의 문제점이다.

그렇지만 쎌시머씨어(Celce-Mucia, 1991)에서는 화자들이 미래 사건을 보고하는 경우에 가능한 입말 대응물을

be going to(개시 부분) ⇨ will(뒤이어지는 후속 부분)

로 나타난다고 제안한다. 다시 한 번 우리는 전반적인 시상 얼개의 제안을 확인한다. 이 얼개는 상황을 수립하고, 뉴스 가치성 그리고/또는 관련성을 신호해 주며, 이 얼개가 두루 일련의 후행 절들에 걸쳐서 확장되는 것이다.

노팅엄 담화뭉치CANCODE에는 이런 유형을 뒷받침하는 어떤 제한된 증거가 있다. 다음 사례 (5.21)과 (5.22)에서는 그 논의를 옹호하는 어떤 뒷받침 증거를 제공하지만, 또한 언급될 필요가 있는 흥미로운 추가 문제들도 제기해 준다.

(5.21) [세 명의 화자는 (새해) 설날을 자축하는 8명의 집단 중 일부이다. 자정이 오고 있으며, 그들은 언제12시가 되는지 정확히 알아내는 문제를 놓고서 서로 따지고 있다]

⟨S 01⟩ What **are we going to get** the actual chimes from Red have we got something that **will tell** us exactly.

⟨S 02⟩ Anything on TV.

⟨S 03⟩ Well my watch says it's coming up anyway.

⟨S 02⟩ There'**ll be** something on TV.

〈화자 01〉 뢰드, 우리가 실제 신년 종소리를 어디에서 **얻게/알게 될 거야**? 우리한테
　　　　　시간을 정확히 말해 줄 민간른 갖고 이나 모르겠네,

〈화자 02(=뢰드)〉 텔레비전에 나오는 거면 어떤 거든지 다 돼.

〈화자 03〉 글쎄 내 손목시계가 어쨌거나 자정이 되고 있다고 알려 주네.

〈화자 02(=뢰드)〉 뭔가 텔레비전에 **나올 거야**.

(5.22) [〈S 02〉가 파티를 위해서 과즙 탄산수^{punch}를 만들고 있다. 〈S 01〉은 각각
의 재료를 첨가해 놓는 것을 바라보고 있다]

〈S 01〉　　[laughs] what you **going to do** with that.

〈S 02〉　　Oh it**'ll go** in in a minute I can taste it as I go along and then
　　　　　add the same amounts again.

〈화자 01〉 [웃음] 그걸로 뭘 **할 건데**?(원문에 are가 누락되어 있음)

〈화자 02〉 아 그게 좀 잠깐 있어야 **할 건데**, 만들어 나가면서 그걸 맛볼 수 있어.
　　　　　그러고 나서 똑같은 양을 다시 더하는 거지.

외견상으로, 'be going to + will'이라는[16] 유형이 (5.21)과 (5.22)에서
나타난다. (5.21)에서는 전반적인 상황이 '정확한 시간 확정'이며, 텔레
비전에 대한 예측이 '연결체'를 제공해 준다(Winter, 1982: 2).[17] 전형적인

16] 이 책에서는 'A + B'로 쓰고 있는데, 'have + 과거분사' 표시와 혼동을 일으킨다. 번역자
　　는 차라리 전개 순서를 나타내기 위하여 'A ⇨ B'로 표시해 주는 것이 더 명시적일
　　듯하다. 원어에서는 +를 그대로 쓰겠지만, 번역에서는 화살표를 써서 '무대 제시 ⇨
　　사건 전개' 또는 '배경 제시 ⇨ 초점 사건'의 구성으로 됨을 나타내기로 한다. 시제
　　형태소들은 고립되어 따로따로 존재하는 것이 아니라, 적어도 어떤 서사이야기를 전해
　　주기 위해서 유기적으로 결합하게 된다. 이를 우리는 시제 형태소의 '담화 전개기능'이
　　라고 부를 수 있다.

17] §.5-5에 있는 도표에서는 situating ⇨ sequencing(상황 제시/마련 ⇨ 계속 이어나가기)
　　이다. 비유적으로 말하여, 먼저 무대를 마련한 뒤에, 그 무대 위에서 배우들이 여러
　　가지 사건들을 전개해 나가는 것이다. situating은 연구자에 따라 scene-setting(무대
　　마련), staging(문장 맨앞에 내세우기), above-clause(최우선 절), problem(먼저 문제
　　제시), now-relevance(지금 관련성), present relevance(현재 관련성), present orientation
　　(현재 지향) 등으로 불린다. 앞의 각주 14도 참고하기 바란다.

'문제제시 ⇨ 해결하기' 유형의 구성부문들에 대한 간략한 요약을 보려면, 호이(Hoey, 1983) 및 이 책의 §.2-5를 참고하기 바란다.

이런 유형은 반드시 신문 보도의 사례 (5.16)과 (5.17)에 대한 '개관하기 ⇨ 세부사항 전개'의 보도 유형preview-detail reports과는 구별되어야 한다. 이것이 거시 차원에서 'be going to + will'(주로 입말에서 미래 사건에 대해 말해 주기 위해 '무대 설정 ⇨ 사건 전개')이 맞물리기 위한 잠재성을 무가치하게 만들어 놓기는 않는다. 오직 입말 연결체를 기능상으로 'be to + will' 유형을 이용하는 글말 사례와 짝을 짓는 일이 너무 단순화시켜 버려서 잘못될 수 있음을 시사해 준다.

'문제제시 ⇨ 해결하기' 연결체를 위한 얼개로서 'be going to + will' 유형이 입말에서 공통적 유형이 될 수도 있고, 직관적으로 설득력도 있다. 호이(Hoey, 1983: 76~77)에서는 이미 '문제제시 ⇨ 해결하기' 보고 형식의 '반응/응답' 마디들에 대한 'present-perfect + present tense(현재 완료 형식 ⇨ 현재시제)'의 상관성을 주목한 바 있다. 비슷한 상관성이 적어도 비격식적인 입말 모습에서는 현재의 '문제 제기'와 투영된 '그 해결책'을 위하여 'be going to + will'(미래 사건을 말하기 위해 무대 설정 ⇨ 사건 전개)로서 마련될 가능성도 있다. 그렇지만 대조적인 입말 및 글말 자료들을 많이 이용하여, 이런 주장의 타당성을 좀더 검토할 필요가 있을 것이다.

추가적으로 '공언/선언'을 위해서도 'be going to + will'(미래 사건을 말하기 위해 무대 설정 ⇨ 사건 전개)이 입말 모습에서 이용되는데, *be going to*는 정보에 대한 뉴스 가치가 있는 항목들을 신호해 주게 된다(≒먼저 무대를 마련해 놓는 일을 가리킴: 뒤친이). 다음 인용 (5.23)과 (5.24)가 그런 맥락을 예시해 준다.

(5.23) [⟨S 01⟩은 보건소 직원이며 ⟨S 02⟩한테 발간될 새로운 '환자 지침서'에 대한 정보를 알려 주고 있다]

⟨S 01⟩   I'm sort of chairing the working group em [laughs] a document that that it's official name is going to end up being something like Patient Handbook [〈S 02〉 yeah] but at the moment it it's lovingly known as the alternative Gideon [〈S 02〉 laughs] you'll find it on the locker next to the bed or something yeah [〈S 02〉 laughs] that, well that's right yeah I mean that's literally where we want it to be it's going to be in every clinic

〈화자 01〉 내가 일종의 실무 집단을 지휘하게 되었거든요. 음 [웃음] 어떤 문서 즉 즉 그게 공식 이름이 '환자 지침서'와 같은 어떤 게 **될 건데요** [〈화자 02〉 그래요] 허지만 당분간 그 그게 사랑스럽게 대안이 되는 '기드온'으로 알려져 있어요. [〈화자 02〉 웃음] 선생님은 그걸 침대칸 옆의 사물함이나 그런 데에서 **찾을 수 있으실 거예요.** 그래요 [〈화자 02〉 웃음] 그게 그렇죠. 그게 맞아요 그래요. 제 말뜻은 그게 축자적으로 우리가 거기 있기를 바라는 장소란 말이에요. 그게 모든 병원에 **비치될 거거든요.**

(5.24) [화자들이 통화가치 하락을 토론하고 있다]

〈S 01〉 It's the import bill's going to rise usually it'll double overnight cos exports'll be half the price they are now [〈S 02〉 uh huh] so they'll have to export a lot more to get the same amount of money in [〈S 02〉 mhm] so their costs have risen but their revenue's fallen

〈화자 01〉 그게 수입 어음이 **오를 거예요.** 보통 하룻밤동안 두 배로 **뛸 거예요.** 왜냐면 수출이 현재 상태의 가격에 절반으로 **될 거기** 때문이에요. [〈화자 02〉 아 하] 그래서 동일한 양만큼 재화를 얻으려면 반드시 수출을 더 많이 **해야 할 거예요.** [〈화자 02〉 으음] 따라서 그 가격들이 올랐지만, 총수입은 떨어졌거든요.

앞의 (5.21)에 있는 설날 파티 사례에서, 화자들은 서로 협력하면서 새해 축하 행사를 위한 현재 가능성을 따져 봄으로써, 정확히 언제 자정이 될 것인지를 확정하는 문제를 타개해 나갔다. 이는 입말 모습에 있는 문법 유형들이 두 사람 이상의 참여자들에 의해 만들어질 수 있다는 흥미로운 점을 제기한다. 유형들이 단지 여러 절들에 걸쳐 확장될 뿐만 아니라, 또한 발언기회 경계들에 걸쳐서도 그런 유형들을 찾아낸다는 데에 놀랄 것도 없다(≒당연하다).

앞에서 본 (5.??)이 과즙 탄산수punch-bowl 떼 ㄷ에시는 우 사식으로 *be going to*의 현재 지향preset orientation 내용을 강조한다. 〈화자 01〉의 'What you *going to* do with that?그걸로 뭘 할 건데?'라는 질문은 다음처럼 풀이될 수 있으며,

'What is your current determination for action?'
(현재 어떤 행동을 하기 위하여 당신이 결정을 내린 겁니까?)

이는 will의 미래시점 지시내용과 대조를 이룬다.

(5.23)과 (5.24)에서는 모두 함께 *be going to*가 무대를 마련하는 잠재력을 갖고 있다고 선언하는 일을 정당화해 주는 듯하다. 심지어 *be to* 미래와 정확히 동일한 유형이 아니더라도 그러하다. 사실상 퀵 등 (Quirk et al., 1985: 214)에서는 *be going to*의 의미 기능에 대하여

'future fulfilment of the present'
(현재 상태에 대한 미래 성취/미래 이행)

을 나타내는 것으로 언급한다. 따라서 '지금과의 관련성now-relevance'을 시사해 주고, 현재완료 시제에 대해서 마련된 것과도 다르지 않다.[18]

18] 〈원저자 3〉 주스(Joos, 1964: 139 이하)에서는 be going to를 현재완료에 대한 거울 영상(≒역 영상)으로 간주하는데, 둘 모두 현재로부터 나온다는 점에서 그러하다. 플라이슈먼(Fleischman, 1983)에서도 이를 거듭 언급하며, be going to를 현재완료의 '회상'

더욱이 그들은 갑질나게 *be going to*가 압도적으로 미래를 가리키는 텍스트에서 반복되지 않는 경향이 있다고 주장하면서(같은 책, 218쪽),

  '개시 부분에 be going to ⇨ 이어서 나타나는 will들'

이 있는 입말로 된 일기예보 연결체로서 일부러 꾸며낸 인위적 사례를 제시해 준다. 일기예보에서 이것이 그렇게 나온다고 하더라도, 한편 거듭 반복된 *be going to* 형식이, 다음 인용 사례 (5.25)에서 보여 주듯이, 결코 불가능한 것이 아니다.

(5.25) [두 사람의 젊은 부인이 도심에 있는 저녁 모임에 나가려고 옷을 차려 입고 있다]

⟨S 01⟩   What are you going to wear then.

⟨S 02⟩   I'm just going to put my jeans on and a black top I'm not going to think about it Sha don't let me think about it I'm going to be really boring.

⟨화자 01⟩ 그렇다면 넌 뭘 입을 건데.

⟨화자 02⟩ 난 바로 청바지를 입을 거야. 그리고 검정 웃옷. 난 그것에 대해 생각하지 않을 거야. 샤는 내가 그것에 대해 생각하지 못하게 하거든. 난 사실상 따분해질 거야.

(5.25)를 그렇지 않았더라면 'be going to(상황 제시/무대 마련) ⇨ will(계속 이어나가기)' 유형으로 되었을 바를 놓고서 (뒤에 이어진 발화가 will이 아니라 모두 'be going to'로 되어 있으므로) 문체상으로 유표적인 내용으로 해석하는 것이 가능하다. 이런 해석은 우리가 검토해 오고 있는 유형들의 종류에서 결정론(≒옳고 그름만 따지는 일)이 아니라, 그보다 오히려 관례

관점에 대한, '미래를 전망하는' 겨울 영상으로 보고 있다.

적 속성conventionality의 개념에 달려 있다. 그러나 'be going to 선택' 대 'will 선택'을 정밀하게 조사해 온 연구자들 사이에는, be going to가 현재 지향present orientation으로부터 미래를 향하여 (사건들을) 투영하지만, 반면에 will은 그러하지 않는다는 점을 놓고서, 분명히 약간의 불일치가 있다. 특히 레이콥(Lakoff, 1977), 에이주머(Aijmer, 1984a), 해이그먼(Haegeman, 1983a: 65, 1983b; 1989), 비닉(Binnick, 1991: 389~ 390)을 보기 바란다.[19]

§.5-5 논점들을 한데 모아놓기

글말 유형과 입말 유형 둘 모두에 대한 사례들을 두루 되돌아볼 경우에, 공통된 줄기가 부각되어 나온다. 우리가 '상황을 제시하는situating 무대를 마련하는' 문장 및 발화들이라고 불러온 것은, 특징적으로 그 의미 특징이 '지금과의 관련성now-relevance'에 대하여 말해 줄 뭔가를 지닌 동사─형태들을 담고 있다. 심지어 used to(늘상 ~하곤 했었다)도 암묵적으로 'not true now현재에서는 참이 아님'을 의미한다고 논의하였다. 이는 무대나 배경이 되어, 과거 불규칙적 습관 행위를 가리키는 would(가끔 ~하곤 했었다)와 구별되는 것이다. 두루 여러 형식들에 걸친 이런 노선이 우리들로 하여금 담화 차원에서 일반적인 현상을 가정할 수 있게 해 주는데, 그것으로 인하여 조사 중인 동사 형태verb-forms들은 '상황 제시 잠재력

19] 여기서 제시된 영어의 미래시제 모습들과 꼭 동일한 것은 아니지만, 우리말에서도 '~을 것이다'와 '~겠다' 사이의 구분이 있다. '~을 것이다'는 반드시 미리 예정된 사건에 대해서만 쓰이게 된다. 즉, 확인 가능한 미래 사건이다. 가령 9시 뉴스에서 대통령이 외국을 순방하면서 내일의 일정을 언급할 때에 '~을 것이다/~을 예정이다'라는 표현을 쉽게 들을 수 있다(가령, '내일 영빈관에서 여왕을 만날 예정입니다', '만나겠습니다'는 불가능함). 그렇지만 '~겠다'는 말하는 사람이 지금 갖고 있는 정보나 믿음에 기대어서 미래 사건이나 공간이 멀리 떨어진 현재 사건이나 과거에 일어났을 사건(가령, '꽃들이 다 졌겠더라')을 추정하는 데에 쓰인다. 이 형태는 예정된 또는 필연적인 미래 사건이 아니라, 오히려 또는 당시 이용 가능한 정보나 믿음으로 '추정/짐작'하는 일에 쓰이게 된다. 현재와의 관련성만 고려하면 '~겠다'가 무대를 마련할 가능성이 있을 듯하다. 하지만, 우리말 담화에서 미래 사건들을 언급할 때 무대를 설치하는 시상 표현이 무엇일지는 계속 찾아봐야 할 과제이다. §.5-6의 ⑥을 참고 바람.

situating potential 무대 제시 잠재력' 대 '뒤이어 전개해 나가는 잠재력sequencing potential 후속사건 전개 잠재력'으로 구별될 수 있다. 같이 일어나는 그것들의 유형을, 다음과 같이 일반적인 표제 아래 함께 모아 놓을 수 있다.

[표 5.1] 시간 표현을 통한 담화 조직 유형(첫 문장 ⇨ 이어지는 문장)

	상황 제시하기(situating, 무대 마련) ⇨	이어 나가기(sequencing, 후속사건 전개)
비격식적	present perfect(현재완료 형태) ⇨	past simple(단순과거 형태)
	used to ⇨ (규칙적인 과거습관이나 반복행위)	would (우연하고 불규칙적인 과거 반복행위)
	be going to(~겠다, ~ㄹ 것이다) ⇨	will(~ㄹ 거다)
격식적	used to ⇨ (규칙적인 과거습관이나 반복행위)	past simple (단순과거, 문학작품 사례들임)
	be to(~ㄹ 예정이다: 권위적 표현) ⇨	will(글말 및 격식을 갖춘 입말에서)

이 유형들은 어떤 결정적인 길이도 갖고 있지 않다. 바로 이어지는 동사 구절 한두 개만을 지닌 짤막한 길이가 될 수도 있으며, 아니면 더 긴 담화 연결체에 걸쳐 확장될 수도 있다. 비록 그러하지만, 이야기에 대한 대화상의 'episodes실화, 일화'를, 절/문장 및 전체 대화 간의 층위들에서 다양하게 변동하는 길이의 기능적 단위들에 대한 의미로 서술해 주는 '가능성의 실례'로서 이것들은 중요하다(van Dijk, 1982; Benwell, 1996). 그 유형들의 일부는 담화 표지들의 실현에 의해 확인될 수 있고, 일부는 억양 기준에 의해 찾아질 수 있다. 우리가 살펴왔던 입말 사례들의 일부는 또한 문법상의 선택과 인접쌍 및 상호작용 주고받기의 상관성에 대하여 흥미로운 물음을 던진다.

§.5-6 마무리

맥락 속의 문법을 다룬 윈터Winter의 업적은, 문법 형태들에 대한 공기co-occurrence·유형pattern·연결체sequence들이 글말 텍스트에서 이어지는 절들을 해석하는 데에 근본적인 중요성을 지닌다는 견해를 뒷받침해 준다. 제5장에서 저자가 실행하려고 노력해 온 바는, 그런 연결체가 또한 입말 자료에서도 일어남을 예증해 주는 것이었다. (비록 언제나 완벽히 동일하지는 않더라도) 비슷한 기능들이 거시 차원에서 시상 선택의 특정한 배열을 통해서, 그리고 특정한 요소들을 놓고 순서 짓는 일의 규칙성을 통해서 수행된다고 가정할 만한 합당한 이유가 있다. 그러나 입말과 글말에서 실현되는 방식에 차이가 날 수 있다.

제5장에서 주목해 온 모든 유형들은, 공통적으로 발화의 순간에 닻을 내려(정박하여) 상황(≒앞에서는 이를 '현재와의 관련성'으로 말함: 뒤친이)을 만들어 내며, 그런 상황 얼개에 의해 지배되는 자세한 세부내용이나 사건들이 뒤따라 이어지는 것이다. 그 상황(≒무대)들 및 이어 전개되어 나가는 문장/발화는, 과거가 되든지 미래가 되든지 상관없이, 서로 다른 시간 얼개 속에서 작동해 나가며, 글말 모습과 입말 모습에서 모두 (상위의) 텍스트 단위를 나타낸다.

맥락이 깃들어 있는 이런 문법 진술들은, 다음과 같은 이유로 언어 교사들에게 크게 도움이 된다.

① 이것(≒담화 차원의 문법 진술: 이하 동일)들이 학습자들에게 악명이 높은 골칫거리 선택들(가령 be going to : will)을 좀더 분명히 구별해 주는 데 도움이 된다.

② 이것들은 원자론적인 지엽적 해석을 위하여 텍스트에서 시상 용법의 사례들을 뽑아내는 것이 아니다. 그보다는 오히려 텍스트 속에서 문법에 대한 연구를 좀더 참되게 만들고, 문법이 텍스트 자체를 구성하는 방법과 관련되도록 만들어 준다(이를 '담화 문법'으로 부름).

③ 이것들은 목록이나 규칙이나 하위 규칙(큰 문법책에서 종종 찾아지듯이 규칙들에 대한 하위 구분들임) 그리고 예외들이 흔히 보여 주지 못하는, 근본적이고 일반화될 수 있는 시제와 상의 의미를 강조하는 데 이용될 수 있다.

④ 이것들은 학습자가 목표언어의 사용에서 깨닫고 싶어 할 것 같은 일상 기능 ─ 즉 서사이야기 전개하기·보고해 주기·미래에 대하여 이야기하기 ─ 들과 부합된다.

⑤ 이것들은 입말 문법과 글말 문법 사이에 차이점이 무엇인지를 구별해 주고, 어떤 특징들을 공유하는지 깨닫는 데에 도움을 줄 수 있다. 계속하여 저자는, 우리가 어디에 차이점이 있을지 또는 공유되어 겹치는 특성이 있을지 간단히 가정할 수 없다고 논의해 왔다. 사정이 더 나쁜 경우에, 글말에 근거한 서술 내용들이 도맷금으로 입말 모습으로 전환될 수 있을 것으로 가정해서는 안 된다고 논의해 왔다.

⑥ 이것들이 여러 언어에 걸쳐 비교될 수 있도록 도움을 줄 수 있다. 일부 동사 형태들을 놓고서 우리가 논의해 온 종류의 기능들과 관련하여 영어만이 유일한 것이 아니다. 예를 들어, 미래를 가리키기 위하여 be going to와 동등한 형식을 지닌 다른 언어들도 '현재에 뿌리를 둔' 기능을 이용하면서[20] 그런 표현을 이용하고 있는 듯하다. 영어·불어·화란어의 같은 뿌리 형식들 사이에 비교를 보려면 해이그먼(Haegeman, 1983)을 참고하기 바란다. 또한 불어를 보려면 웨일즈(Wales, 1983)를 참고하고, 스페인어에 대해서는 보어(Bauhr, 1992)를 참고하기 바란다. 학습자의 제1 언어(=모국어)에 대한 담화 지식을 목표언어에 있는 비슷한 현상의 논의를 위한 토대로 활용하는 것도 가능할 것이다.

제5장에서는 입말과 글말에 있는 문법을 다뤄왔다. 담화 차원에서 작동하는 문법 현상들을 관찰함으로써, 의사소통을 하는 두 모습 사이에

20] 이는 언어들 사이의 비교를 위하여 매우 중요한 시사점이다. 이 특징은 개별 언어의 속성이 아니라 인간의 일반적 인지 기능에서 나오는 것이기 때문이다. 가령 §.5-4의 각주 19의 진술을 옳다고 보면, 우리말에서 현재와 관련된 형태소는 '겠'이 되므로, 이 형태소가 상황 제시 또는 무대 마련의 기능을 떠맡을 수 있다. 이 위에서 사건들이 '을 것'이라는 형태로 뒤이어질 수 있을 듯하다. 그렇지만 §.5-4에 있는 영어 예문들을 번역하면서 '겠 ⇨ 을 것'의 형식을 따를 수 없었다. 아마, 또 다른 변수가 작용하는 듯하다. 과문하여 단정할 수 없지만, 아직 우리말에서 이런 연구나 논의가 본격적으로 이뤄진 바 없는 듯하다. 더 깊은 연구가 필요하다.

있는 공통점과 차이점을 지적해 두었다. 제6장에서는 담화 중심 접근법을 바꾸지 않은 채, 대상을 바꿔 어휘와 관련된 질문들로 초점을 맞춰 논의를 진행할 것이다.

제6장 어휘와 입말[1]

§.6-1 도입

제6장에서 우리는 문법으로부터 어휘로[2] 초점을 바꾼다. 왜냐하면 만일 이 책의 중심 논제가 적합하게 입증된다면, 문법상의 선택만이 격식 갖춘 어휘-문법 차원에서 담화 제약과 갈래 제약들의 선택 밑에 깔려 있는 방식에 대한 우리 탐구의 주제가 되어야 하는 것은 아니기 때문이다. 의사소통 목표 및 인간관계와 같은 담화 차원의 현상이 갈래별 활동을 동기 지워 주는 방식에 대한 우리의 중요한 관심은, 반드시 어휘 선택에도 반영된 모습을 지녀야 하는 것이다.

핼러데이·허싼(Halliday and Hasan, 1976) 및 허싼(Hasan, 1984)에서 이뤄진 어휘 결속의 연구에서와 같이, 그리고 호이(Hoey, 1991a)에서 다뤄진

1] 〈원저자 1〉 제6장은 새로운 자료와 확장된 참고문헌 내용을 이용하면서 롱거(H. P. Longa, 1992) 엮음 『어휘 연구에 대한 국제 학술회의 논문집(*Atti del Seminario Internazionale di Sudi sul Lessico*)』(볼로냐: CIUEB, pp.119~130)에 실린 논문을 많이 고쳐 놓은 내용이다.

2] 원문의 lexis(어휘)는 lexicon(어휘부)이나 vocabulary(어휘) 등과 서로 같이 쓰인다. 다만 특정 연구의 전통에 따라 통사부와 짝을 이룰 때에는 lexicon(어휘부)을 쓰고, 담화 관점에서 어휘를 다룰 경우에는 lexis(어휘)를 쓴다. lexis에서는 담화 차원에서 그 범위가 좀더 넓기 때문에 관용구까지도 다룰 수 있다. vocabulary(어휘)는 words(낱말)들을 모아 놓은 집합 개념이다.

낱말들 사이에 있는 다중 연결^{multiple ties}의 중요성에 대한 연구에서와 같이, 글말 텍스트(늘덩잇글)에서 어휘들의 유형화에 대한 작업은, 일상 입말(늘닝잇날)에서 일어나는 종류의 어휘 유형들에 대한 사뭇 빈약한 조사 분량과 선명한 대조를 보여 준다. 어휘 연구의 적절한 기반 자료가 결여된 점은, 이 책자의 중심 논제를 추구하고자 하는 사람이라면 누구에게나 심각한 단점을 드러낸다. 담화에 근거한 언어 기술과 실제 입말 자료에 대한 주목으로부터 응용언어학과 언어교육이 크게 혜택을 받기 때문이다. 이 책의 제4장과 제5장에서 예증해 주었듯이, 담화 관점으로부터 해석된 문법 구조는, 동등한 정도로 주목을 받지 못한 것 같지는 않다. 따라서 어휘가 그렇게 자주 담화 분석가들의 시야에서 벗어난 것은 실로 안타까운 일이다.

저자는 제한된 범위에서나마 이런 공백을 채워 놓고자 시도해 왔고, 대화에서 어휘 반복의 유형 및 재어휘화에 대한 소규모 연구를 수행해 왔다(MaCarthy, 1988; MaCarthy, 1991 제3장; MaCarthy, 1992a; McCarthy and Carter, 1994 제3장을 보기 바란다).[3] 다른 연구자들은 어휘 반복을 살펴왔다. 가령 입말 및 글말 자료를 이용한 퍼쓴(Persson, 1974), 블랑슈-벤브니스뜨(Blanche-Benveniste, 1993), 테넌(Tannen, 1989), 가장 탁월한 것으로 버블리츠(Bublitz, 1989)를 보기 바란다. 또한 입말에서 어휘 선택에 있는 격식성도 살펴왔다. 스깟뜬(Scotton, 1985)과 파울(Powell, 1992)을 보기 바란다. 그러나 그들의 노력은, 지금 입말 상호작용에 있는 문법의 역할을 놓고서 이용 가능한 문헌(가령 Ochs et al., 1996과 그 속에 들어 있는 풍부한 참고문헌을 보기 바람)과 대비할 때에, 오직 비교적 작은 몸체의 연구 문헌만을 나타낸다.

제6장에서는 비격식적인 입말에서 어휘의 일반적 특징들을 몇 가지 살펴보고 나서, 입말의 특성을 좀더 명확히 이해하고, 교육상으로 관련된 모형을 만드는 일을 달성하는 데에 관심을 지닌 응용 언어학자와

3] 머카씨(1990)를 뒤쳐 놓은 김지홍(2003), 『어휘: 옥스포드 언어교육 지침서』(범문사)도 참고하기 바람.

언어 교사들에게 중요한 흥밋거리의 영역들을 지적하게 될 것이다.

(단일 작가가 집필한 글말 텍스트에 대립되는 것으로서) 대화에서 쓰이는 어휘들을 살펴보는 경우에, 다음과 같이 특정한 핵심 사항들을 유념해야 한다.

① 화자들은 '실시간' 계획하기의 제약 아래 [즉석에서] 대화를 진행해 나간다 (≒산출 중압감으로도 부름: 뒤친이). [글쓰기에서처럼] 신중한 구성 및 낱말의 선택은, 규칙이 아니라 오히려 예외가 된다.

② 보통 두 사람 이상의 화자가, 실현되는 어휘에 함께 기여한다.

③ 대화에서 역할들이 다양하게 변한다. 화자들은 동등하게 참여하지 않을 가능성이 있으며, 한 사람이나 그 이상의 화자가 어휘 선택을 지배할 수도 있다(Thomas, 1984를 보기 바람).

④ 대화가 진행되어 나감에 따라 역할들이 바뀔 수 있다. 이것이 또한 어휘 선택에 반영될 수 있다.

⑤ 무엇에 대하여 말해지고 있는지, 즉 주제^{topic}가 미리 결정되지도 않고, 또한 혼자 단독으로 정의되지도 않는다. 그러나 주제는 뒤바뀌고 발전한다. 흔히 주제들 사이에는 뚜렷한 경계가 없다. 어휘 선택은 그런 뒤바꿈을 반영하며, 주제들 사이에서 연결성 및 '점진적 변화^{shading}'에 기여한다. 즉, 갑작스런 비약이 없이, 주제들 사이에 연결 고리를 만들어 주면서, 한 주제에서 다른 주제로 옮겨가는 일 등이다.

⑥ 화자들이 자신의 주제가 말해질 수 있게 하는 자동적 권한을 갖고 있는 것은 아니다. 그들은 그런 권리를 서로 타협하며 해결해 나가야 한다.

⑦ 입말은 보통 더 암시적이며(Chafe, 1982) 상황 의존적이다. 입말 텍스트의 실사어휘 밀집도는, 동일한 주제를 다루는 글말 텍스트의 실사어휘 밀집도와 현저하게 달라질 수 있다(Ure, 1971; Stubbs, 1986).

⑧ 대화는 정보전달용 기능(즉 주로 정보나 상품이나 서비스[고객 응대]를 전달해 주는 기능)보다는, 오히려 그 기능이 주로 '인간관계를 유지하거나' 또는 '상호작용적인'(즉 사교적 관계를 수립하고 재강화해 주는) 어휘를

많이 담고 있다. 화자들 사이에 수렴/합치 및 의사소통 상으로 조절해 맞춰 나가는 일과 같은 논제(§.2-4를 보기 바람)들은, 따라서 어휘 유형화에 대한 연구와 관련된다. 붕어 성의에 대해서는 이 책의 맨 뒤에 있는 '용어 해설'을 보기 바란다.

⑨ 대화는 유의미한 수치의 미리 짜여 있는 어휘 표현들을 담고 있다. 이런 기존 표현들이[4] 유창성을 촉진해 주며, 흔히 구조와 의미에서 관용구로 되어 있다(§.3-2-1 및 제7장을 보기 바람).

이들 요인을 염두에 두고서, 저자는 여기서 여러 가지 많은 수의 자연스런 대화 자료 도막들과 그것들의 어휘에 대한 어떤 특징들을 살펴보고자 한다.

§.6-2 발화 기능과 실사어휘 밀집성

(6.1) [모두 대학생들인 5명의 화자 중에 〈S 01〉 〈S 04〉 〈S 05〉 셋은 여자이고, 〈S 02〉 〈S 03〉은 남자인데, 저녁 식탁 자리에 둘러 앉아 있다]

〈S 01〉   Well, I've got the other camera so … if Dave … then we can load that and have lots of jolly photographs in the pub.

〈S 02〉   Mm.

〈S 03〉   Mm.

〈S 02〉   Mm.

〈S 04〉   [to 〈S 02〉] It won't rewind.

4] prefabricated expressions(미리 짜여 있는 표현)는 12권으로 된 오스포드 언어교육 지침서(Oxford Language Teaching, 범문사 번역 출간)에서는 routines(상투적 표현, 정형화된 표현)로 불렀다. 블락(1996; 김지홍 뒤침, 2009) 제10상에서는 '정형화된 절차 ⇨ 정규적인 절차 ⇨ 더 큰 목적을 지닌 절차 ⇨ 확대된 절차' 등으로 고정된 표현이 점차 느슨해지고 자유로워지는 것으로 논의하였다. 슈밑(Schmitt, 2004) 엮음, 『표현이 고정된 연결체들: 습득·처리·사용(*Formulaic Sequences: Acquisition, Processing and Use*)』(John Benjamins)을 참고하기 바란다.

⟨S 02⟩	What … the batteries are flat.

⟨S 04⟩   ⌊ They're not, they're brand new I put them in the other day maybe it's just the way it rewinds.

⟨S 02⟩   That's the film speed type.

⟨S 04⟩   I may have over taken one.

⟨S 02⟩   Well it should have recovered by now.

⟨S 05⟩   Oh he's licking my feet.

⟨S 02⟩   What? [laughs] it's only a dog.

⟨S 05⟩   It's a dog.

⟨S 01⟩   Woof.

⟨S 04⟩   Right that should be it, well Amanda.

⟨S 01⟩   Yeah?

⟨S 04⟩   Why don't I put your film in here.

⟨S 01⟩   Okay and I can

⟨S 04⟩   ⌊ Or put those batteries in the other camera?

⟨S 01⟩   I can't take it out half way through though and

⟨S 04⟩   ⌊ Well have you started it? What is it then a thirty-six? … Well why don't I put my batteries in your camera.

⟨S 01⟩   Yeah … I don't … I mean I don't mind putting my film in there.

⟨S 04⟩   No well yeah if you want to use the film at some other time.

⟨S 02⟩   I'm sure it's got no batteries in, it feels extremely light to me [to ⟨S 04⟩] just put the batteries in that camera.

⟨S 04⟩   Yes that's what I'm doing.

⟨S 02⟩   Yeah.[5]

5] ⟨원저자 2⟩ 이 자료는 1990년에 녹음된 것이다. 이 부분을 이용하도록 허락해 준 노팅엄 대학 영어연구소의 전 연구원 퐈이 워즈워쓰(Faye Wadsworth) 님에게 고마움을 표한다.

〈여학생 01〉 글쎄, 내가 다른 사진기를 갖고 있거든. 그래서 … 만일 데이브가 … 그렇다면 우린 그걸 실을 수 있는데. 그 선술집에서 즐거운 사진들을 많이 찍지.

〈남학생 02〉 으음.

〈남학생 03〉 으음.

〈남학생 02〉 으음.

〈여학생 04〉 ⌈ 〈남학생 02〉 한테 ⌉ 되감기가 안 되네,

〈남학생 02〉 뭐 … 건전지가 다 됐나 보다.

〈여학생 04〉   ⌊ 그렇지 않아, 건전지는 완전히 새것이야. 요마적에 그것들을 집어 넣었어. 아마 그게 바로 되감는 방식인데.

〈남학생 02〉 그게 필름 노출 속도(≒감광도) 유형이거든.

〈여학생 04〉 내가 하나를 너무 감아 버렸나 봐.

〈남학생 02〉 글쎄 지금쯤 그게 복구되었어야 하는데.

〈여학생 05〉 아아 내 발을 핥고 있네.

〈남학생 02〉 뭔데? [웃음] 강아지일 뿐이야.

〈여학생 05〉 강아지로구나.

〈여학생 01〉 멍멍.

〈여학생 04〉 맞아 글쎄 아맘다, 그게 그걸 거야.

〈여학생 01〉 그래?

〈여학생 04〉 내가 여기에 네 필름을 집어 넣으면 안 될까?

〈여학생 01〉 좋아. 그리고 내가 할 수

〈여학생 04〉   ⌊ 또는 다른 사진기에다 그 건전지들을 집어 넣을까?

〈여학생 01〉 비록 내가 절반도 그걸 갖고 나갈 수 없지만 그리고

〈여학생 04〉   ⌊ 그럼 그걸 시작했니? 그러면 뭐가 36판[6]이지? … 그럼 내가 내 건전지를 네 사진기

6] 옛날 필름을 감아 넣는 사진기에는, 24판 필름과 36판 필름 두 종류가 있었다.

속에다 집어넣을 게.

〈여학생 01〉 좋아 … 난 … 내 말뜻은, 난 내 필름을 거기 집어넣어도 아무렇지도 않아.

〈여학생 04〉 아니. 그래 좋아. 다른 어떤 때에 네가 그 필름을 쓰고 싶다면 말야

〈남학생 02〉 틀림없이 건전지가 안에 들어 있지 않을 거야, 아주 가볍게 느껴지거든.

  [〈여학생 02〉한테] 그 건전지들을 그 사진기 속에다 집어넣지 뭐.

〈여학생 04〉 그래. 그게 내가 하고 있는 일이야.

〈남학생 02〉 맞아.

이것은 오히려 '행위에 동반된 언어language-in-action'의 갈래에 대한 전형적인 사례이다. 다시 말하여, 주로 언어가 그 당시에 일어나고 있던 행위들을 뒷받침하기 위하여 이용되고 있는 것이다. 이 경우에는 사진기에 있는 문제를 해결하는 행위이다. 그렇듯이 이 텍스트는 어휘상으로 아주 '가볍다light'. 정서법에 근거하여 계산한 227개의 낱말들 중에서, 25%에 못 미치는 오직 56개 낱말만이, 사진기 문제점을 해결하는 주제를 놓고서 설명을 해 주는 실질적 내용의미를 지닌 실사어휘 '명사·동사·형용사·부사'이다. 만일 이들 56개 구현사례tokens(낱말들의 개별 실현내용)들을 검토한다면, 40개의 유형type을 찾아낸다.[7] 즉 임의의 활용이나 곡용을 하나의 낱말로 간주한다면, 상이한 어휘 항목들이 40개이다. 가령 camera사진기는 네 번 나타나고, batteries건전지도 네 차례 나오며, put집어넣다은 6번 나오고, film필름은 네 번 나온다.

  명사·동사·형용사·부사와 같은 내용의미(≒실사어휘)에 견주어 충분히 '실사어휘적'이지 않은 낱말은[8] 다음과 같다.

---

[7] 가령 동사 go는 활용이 go, goes, went, gone으로 나온다. 이들은 하나의 유형(type)이지만 4개의 구현사례(tokens)이다. 명사 I의 곡용은 I, my, me, mine으로 나온다. 이들 또한 하나의 유형이지만, 구현사례는 4개가 된다. 하나의 원형만을 유형으로 간주하고, 나머지는 같은 유형의 다른 구현사례로 보는 것이다. 철학계에서 'type : token'이란 용어는 퍼스(Peirce, 1839~1914)에 의해 처음 쓰였고, 뤄쓸(Russell, 1872~1970)에 의해 논리체계에 응용되면서 널리 보급되었다. '집합 : 원소(유형 : 구현사례)'의 관계를 의미한다.

① 전체 낱말의 11.9%에 해당하는 27개 항목이 언어 밖에 있는 즉각적인 현장 상황을 가리킨다. '*the other* camera^{다른 사진기}', '*that's the* film speed type^{그게 그 필름 노출 속도 유형이야}', 'your film in *here*^{여기에 있는 네 필름}'와 같다.

② 전체 낱말의 5.7%를 차지하는 13개 담화 표지(Schiffrin, 1987; Frazer, 1990)의 사례들, 담화의 관리와 전개에 기여하고 그 활동에서 단계들을 표시해 주며, 가정된 공유지식의 상태를 투영해 주는 것과 같이 중요한 구조적·상호작용적 기능을 수행하는 작은 낱말과 작은 구절로 된 사례들은 well^{글쎄}, 그럼, right^{좋습니다, 맞아요}, I mean^{내 말뜻} 등이다.

③ 양태/양상을 표시해 주는, 전체 낱말의 3.9%에 해당하는 9개 항목은, 실사에 의해 진술된 명제의 확정성에 대한 정도를 표현해 준다. 즉 응당 무엇이 일어날지, 또는 무엇이 바람직한 사태인지를 놓고서, 화자가 지각한 내용을 표현해 준다.

④ 남아 있는 많은 수의 다른 기능어들이 있다. 전치사, 지시사, 분사, 접속사 등이다.

정서된 전체 낱말의 25%에 해당하는, 오직 40개의 상이한 실사만 있다는 사실이, 이런 상황에서 이런 종류의 자연성을 성취하기를 바라는 학습자에게 어휘 부담이 가벼울 것 같다는 뜻인가? 유뤄(Ure, 1971)의 연구에서는, 다양한 범위의 입말 및 글말 텍스트에 두루 걸쳐서 실사 어휘 밀집도의 평균 40%가 기대될 수 있다고 제안하였다. 30%에도 못 미치는 수치(25%)는 어휘상으로 '가볍다^{lexically light}'. 만일 가르쳐질/학습될 어휘가 전통적인 실사어휘의 의미로 관념된다면, 이와 같이 행위에 동반된 언어 상황을 위하여, 가벼움 여부에 대한 질문은 그 대답이 '예'가 될 것이다. 40가지 유형^{types}은, 많은 기본수준의 낱말(put, want, day, dog, start^[두다, 원하다, 날, 개, 시작하다] 등)을 담고 있다. 좀더 주제에 특정한 낱말

8] 허사, 기능범주, 기능어, 문법 기능소, 문법적 어휘, 연결 어휘, 관계 어휘, 작은 낱말 등으로 불린다. 허사의 대립 용어인 실사는 어휘범주, 실질어휘, 내용어휘, 실체 낱말 등으로 불린다. §.6-6의 각주 22도 보기 바람.

들이 상호 관련된 묶음 속으로 쉽게 배열될 수 있는데(가령 사진기, 필름, 건전지 등), 이는 관습적인 방법으로 가르쳐질 수 있다.

그렇지만 직접 즉각적인(늑현장과 관련된) 상황을 가리키는 낱말들이 조심스럽게 고려될 필요가 있음은 의심의 여지가 없다. 해결하기 어렵기로 악명이 높은 문제점들이, 지시사와 같은 항목들의 용법을 놓고서 여러 언어들 사이에서 제기된다. 영어에서 this[이]와 that[저]을 이용한 '손으로 가리키는 표현'(deixis[9])이 언제나 다른 언어에서 동일 어근을 지닌 형태들과 쓰임이 일치하는 것은 아니다. 가령 스페인어·독일어·화란어 사이에 불일치가 있다. §.4-2를 보기 바란다. 더욱이 우리가 만일 인간관계상의/상호작용의 차원을 고려한다면, 담화 표지들과 양태(양상) 항목들과 강조 부사/범위제한 부사(가령 각각 just[바로] 및 only[오직 ~뿐])와 같은 특징들이 또한 학습 공식learning equation 학습 방정식 속에 들어갈 것이다. 이것들은 전통적으로 어휘 교육에 이용되어 온

'제시 ⇨ 연습 ⇨ 산출'

(PPP; Presentation ⇨ Practice ⇨ Production, 교사 중심 교육의 단계들임)

접근법과는 아주 다른 접근 방법론을 요구할 것 같다. 어휘 학습에 대한 이런 인간관계상의/상호작용의 차원을 교육하지 않고서는, 입말의 정보전달용 특징을 과도하게 강조해 버린 나머지, 학습자에게서 인성을 '축소해' 버릴 위험을 저지르게 된다.[10] 결국 정보전달용 목표는 성

9] §.2-5의 각주 28과 이 책의 용어 해설을 보기 바란다. '다익시스'로 발음하며, 일본 사람들은 직시(直示)라고 번역하였다. 아마 '직접 보여 주다'는 뜻으로 만들었을 것 같다. 그렇지만 우리말 새김은 볼 시(示)이므로, 일본 사람들이 의도한 의미를 쉽게 찾을 수 없다. 대신 『직지 심체 요절』이란 금속활자 책자에서 이미 썼듯이, 직지(直指)라는 용어가 더 올바르다. 직접 손으로 가리켜 준다는 뜻이다. 기본 문헌은 필모어 (Fillmore, 1997), 『다익시스 강의(*Lectures on Deixis*)』(CSIL, Stanford University)이다.

10] 인성 교육·인격 교육, 또는 협동심 함양 교육·더불어 살아나가기 교육 등으로도 부를 수 있다. 어휘의 선택은 상대방의 사회적 자아(긍정적 체면, 자존심)나 자율성을 높여 주는 쪽으로 이뤄져야 한다. 간혹 놀부의 심성을 본받아, 상대방을 깔아뭉개고 마음에 상처를 주는 표현들을 서슴없이 쓰는 경우를 본다. 이런 경우에는 서로 사이의 인간관

취할 수 있을지는 모르나, 자신의 인성을 투영하여 대화 상대방과 적절한 인간관계를 형성할 수 없게 된다. '축소된 인성reduced personality'이라는 용어에 대한 논의를 보려면 하더(Harder, 1980)를 참고하기 바란다(김지홍, 2010, 『언어의 심층과 언어교육』, 도서출판 경진에서는 정보 전달용 의사소통을 '도구적 언어관'으로 불렀고, 사회적 유대를 돈독하게 해 주는 의사소통을 '인격적 언어관'으로 불렀는데, 두 관점이 모두 다 필요하며, 선후 관계만이 달라질 수 있다).

§.6-3 반복·재어휘화·주제 타개책

다음 인용 (6.2)에서는 어휘와 관련하여 다른 논제를 제기한다.

(6.2) [〈S 01〉은 아버지이며, 〈S 02〉는 딸이고, 〈S 03〉은 어머니이다. 그들은 가족 결혼식에 가기 위해 예복을 입고 있다. 〈S 01〉이 자신이 입을 양복 웃옷(자켓)을 들고서 방으로 들어온다]

〈S 02〉   That looks very nice put it on and let's have a look at you.

〈S 01〉   I don't like the two buttons I didn't know it had two buttons I thought it had three.

〈S 03〉   Well *it's the style of the coat* Ken.

〈S 02〉   Nick's has only got two buttons.

〈S 03〉   ⌊ It's a low cut.

〈S 01〉   ⌊ All right?

계를 원만히 회복할 수 없게 된다. 이 분야는 특히 작은 사회학 또는 상호작용 사회학 영역이며, 미드(G. H. Mead, 1863~1931)와 고프먼(E. Goffman, 1922~1983)의 글들이 기본적이다. 특히 고프먼(1955), 「체면 관련 작업: 사회적 상호작용에서 의례적 요소들의 분석」(고프먼, 1967, 『상호작용 의례(*Interactional Ritual*)』, Pantheon Books에 새수록되어 있음)을 보기 바란다. 클락(1996; 김지홍 뒤침, 2009) 제10장에서는 공평성·체면의 원리에 따라, 이익과 비용을 처리하기 및 자존심과 자율성을 높이거나 낮추는 개념들이 논의되고 있다. 언어교육에서는 클락이 밝혀낸 언어사용 원리들을 적극적으로 가르쳐 주어야 한다.

⟨S 02⟩　　　　　　　　　　　　　　　　　　　　　　　　└ Very

nice.

⟨S 03⟩　　　　└ It's beautiful.

⟨S 02⟩　Lovely lovely.

⟨S 01⟩　Does it look nice?

⟨S 02⟩　Yeah it goes very well with those trousers there's a colour in the

jacket that picks up the colour in the trousers.

⟨S 03⟩　Them others he wears are striped but they clashed, too much

alike

⟨S 01⟩　　　　　　　　　　　　　　　　　　　　　└ Two different

stripes.

⟨S 03⟩　　　　└ But not matching each other if you understand what I mean.

⟨S 02⟩　Yeah yeah … yeah.

⟨S 01⟩　　　　　　└ It's all right then eh?

⟨S 02⟩　It's very nice Dad it looks very very good.

⟨S 01⟩　I don't like the I like three buttons you see.

⟨S 03⟩　Ken *it's the style of the coat.*

⟨ 딸 ⟩　저게 아주 멋있어 보이는데, 입으세요. 그리고 어디 한 번 보여 주실래요

⟨아빠⟩　난 단추 두 개짜린 싫어. 난 그게 단추 두 갠 걸 몰랐어. 세 개 있다고

생각했지.

⟨엄마⟩　글쎄 켄, 그게 그 외투의 스타일에요.

⟨ 딸 ⟩　닉의 외투에도 단지 단추 두 개만 있던걸요.

⟨엄마⟩　　　　　　　　　　　　　　　└ 그건 목이 파진 외툰 걸.

⟨아빠⟩　　　　　　　　　　　　　　　　　　　　└ 괜찮아?

⟨ 딸 ⟩　　　　　　　　　　　　　　　　　　　　　　└ 아주

좋아요.

⟨엄마⟩　└ 멋지군요.

〈 딸 〉　　사랑스러워요 사랑스러워요.

〈아빠〉　　멋있어 보이니?

〈 딸 〉　　그럼요. 그게 아무 바시탕 쌀 어울리거요. 사켓(외투)에 색쌜이 있어요.
　　　　　그게 바지에 있는 색깔을 받쳐 주네요.

〈엄마〉　　그것들, 아빠가 입는 다른 것들은 줄무늬가 있지만, 색깔이 영 아니야.
　　　　　너무 비슷해서 말야.

〈아빠〉　　　　　　　　　　　　　　　　　　　　└두 가지
　　　　　다른 줄 무늬 말야.

〈엄마〉　　　　└그렇지만 서로 안 어울리거든요. 내 말뜻을 당신이 알아들으신다면요

〈 딸 〉　　맞아요 맞아 … 맞아요.

〈아빠〉　　　　　　　　　　└그럼 괜찮다는 거구나, 어?

〈 딸 〉　　아빠 아주 멋있어요. 진짜 진짜 멋져 보여요.

〈아빠〉　　난 그 싫어하걸랑. 난 단추 세 개짜릴 좋아하거든, 보다시피.

〈엄마〉　　켄 **그게 그 외투의 스타일이에요.**(밑줄 친 앞 발화의 반복임: 뒤친이)

이 인용은 우리 자료의 검토에 대한 서설에서 언급된 요점을 강조한
다. 즉, 주제들이 입말 담화에서 서로 간에 타협되고 조정되는 것이다.
아버지의 자켓(=양복 웃옷)에 대한 전반적인 주제가 참여자들 사이에서
합의되어 있지만, 아버지 자신은 양복 웃옷에 단추가 두 개만 있어서
문제가 된다는 점에 대해 논의를 시작하고 싶어 하였다. 아버지는 그
주제와 함께 대화를 열고서, 마지막에 다시 그 논의를 되살려 보려고
한다. 어머니와 딸은 명백히 그런 이야기를 물리쳐 버리고, 아버지한
테 그 양복이 참 좋아 보인다는 점을 설득하려고 단단히 결심하였다.
　참여자들이 어떤 주제에 합의하려고 하는 경우에, 흔히 우리는 어휘
의 완벽한 반복exact repetition과 '재어휘화relexicalisation'로 불릴 수 있는 바 사
이에서 중요한 변농을 찾아낸다. 재어휘화에서는 내용이 상이하지만
거의 비슷한 낱말로 다시 고쳐진다. 첫째, 완벽한 반복이 화용 상으로
언제나 적합한 것은 아님에 주목하는 것이 중요하다. 다음에 제시한

일부러 꾸며낸 주고받기는 대부분의 사람들에게 기괴하게 느껴질 것 같다.

(6.3) [일부러 꾸며낸 주고받는 이야기]

⟨S 01⟩   Hi! Freezing cold today!

(안녕! 얼어붙는 추위네요 오늘요!)

⟨S 02⟩   (완벽히 똑같은 억양을 띠고서 그대로 반복함) Hi! Freezing cold today!

⟨화자 02⟩는 위와 같이 앵무새처럼 그대로 따라 말하는 것이 아니라, 오히려 다음처럼 훨씬 달리 말할 것 같다(추가 논의를 보려면 McCarthy, 1984를 보기 바람).

'Hi! Yes, bitter!'

(안녕하세요! 그렇군요, 더 혹독하네요!)

'Yes, it is freezing!'

(그렇군요, 꽁꽁 얼어붙네요!)

통사·어휘·억양을 포함하여 완벽한 반복은, 흔히 담화의 주제 전개에 아무런 진전도 이뤄내지 못한다.[11] 점진적 증가(점진적 진전)는 그 주제를 앞으로 진행해 나가도록 밀어주는 것이다. 그렇지만 그런 점진적 증가가 없음은, 일부러 주제를 멎게 해 놓으며, 그 이야기에서 한 사람의 현재 입장에만 머물면서, 수렴/합치하려고 하지도 않고, 의사소통

11] 어휘 사슬(lexical chain)은 담화를 전개해 나가는 데에 지시 표현(referring expression)과 더불어 가장 많이 이용되는 방법이다. 이 경우는 어떤 발화를 듣고서, 상대방에게 기꺼이 협력하면서 대화를 진전시켜 나가려는 마음을 보여 주기 위하여, 다시 말하여 담화 주제를 진전시키기 위하여, 상대방의 의견에 맞장구를 치되 어휘 사슬을 이용하는 것이라고 말할 수 있다. 이 책에서는 이를 relaxicalization(재어휘화)으로 부르고 있다. 호이(Hoey, 1991)의 『덩잇글에서 어휘 유형(*Patterns of Lexis in Text*)』(Oxford University Press)을 꼭 읽어보기 바란다.

상으로 맞춰 주려고도 하지 않는 것으로 해석될 수 있다(Giles et al., 1991). 수행될 지엽적인 함의(=속뜻)가 무엇이든지 상관없이, 이는

'It's the style of the coat'
(그게 그 외투의 전형적인 스타일이에요)

라고 말하는 부인의 반복 발화에서 찾아질 수 있다(≒자기 남편의 의견을 완전히 무시해 버림). 이는 담화가 목표에 도달하는 것을 방해한다. 이 사례에서는 '옷 입는 모양새를 점검^{checking}/인정하기^{approving appearances}' 갈래의 목표이며, 참여자들의 인간관계에 긴장감을 얹어 놓는다. 의례를 갖추지도 않고 반복하지도 않는 인접쌍에서 사교적으로 협력하는 규범은, 아래 있는 인용 (6.4)에 의해 대표된다. 거기에서는 반복이 '재어휘화^{relaxicalization}'(밑줄 친 굵은 글씨로 표시해 놓음)에 의해서 수행되며, 합치/수렴이 이뤄진다.

(6.4) [두 명의 중년 남자 선생님이 전 동료 여교사에 대하여 잡담을 하고 있다]

⟨S 01⟩ There was this guy that she was really **madly in love with** that went on and ended up working on an oil rig somewhere.

⟨S 02⟩ Really.

⟨S 01⟩ Oh yes she really was really loyal, **very struck on** him.

⟨S 02⟩ **Smitten**.

⟨S 01⟩ **Smitten with** him, had he, had he asked her at that particular time er I think she would have probably married him.

⟨화자 01⟩ 이런 녀석이 있었는데, 그녀가 진짜로 **미치도록 사랑했던** 녀석이지. 걔가 떠나 버렸고, 어딘가에 있는 석유 시추선에서 일하는 것으로 끝나 버렸어.

⟨화자 02⟩ 정말이야?

⟨화자 01⟩ 아 그래. 그녀가 진짜로 진짜로 충실했고, 그에게 **아주 관심이 많이 있었거든**.

〈화자 02〉 **반했구나.**

〈화자 01〉 그에게 **완전히 반했었지,** 그가, 그가 그 특정한 때에 그녀에게 물었을까? 어 내 생각으로는, 그녀가 아마 그와 결혼하였을 것 같은데 말야.

[좀 있다가 같은 주제의 대화가 계속 진행됨]

〈S 01〉 And this is going back to the time when she was living in oh

〈S 02〉 Southampton.

〈S 01〉 Southampton yeah.

〈S 02〉 In that big house.

〈S 01〉 In that huge house, I mean she's got an awful lot to offer, tremendous amount, I mean what a personality.

〈화자 01〉 그리고 이게 그녀가 어 … 살고 있던 때로 되돌아가는 거지.

〈화자 02〉 **싸우쌤튼에**(=영국 남부 해안 도시, 이전의 햄프셔 지방)

〈화자 01〉 **싸우쌤튼에,** 그래 맞아.

〈화자 02〉 그 **큰 집**에서.

〈화자 01〉 그 **대저택**에서, 내 말뜻은 그녀는 남에게 줄 걸 엄청 갖고 있었단 말야, 대단한 양을, 내 말은 아주 좋은 사람이란 뜻이지.

앞에서 본 인용 (6.2)에서 그 대화는 확실히 서로 대립하는 대화 상대방들 간에 가장 날카롭게 고집 세우는 입장에 초점을 모으고, 그 삽화 episode 일화의 목표들에 대한 좌절에 초점을 모으며, 완벽한 어휘 반복 lexical repetition의 사례이다.

이는 좀더 유대감을 지니고 뒷받침하며 서로 수렴/합치해 가는 의견 교환과 대조될 수 있다. 이 경우에 반복은 '재어휘화'로 바뀐다.

〈아빠〉 All right? (괜찮니?)

〈 딸 〉 Very nice. (아주 **멋져요**)

〈엄마〉　It's beautiful. (**아름답네요**)

〈 딸 〉　Lovely lovely. (사랑스러워 보여요 사랑스러워 보여)

〈아빠〉　Does it look nice? (멋있어 보이는 거니?)

여기서 화자들은 서로 간의 어휘를 바꿔 놓으며, 또한 서로의 낱말을 뽑아내어 써 준다. 〈아빠〉가 nice^{멋지다, 멋있다}를 어떻게 택하는지 주목하기 바란다. 세 번의 발언기회를 건너서 다시 반복하는 것이다.

또한 두드러진 것이 풀어주기^{paraphrase; 풀어 말하기}의 실현이다. 즉, 이는 정의에 따라 화자 발언기회 속에서 '재어휘화'의 한 유형이지만, 완벽한 반복이 아니며, 단일 낱말이나 구절보다 더 긴 언어 연결체에 영향을 미친다. 이는 화자들에 의한 협력 몸짓으로도 간주될 수 있는데, 자신의 청자들을 위해 '스스로를 설명하는' 것이다.

〈 딸 〉　Yeah it goes very well with those trousers there's a colour in the jacket that picks up the colour in the trousers.

(맞아요 그런 바지와 아주 잘 어울리네요. 그 양복 웃옷에 색깔이 있는데 그게 바지 색깔이랑 딱이네요)

〈엄마〉　but they clashed too much alike … but not matching each other …

(허지만 그 두 색깔이 너무 비슷해서 영 그렇네 … 서로 어울리지 않는단 말야)

〈 딸 〉　It's very nice Dad it look very very good.

(그게 아주 멋져요 아빠, 아주 아주 좋아 보여요)

앞서 본 (6.2)와 (6.4)에서 우리가 관찰한 바는, 어휘 반복 및 재어휘화의 씨줄날줄 얽힘의 중요성이다. 대체로 동일한 대상을 말하는 동안에, 어휘를 바꿔가며 말하는 한 사람의 능력은 그 담화를 더 앞으로 진전시켜 주며, 중요한 상호작용 신호의 모습을 풍겨 준다. 이것이 어휘 능력의 근본적 특징이며, 일상적인 이야기에서 어휘 유형화의 기본적 특성 중 한 가지이다.

학습자들은 자주 변이체 모습으로 연습할 필요가 있지만, 학습자들의 어휘력이 빈약하다면 낱말 선택을 변동시켜 주기를 기대할 수 없다. 여기에 어휘를 늘이는 기회를 마련해 주는 동기가 놓여 있으며, 비슷한 말·반대말·하의어와 같은 추상적 개념을 일상생활 속으로 끄집어 와야 한다.[12] 만일 이들 어휘 관계가 실제 맥락 속에서 어떻게 상호작용적으로 이용되는지를 알 수 있다면, 비슷한 말과 다른 의미 묶음들을 학습하는 데에 합리적인 근거가 마련되는 것이다. 만일 화자들로서 우리가 여기서 강조된 종류의 일상적 기능에 대해서 이런 어휘 관계들을 이용할 수 없다면, 사실상 아주 부자연스럽게 말하는 일로 끝나게 될 것이다. 심지어 순수히 정보만 전달하는 차원에서 살아날 수 있다고 하더라도, 의사소통에서는 사회적-화용적 실패의 희생자로 전락할 우려가 있다.

한 사람이 지닌 어휘를 다양하게 만드는 능력은, 두루 여러 사람의 화자들에 걸쳐서 적용될 뿐만이 아니라, 또한 다음 경우에도 적용될 수 있다. 화자들이 최상의 표현 산출에 자신이 없거나, 또는 맥락 속에서 낱말들에 대한 특정한 의미를 제공해 주는 경우에, 흔히 부정해 놓은 반대 표현을 포함하여 자신이 말하고자 하는 바를 납득시키기 위한 시도로 다양한 어휘 표현 가능성lexical possibilities을 탐색할 것이다.

(6.5) [〈S 01〉이 자신의 잉글랜드 고향 지형과 풍경을 한 번도 자신의 고향에 와 본 적이 없는 웰시 사람한테 묘사해 주고 있다[13]]

〈S 01〉   It's flat you know it's not er hilly like Wales but [〈S 02〉 mm
          ] you get used to that strangely enough after a while, I mean

---

12] 영어권에서는 thesaurus(유관낱말 총괄사전)가 나와 있어서 특히 작문을 할 때 크게 도움을 받는다. 우리나라에서는 2009년 (주)낱말에서 『넓은풀이 우리말 유의어 대사전』(www.wordnet.co.kr 또는 www.natmal.com)이 나왔고, 2006년에 북한 학자들이 펴낸 『우리말 글쓰기 연관어 대사전』(황토) 등이 있다.

13] 제7장의 예문 (7.29)와 동일하다.

it's not as flat as a pancake it's kind of undulating and lots of little villages.

〈화자 01〉 지형이 **평평해요**. 알다시피 그게 어 웨일즈처럼 **구릉지지 않지만** [〈화자 02〉 으음] 당분간 있으면 이상하게 충분히 그 풍경에 익숙해지게 돼요. 제 말뜻은 그게 **빈대떡처럼 납작하게 평평한 건 아니고** 일종의 완만한 경사인데 작은 마을들이 많죠.

이런 방식으로 어휘의 대안 후보를 활용하는 일은, 오직 비슷한 말과 반대말에 대한 적합한 어휘를 지니며 실시간으로 그것들을 인출할 수 있는 능력만 있다면 가능하다. 그렇다면, 특히 많은 낱말들이 알려져 있지만 종종 원자화된 방식으로 뿔뿔이 흩어져 있는 경우에, 어휘 수업에서는 학습자들이 의미를 산출하기 위하여 대안 후보들을 함께 이어 놓는 기회를 보장하는 활동들을 제공해 주어야 마땅하다. 아주 흔히 그 반대의 경우가 사실이다. 학습자들이 '올바른' 것이라고 느끼지 않는 한, 낱말들을 발화할 수 없거나 발화하기를 꺼리게 되며, 많은 연습 문제들에서는 정답으로 하나의 올바른 낱말만을 요구하는 경우가 허다하다. 반복이 '금지된' 대화 놀이에서는, 반대나 (같은 어휘 반복이 없는) 동의가 요구되는 놀이에서 그렇게 할 수 있듯이, 학습자들에게 억지로 대안 후보들을 찾아내도록 연습시킬 수 있다.

5.6-4 두 사람 이상의 화자: 어휘 유형화에 대한 청자의 기여

이 절에서는 입말의 논의에서 종종 홀대받는 영역을 살펴보게 될 것이다. 즉 청자들이 어떻게 행동하는지에 대한 것이다. 우리는 청자의 기여가 가장 중요한 것으로 전면에 나오는 전형적 상황인, 일상적인 이야기하기everyday storytelling를 이용하게 될 것이다. 다음 인용 (6.6)은 친구와 동료 사이에 말을 주고받은 종류의 전형적인 전문직 일화professional anecdote이다.

(6.6) [어떤 부인이 자신이 참여했던 학술회의에 대하여 재미난 이야기를 말해 주고 있다]

⟨S 01⟩ Well, the conference theme was the 1990s and they did this talk and there was this amphitheatre that seats 2,000 they started off this sort of slide and sound sequence

⟨S 02⟩ Ah Son et Lumiere.

⟨S 01⟩ Son et Lumiere.

⟨S 02⟩ I see and *they zapped it to you.*

⟨S 01⟩ It starts off with this tiny black, we're all in the dark you see and *tiny little* ⋯ and we hear this *click-click* and you see this little coloured pattern and this coloured pattern gets bigger and bigger.

⟨S 02⟩ What was this projected by, a movie projector or video or what?

⟨S 01⟩ No it was ⋯ erm ⋯ a slide sequence but it was one after another ⋯ anyway *the very funny bit was* that the sound went.

⟨S 02⟩ [laughs] *That's the trouble* when you rely on technology.

⟨S 01⟩ Yeah and that was *very very funny* and we're all sitting there in the dark and this picture thing going on you see, obviously going ahead of the sound and him saying "Why can't we hear any sound? Why is there no sound, technician?" you know, chaos and a *great big smile* on everybody's face.

⟨S 02⟩ Especially the other companies.

⟨S 01⟩ And anyway they got it going again and you heard this "click-click" again and this coloured thing suddenly reveals itself to be the Berlin Wall with people on the top of it.

⟨S 02⟩ *That's a novel idea.* Was Pavarotti singing as well?

〈S 01〉　　Oh yeah yeah.

〈화자 01〉 글쎄, 그 학술회의 주제는 '1990년대'였거든요. 그리고 그들이 이런 이야기를 실제 했어요. 그리고 2천명이 앉는 이런 야외 공연장이 있었거든요. 그들이 일종의 이런 슬라이드와 음향 연결체를 틀어 주기 시작했어요.

〈화자 02〉 아 소네루미에(=한밤에 사적지에서 '빛과 소리'를 이용하는 화려한 공연 무대).

〈화자 01〉 소네루미에(=빛과 소리).

〈화자 02〉 알겠군요. 그리고 그들이 그걸 당신에게 쐈댔군요.

〈화자 01〉 이런 자그마한 암흑으로부터 시작하는데요, 우린 모두 깜깜한 가운데 있었죠 알다시피. 그리고 조그맣게 작은 … 그리고 우리는 이런 딱딱거리는 소리를 들었죠. 그리고 알다시피 이 작은 천연색 형태가, 그리고 이 천연색 형태가 점점 더 커져 갔죠.

〈화자 02〉 그게 뭐에 의해서 투영되었죠, 영화 영사기나, 비디오 또는 뭐죠?

〈화자 01〉 아녜요. 그게 … 어엄 … 슬라이드 연결체이었지만 그게 한 장면씩 되어 있었거든요 … 어쨌든. 그 아주 우스운 대목은 그만 소리가 나가버렸다는 거예요.

〈화자 02〉 [웃음] 우리가 기술에 매달릴 때 그게 문제란 말이에요.

〈화자 01〉 맞아요. 그리고 그게 아주 아주 우스웠거든요. 그리고 우리가 모두 깜깜한 밤에 거기 앉아 있었는데, 이 그림이란 게 계속 진행되어 나가는데 알다시피, 분명히 소리보다 앞서 먼저 진행되어 나가는데, 그가 소리를 쳤죠 "왜 우리가 소리를 듣지 못하는 거요? 왜 소리가 안 들리는 거요, 기술자 양반?" 잘 알다시피 혼란이었고, 모든 사람마다 얼굴에 큰 함박 웃음이었죠.

〈화자 02〉 특히 다른 회사들이.

〈화자 01〉 그리고 어쨌거나 기술자들이 다시 그걸 고쳐 진행시켰죠. 그리고 다시 이런 "딱딱" 소리가 들렸어요. 그리고 이 천연색 빛이 갑자기 절로 나타나서 베를린 장벽이 되고, 사람들이 그 위에 있었어요.

〈화자 02〉 (그게 신선한 착상이로군요.) 파바로치도 노래 부르고 있었나요?

〈화자 01〉 아 그래요, 그래요.

입말을 다루는 많은 연구문헌들이 다소 과도하게 화자들이 말하는 바에만 초점을 모은다. 흔히 그 담화에서 주요한 역할을 하는 이들이 듣는 것과 현재 도움 주는 화자들이 무시되어 버린다(그렇지만 Bubblitz, 1988; McGregor and White, 1990; Duranti, 1991을 보기 바람).[14] 청자의 역할을 검토하게 될 한 가지 좋은 맥락은 입말 서사이야기이다. 왜냐하면 말해 주는 사람의 역할을 맡는 화자가 주요한 말하기 몫을 갖고 있기 때문이다. 그 이야기를 받아들이는 쪽에 있는 이들은, 줄어든 발언기회 얻어내기 권리를 지니며, 특정한 곳에서만 끼어들 수 있다(Houtkoop and Mazeland, 1985). 그럼에도 불구하고, 청자들이 결코 내내 피동적으로 조용하게 머물러 있을 것으로 기대되는 것은 아니다.

우선 서사이야기에 대한 러보웁(Labov, 1972)의 갈래 모형에 비추어, (6.6)에 있는 삽화를 개관하는 것이 도움될 듯하다. 그것들의 가장 중요한 구성부문 중 하나는 '평가evalution'이다(§.3-2-3을 보기 바람). 그 이야기가 청자 쪽에서 말할 수 있는 가능한 반론

"well, so what?"

(도대체, 그래서 어쨌다는 거요?, 그따위 얘기를 내게 꺼내지 마요!)

을 계속 저지하기 위하여, 반드시 흥미롭거나 재미나거나 충격적이거나 오싹하거나 또는 어떻게라도 만들어져야 한다. 그러므로 이야기하는 사람은 반드시 그 이야기를 제대로 평가받기 위하여 열심히 해야 한다.

14] 이는 화용론이나 화행 이론으로 불리는 연구들에서 우선 화자에게 초점을 모았던 일과도 무관하지 않다. 의사소통이나 언어 사용에서 청자의 몫이 크게 부각된 것은 협력 행위의 절반의 몫을 지닌 것으로 논의한 클락(1996; 김지홍 뒤침, 2009)에서부터이다. 화자가 협력 과제를 제안하면, 청자는 그 과제 그대로 수용하여 공동의 목표로 여기거나, 이와는 달리 그 과제를 수정하도록 역제안할 수도 있고, 다른 과제로 전환해 버릴 수도 있는 것이다. 아니면, 거절하여 빠져나갈 수도 있다. 모두 청자의 권한이다.

어휘 차원에서 이는 생생한 표현 어휘 선택, 강조하기, 과장법, 의성어와 의태어 쓰기를 포함할 수 있다. 이것들이 모두 이야기하는 사람의 어휘 재능을 널리 뻗쳐 나가게 할 수 있다.[15] 앞의 인용 (6.6)에서는 이들 현상에 대한 일부 사례들이 다음처럼 이용되었다.

> tiny little(조그맣게 작은)
> click-click(딱딱)
> great big smile(큰 함박 웃음)
> very very funny(아주 아주 우스운)

그뿐만 아니라, 이야기하는 사람에 의해서 그 이야기의 정점을 명시적으로 표시해 주는 대목도 있다. the very funny bit was그 아주 우스운 대목은 ~였다. 그러나 청자도 그 이야기를 평가하는 데 피동적인 게 아니다. 청자는 이야기가 진행되어 나감에 따라서, 그 이야기에 대하여 다음처럼 촌평을 가한다.

> and they zapped it to you
> (그리고 그들이 그걸 당신에게 쏴댔군요)
> that's the trouble *when you* …
> (…할 경우 그게 문제란 말이예요)
> that's a novel idea
> (그게 신선한 착상이로군요)

앞의 인용 (6.6)에서 관찰될 수 있는 또 다른 특징은, 다음처럼 이야기하는 사람이 일부러 애매하게 그리고 자신의 설명을 덜 정확히 만들어

15] 〈원저자 3〉 카터·머카씨(Carter and McCarthy, 1995a)에는 입말 서사이야기와 다른 갈래들에서 어휘 창조성이 형태론적 창조성의 말뭉치 사례들과 함께 더 깊이 논의되어 있다.

주는 듯한 여러 가지 항목을 이용하는 일이다.

this **sort of** slide and sound sequence

(**일종의** 이런 슬라이드와 음향 연결체)

this picture **thing**

(이런 그림 같은 **거**)

this coloured **thing**

(이런 천연 색깔인 **거**)

밑줄 친 굵은 글씨로 강조된 것들과 같이, 애매하고 사뭇 일반적인 낱말들이 일상대화 이야기에 아주 빈번하다. 췌늘(Channell, 1994)에서는 애매한 언어의 몇 가지 측면들에 대하여 철저한 연구를 진행하였는데, 그 광범위한 실현을 확증해 놓았다. 또한 에이주머(Aijmer, 1984b)를 보기 바라며, 대화상의 인용들에서 주석을 달아 놓은 많은 사례들은 카터·머카씨(Carter and McCarthy, 1997)에 들어 있다.

thing거은 분명히 입말에서 빈도가 높고 아주 유용한 낱말이다. 이는 광범위하게 대상의 이름·과정·개체, 심지어 담화 속에서 사람들을 대신하여 쓸 수 있다(Fronek, 1982를 보기 바람). 여러 가지를 두루 가리키는 지시내용의 애매성에도 불구하고, 그런 낱말이 청자들에게 문제를 거의 일으키지 않으며, 주목받지도 못한 채 지나치게 되지만, 실제로 일상생활 이야기의 자연성과 비격식적이고 수렴되어 나가는 일반 특성에 중요한 기여를 하는 듯하다. 사실상 청자가 만일 애매한 언어 항목에 대하여 지속적으로 명시화 및 구체화를 요구한다면, 성가신 것으로 그리고 비협력적인 것으로 간주될 것 같다(반대로 화자가 너무 세세하게 명시적으로 말하게 되면, 청자들로부터 너무 잘난 척한다고 그리고 청자를 무시한다고 오해 받을 수 있음: 뒤친이).

청자들도 또한 다음처럼 화자가 막 무엇을 말할지를 예측함으로써 화자와 일치를 보여 줄 수 있다.

(6.7) [두 사람이 집에서 기르는 애완동물에 대하여 의견을 나누고 있다]

〈S 01〉 Well of course people who go to the vet's are [〈S 02〉 mm]
interested in the cats and dogs ain't they?

〈S 02〉 Yeah but the people that first have pets, kit-, pets er don't realise
what's involved do they?

〈S 01〉   ⌊ Care, well
it sorts them out you know those that don't care that's it so [
〈S 02〉 mm] but [〈S 02〉 mm] if you wanna you know, somebody
that's keen on having [〈S 02〉 mm] a pet [〈S 02〉 mm] and
want it in good order.

〈S 02〉   ⌊ Done … done properly that' right yeah.[16]

〈화자 01〉 글쎄 물론 수의사한테 가는 사람들이 [〈화자 02〉 으음] 고양이와 개에
관심이 있거든. 그렇잖아?

〈화자 02〉 맞아. 허지만 먼저 고양이, 새끼- 어 고양이를 기르는 사람들은 뭐가 포함
되어 있는지 깨닫지 못하거든. 그렇잖아?

〈화자 01〉   ⌊ 어떻게 돌볼지, 글쎄 잘 알다시피 그게 문제를
해결해 주지. 잘 돌봐 주지 않는 사람들 말야. 그게 전부야. 그래서 [〈화자
02〉 으음] 허지만 [〈화자 02〉으음] 잘 알다시피 만일 잘 돌봐 주는
누군가를 원한다면 그게 [〈화자 02〉 으음] 애완동물을 기르길 열망하는
건데 말야 [〈화자 02〉 으음] 좋은 상태로 원하는 거지.

〈화자 02〉   ⌊ 처치 … 알맞게 처치하는 거지. 그래야
돼. 맞아.

여기서 우리는 청자들이 텍스트의 어휘 유형을 만들어 내는 데에 몫을
지녀 기여한다는 점이, 비단 이야기 말하기와 같은 '혼잣말' 모습에서

16] 〈원저자 4〉 이 자료는 1987년 버밍햄 대학 영어연구소에 근무하였던 전임 연구원
짐 롤리(Jim Lawley)가 친절히 제공해 주었다.

뿐만이 아님을 알게 된다. 효과적인 청자는 지속적으로 앞으로 나올 담화를 예측하고 있다. 아주 자주 이런 예측들이 다음처럼 언어로 말하듯이 표현되는 것이다.

'I know what you are going to say and I think this is what you will say'
(나는 당신이 말하려고 하는 바를 알고 있으며, 다음이 당신이 말할 것이라고 생각합니다)

화자들이 각각 다음 인용에서 이를 실행한다.

〈S 02〉   … pets er don't realise
〈S 01〉   ⌊ Care
〈S 01〉   … and want it in good order
〈S 02〉   ⌊ done … done properly that's right yeah

〈화자 02〉 … 애완동물들을 어 깨닫지 못하고
〈화자 01〉   ⌊ 돌보는 일
〈화자 01〉 … 그리고 그걸 좋은 상태로 원하는 거지
〈화자 02〉   ⌊ 처지 … 알맞게 처치하는 거지 그래야 돼 맞아

보통 청자에 의해 예측되어 발화된 낱말들은, 거의 충분히 원래 화자가 의도한 것과 가까우며, 의사소통을 해치지 않는다. 예측 현상은 아주 일반적이다. 우리는 여기서 각 화자가 다른 화자에 대해 예측을 하고 있음에 주목할 수 있다. 다시 한 번, 이는 청자들이 대화의 어휘 짜임을 구성하는 데에 피동적이지 않다는 증거가 된다. (목표 및 인간관계 양자에 비춰서) 대화 상의 수렴/일치는 반드시 공동 책임이 되며,[17]

17] 두 사람 사이에서 일어나는 의사소통 또는 대화를 가장 전형적으로 간주하는 클락(1996; 김지홍 뒤침, 2009)에서는 대화를 협력 과제로 간주하며, '공동의 목표'를 향해 두 사람이 서로 긴밀히 협력해 나가는 과정으로 본다. 원문의 공동 책임(joint responsibility)이란 용어는 클락(1996; 김지홍 뒤침, 2009) 제10장에서 협동 전력이행(joint commitment)로

어휘 선택은 수렴/일치하려는 시도에서 중요한 신호가 되는 것이다.

§.6-5 굳어진 표현(고정된 표현)들

다음 인용 (6.8)에서 우리는 대화 언어에서 어휘 선택의 또 다른 차원을 관찰할 수 있다. 즉 화자들이 이용하는 (관용구를 포함하여) 굳어진 기존 표현들의 수치이다. 관용구는 제7장에서 더 심도 있게 탐구된다.

(6.8) [〈S 01〉이 휴가로부터 막 돌아왔는데, 자신의 짐 가방이 열려 짐들이 여기저기 흩어져 있어 골치를 앓았다. 그는 곧 또 다른 여행을 떠나려고 한다. 〈S 02〉는 그의 이웃이다]

〈S 02〉 When are you heading off again Bob?

〈S 01〉 A week today … I shall be off to Minich this time … so I'm just wondering where the luggage is going to go and looking at my case now, I find that it's burst open and whether it's fair wear and tear I don't know, because last time I saw it it was in perfect nick.

〈S 02〉 You reckon it might have suffered from its journey.

〈S 01〉 Oh they get slung about you know, I never used to get a decent case I buy a cheap one.

〈S 02〉 Mm.

〈S 01〉 Because they just get scratched.

〈S 02〉 Mm.

〈이웃〉 밥 다시 언제 떠나려고 하나?

부르며, 이를 위해서는 확인하기·실행 능력·자발성·상호간 믿음 등의 특징들이 만족되어야 한다.

〈 밥 〉 딱 한 주 뒤 오늘 … 난 이번엔 뮌헨에 있게 될 거야 … 그래서 짐을 어디다 보내야 할지 잘 모르겠는데, 지금 내 짐 가방을 살펴보고 있거든, 그 가방이 완전히 터져 버렸어. 너무 낡아서 떨어진 건지는 잘 모르겠어, 왜냐면 지난번에 그게 완벽히 좋은 상태인 걸 봤거든.

〈이웃〉 자네는 그게 여행 도중에 손상을 입었을 것으로 여기는구나.

〈 밥 〉 아 짐들이 잘 알다시피 부주의하게 아무렇게나 던져지잖아, 난 고급 제품의 가방을 사 본 적이 결코 없어. 난 싸구려만 사거든.

〈이웃〉 으음.

〈 밥 〉 왜냐면 짐 가방들이 바로 긁혀져 버리잖아.

〈이웃〉 으음.

격식 갖추지 않은 대화는, 잦은 빈도의 굳어진 표현, 그리고 비록 통사·어휘 형식에서 여전히 사뭇 고정되어 있지만 다른 것들보다 좀더 투명한 어떤 다양한 종류의 관용구에 의해 특징지워진다.[18] 위 인용에서 다음 몇 가지 사례를 주목할 수 있다.

when are you heading off (구 동사; 자네 언제 다른 곳으로 향할 겐가?)

a week today (굳어진 부사 틀; 딱 한 주 뒤의 오늘)

I shall be off to Munich (구 동사; 난 뮌헨에 떨어져 있게 될 거야)

It's burst open (구 동사; 그게 완전히 터져 활짝 열려 버렸어)

this is fair wear and tear (뒤바뀔 수 없는 두 낱말; 그게 완전히 낡아 떨어져 버렸어)

it was in perfect nick (제한된 이음말; 그게 완벽히 좋은 상태였어)

they got slung about (구 동사; 가방들이 아무렇게나 여기저기 내팽겨진다)

18] 또한 빈번한 주제 또는 화제의 전환도 중요한 특징이 된다. 서로 간에 친한 사람이라야 격식 갖추지 않고 대화가 가능하며, 공통 배경을 다수 공유하므로 어떤 주제나 화제를 다 듣지 않고서도 그 의도를 알아차려 그 이야기를 중단시키고 다른 주제나 화제로 바꿔나갈 수 있는 것이다.

굳어진 관용구 표현은 담화에서 결코 동등하게 분포하는 것이 아니다 (제7장을 보기 바람; 또한 McCarthy and Carter, 1994: 제3장을 보기 바람). 언어 학습에서 글말 텍스트에 대한 과도한 집중은, 의사소통에서 관용 표현들의 중요성에 대한 비균형적 시각을 초래해 버릴 수 있다. 관용구들은 그 축자적 대응물에 대하여 중립적인 대안 후보가 아니라는 점(≒특정한 의미로 굳어져 있어, 축자적 해석이 가능하지 않음: 뒤친이)에서, 언제나 가치를 담고 있고, 그것들이 서술하는 개체와 현상에 대한 어떤 태도나 초점을 담고 있으며, 대화 참여자들 사이에 비격식적 인간관계를 투영해 준다. 그런 관용 표현들이 언제 어디서 어떻게 나타나는지를 관찰하는 일은 입말 연구에 주요한 도전거리이며(Nyyssönen, 1992를 보기 바람), 지금까지 이용 가능한 증거는 충분치 않다. 예외적으로 스뜨뢰쓸러(Strässler, 1982) 와 파울(Powell, 1992)을 참고하기 바란다. 제7장에서는 입말에서 관용구들을 살펴봄으로써 그런 상황에 치유책을 시도할 것이다.

그러나 불투명한 관용구들과는 달리, 상당량의 의미상 투명한 어휘도 또한 여러 낱말로 굳어진 표현·제약된 이음말(연어)(Aisenstadt, 1981을 보기 바람)·합성어 등으로 화석화된다. 이들 중 일부가 다음 (6.9)에서 밑줄 친 진한 글씨로 강조되어 있다.

(6.9) [〈S 01〉이 노숙자가 자신의 차에 부딪힌 교통사고에 대해 이야기를 해 주고 있다[19]]

〈S 01〉 And **of course** the **police officer** came and I was **a bit** shocked and he said **get in the passenger seat** and he drove me to the **police station you see**, somebody **sent for an ambulance** and there was all **activity going on** this man was **propped up at the side of** the wall he looked pretty **you know** he wasn't bleeding or **anything**

〈S 02〉 Wasn't he?

19] 일찍이 제4장에서 (4.5)로 제시된 바 있다.

⟨S 01⟩　No no

⟨S 02⟩　How fast were you going then?

⟨S 01⟩　I wasn't going very fast you see you know it was I'd only just turned the corner more or less here, there was a bit of a line of traffic and then

⟨S 02⟩　So it was a bit of a miracle he wasn't hurt wasn't it

⟨S 01⟩　Apparently it was his party no it was his party-piece because the police told me that he'd done it very often this 'cos it got him a bed for the night, you know it got him in hospital [⟨S 03⟩ laughs] and when he were getting a bit fed up, he'd already had them there that morning apparently saying the IRA had put a bomb under his bed but then he picked on me and er it got him a bed for the night in hospital and that was his he did it regular

⟨S 03⟩　Good grief

⟨S 01⟩　You know but the thing to laugh

⟨S 02⟩　　　　　　　　　　⌊ It's a wonder he didn't break every bone in his body isn't it

⟨S 01⟩　It was just, well the police woman rang up I was there because I were very upset at the thought I'd hurt him you know and she said oh he's only cuts and bruises they're used to him and you mustn't bother about this sort of thing but I was pretty upset at the time

⟨S 02⟩　Yeah yeah.

⟨화자 01⟩ 그리고 물론 경찰관이 왔지. 그리고 난 조금 충격으로 정신이 없었는데 그가 뒷좌석으로 들어가라고 말했어. 그리고 그가 날 태우고 경찰서로 데려갔거든 알다시피, 누군가 구급차를 부르려고 갔고 그리고 모든 구급활동들이 진행되고 있었거든. 이 사람은 벽면에 기대어 있었는데, 예쁘장하게 보였고 알다시피 그가 피도 아무 것도 안 흘렸어요.

〈화자 02〉 안 흘렸다고?

〈화자 01〉 그래 그래.

〈화자 02〉 그렇다면 넌 얼마나 빠르게 달리고 있었니?

〈화자 01〉 난 아주 빨리 가고 있지 않았거든. 보다시피 잘 알다시피. 그게 대체로 모퉁이를 막 돌려고 하던 때야, 그리고 여기, 거기 도로 차선이 약간 있었어. 그러고 나서

〈화자 02〉 그래서 그게 좀 기적이었지. 그가 다치지 않았어. 그렇잖아?

〈화자 01〉 명백히 그게 그쪽이었지. 아니 그게 그 작자가 늘 써먹는 18번이었어. 왜냐면 경찰도 내게 그가 아주 자주 이런 일을 해 왔었다고 말해 주었기 때문이거든. 왜냐면 이게 그에게 하룻밤 잘 잠자리를 내 주기 때문이지, 알다시피 이게 그를 병원에 가게 해 주었거든. [〈화자 02〉 웃음] 그리고 그가 약간 음식을 얻어먹고 있었을 때, 그날 아침에 분명히 그가 이미 그것들(=숙식)을 거기서 해결해 왔다면서, IRA(아일랜드 공화국 군대)에서 자기 침대 아래에 폭탄을 설치해 놓았지만, 그가 날 선택한 거라며 횡설수설하였거든. 그리고 어 그 사건, 그게 그를 병원에서 하룻밤 잘 잠자리를 얻게 해 주었지. 그리고 그게 그의 그는 그걸 정규적으로 한대거든.

〈화자 03〉 어머나 저런.

〈화자 01〉 알다시피 웃기는 거는

〈화자 02〉   ⌊그가 몸에 뼈를 하나도 부러뜨리지 않았다는 게 신기해 안 그렇니?

〈화자 01〉 그게 바로, 글쎄 여경찰이 전화를 걸어 주었는데, 내가 거기 있었지. 왜냐면 내가 그를 다치게 했다는 생각에 매우 기분이 잡쳤거든, 알다시피 그리고 그녀가 말하기를 아 그가 단지 찰과상만 입었대. 그들이 늘상 그를 봐 왔고 이런 종류의 것에 대해 신경 쓸 거 없다는 거야. 허지만 그 당시에 나는 매우 기분 잡쳤어.

〈화자 02〉 맞아 맞아.

이런 종류의 '기성복처럼 이미 만들어진off-the-peg' 어휘는[20] 실시간으로

유창한 산출을 도와주며, 그 텍스트를 완성하는 데 참여하는 단일 낱말 요소들처럼 중요한 듯하다. 사실상 언어가 이미 이런 방식으로 조합되어 (적어도 부분적으로) 산출될 수 없다면, 실제 유효성을 지니는 유창성의 개념을 상정하기란 어려운 일이다(Bolinger, 1976을 보기 바람). 따라서 입말 교육에서는 자료에서 찾아지는 여러 낱말로 이뤄진 항목들을 무시해 버릴 수 없는 것이다. 오직 실제 자료에 대한 자세한 관찰만이 그런 현상의 중요성에 대한 자각을 일깨워 줄 수 있고, 자료를 직접 대면하는 일이 좀더 전형적인 어휘 수업에서 찾아지는 관습적인 교수·학습 전략에 대해 필수적 전조^{preamble 앞 단계}가 될 듯하다.

§.6-6 입말 어휘 교과과정

대량의 실제 자료에 접하지 못하거나 조금 접하는 교사들이, 어떻게 입말과 관련된 어휘 실현 상의 사실들을 알아낼 수 있는지에 대한 질문이 흔히 제기된다. (비록 제6장에서 필수적인 양적 해석이 대부분 강조하듯이 우리들에게 말해 줄 수 있는 바에서 제한적이지만) 한 가지 해결책은, 끝없이 늘어나며 이용 가능한 컴퓨터 산출 낱말 목록을 이용하는 것이다. 컴퓨터 상의 분석으로 자동적인 낱말 목록이 생성될 수 있는데, 수작업으로 모아 놓은 낱말 목록과 더불어 같이 이용될 수 있다. 낱말 목록은 종종 점검 기제로서 또는 컴퓨터 생성 낱말 목록을 글말과 비교하기 위하여 교과과정에 나타난다. 입말에 대한 빈도 목록은 실제로

20] §.6-1에서는 prefabricated(미리 짜여 있는)이란 말을 썼고, §.6-5의 앞부분에서는 fixed (고정된)와 idiomatic(관용구의)이라는 말을 썼다. 모두 어휘 사슬(lexical chain)을 이루는 비슷한 용어이며, 제7장에서 자세히 다뤄진다. §.6-1의 각주 4에서는 routines(상투적 표현)와 formulaic expressions(고정된 표현)도 쓰임을 지적하였다. 루오머(Luoma, 2004), 『말하기 평가(*Assessing Speaking*)』(Cambridge University Press)의 §.2-1-3 및 §.4-5-2 에서는 이런 표현들이 유창성을 높여 준다고 보아 평가의 중요 요소로 취급한다. 그 책에서는 small-words(작은 낱말), 담화 표지, gambit(실마리 화용 표지) 등의 용어도 같이 썼다.

글말 데이터 베이스(=자료 기반), 특히 (Zettersten, 1978과 같은) 신문으로부터 모은 자료 기반에 의존하는 목록과는 현저하게 다르다.

다음 목록은 각각 대략 10만 낱말로 된 자료에 근거한 것이며, 흥미로운 차이점들을 드러낸다. 더 충분한 논의를 보려면 머카씨·카터(McCarthy and Carter, 1997a)를 참고하기 바란다.

[표 1] 입말과 글말에서의 최빈도 낱말 50개

빈도	입말	글말
1	I★	the
2	the	to
3	and	of
4	you★	a
5	it	and
6	to	in
7	that	is
8	is	for
9	a	it
10	yes★ (글말에선 등외임)	that
11	of	was
12	in	on
13	was	he
14	know★(글말에선 등외임)	with
15	have	as
16	they	his
17	no★ (글말에선 등외임)	be
18	but	but
19	like★ (글말에선 등외임)	at
20	she	by
21	so★ (글말에선 등외임)	have
22	do (글말에선 등외임)	has
23	well★ (글말에선 등외임)	from
24	on	are
25	oh★ (글말에선 등외임)	I(입말에선 1위임)
26	there	this
27	what (글말에선 등외임)	they
28	he	not
29	for	an
30	got★ (글말에선 등외임)	will

31	this	who
32	all	been
33	be	their
34	don't*(글말에선 등외임)	had
35	not	one
36	just* (글말에선 등외임)	which
37	go	you(입말에선 4위임)
38	at	all
39	with	last
40	think*(글말에선 등외임)	her
41	about	said
42	one	were
43	really*(글말에선 등외임)	we
44	then* (글말에선 등외임)	when
45	said*	more
46	get* (글말에선 등외임)	would
47	or	there
48	if(글말에선 등외임)	she(입말에선 20위임)
49	right*(글말에선 등외임)	or
50	up	up

※ 노팅엄 담화뭉치의 10만 낱말 입말자료와 (신문과 잡지에서 뽑은)[21] 10만 글말자료의 상위 빈도 50개 낱말의 비교. 별표 '★'가 붙은 낱말은 입말에서 유의미하게 더 자주 나오는 형태를 가리킴.

이 목록에서 두드러진 것은, 두 모습에서 기본 낱말들의 순위에 대한 유사성과, 입말과 글말 두 모습에 특성적 속성을 부여해 주는 일부 차이점들이다. 글말 목록(오른쪽 칸)은 대체로 기능 낱말(=허사)들로[22] 이뤄지지만, 입말 목록(왼쪽 칸)은 표면상으로

know, well, get/got, go, think, right

(알다, 글쎄/그런데, 얻다/조동사, 가다, 생각하다, 옳다)

21] 〈원저자 5〉 1억 낱말로 이뤄진 '케임브리지 국제 말뭉치'(© 케임브리지 대학 출판부)로부터 나온 표본이다.

22] function word(기능 낱말)는 '문법적 낱말, 기능 낱말, 관계 낱말, 연결 낱말' 등 여러 가지 용어로 불린다. 번역자는 실사(實辭)와 대립되는 허사(虛辭)란 용어를 선호한다. 이에 대립되는 lexical word(어휘 낱말)는 '내용 낱말, 실체 낱말, 실질 낱말' 등으로 불린다. §.6-2에 있는 각주 8도 참고하기 바란다.

와 같이 다수의 어휘 낱말(=실사)들을 포함하는 듯하다. 그렇지만 이들 대부분은 담화 표지 요소들(가령 you + know[잘 알고 있듯이], I + think[내 생각으로니])이거나, 낱낱 낱말 표지(well[글쎄/그런데], right[옳아요])로 판명된다. 추가 사례와 논의를 보려면 스텐스뜨롬(Stenström, 1990)을 참고하기 바란다. 이는 입말의 어휘 분석으로부터 나온 통찰력을 수업에 맞물려 놓기를 바라는 교사라면 누구나 교과과정에서 담화 표지들의 지위를 결정해 놓아야 함을 시사한다. 이들 실사들뿐만 아니라, 극히 빈도가 잦은 실현으로 말미암아 문장을 다루는 문법에서 종종 접속사로 분류되는 다수의 항목들이, 입말에서 표지(=담화 표지, 군말, 화용 실마리 낱말 등으로도 불림: 뒤친이)로[23] 재평가되어야 할 것이다. 가령 so[그래서] 같은 표지이며, 또한 §.4-5에 있는 종속절에 대한 논의와 because[왜냐하면]과 같은 낱말들에 대한 논의도 참고하기 바란다. 다른 항목들도 재검사가 필요할 것이다.

빈도가 높은 get의 입말 이용에 대하여 가장 공통적인 기능은 무엇일까? 글말과 비교하여 get/got이 입말에서 다르게 이용되는 것일까? 이 마지막 질문에 대답하기 위하여, got 형식에 대한 모종의 통계를 살펴보기로 한다. got은 입말 표본에서가 글말에서보다 대략 14배나 더 많

23] 담화 표지는 담화를 이어주는 기능어들인데, 크게 거시 표지와 미시 표지로 나뉜다. 거시 표지는 담화들의 큰 단위를 이어 주는 개념 연결 표지이다. 가령, 서론-본론-결론으로 이뤄진 담화에서 각 부분이 시작되는 첫머리에 나오는 신호들이거나, 담화가 어떻게 전개될지를 알려 주는 접속사들로서 가령 '이상을 요약하면, 각설하여, 논증을 하자면' 따위이다. 덩잇말·덩잇글의 거시 구조는 언어 외적(extralingustic) 정보에 의존하므로, 담화 전개를 가리키는 거시 표지는 고정되어 있지 않고, 사례에 따라서 다양하게 달라질 수 있다. 그러나 미시 구조를 표시해 주는 미시 표지는 언어 형식을 갖추고 있다. 다시 말하여, 미시 표지는 군말(filler)뿐만 아니라 작은 단위의 발화나 문장을 이어 주는 접속사들인데, 다음처럼 나눌 수 있다
① 시간 연결(then 그리고 나서, and 그리고, now 이제, after this 이 일 뒤에, at that time 그때),
② 인과 연결(because 왜냐하면, so 따라서),
③ 대조적 관계(but 그러나, actually 사실은),
④ 상대적인 강조(you see 아시겠지만, unbelievably 믿을 수 없을 만큼, of course 물론),
⑤ 틀 짓기/마디 만들기(well 그럼, OK 좋아요, all right? 괜찮습니까?).

이 나온다. 지금까지 입말에서 got의 가장 빈번한 사용은, 뭔가에 대해 소유 또는 개인적 관련성에 대한 기본 동사로서 have got 구성에 있는 것이다. 1인칭대명사 I've에 대한 용례 찾기에서 나온 일부 사례는 다음과 같다.

[표 2] 입말 I've got에 대한 용례 검색 사례(표본)

4684 03	en or something Yes cos	I've got the cross-London transfer anyway A
2028 01	ipe it Erm not yet cos	I've got to make the bread when I've finish
7782 01	is born in July, 'cos	I've got so many birthdays in July. All
551 03	know. I've got it down	I've got it somewhere that outside the er c
481 02	um I tell you what else	I've got Chris do you know we made an album
8552 02	West. Yes so am I. Er	I've got an agreed overdraft limit of five
102 01	aying about the fellah	I've got you She would marry him if he wor
1986 01	you know a sore finger	I've got a great big bloody hole It's not
4544 02	called Hearts of Fire	I've got that on video But they took off a
4047 01	ome of the upper fours	I've got erm a magazine and it had like sui
8899 02	I got them. Yes I have	I've got them they must be around out here.
3627 02	hat's why it's so heavy	I've got like That's why cos cos you got,
950 01	ildren I don't know how	I've got it unless you don't go to the danc
6644 01	ewed.. I'll tell you I	I've got a choice between three months in t
482 02	Switzerland you did it	I've got that upstairs. That was dreadful
990 04	eah it does doesn't it	I've got two now yes it does always disappe
6604 01	ve got jobs. Go for it.	I've got a job. Not yet. Do you want one? M
2579 04	rop Sorry Warwick No	I've got some thanks Cheers Nice Mm Ver
6686 01	you got? Sweden's not.	I've got elevem. Norway. Norway isn't eithe
1768 02	ah That's the only one	I've got Yeah that's fine Yeah d'you mind
6794 01	t. That's the only one	I've got I haven't got any of the small one
478 02	some I'll get some out	I've got some up in the cupboard haven't I

입말과 글말 사이에서 분포상 차이점을 드러내는 것이 got만이 아니다. 다른 많은 낱말들도 중요한 차이를 보일 것으로 기대할 수 있다. 특히 명백한 유의어, 가령 start^{시작하다}와 begin^{시작하다}(Rundell, 1995), too^{또한}와 also^{또한}들도 그러하다. 다른 개별 낱말들도 차이 있게 실현될 것이다. 예를 들면, 우리의 표본에서 양상(양태)^{24]} 부사 probably^{아마도}는 글

말에서보다 입말 자료에서 6곱절이나 빈도가 더 높게 나온다. 따라서 글말 자료에만 근거한 교과과정에서 매력을 끌 수 있기보다는 입말 어휘 교과과정에서 훨씬 더 큰 중요성을 지닐 수 있는 낱말들 가운데 하나이다.

의미와 사용뿐만 아니라 또한 빈도가 입말 자료와 글말 자료 사이에 차이가 날 가능성이 있다. 앞에 있는 I've got에 대한 용례 검색에서, 세 번째 줄에 있는 다음과 같은

'cos I've got so many birthdays in July
(왜냐면 내게 7월생 친구들이 아주 많이 있기 때문이에요)

진술은 비격식적 입말에서 좀더 빈번히 나타날 것으로 기대될 수 있는 오히려 전형적으로 애매한 의미 유형의 경우이다.

입말과 글말 사이에 있는 또 다른 대조 사례는, 동사 tend^{~하는 편이다}이다. 이는 우리의 입말 표본에서 글말 표본보다 9곱절이나 더 많이 나온다. (노팅엄 담화뭉치 CANCODE를 놓고, 특히 화자 나이/성별에 대한 문서화된 정보를 추적할 때 더 젊은 화자들 사이에서) 이 낱말이 문법화되고 있다. 어떤 행위 쪽으로 향한 성벽이나 치우침보다는, 습관성이나 정규적 발생을 표현하는 데 쓰이고 있음을 시사해 주는 증거가 있다. 다시, 입말 용례 검색이 이 유형을 드러내 준다.

24] modal(양상/양태)은 가능성(개연성)과 필연성(확실성)이 기본인데, 이 속성은 밑바닥에서 전칭(for all)과 특칭(for some)의 대립과 유사한 것으로 현대 논리학에서 논의된다. 양상이란 개념은 그 자체로 어떤 명제에 대한 화자의 태도와 불가피하게 관련되는데, 이는 더 큰 '믿음 고정'의 문제와 결부되어 인식론과 복잡하게 뒤얽히게 된다. probably(아마도)를 입말에서 많이 쓴다면, 번역자는 hedge(추궁대비 표현)로 불리는 완화 표현 또는 책임 경감 표현과 관련될 것으로 본다. 화자가 어떤 사건을 단정하면, 자연스럽게 자신의 말에 책임을 져야 한다. 그렇지만 probably라고 에둘러 놓음으로써 그 사건에 대한 언급이 오류이었을 경우에 미리 대비할 수 있다. 또한 확정적이고 단정적인 표현보다 개연적인 표현을 함으로써, 상대방에게 판단을 내릴 수 있는 자율성도 허용해 주게 된다.

[표 3] 입말 tend에 대한 용례 검색 사례(표본)

```
4783 02   chool Em yeah but we don't tend to go very often because it I mea
4789 02      quite far away Mm but I tend to like to save my money and spen
5768 37       up the drift The thing is I tend to borrow things off Tom and he t
3073 04   on I tend not to use names I tend to use direct names very little b
 297 01          that? Rock seaside rock. I tend to buy it and then wait a year so
7842 01    straight to bed Yeah What I tend to do is read or watch television
7281 01      to look too Do you like it, tend to like it slightly sort of forwa
7026 01     ke that with parties, people tend to not turn up Mm until after
4676 01       That's right Yeah the shops tend to open about eleven o'clock
2050 02   ionally if I do buy bacon we tend to have it for a lunch you know w
5761 37     got six good glasses but we tend not to use them She was saying s
2151 02   ty seven Well that's how we tend to go every fortnight and we spen
4771 02   re a couple of times and you tend to find that a lot of the London
7276 01      se, yeah Yep, How do you tend to like to dry it, do you like it
5763 37   e about half past six and he tends to clean the windscreen then Su
3002 03        in Cardiff it tends to be it tends to be quite wet it wasn't too ba
7848 02      off straight back because it tends to flop, urm certainly tightene
6884 02       I think when it's shorter tends to, you notice it growing more a
7283 02      ith that a bit down, or that tends to go back I don't quite know wh
```

이들 많은 용례 검색 사례들이 (Low, 1995에서 자신의 설문지에 응답한 사람들의 tend 용법을 해석하였듯이) 어떤 활동 쪽으로 치우침 또는 명제에 대한 '추궁대비 표현hedging'25]의 의미보다는, 오히려 정규성이나 습관성에 대한 초점(~하는 편이다)을 시사해 준다. 특히 다음 예를 주목할 수 있다.

we don't tend to go very often

(우리가 아주 자주 가는 편은 아니다)

what I tend to do is read or watch television

25] 뒤친이는 hedge를 추궁대비 표현이나 책임 경감 표현으로 번역해 왔다. 페어클럽 (1995; 이원표 뒤침, 2004: 5, 121), 『대중매체 담화 분석』(한국문화사)에서는 '완화 표현'으로 번역하였다. 테일러(1995; 조명원·나익주 뒤침, 1997), 『인지언어학이란 무 엇인가?』(한국문화사) 제4장 4절에서는 '울타리 표현'으로 번역하였는데, hedge에 대 한 용례가 풍부히 다뤄져 있다.

(나는 책 읽기나 텔레비전 보기를 자주 하려는 편이다)

we tend to go every fortnight

(우리는 2주마다 가는 편이다/가는 습관이 있다)

he tends to clean the windscreen

(그는 차 앞유리를 깨끗이 닦는 편이다/닦는 습관이 있다)

문법이나 사전에서 꼭 이들 의미의 구별을 집어내는 데에 실패하였다는 뜻이 아니다. 가령 코빌드(COBUILD, 1995) 사전에서 tend에 대한 뛰어난 의미 구별을 보기 바란다. 거기서 말뭉치 증거가 그 사전에 정보를 제공해 주고, '습관적' 의미가 초점으로 내세워져 있다.

현재의 논의를 위한 중요성은, 입말 말뭉치에서 이런 의미를 지닌 tend의 두드러짐이다. 입말에서 훨씬 더 잦은 tend의 빈도 이외에도, 이는 대부분의 문법에서 기술된 지엽적(부차적) 특성이 일상 언어에 있는 용법에 대한 참된 그림을 제대로 제공해 주지 않음을 시사하는 것이다. 가령 퀵 등(Quirk et al., 1985: 236)에서는 tend를 단지 지엽적(부차적) 조동사들 중에서 '기타' 조동사로 이름 붙인 범주와 관련하여 언급한다. 그럼에도 불구하고, tend는 10만 낱말의 입말 표본에서, 대형 문법책과 영어 교재에서 훨씬 더 많이 주목을 받는 ought보다 빈도가 세 곱절이나 높다.

언어 말뭉치의 컴퓨터 분석은 입말 어휘 사용과 글말 어휘 사용 사이에 어떤 흥미롭고 교육상으로 유용한 차이점들을 지적해 줄 수 있다. 심지어 (오늘날의 기준에 비춰 보아) 비교적 작은 표본들도 독자적인 통찰력을 산출할 수 있거나, 또는 이 영역에서 미래의 관찰과 검증을 위한 깨우침을 일으킬 수 있다.[26] 그러나 컴퓨터는 어휘 선택의 인간

26] 〈원저자 6〉 최적의 말뭉치 크기에 대한 물음은 대체로 해결 불가능하며, 서로 경합하는 주요 말뭉치 기획들의 현재 크기에 달려 있는 듯하다(제1장에 있는 논의를 보기 바람). 1천만 그리고 심지어 1억 낱말의 말뭉치를 위한 현행 급팽창도 또한 십년 이내에 1조 낱말도 못 다루는 말뭉치는 어떤 것이든 부적합하다고 논의할 미래의 사람들에 의해 조롱당할 것임을 자신 있게 예측할 수 있다. 카터·머카시(Carter and McCarthy,

관계적/상호작용적 특징들을 뽑아내는 데에 아주 좋은 편이 아니며, 날카로운 관찰 및 질적 해석에 대하여 아직 다른 대안은 없다. 그렇게 말함으로써, 신중하게 목표를 정해 놓은 말뭉치와 더불어, 좋은 질적 관찰 및 복잡한 컴퓨터 처리 능력의 결합이, 교육상의 목적을 위하여 담화를 지향한 언어 서술에 대한 우리의 목표를 향한 발전을 뒷받침하는 데에 극히 효과적인 도구가 될 수 있다. 그럼에도 불구하고, 그 말뭉치는 교과과정 상에서 독재적인 지배력을 행사해서는 안 된다. 예를 들면, 1주일의 7요일에 대한 이름이 모두 어떤 말뭉치에서이든지 정확히 동등한 빈도로 나타날 것 같지는 않다(Martin, 1988을 보기 바람). 그렇지만 올바른 정신을 지닌다면 어휘 교과과정에 있는 목표 항목들로서 (심리언어학 관점으로부터) 요일들의 동등한 지위를 아무도 심각하게 의심하지 않을 것 같다. 직관적으로 다른 많은 관련 낱말 묶음들이 또한 이런 방식으로 살펴져야 할 것이다. 교과과정은 말뭉치에 매인 것이 아니라, 말뭉치에 의해 정보를 받는 쪽이 되어야 한다(이런 구별에 대한 논의를 보려면 §.1-9를 참고하기 바람).

또한 비록 우리가 잦은 빈도의 입말 항목들에 집중해 왔지만, 일상 대화에서 여전히 빈도가 낮게 나타나는 낱말들에 대해서도 커다란 어휘적 부담이 있음에 주목할 가치가 있다. 데이뷔스–하우즈Davis-Howes의 입말 영어에 대한 낱말 수치(Howes, 1966)는 이미 25만 낱말 말뭉치에 목록으로 올라 있는 모든 낱말에서 절반이 오직 1번만 나타남을 보여 주었다(§.1-3을 보기 바람).

입말에 대한 자동 분석의 경우에, 중요한 것은 관찰의 객관성 정도를 성취하는 것이다. 대화에 실시간 참여는, 글말 텍스트 읽기가 넉넉한 시간을 내어 주는 것에 비해서, 훨씬 더 큰 범위로 필요한 대부분의

1995b)에서는 입말에 대하여 심지어 2만~3만 낱말로 된 비교적 작은 표본도, 특정한 목표 유형과 관계 유형에 조심스럽게 목표가 맞춰진다면, 그 크기보다 몇 곱절이나 되는 말뭉치 분석가들이 지나쳐 버린 문법적 통찰력을 산출할 수 있으며, 교육상으로 유용하게 관련될 수 있음을 예증하였다.

시간을 내어 주지 못한다(≒적시에 적합한 표현을 만들어 내기가 촉급하므로 산출에서 중압감을 가중시킴: 뒤친이). 여기서 입말에 대한 말뭉치가 나름 내도의 권리를 지니는 것이다.

§.6-7 결론

우리가 살펴온 대화 인용들은 일상 입말의 어휘적 특징에 대하여 여러 가지 측면을 예시해 주었다. 지속적으로 일어나는 동등한 특징들을 보기 위해서 많은 자료가 필요한 것은 아니다. 맥락에 있는 언어 형태들이 담화 과정을 만들어 낸다는 가정으로부터 시작하는 언어에 대한 견해는, 제6장의 시작 부분에서 언급된 단일 작가에 의해 잘 짜이어 씌어진 텍스트로부터, 대화 언어가 차별화되는 종류의 제약들에 비춰, 그런 특징들을 자리잡게 하고 설명하는 데 도움을 준다. 그 차이점들은 많다. 여기서 우리는 오직 어휘 유형화를 위한 함의만을 살펴보았고, 차례로 그런 어휘 유형화에 대한 견해가 어휘 교육과 학습을 위해서 어떤 광범위한 함의들을 지니는지만 살펴보았을 뿐이다.

우리는 또한 제4장과 제5장에서 동등한 내용이 문법에도 적용됨을 보았다. 자발적인 입말에 대한 문법은, 신중하게 짜인 글말 텍스트의 문법과는 중요한 여러 측면에서 구별되며, 어휘 선택이 참여자·목표·현장들과 관련된 동일한 제약 아래 운용된다. 담화에 근거한 언어에 대한 견해는, 우리가 형식적 유형들을 이해하는 방식을 바꿔 놓도록 하지만, 또한 그런 지식을 학습자들에게 소통하는 방법에 대하여 중요한 질문들도 제기하며, 특히 목표언어에서 대화로 자연스럽게 소통할 수 있게 해 주기 위한 적합한 자원들을 갖추도록 해 준다.

저자는 여기서 강조된 종류의 특징들이 어휘 교육에서 방법론적 가정들을 재고하도록 촉구할 수 있음을 시사하였다. 대화 언어에서 중심이 되는 것으로 논의해 온 종류의 어휘 특징들을 다루는 경우에, 낱말들을 (또는 심지어 문장으로 된 낱말들을) 제시하고 연습하고 산출하는(PPP) 것(늦종전의 교사 중심 수업)만으로 충분치 않을 수 있다. 언어 자각의 접근[27]은 더 효과적이고 처음에서부터 적합할 수 있으며, '연구자로서의 학습자learner-as-researcher'를 격려하는 일이 학습자에게 목표 입말 어휘의 자연스런 사용자가 되도록 힘을 북돋는 최선의 장기 전략이 될 수 있다.

어휘상의 부담이 입말 교육 내용에서 반드시 더 커져야 할 필요는 없었지만, 분명히 상이한 우선성 및 강조점을 지닐 것이며, 직관적으로 구성된 낱말 목록과 문장들보다는 오히려 실제 자료가 우리에게 말해 줄 수 있는 바에 토대를 두게 될 것이다. 무엇보다도, 교과과정에서 (우리가 비슷한 말과 반대말과 같은 특징들을 논의하였으므로) 한 언어의 어휘가 통합된 자원임을 인식하게 될 것이다. 이는 주제 및 참여자 목표들의 진행과 발전에 기여하며, 바로 중요한 것으로서, 사회적(사교적) 관계들의 구성과 유지에 기여할 것이다.

27] 언어 자각(language-awareness)이란 용어는 호킨즈(Hawkins, 1984, 1987 개정판), 『언어 자각 개론(*Awareness of Language: An Introduction*)』(Cambridge University Press)에서 처음 쓰였다. 그 후 제임스・게륏 엮음(James and Garrett, 1981), 『교실수업에서의 언어 자각(*Language Awareness in the Classroom*)』(Longman); 페어클럽(Fairclough, 1992), 『비판적 언어 자각(*Critical Language Awareness*)』(Longman); 뷘리어(van Lier, 1995), 『언어 자각 개관(*Introducing Language Awareness*)』(Penguin)으로 이어진다. 언어자각학회의 누리집을 찾아가 보기 바란다(http://www.Languageawareness.org). 또한 §.7-6에 있는 각주 24도 참고하기 바란다.

제7장 자주 쓰이는 관용구

: 담화에 근거하여 언어교육의 전통 영역을 재검토함

§.7-1 도입

이 주제에 대한 더 일찍 발표된 논문에서,[1] 그리고 머카씨·카터 (McCarthy and Carter, 1994: 109)에서, 우리는 다양한 종류의 관용구 표현들이 오랫동안 언어 교사와 학습자들로 하여금 몰두하게 해 왔고, 출판사들에서도 정규적으로 관용구에 대한 특별한 보충 교육자료들에 전념하여 언어 학습자들을 겨냥한 관용구 사전으로 출판해 왔음을 주목하였다. 가령 코위·머킨(Cowie and Mackin, 1975), 롱먼 출판사(Longman, 1979), 케임브리지 대학 출판부(1998)이다. 우리는 또한 일반적으로 발언기회 얻어내기(Sacks et al., 1974), 주제 관리(Gardner, 1987), 일반적 어휘화 유형(제6장에서 보았듯이, 이 마지막 영역에 있는 업적이 비록 작지만)과 같은 영역을 포함하여, 입말의 특징들에 대한 조사의 분량과 비교하여, 우리는 여전히 일상 이야기에서 관용구가 실제 어떻게 이용되는지에 대하여 아주 조금 알고 있는 듯함에도 또한 주목하였다. 대신에 우리는 실제 사용과 유사성이 있거나 거의 없는 상상으로 일부러 꾸며낸

1] 〈원저자 1〉 제7장은 더 일찍 발표된 논문(McCarthy, 1992b)로부터 발전되었다. 현재의 내용은 근본적으로 수정되었고 입말 자료만을 집중적으로 다룬다.

것이라기보다는, 임의의 맥락으로부터 떼어내어 이상하게도 정체성 없는 항목들로서 그것들(=관용구)을 계속 가르쳐 온 경향이 있다. 학습 자들은 그것들을 기괴하다고 취급하는 경향이 있다. 즉, 목표언어의 변덕스런 특징으로서, 어휘 공책에 모아 놓고 잘 보관하며, 목록으로 만들어 놓는 어떤 것이다.

이 책에서 저자는 지속적으로 언어교육과 응용언어학이 일반적으로 입말 담화에 근거한 언어 기술 쪽으로 지향하는 일이 혜택을 입을 수 있으며, 언어 교사들이 응당 스스로 비판적으로 교육을 위한 원시 자료 를 생성하는 기술적 접근에 관심을 기울여야 함을 논의해 왔다. 그러나 유혹으로 종종 발언기회 얻어내기 등의 모형과 같이 좀더 담화 분석의 흥미로운 통찰력을 통합해 놓고자 시도하며(§.3-2-2를 보기 바람), 전통 교 육자들의 발음 교육과 어휘 교육과 같이 전통적인 관심 영역을 벗어나 고자 노력한다. 이런 노선이 얼마나 중요하고 소득이 있을 것인지와는 상관없이, 전통적인 교육 영역을 재모형화하려는 데에 심지어 더 큰 도전이 있는데, 특히 대체로 의심받지 않은 가정들 속에 들어 있는 것 들이다. 그러므로 제7장에서는 관용구 사용에 대한 어떤 자연스런 입말 맥락들을 살펴보려고 하며, 관용구가 담화상으로 어떤 종류의 기능들 을 수행하는지 검토해 볼 것이다. 이는 머카씨(McCarthy, 1992b)와 머카 씨·카터(McCarthy and Carter, 1994)에서 보고된 업적을 확대하고, 관용구 사용에 대한 일관된 이론 속으로 함께 실마리를 이끌어 가려고 한다.

앞에서 언급한 더 일찍 나온 업적에서, 우리들은 '관용구'란 낱말을 통사·어휘·음운 형식이 다른 것들보다 더 고정적이며, 의미 및 화용 기능들이 다른 것들보다 더 불투명하고 특수화되어 있는 두 낱말 이상 의 열strings 줄, 연결을 의미하는 것으로 썼다. 모든 요소들이 고정되어 있 는 열(줄, 연결)의 사례는 rough and ready(임시변통의)란 표현이다. 이 표현은 반드시 특정한 어순으로, 특정 낱말들과 단일한 하나의 어조 단위로 발화되어야 한다.

/ˈROUGH and ˈREADY/,

단 ˈ은 제1 강세, ˌ는 제2 강세, / /은 어조 단위 경계를 나타냄

그 의미가 대체로 고정되어 있고 고쳐질 수 없다. 이런 고정성(화석화라는 말도 씀: 뒤친이)의 특징에 대한 확장된 논의를 보려면 코위(Cowie, 1988)를 참고하기 바란다. 어휘-문법·음운·의미/화용 고정성의 가능한 연속체 축을 따라서, 다른 표현들도 하나 또는 그 이상의 측면으로 좀 더 고정될 수 있다.

to turn a blind eye (to something)

(뭔가에 대해서 눈이 멀게 되다, 맹목적이 되어 지금 일어나고 있는 나쁜 것을 볼 수 없게 되다)

라는 표현은 최근에 BBC[영국 공영 방송] 라디오 프로그램에서 어떤 면담 응답자가 다음처럼 대답하였을 때

'*Blind eyes have been turned* all the way along to breaches of safety regulations…'

(안전 규정의 위반들과 더불어 온통 내내 눈들이 멀어지게 되었습니다)

명사화되고 복수로 되었다. 이는 받아들여질 수 있는 통사적 융통성(가변성)의 정도를 드러내어 준다. 굳어진 표현이 개방적이고 참신하게 통사화되며 어휘-문법 형상으로 되는, 그리고 불투명한 관용구 의미가 투명해지며 점점 더 축자적으로 되는 절삭점[cut-off point]은, 해결하기 어렵고, 꼬집어 내기가 궁극적으로 불가능하다. 그러나 경계점을 흐려 놓은 관용구의 정의는 장점뿐만 아니라 단점도 지닌다. 관용구는 절-관용구(영어에서 '동사 + 보어' 유형으로 가령 hit the sack[잠자리에 들다])와 관용구적 구 동사(가령 흉내내다를 뜻하는 'take (sb) off') 이외에도, 보통 우리들로 하여금 그 용어 속에 광범위한 고정표현들을 포함시켜 놓을 수 있게

해 준다. 이는 전통적으로 언어교육 자료에서 가장 흔히 초점 모아진 것이다. 이들 관용구에 대한 별도의 범주들은 다음 사항들을 포함한다.[2]

① 전치사 표현: '뭔가를 아주 신속히 하다'는 뜻의 in two shake's of a lamb's tail

② 두 쌍 낱말binominal 또는 세 쌍 낱말trinominal 결합 표현: 모종 and로 묶이나 순서가 바뀔 수 없거나, 또는 언어마다 변동될 수 있는 순서의 결합 내용. black and white film흑백 필름(스페인어에서는 순서가 뒤바뀜 blanco y negro), ready, willing and able실제 행위를 위하여 준비·의지·능력이 갖춰진, give or take대충, 증감을 포함하여, safe and soul아무 탈 없이. 추가 사례와 논의를 보려면 말키을(Malkiel, 1959), 구스탑슨(Gustafsson, 1975), 노뢱(Norrick, 1988), 휑크-옥즐른 (Fenk-Oczlon, 1989)을 참고하기 바란다.[3]

③ 얼어붙은 직유 표현: 보통 형식상으로 첫 번째 요소 as의 제거 가능성에 의해 확인됨. (as) keen as mustard꽤 열심인, 겨자처럼 매운, (as) cold as charity아주 쌀쌀맞은, 형식적 자선처럼 썰렁한. 태모니(Tamony, 1982)와 노뢱(Norrick, 1986)을 보기 바란다.

④ 소유격 ''s'가 있는 구절: a king's ransom거액의 귀중품이나 돈, 인질로 잡은 국왕의 몸값, the

---

2] 〈원저자 2〉 명사 합성어와 구 동사를 관용구의 범주 속에 포함시키는 데에 모두가 동의하는 것은 아님에 유의할 필요가 있다. 가령 고틀리브(Gotlieb, 1992)에서는 실용적 사전편찬 이유로 말미암아 그런 것들을 배제하였다.

3] 〈원저자 3〉 저자는 두 쌍 낱말 결합의 어순에서 도상성(iconicity)에 대한 논란을 잘 알고 있으며, 최근에 유용하게 기여한 논의는 버드쏭(Birdsong 1995)이다. 때로 모종의 도상적인 원리들이 다음처럼 실제로 작동하는 듯이 보인다. ① 첫 번째 요소가 흔히 화자 중심에 관련되는 것이다. 가령 _here_ and there(여기 저기/이곳 저곳), _now_ and then (때때로, 이따금), _back_ and forth(앞뒤로/왔다갔다) 등이다. ② 또는 반대되는 짝으로 무표적인 항에서부터 유표적인 항으로 옮겨간다. 가령, _high_ and low(높고 낮은 모든 계급의 사람들), _good_ and bad(이만저만 나쁜 게 아닌) 등이다. ③ 아니면 두 번째 요소에서 음운론적 '늘이기'가 실현된다. 가령 wine and _dine_(술과 음식으로 푸짐히 대접하다), huff and _puff_(숨을 헐떡이며 버티다) 등이다. 그렇지만 그런 원리들이 유용하게 교육 속으로 맞물려 들어올 수 있는지 여부, 또는 그 관용성으로 말미암아 두 쌍 낱말 결합이 분석 불가능한 전체로서 마치 단일 형태소 낱말처럼 가르쳐지고 학습되는 것이 최상인지 여부에 대해서는 여전히 논쟁거리가 되고 있다.

cat's whiskers^{멋있는 것, 고양이 구레나룻}

⑤ 불투명한 명사 합성어. blackmail^{공갈 협박}, a mish-mash^{잡동사니, 뒤범벅}, the back of beyond^{세계의 끝4]}

⑥ 대화 자료에서 아주 빈도가 높은 관용구적인 발화 투식어, 화용적 실마리 표현, 담화 표지: by the way^{그런데}, how's it going?^{잘 되어 가는가?}, that's that^{그게 바로 그거야}, mind you^{싫어 하시겠어요, 꺼리시겠습니까?}

⑦ 문화적 암시 내용으로서 광범위하게 인용·슬로건^{slogan 표어·캐치프레이즈 catch phrase 선전 문구}·속담들을 포함한다. 모두 같은 문화 맥락을 공유한 사람들에게 즉각 확인될 수 있다. to be or not to be…^{죽느냐 사느냐 그것이 문제로다}, sock it to me^{나에게 한 방 먹이다/충격을 주다}, every cloud has a sliver lining^{어떤 나쁜 일에도 좋은 면이 있다/모든 구름이 뒤쪽에는 은빛으로 빛난다}

이런 목록으로부터 주목할 중요한 점은, 관용구가 언제나 독자적으로 형식적 속성에 의해서만 뜻이 결정될 수 없다는 것이다. 특히 ⑦에 있는 현상은 광범위하게 다양한 형식적 유형들이 찾아지며(구, 절, 문장, 전체 텍스트), 발화 공동체 구성원들에 의해서 공유된 그들의 문화를 가리키는 것으로 함께 공유된다. 궁극적으로 낱말들의 관용구적 배열의 확인에 직관이 또한 큰 몫을 떠맡는다. 특히 경계 지점에 걸친 사례들에서 그러하다. 그런 문제들에 대한 확대된 논의를 보려면 브뤼쓴

4] 〈원저자 4〉 여기서 저자는 오직 의미상으로 불투명한 합성어에만 초점을 모으고 있다. 그렇지만 모든 합성어가 합성어로 관습화되는 과정에서 모종의 의미론적 또는 화용론적 특수화를 겪었다는 의미에서 관용적임이 논의되어 왔다. 쿠이주(Kooij, 1968)를 보기 바란다.

〈역자주〉 '불투명하다/투명하다'의 기준은 의미를 가리키지만, 그 이면에는 구성요소들로부터 전체 의미를 합성해 낼 수 있는지 여부(합성성 원칙이 준수되는지 여부)에 달려 있고, 투명한 합성어일수록 핵어로부터 의미가 투영되어 그 의미에 대한 수식 요소를 갖게 된다. 핑커(1999; 김한영 뒤침, 2009)의 『단어와 규칙』(사이언스 북스) 제6장에서는 복수 접미사의 불규칙성도 핵어가 투영되는(삼투되는) 원리로 설명해 준다. 가장 포괄적인 논의는 리버 외(Lieber and Stekauer, 2009) 엮음, 『낱말 합성에 대한 옥스퍼드 소백과(The Handbook of Compounding)』(Oxford University Press)를 보기 바란다.

(Bressan, 1979)을 참고하기 바란다.

§.7-2 자주 사용되는 관용구 : 평가하는 힘

앞에서 목록으로 보인 모든 유형의 관용구적 표현이, 실제 입말 및 극말에서 수저으고 다근 갯보나 더 많이 찾아질 수 있다. 관련 문헌에서의 논의는 보통 의미론과 통사론, 언어에 따른 차이점, 그런 표현들의 보편성 등에 집중된다. 가령 마카이(Makkai, 1978), 풔낸도·플래블(Fernando and Flavell, 1981), 뤼건(Reagan, 1987)을 보기 바란다. 저자는 그런 통찰력이 얹어 놓을 교육적 이용을 부정하려고 하는 것이 아니다.

그렇지만, 언제나 가장 결여되고 있는 것은, 실제 사용의 맥락에서 기능 및 분포를 검토하려는 시도이다. 대화상의 투식·화용상의 실마리 표현·담화 표지들은 예외이며(Coulmas, 1979, 1981a와 Shiffrin, 1987을 보기 바람), 여기서 좀더 추가적인 언급이 필요하다. 흔히 어떤 밑바닥에 깔린 가정이 있다. 관용구적 표현이 의미상 동등하게 축자적인 자유 형식들에 대하여 단지 비격식적인 또는 입말로 된 대안 후보들이라는 것이다. 이는 또한 관용구가 나타나는 종류의 자료가, 청자와 화자 사이에 있는 상호작용 차원에서 고도로 비격식성을 반영해 주는 만큼 참이 될 수도 있겠지만, 이는 담화에서 특정한 시점에 축자적이고 의미가 투명한 대응 짝이 아니라, 그 대신에 화자들이 왜 관용구를 선택하는지 그 이유를 우리들에게 말해 주기를 원하는 바람에는 전혀 근접하지도 못한다. 대답해야 할 질문은 다음과 같다.

왜 언어가 담화 상의 많은 곳에서 (적어도 이론상으로는) 자유변이 관계로 작동하는 듯한 축자적 선택 및 관용구적 선택을 제공해 주면서, 대상을 말하는 방식을 '중복시켜duplicate' 놓아야 하는 것일까?

분명히 실제 자료는, 저자가 아래에서 예증해 주려고 하겠지만, 관용구 선택이 부작위적이지 않고 동기가 없는 것도 아니며, 담화 차원에 있는 언어 선택의 특징과 연결될 수 있음을 나타내는 듯하다. 이런 주장을 옹호하는 상당량의 뒷받침 증거가 이미 다양하게 광범위한 유형의 글말 텍스트들에 대한 컴퓨터 분석으로부터 이용 가능하다. 거기에서 '평가 기제evaluative devices'로서 관용구의 기능이[5] 덩잇글에 있는 필자의 촌평 마디와 관련되면서 정규적인 유형이 되는 듯하다(Moon, 1992를 보기 바람). 입말 자료에서는 관용구들의 분포 및 기능이 심지어 좀더 매력을 끌지만, 연구가 제대로 잘 이뤄지지 않았다. 입말 말뭉치는 우리들에게 두루 차별적 연령과 사회 계층의 광범위한 화자들에 걸쳐서 상이한 상황 맥락으로 일상 이야기에 접근하여 관용구 사용을 관찰할 수 있도록 해 준다.

자연스럽게 일어나는 입말 영어에서 관용구 사용을 서술하려고 시도한 소수의 분석자들 중에 한 사람이 스뜨뢰쓸러(Strässler, 1982)이며, 좀더 최근에 파울(Powell, 1992)이다.[6] 스뜨뢰쓸러는 현재 제7장에서 옹호하는 바를 실행하며, 관용구를 의미론적 문제로 분석하는 전통적인 방법과는 결별하고, **관용구 사용의 화용론**을 살펴보았다. 스뜨뢰쓸러는 상대적으로 말하여 관용구들이 빈도가 낮음(그의 자료에서는 평균 1,150낱말마다 1번 나옴)을 발견하였다. 이는 입말 기술에 집중하여 익힐 필요

5] 서사이야기(narrative)의 구성요소로서 '평가'의 개념은, 일찍이 러보웁·월리츠끼(Labov and Waletzky, 1967), 「서사이야기 분석: 개인 체험담의 입말 내용(Narrative Analysis: Oral Versions of Personal Experience)」에서 'orientation(도입) ⇨ complication(꼬임) ⇨ evaluation(평가) ⇨ resolution(해결) ⇨ coda(종결, 마무리)'로 언급한 뒤 계속 지지되어 왔다. §.3-2-3의 관련 대목과 §.7-3의 각주 12도 보기 바란다.

그렇지만 왜 평가를 해야 하는 것일까? 이런 상위 차원의 질문에 대해 클락(1996; 김지홍 뒤침, 2009)에서는 임의의 이야기가 도막도막 매듭이 지어지면서 진행되어 나가기 때문이라고 보았다. 다시 말하여 하위 도막을 매듭짓기 위해 화자이든 청자이든 상관없이 지금까지 진행되어 온 이야기에 평가를 내림으로써 한 도막의 이야기를 완결 짓는 것이다.

6] 〈원저자 5〉 게다가 두 쌍 낱말(binominals)들에 대한 노뢱(Norrick, 1988)의 연구에서는 실제 대화 자료를 이용하였다. 글말 쪽으로는 문(Moon, 1992)과 보어룃(Vorlat, 1985)에서 또한 실제 자료를 검토하였다.

가 있는 학습자에게, 관용구가 흔히 믿어져 왔던 것보다도 토박이와 같은 유창성에 대해 장애가 덜 됨을 즉각 시사해 주었을 것이다. 그러나 스뜨뢰쓸러의 자료에서 관용구가 실제 나타난 경우에, 그들은 무작위적으로 실행하지 않고 어느 정도 예측 가능성을 갖고서 그렇게 실행하였다. 스뜨뢰쓸러가 주장하기를, 관용구는 화자가 화자 자신이나 청자에 대하여 말하는 것이 아니라, 그보다 뭔가 제3자에 대하여 또는 대상이나 인간이 아닌 다른 개세에 대하여 말하고 있는 경우에 훨씬 더 잘 실현될 것 같다고 하였다(Strässler, 1982: 103). 이를 그는 관용구의 '평가 기능'으로 귀속시켰고, 관용구가 흔히 속뜻으로 깔아 놓으며, 자신이나 남에 대한 저자세에 뿌리를 둘 수 있는 상호 인간관계의 '체면 face'에 대한 위험 감수로 귀속시켰다(Strässler, 1982: 103, 109). 여기서 '체면'은 브라운·레뷘슨(Brown and Levinson, 1987)에서[7] 제안한 의미로 이해된다. 누군가에게 'I'm sorry to keep you waiting'난 너를 기다리도록 해서 미안하다' 라고 말하지 않고, 그 대신에

'I'm sorry to leave you twiddling your thumbs'

(널 따분하게 나둬서/하릴없이 손가락만 배배꼬게 만들어서 미안하다)

라고 말하는 것은, 화자 쪽에서 어떤 지배성(=주종 관계) 및 자신감(그리고 무례함?)을 표현하며, 청자에 대한 잠재적 모욕과 체면의 손상을 표현한다. 이것의 대안 표현인 의미가 투명하고 '축자적'인 표현('I'm sorry to keep you waiting')은 이런 것을 막아 준다(≒가치가 스며들지 않은 중립적

7] 기본적으로 '체면 위협/보호'로 인간관계를 다룬 사회학자 고프먼(Goffman)과 '질·양·관련성·방식'으로 대화 규범을 마련한 일상언어 철학자 그롸이스(Grice)의 생각을 받아들여 화용상의 공손성 원리를 다룬 것이다. 이들은 기본석으로 공손성 원리가 모든 언어에서 보편적이라고 가정하였다. 한편 와츠·이데·엘릭(Watts, Ide, and Ehlich) 엮음, 『언어에서의 공손성(Politeness in Language)』(Mouton de Gruyter)에서는 문화적 변이 모습들이 다뤄지고 있어서, 앞의 연구와 서로 상보적으로 이용될 수 있다. 체면은 자율성과 자존심의 복합 개념이다. 클락(1996; 김지홍 뒤침, 2009)『언어사용 밑바닥에 깔린 원리』(도서출판 경진) 제10장을 보기 바란다.

표현임: 뒤친이). 사실상 화자가 자신의 상대방에 대하여 직접 관용구를 실제 이용하는 경우에는, 다음 (7.1)에서처럼 체면에 대한 위협을 막아주기 위해서 자신의 용법을 명백히 나타낼 수도 있다.

(7.1) [⟨S 01⟩이 자신의 청자에게 자신이 그와 또 다른 동료를 그들의 직업 때문에 얼마나 부러워하였는지 말해 주고 있다]

⟨S 01⟩   Well you and Aubrey used to <u>make me sick</u> actually, <u>in the nicest possible way</u>.

⟨화자 01⟩ 그런데 너와 오브뤼가 날 사실 늘 **구역질나게 만들곤 했어**, **가장 좋은 가능한 방식으로** 말야.

스뜨뢰쓸러의 연구와 (7.1)의 사례는 제7장의 방향을 나타낸다. 즉, (공손성 및 체면과 같은 상호작용 요소들을 포함하기 위하여) 어휘 형식 및 의사소통 기능 사이에 있는 차원들의 통합을 위한 가능성이다. 우리는 또한 갈래가 관용구의 사용에 대하여 함의를 어떤 것이든 지니고 있는지 여부를 살펴보는 데에도 관심을 두게 될 것이다.

　다음 인용 (7.2)에서는 제3인칭으로 참여자가 아닌 개체에 대한 관용구의 사용(이 경우에는 얼어붙은 직유법)과 더불어, 작동 중인 평가 기능을 예시해 준다.

(7.2) [화자들이 영국 서남부에 있는 데본Devon 지역에서 보수당에 의한 정치적 지배력에 대한 견해를 주고받고 있다]

⟨S 01⟩   But living down here in Devon there's no way.

⟨S 02⟩   We're disenfranchised completely.

⟨S 01⟩   You know there's such an enormous Conservative majority I mean today I had to ring up one of the local councillors he's **as thick as two short planks**.[8]

〈화자 01〉 그런데 여기 아래로 내려와서 데본에서 살면 방법이 없어요.

〈화자 02〉 우린 완전히 시민권을 빼앗기죠.

〈화자 01〉 잘 아시듯이 그런 거대한 보수당 다수파가 있어요. 내 말뜻은 오늘 내가 시의회 의원 중 한 사람에게 전화를 걸었어야 했는데, <u>그가 아주 멍청하더라고요(짤막하고 두꺼운 판재처럼 두껍더라고요)</u>.

여기서 우리는 사실적 관찰을 보며, 평가 촌평이 뒤따른다. 더 뒤에서 살펴보게 되겠지만, 이런 유형은 관용구 사용에서 반복되는 특징이다. 저자가 언급하게 될 용어로 이런 일반적인 '관찰 ⇨ 촌평' 기능은, 입말 서사이야기에서 특정한 유형을 이루는 조짐을 보이며, 이제 그 내용을 다루게 될 것이다.

§.7-3 일상 이야기와 구체적 사례(일화)에서의 관용구

이 절에서 우리는 확인 가능한 담화 구조를 지닌, 분명히 정의된 갈래별 활동으로 입말 서사이야기를 살펴본다. 러보웁(Labov, 1972)을 보기 바라며, 러보웁의 모형에 대한 간략한 요약은 §.3-2-3을 참고하기 바란다. 관용구는 무작위적으로가 아니라, 실제 일상 이야기에서 중요한 연결 마디(junctures; 접합부)들에서 나타나는 듯하다. 관용구들은 종종 사건들 그 자체에 대한 보고로 실현되는 것이 아니라, 그보다 이야기 주체와 청자들이 뒤로 한 걸음 물러서서 그 서사이야기의 사건들을 '평가하는' 마디들에서 실현된다.[9] 러보웁의 모형에 있는 평가는, 이야기 주체가 자신

8] 〈원저자 6〉 이 인용 사례는 노팅엄 담화뭉치(CANCODE) 연구의 일부로서 노팅엄 대학 영어과의 전 학생 베쓰 씸즈(Beth Sims)의 자료를 가져온 것이나. 그녀의 자료 이용 허락과 자문에 감사드린다.

9] 앞의 각주 5에서 언급하였듯이, '평가'를 함으로써 그 이야기가 일단락되며, 다음 이야기 마디로 진행해 나갈 수 있는 것이다. 다시 말하여, 담화의 진행은 한꺼번에 최종 목표를 달성하는 것이 아니라, 하위 도막의 목표나 차하위 도막의 목표들이 차례차례

이 말해 주고 있는 사건들이 '진정 들을 만한 가치가 있도록' 만들어 주는 기능을 가리킨다. 서사이야기에서 평가 절은, 당황스런 질문인

'So what?'

(그래서 어쨌다는 거요?, 그따위 얘기 듣고 싶지 않아요!)

'Why should I want to listen to this story?'

(왜 내가 이 이야기를 들어야 하는 거요?)

'What's exciting/special/funny about it?'

(그 이야기가 뭐가 흥미롭소/특별하오/재미 있소?)

를 미리 막아 준다. 똑같이 청자들도 사건들에 대한 자신의 평가를 덧붙이는데, 그 이야기의 일반적 가치·그것들에 대한 효과 등을 놓고서 촌평을 한다.[10] 평가는 이야기 말해 주기에서 수의적인 가외의 것이 아니다. 평가가 없다면 이야기도 없다. 오직 무감동의 보고만 있을 뿐이다. 다음 예문에서는 '사건들' 및 그것들에 대한 평가 사이에 대조가 중립적 표현으로부터 관용구로 바뀌어 명시된다.

(7.3) [이야기하는 사람 〈S 01〉이 자신의 이야기 속으로 새로운 주인공을 도입한다]

〈S 01〉 And Guss Hughes came along one day and we were always **taking the Mickey out of** him he was you know he was one of these the lads that always **got taken** so we all knelt down

〈화자 01〉 그리고 어느 날 거스 휴즈가 나타났는데, 언제나 우린 **그를 놀리려고 미키 흉내를 내고 있었거든**. 그가 잘 알다시피 그가 이들 언제나 **놀림당하던**

달성되면서 차츰차츰 진행되어 나가는 것이다. 앞의 junctures(연결 마디, 접합부)란 말은 하위 담화의 매듭으로 바꿔 쓸 수 있고, 평가나 촌평이 매듭짓는 몫을 맡는 것이다.

10] 얼굴을 마주보는 대화로 대표되는 일상 이야기는 참여자들의 협력 과제이다. 제안된 공동의 목표를 받아들여 서로 진지하게 참여하게 되는 것이다. 따라서 청자 또한 자신이 듣는 이야기에 대하여 촌평을 하거나 평가를 내릴 수 있다. 즉, 청자 또한 이야기 도막에 대하여 매듭을 지을 권리를 갖고 있는 것이다.

녀석들 중 한 명이었어. 그래서 우리가 모두 무릎 꿇어 놀려댔지.

(7.4) [〈S 01〉인 매리가 자신의 친구 덜씨Dulcie와 함께 휴가를 보냈을 때 일어난 일을 이야기해 주고 있다[11]]

〈S 01〉 I said what would you like to do this afternoon Dulcie she said oh Mary let's go to bingo *now* bingo is **never** ever **my cup of tea** [〈S 02〉 no] but seeing that I was supposed to be with her

〈S 02〉 ⌐ Supporting her yeah

〈S 01〉 I'd to **fall in with** her [〈S 02〉 laughs] all right then Dulcie where do we go now to bingo.

〈화자 01〉 내가 '덜씨야, 오늘 오후에 넌 뭘 하고 싶어?'라고 말했거든. 그녀가 '아 매리야, 빙고하러 가자!'라고 했어. 시방 빙고는 **결코 한 번이라도 내 취향이 아니었거든.** [〈화자 02〉 아니었지] 허지만 그걸 보면서 난 덜씨와 함께 있어야 했거든.

〈화자 02〉 ⌐ 그녀를 후원하면서, 맞아.

〈화자 01〉 나도 덜씨한테 **빠져들고(동의하고)** 싶었거든. [〈화자 02〉 웃음] '좋아 그럼, 덜씨야, 빙고하러 우리가 어디로 가지?'

위 인용 (7.4)에서 사건 마디로부터 평가 마디로 옮겨지는 전환은 담화 표지 now지금, 시방에 의해서 더욱 강화된다. 우리는 편리하게 사건 노선 및 평가 노선으로 나타낼 수 있다. 이는 단순히 '관찰 ⇨ 촌평' 기능에 대하여 도표상으로 좀더 특수화된 내용을 나타낼 뿐이다.

11] 동일하지만 더 큰 내용이 §.8-2에 있는 예문 (8.2)로 들어 있다.

사건 노선(event line)	평가 노선(evaluation line)
(7.3) and Guss Hughes came along one day(그리고 어느 날 거스 휴즈가 나타났어)	
	and we were always <u>taking the Mickey out of</u> him he was you know he was one of these the lads that always <u>got taken</u>(그리고 우리가 언제나 그를 <u>미키로</u> 놀려 대고 있었거든 그가, 잘 알다시피 그가 이들 언제나 <u>놀림당하</u>는 녀석들 중 한 명이었단 말야)
so we all knelt down(그래서 우리 모두 무릎을 꿇어 놀려대었지)	
(7.4) I said what would you like to do this afternoon Dulcie she said oh Mary let's go to bingo(내가 '덜씨야 오늘 오후에 뭘 하고 싶니'라고 말했고 그녀가 '아 매리야 빙고하러 가자'라고 했거든)	
	now bingo is <u>never</u> ever <u>my cup of tea</u> but seeing that I was supposed to be with her I'd <u>fall in with</u> her(시방 빙고는 결코 조금도 내 <u>취향이</u> 아니거든. 허지만 그걸 보면서 난 그녀와 함께 있어야 했거든. 나도 <u>그녀한테 빠져들고(동의하고)</u> 싶었지)
all right then Dulcie where do we go now to bingo('좋아, 그럼 덜씨야, 우리가 빙고하러 어디로 가지')	

모든 이야기에서 관용구는 결말 부분^{codas 마무리}에 자주 나타난다. 다시 러보웁^{Labov}의 의미에서,[12] 한 이야기의 끝에 있는 결말^{coda 마무리}은 이야기하는 사람과 듣는 사람에 대해서 이야기 세계 및 현실 세계 사이를 이어 주는 다리를 제공해 준다(제3장을 보기 바람). 다음에 말뭉치 자료로부터 나온 몇 가지 사례가 있는데, 관련 관용구는 밑줄 친 진한 글씨로 강조되어 있다.

(7.5) [화자 〈S 02〉가 말해 주는 이야기의 끝부분이다. 그 이야기에서 그녀가 얻은 취업 기회가 자신의 경력에서 얼마나 큰 위치를 차지했는지 말해 준다]

〈S 01〉   Still that's the way it all started for you.

〈S 02〉   That's right.

〈S 03〉   __The big break__ wasn't it.

〈화자 01〉 여전히 그것이 모두 널 위해 시작된 방식이야.

〈화자 02〉 옳아.

〈화자 03〉 __대단히 좋은 기회네__, 그렇잖니?

(7.6) [화자 〈S 01〉가 말해 주는 이야기의 끝부분이다. 거기서 그녀와 그녀의 친구가 어느 음식점에서 '즐거운 시간'을 갖는 동안에 반값으로 음식을 먹는 혜택을 받았다]

〈S 01〉   And that was drinks [〈S 02〉 yeah] but that was half price it would have been sixteen pounds each [〈S 02〉 yeah] had it been later.

〈S 03〉   Well that's __fair enough__ isn't it.

〈S 02〉   __You can't go wrong with that__ can you

12] 앞에 있는 각주 5에서 언급하였듯이, 러보웁 외(1967)에서는 서사이야기의 전반적 구조를 '도입 ⇨ 갈등 꼬임 ⇨ 평가 ⇨ 해결 ⇨ 마무리/결말'로 보고서, 서사이야기의 일 반적 형식을 다음 그림처럼 제시하였다. 아래의 진입 화살표에서부터 시계 방향으로 한 바퀴 돌면 이야기가 끝난다.

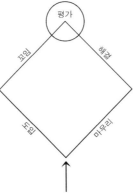

러보웁(1967) 업적의 가치에 대해서는 쉬글롭(Schegloff, 1997), "서사이야기 분석 이후 의 30년('Narrative Analysis' Thirty Years Later)", *Journal of Narrative and Life History* Vol. 7: 1-4(pp. 105~113)을 보기 바란다.

〈화자 01〉 그리고 그게 음료였어. [〈화자 02〉 맞아] 허지만 그게 반값이었거든. 그게 개당 16파운드였을 거야. [〈화자 02〉 맞아] 더 늦었더라면 말야.

〈화자 03〉 그런데 그게 **충분히 합당**해, 그렇잖니?

〈화자 02〉 <u>넌 그 기회를 놓칠 수 없지</u>, 그렇잖어?

(7.7) [〈S 01〉이 매력적이라고 느꼈지만 결코 두 번 다시 보지 못할 것으로 생각했던 어떤 낯선 이를 우연히 다시 한 번 더 보게 된 일을 자세히 말해 주는 이야기의 끝부분이다]

〈S 01〉   I thought oh am I never gonna see you again and on the Wednesday I was just walking past the bank and I saw him [laughs] so he must have lived in Camarthen.

〈S 02〉   [laughs] that's a bit odd

〈S 03〉   └ <u>Small world</u>.

〈S 02〉   └ when things like that happen isn't it.

〈S 01〉   I just sort of go I know him from somewhere and **it clicked**.

〈화자 01〉 혼자 생각으로 '아 난 다시 당신을 볼 수 없을 거야라고 생각했거든. 그리고 수요일에 난 막 걸어서 그 은행을 지나가고 있었는데, 내가 그를 [웃음] 보았어. 그렇다면 그가 틀림없이 카마슨에 살고 있어.

〈화자 02〉 [웃음] 그건 좀 기이하거든.

〈화자 03〉   └ **좁은 세상이야**.

〈화자 02〉   └ 그런 일들이 일어나니 말야, 그렇잖니.

〈화자 01〉 난 일종의 가서 그가 어디에서 왔는지 알아보려 했고, <u>그게 딱 잘 되었어</u>.

추가 사례를 보려면 머카씨·카터(McCarthy and Carter, 1984: 111)를 참고하기 바란다. 위 인용 사례 (7.5)에서 관용구는 전체 서사이야기를 평가하는데, 주요 사건을 요약하면서 그것들을 말하는 사람의 현재 경력 위상과 관련짓고 있다. 비슷하게 (7.6)와 (7.7)에 있는 관용구는 요약 기능을 수행한다.

나른 글에서 서사가 논의한 대로(McCarthy, 1991: 139~140), 이야기 말해 주기는 보통 '협력하여 이루는 기획'이다. 청자들은 사건을 평가하는 권리를 지니며(혹은 책임을 지닌다고도 말할 듯함), 이야기가 끝났을 때에 모든 참여자들에게 이야기 세계로부터 다시 대화 세계로 되돌아오도록 미끄러운 통로를 보장해 준다. (7.5)와 (7.6)과 (7.7)에서 모두 결막 부분에 기여하기 위하여 관용구들을 이용하는 청자들이 있다. 그러나 이런 목적을 위하여 청자가 실제로 관용구를 이용하는 경우에, 이야기하는 사람과 청자 사이의 인간관계가 아주 편안하며 동등하고 그리고/또는 친밀한 사이가 아니라면, 청자들은 이야기하는 사람을 낮추어 놓지 않도록 배려해야 할 것이다(화자와의 공감이나 흥미 정도를 표시하는 것은 좋겠지만, 재판관의 판결처럼 강하게 그리고 타협의 여지도 없이 일방적으로 가치를 재단하는 평가는 상대방을 당황스럽게 만들 수 있음: 뒤친이).

결말 부분에서 우리가 살펴본 종류의 관용구들(흔히 상투어, 속담, 다양한 종류의 이야기)은, 문(Moon, 1992)에서 글말 자료로 된 관용구 용법을 통해 그녀가 관찰한 '공유된 가치 이면에 있는 피난처sheltering behind shared values'와 관련되며(또한 Loveday, 1982: 83을 보기 바람), '문화'란 말의 넓은 의미에서 관용구들의 문화적 맥락을 관찰하는 일에 대한 중요성을 한층 강화해 준다(McCarthy and Carter, 1994: 114~17을 보기 바람). 서사이야기의 결말 부분은, 본질적으로 담화에서 골자가 요약되는 좀더 일반적인 부류의 요점들에 대한 특수 사례에 지나지 않는다. 이는 참여자들에게 지금까지 달성한 바에 대해 합의하고, 새로운 주제들로 계속 옮겨갈 기회를 제공해 준다. §.2-3에서 살펴본 '입장 정리/내용 정리formulations'에 대한 논의를 참고하기 바란다.

그러므로 사회언어학자와 대화 분석가들이, 특정한 항목들의 배치에 대한 정확한 순간의 사회적 의미를 이해하려고 노력하는 시각으로부터 이야기에 접근하면서, 응당 관용구적 표현들이 정규적으로 주제 전환에서 나타남을 찾아내고(Drew and Holt, 1995), 불평 사항들에 대한 입장 정리와 같은 연결체에서 골자의 요약들로 나옴(Drew and Holt, 1988)을 찾아내어야 함은 놀랄 일도 아니다. 이들 조사 연구자들의 동기는 사회언어학적이다. 그렇지만 언어 교사들도 그런 분석으로부터 많은 것을 배울 수 있다. 드루·홀트의 업적은 관용구에 대한 무작위적이지 않은 실현을 강조하고, 제7장의 핵심이 되는 논점을 강화해 준다. 즉, 관용구가 언제 어떻게 쓰이는지를 자세히 관찰함으로써, 단지 형식적 특징들만이 아니라 또한 다른 많은 것을 얻어낸다는 입장이다.

일상 이야기에서 관용구에 대해 주목할 만한 또 다른 특징은, 화자들이 관용구를 창조적으로 이용하는 방식이다. 관용구들을 축자적 요소들로 풀어 헤쳐 놓고서 그것들을 활용하는 과정이다. 먹글론·글럭스버그·커춰아뤼(McGlone, Glucksberg and Cacciari, 1994)에서는 화자들이 관용구적 표현에서 개별 낱말들의 비-관용적 의미(=축자 의미)를 무시할 수 없다고 논의하였다. 심지어 불투명한 관용구에서 구성성분 낱말들의 축자적 의미가 어떤 의미에서 활성화되거나 또는 최소한 잠재적으로 이용 가능해진다고 논의하였다.

다음 인용 사례 (7.8)에서는 두 사람의 중년 교사들이 자신의 초기 교직 경력을 회상하여 말하고 있다. 그들 중 한 명이 자신이 했던 어느 수업에 대해 촌평을 가한다.

(7.8)

⟨S 01⟩   The second year I had, I started off with 37 in the class I know that, of what you call **dead wood** the real **dregs** had been taken off the bottom and **the cream the sour cream in our case up there had been creamed off the top** and I just had this **dead wood**, I mean it really was and he was so impressed with the job that I did with them and the way that I **got on with** them and he immediately said right how do you feel about taking a special class next year and I took one from then on.

〈S 02〉 <u>Rather you than me</u>.

〈화자 01〉 내가 가르쳤던 두 번째 해에, 난 37명이나 되는 학급에서 시작하였는데, 알다시피 당신이 <u>쓸모없는 것</u>(죽은 나무), 사실 <u>바닥 인생</u>(병바닥에 붙은 <u>마지막 방울</u>)들이 바닥에서 갓 떨어져 나온 것이라고 부를 만한 애들이었어요. 그리고 크림이 우리 경우에는 <u>신 크림</u>이었는데, 거기서 꼭대기에 <s>있는 좋은 것</s>들이 나 <s>빼</s>서서 <s>머린 것</s>들이었죠. 그리고 내가 이런 <u>쓸모없는</u> <u>애</u>(죽은 나무)들을 가르쳤어요. 내 말뜻은 그게 사실 정말이었고, 그가 내가 그들에게 했던 일에 대해 아주 감명을 받았거든요. 내가 그 애들<u>과</u> <u>친해진</u> 방식 말이에요. 그리고 그가 즉시 내게 말했는데, '좋아요, 내년에 특별 학급을 맡는 일에 대해 어떻게 생각하시오'라고 했어요. 그리고 내가 그 이후로 계속 한 학급을 맡았죠.

〈화자 02〉 <u>나보단 당신이구려</u>(당신이 더 골치 아픈 학급을 맡았구려).

여기에서 다시 한 번 사건 노선으로부터 평가 노선으로의 전환이 아주 분명한데, 평가 마디들에 나타나는 관용구들을 갖고 있다. 관용구 to cream off^{좋은 것을 솎아 내다, 우유의 크림/진국을 걷어내다}와 관용구적 명사구 the cream^{좋은 것, 크림/진국}이 크림에 대한 개념을 다시 축자적으로 표현하면서, 그리고 역설적 평가로 sour^신 크림를 더해 놓으면서 이용하는(써 먹고 있는) 것이다.[13] 그런 뒤 청자는 특징적으로 자신의 평가/결론 부분을

rather you than me

(늘 골치 아픈 학급을 맡는 사람은 내가 아니라 바로 당신이군요)

라는 표현으로 더해 놓고 있다. (7.8)에 있는 the cream^{크림}과 cream off^좋

13] 〈원저자 7〉 관용구에서 '별도의/가외의/추가된(extra)' 형용사 이용에 대해서는 언스트 (Ernst, 1980)를 보기 바란다.

은 부분을 솎아내다. 크림을 걷어내다와 같은 항목은, 의문의 여지없이 실제로 완전히 관습화되어 '화석으로 된' 불투명한 관용구 및 아직 아마 충분히 화석화되지 않고 의미의 어떤 투명성을 보존하고 있는 확장된 비유metaphor은유 사이에 있는 경계점에 관하여 문제를 제기해 놓는다. 이런 흐릿한 경계점에 대한 논의는 처울(Choul, 1982)과 풔난도·플레이블(Fernando and Flavell, 1982: 44~47)을 보기 바란다. 그러나 이는 우리의 현재 논의에 대한 주제가 아니다. 비유metaphor은유에 대한 최근의 작업에서는 비유의 상호작용 및 평가 기능을 강조하며, 따라서 좀더 불투명한 관용구들에 대해 공통 기반을 강조하는 것이다(특히 Low, 1988을 보기 바람). 비유metaphor은유의 연구에서는[14] 또한 언어들의 어휘에 있는 명백한 의미의 중복과 관련하여, 관용구 연구가 응당 그러하듯이, 적잖이 그런 연구와 정확히 동일한 방식으로 기능을 이해하려고 한다.

다음 인용 (7.9)는 결론 부분을 정밀하게 해 주는 두 개의 관용구 사이에 있는 의미론적 연결을 이용하는 사례이다.

(7.9) [부부인 화자 〈S 02〉와 〈S 03〉에서 소비자 조사에 어떻게 참여하게 되었는지를 말하는 이야기의 끝부분이다[15]]

〈S 01〉   So you were Mr you were that **Mr and Mrs Average** they're always

---

14] 킨취(1998; 김지홍·문선모 뒤침, 2010), 『이해: 인지 패러다임』(나남) 제5장 3절에서는 직설적 표현과 비유적 표현이 동시에 인출되어 작업기억에서 의미가 고정되어 나간다는 사실을 심리학적 증거들을 제시하면서 논의한다. 비유, 특히 은유에 대한 근본적 논의는, 레이콥·존슨(1999; 임지룡 외 4인 뒤침, 2002), 『몸의 철학: 신체화된 마음의 서구 사상에 대한 도전』(박이정)을 읽어보기 바란다. 개론서로서는 커베췌쉬(Kövecses, 2002; 이정화 외 3인 뒤침, 2003), 『은유: 실용 입문서』(한국문화사)를 보기 바란다. 범언어적 자료들을 다루는 도브로볼스키·피뢰이는(Dobrovol'ski and Piirainen, 2005), 『비유 언어: 범문화적·범언어적 관점(*Figurative Language: Cross-cultural and Cross- linguistic Perspectives*)』(Elsevier)도 참고하기 바란다. 원문의 metaphor(은유)는 상의어로 쓰이고 있으므로 비유라고 번역해 두었다. 비유가 수사학에서 복잡하게 논의되어 왔지만, 소쉬르의 기호학 얼개에 따라 야콥슨은 비유가 크게 은유와 환유로 나뉜다고 정리해 놓았다(신문수 엮음, 1989: 92~116, 『문학 속의 언어학: 로만 야콥슨』, 문학과지성사). 은유는 계열관계, 환유는 통합관계를 구성하게 된다.

15] 비슷한 인용이 제3장의 예문 (3.9)와 제5장의 예문 (5.7)이다.

talking about then.

〈S 02〉 Yeah.

〈S 03〉 Yeah.

〈S 01〉 The man and woman in the street.

〈S 03〉 Yeah.

〈화자 01〉 그래서 당신이 남성, 당신이 바로 그 당시에 그들이 언제나 말하던 그 일반
남성 및 여성이었군요.

〈화자 02〉 맞아요.

〈화자 03〉 그래요.

〈화자 01〉 거리에 나다니는 남자와 여자(≒필부필부匹夫匹婦).

〈화자 03〉 맞아요.

다음 인용 (7.10)에서는 이야기하는 사람과 청자가 전쟁통에 가라앉은 어느 배에 대한 괴상한 이야기를 놓고서, 결말 부분으로 작동하는 일련의 말재롱pun 말장난을 만들어 낸다. 사건 노선의 결말(Labov의 용어로는 서사이야기의 '해결resolution'임)은, 어떤 예감으로 불길한 항해에 승선을 거절한 이야기 주체의 아버지만을 제외하고서, 그 배를 타고 있던 사람들 모두가 죽었다는 것이다.

(7.10)

〈S 01〉 Everyone, everyone died.

〈S 02〉 Anyway **all hands lost** but legs saved.

[laughter]

〈S 03〉 Well sailors were always **getting legless** weren't they anyway.

[laughter]

〈S 01〉 Finding their sea legs.

〈S 03〉 Yeah.

〈화자 01〉 모두가, 모든 이가 죽었어.

〈화자 02〉 어쨌든 <u>모든 선원(손, 일꾼)들을 잃었지만</u> 고참 선원(다리)들은 살아났어.

　　　　　[웃음]

〈화자 03〉 글쎄 뱃사람들은 언제나 <u>고주망태(힘없이 비틀거리는 다리)가 되잖아</u>, 안

　　　　　그래? 하여간 말야.

　　　　　[웃음]

〈화자 01〉 <u>승진하여 고참 선원이 되면서부터.</u>

〈화자 03〉 맞아.

음조를 맞춰 주는 all <u>hands</u> lost(=모든 선원이 죽었다, 모든 일손을 잃다)는 legs^{고참 선원, 다리}의 연상을 일으키고, 차례로 get <u>legless</u>(=술 취하다, 다리 힘 없이 비틀거리다)와 연상 관계를 이루며, 다시 finding their sea <u>legs</u>(=승선 하는 상태에 익숙해짐, 고참 선원이 됨)을 연상하게 된다. 그런 말재롱(말장 난)과 말놀이는 문화적인 '속성'으로서, 같은 문화의 구성원들을 참여 시키며, '비구성원'인 참여자(가령 비토박이 화자/상이한 관용구 묶음을 지닌 다른 변이체를 쓰는 화자)들을 아주 소외감을 느끼도록 만들 수 있다.[16] 사실상 관용구들은 종종 작은 집단들이나 공통된 관심을 지닌 사람들 사이에서 만들어지고(가령 Gibbon, 1981을 보기 바람), 짝을 이룬 두 사람 에게까지도 좁혀져 내려가는데, 거기에서 친밀성이 '사적인/개인적인' 묶음의 음조 맞춘 우스개 표현들에 의해 재강화된다(Hopper, Knapp, and Scott, 1981에 있는 자료를 보기 바람).[17]

16] 언어는 중립적이지만, 언어 사용은 가치를 담고 있다. 어떻게 말하는지(how to speak) 는 다만 언어 형식뿐만 아니라, 또한 그 언어 표현을 선택한 가치를 포함하게 된다. 달리 말하여, 같은 언어를 쓰는 공동체는 부지불식간에 어떤 가치 체계를 공유하게 되는 것이다. 이런 자각을 담고 있는 언어 교육 흐름은 '문화 특징'들에 초점을 모으기 도 한다. 아무리 어떤 목표언어를 완벽히 습득한다고 하더라도, 그 구성원들이 일상적 으로 말하는 표현 방식을 따르지 않고, 자신의 모국어 표현 방식을 그대로 직역하여 말해 주면, 매우 이질적으로 느끼게 된다. 가령 번역자는 딸과 통화한 뒤 끝내는 말로 "열심히 하렴!" 하고 맺는다. 그렇지만 영어에서는 정반대로 "Don't work hard!(열심히 하지 마)"라고 말하는 게 정상적이다.

17] 〈원저자 8〉 글말 텍스트 연구에서, 광고·제목·표제에 있는 '숨겨진' 관용구들의 더

관용구에 대한 우스꽝스런 해체하기와 반쯤 축자적으로 쓰기는, 노팅엄 담화뭉치CANCODE 자료에서 결코 드물지 않다. 또 다른 사례는 수십 낭시 내중식인 방송 그팀 묘시인 '십내의 뮬년번이 닌사 서북에 대한 문화적 암시allusion 인유를 담고 있다.

(7.11) [젊은 부인 두 사람이 아기 갖는 일을 이야기하고 있다. 생강 열매 ginger nut는 생강 맛이 나는 일종의 비스킷이며, 또한 붉은 머리칼 ginger hair을 가진 사람들에 대한 별명이기도 하다]

⟨S 01⟩   There's twins in our family.

⟨S 02⟩   Is there.

⟨S 01⟩   Yeah.

⟨S 02⟩   Oh right so you might have a twin.

⟨S 01⟩   And there's **ginger nuts**.

⟨S 02⟩   Nothing wrong with that.

⟨S 01⟩   My mum reckons I'm gonna have ginget twins.

⟨S 02⟩   Mind you one of my best friends at home **Ninj** we call him because he's ginger you see, **Ninja**.

⟨화자 01⟩ 우리 집안에는 쌍둥이가 있어요.

⟨화자 02⟩ 그래요?

⟨화자 01⟩ 예.

⟨화자 02⟩ 아 그렇군요. 당신도 쌍둥일 가질지 모르겠네요.

⟨화자 01⟩ 그리고 **생강 열매(붉은 머리칼)**도 있거든요.

⟨화자 02⟩ 그건 아무렇지도 않아요(≒문제될 게 없어요).

⟨화자 01⟩ 우리 어머니는 내가 생강(ginger) 쌍둥일 가질 거라고 보거든요.

⟨화자 02⟩ 싫지 않다면 내 얘기를 하죠. 고향에서 가장 친한 내 친구 중 한 명이,

영악하고 종종 우스꽝스런 사용법은 모뢴(Moeran, 1984), 디어즈(Diaz, 1986), 머카씨·카터(McCarthy and Carter, 1994: 114~115)에 논증이 잘 이뤄져 있다.

우린 그를 닌자로 부르거든요. 왜냐면 그가 진저(생강, 붉은 머리)를[18] 갖고 있기 때문이죠. 알다시피 **닌자 말이에요.**

오직 문화적 암시^allusion 인유만이 그것들의 일부를 말해 줌으로써 전체 표현에 대한 공유 지식을 전제한다. 이는 특히 구성원 다지기(≒구성원 끼리 결속)의 배타적인 형태이다.

(7.12) [앞의 인용 사례에 있는 동일한 두 사람의 교사가 자신들의 옛 학교에 있던 어느 교실을 회상한다. 〈S 01〉은 그 교실이 지금 다소 낡아 보인다고 생각한다]

〈S 01〉   I said I remember this when it was a woodwork room, her room and I said cor crikey[19] it looks as though **it could do with one or two** yes she said they **rearrange the deckchairs** round the edges every so often but that's as far as it goes.

〈화자 01〉 내가 말하길, 내 기억으로는 그게 목조 교실이었을 때인데, 그녀의 교실이죠. 그러고 내가 말하길, 웬걸 아 참 그게 마치 **한두 번(페인트 칠을 함)으로 쓸 수 있는 것처럼** 보인다고 했죠. '맞아요'라고 그녀가 말했어요. 그들이 매번 그리 자주 임시로 가장자리를 돌아가면서 **그 접의자들을 재배열한다**고 했는데, 그게 전부거든요.

위에서 it could do with one or two는 뒤에 coats of paint^페인트 덧칠가 이어지는 것으로 이해된다(즉, 의자들이 다시 덧칠될 필요가 있음). 한 편 rearrange the deckchairs는 to rearrange the deckchairs on the Titanic ^타이타닉 호 위에서 그 접의자들을 재배열하다이라는 말을 부분적으로 바꾼 것으로, 앞에 놓여 있는 주요한 문제(즉 당시 침몰 불가능할 것으로 여겨졌음에도, 타이타

18] 낱말의 철자 바꾸기(anagram) 형태로 닌자(Ninja)와 진저(ginger)를 섞어 놓았다. '진'과 '닌'을 바꿔 말하는 것이다.

19] 카크니(Cockney)로 불리는 영국 노동자 계층의 말투에서 자주 쓰이는 감탄사임. '젠장 나 원 참' 정도의 뜻이다. M. J. Guilloteaux 교수의 도움을 받았다.

닉 호가 침몰했다는 문제)를 해결하지 않고서 어설프게 임시 해결책만
추구한다는 뜻이다.

§.7-4 '협력 착상'을 담은 담화들에서의 관용구

대화상으로 가장 흔한 활동 중 한 가지가, §.1-4에서 협력 착상collaborative
ideas으로 언급한 것으로, 참여자들이 세계에 대한 시각을 공유하고, 관
심거리 등을 의논하게 된다. 흔히 대화는 바로 세계에 대한 관찰 및
이들 관찰에 대한 평가로부터 나오는데, 하나의 관찰이 곧 다른 관찰
을 뒤따른다. 이런 유형의 대화 활동은, 반드시 시간 축에 따른 보고가
어떤 것이든 있어야 할 필요가 없다는 점에서, 서사이야기와는 차이가
난다. 화자들은 단순히 사실에 대하여 진술하거나 또는 세계에 대한
지각을 표현하며, 그런 관찰을 향한 자신의 입장을 나타내는 촌평(평
가)이 수반된다. 이는 흔히 주제 전환으로 표시된 이야기에서 생겨난
다. 참여자들이 주제들을 '낚을fishing' 수 있으며, 일반적이고 지엽적인
관찰을 해 나가면서 자신의 마음을 언어표현으로 주위에 내던지게 된
다. 놀랄 것도 없이, 관용구는 그런 담화에서 확고하게 '촌평'(평가) 마
디들에 들어 있다. 다음에 몇 가지 사례가 기능상의 전환을 강조하기
위하여 도표 형태로 주어져 있다.

관 찰	촌 평(평 가)
(7.13) 〈S 01〉 I wouldn't come back and live in a big town not at all they're dirty they're noisy (난 돌아와서 전혀 대도시에 살고 싶지 않을 거야. 더럽고 시끄럽단 말야)	
	〈S 02〉 **All this hustle and bustle**(이 모든 게 시끌벅적거리거든)
(7.14) 〈S 01〉 and so I go into his bed and he	

comes back in (그래서 내가 그의 침대로 갔고 그래서 그가 되돌아온 거야)	so to my bed and his bed and **chopping and changing** (내 침대에 그의 침대에 그래. 허고 이리 변덕 저리 변덕이네)
(7.15) ⟨S 01⟩ See, the folly of leaving the company, you know, (봐요, 그 회사를 떠나는 우둔함을 말이에요, 알다시피)	you would have been **jetting off** ⟨S 02⟩ yeah **left right and center** [⟨S 01⟩ yeah] Andorra one day Hong Kong the next (비행기로 여기저기 날아다녀야 할 것 같은데. ⟨화자 02⟩ 맞아요 여기저기를요. [⟨화자 01⟩ 옳아요] 하루는 안도라에, 다음 날에는 홍콩에)
(7.16) ⟨S 01⟩ Left here at four, [⟨S 02⟩ oh yes yeah] ⋯ three, three and a half hours (네 시에 여기를 떠나서, [⟨화자 02⟩ 아 그래요 맞아요] ⋯ 세, 세 시간 삼십분에)	He must have **driven like the clappers** (그가 분명 그가 아주 빨리 차를 몰았음에 틀림없어요)
(7.17) ⟨S 01⟩ I don't know, I feel a bit nervous now [laughs] (난 잘 몰라, 지금 조금 긴장이 돼 [웃음]) ⟨S 01⟩ I think so yes (그렇다 생각해, 그래)	⟨S 02⟩ Do you, **stage fright** is it (너 무대 공포증 있는 게 맞지)
(7.18) ⟨S 01⟩ Mm what about something like erm ⋯ forensic linguistics (으음 가령 엄 ⋯ 법정 변론 언어학 같은 건 어때) ⟨S 02⟩ Mm I mean, I think the thing is (으음 내 말뜻은, 내 생각엔 그것이) ⟨S 01⟩ That's right (그게 옳아)	⟨S 03⟩ Kind of thing like **who dunnit** on the trial (일종의 가령 그 재판에서 누가 살인을 저질렀나 같은 거 말야 밑줄 친 표현은 잘 알려진 살인자 추리 소설 또는 영화 'Who has done this murder?'에서 따온 관용구임)
(7.19) ⟨S 01⟩ I don't usually have chips I usually have jacket potatoes (난 보통 잘게 썬 감자 칩은 안 먹어. 난 보통 구운 큰 감자를 먹지)	⟨S 02⟩ **Like mother like daughter** (엄마처럼 [큰 것] 딸처럼[작은 것])

촌평은 보통 관찰 뒤에 따라 나오지만, 반면에 다음에 있는 사례들에서와 같이 촌평이 관찰을 앞서 나와, 순서가 서로 뒤바뀔 수도 있다.

촌 평(평 가)	관 찰
(7.20) 〈S 01〉 Julie's got a very cushy number (줄리가 멋진 일자리를 얻었어)	she's off to Mauritius (그녀가 인도양의 섬나라 머뤼셔스로 갈 예정이야)
(7.21) 〈S 01〉 Tomas is a bit of a pain (토마스가 좀 골칫거리야)	all sorts of thing frighten him you know [〈S 02〉 yeah] wakes up with nightmares and that (모든 종류의 것들이 그를 겁 주거든, 잘 알다시피 말야 [〈화자 02〉 맞아] 익몽이나 다른 걸로 잠을 깨거든)
(7.22) 〈S 01〉 I think she ought to be told the time of day (난 그녀가 응당 현실로 되돌아와야 된다고 생각해)	when I was 21 I didn't have a car (내가 21살 이었을 땐 차를 갖지 못했단 말야)
(7.23) 〈S 01〉 I think there isn't a magic formula (난 마법 같은 방식이란 없다고 생각해)	it's something that just happens (그게 우연히 생기는 어떤 거지)
(7.24) 〈S 01〉 you're left to your own devices that's it (넌 혼자 스스로 해결해야 돼. 그게 전부야)	you get no, no further training nothing (넌 더 이상 추가 훈련을 안 받아 아무런 것도)

다시 한 번, '관찰 ⇨ 촌평' 기능이 대화의 참여자들 사이에서 화자와 청자 사이에 문화상의 유대감을 만들어 내면서 따로 분리될 수 있음이 주목되어야 할 것이다. 참여자들의 도움 역할에 대해서는 버블리츠(Bublitz, 1988)를 보기 바란다.

도표에서 예시되었듯이, 사실 및 지각 내용에 대하여 임시로 자리를 옮기는 종류의 주고받기에 있는 '관찰 ⇨ 촌평' 기능 이외에도, 참여자들의 '지금-여기' 상황을 가리키면서 다음 사례들에서와 같이 '촌평'이 즉각 언급될 수도 있다.

(7.25) [〈S 01〉과 〈S 02〉는 초대받은 손님이고, 저녁 식사 요청을 기다리고 있다]

〈S 01〉　　We're the privileged guests you know you and we're

〈S 02〉　　　　　　　　　　　　　　　　　⌊ How nice

〈S 01〉　　　　　　　　　　　　　　　　　　　　⌊ We're

　　　　allowed to just sit here and <u>swan it</u>.

〈화자 01〉 우린 특별 손님이지, 알다시피 당신 그리고 우린

〈화자 02〉　　　　　　　　　　　　　⌊ 얼마나 멋지

〈화자 01〉　　　　　　　　　　　　　　　⌊ 우린 여기 앉

　　　아서 <u>남이 질시할 만큼 게걸스레 먹도록</u> 허락받았어.

(7.26) [〈S 01〉이 가족 연회를 준비하느라 많은 일을 한 뒤에, 막 연회 전에 편히 쉬고 있다]

〈S 01〉　　[yawns] well this is <u>the calm before the storm</u> isn't it what time
　　　　is it

〈화자 01〉 [여러 번 하품을 함] 글쎄 이게 <u>폭풍 전야의 고요함</u>이로군. 안 그래요?
　　　　지금 몇 시죠?

(7.27) [〈S 01〉과 〈S 02〉가 1967년에 찍은 그들 자신의 옛 사진을 바라보고 있다]

〈S 01〉　　It <u>says it all</u> doesn't it.

〈S 02〉　　Absolutely 1967.

〈화자 01〉 그게 <u>전부를 말해 주네</u>, 안 그래요?

〈화자 02〉 절대적으로 그렇죠. 1967년 말이에요.

§.7-5 관용구·의미 타개·합치(수렴)

대화 자료의 정밀한 검사로부터 부각되는 관용구 사용의 또 다른 특징은, 어휘 의미가 참여자들 사이에 타개되는 마디들에서 관용구가 맡는 역할이다. 어떤 방식에서 이는 또한 우리가 지금까지 집중적으로 다루고 있는 관용구들의 좀더 특별한 사용에 대해서도 성립된다. 평가 및 종결 부분evaluations and codas과 같은 입말 서사이야기 기능이 참여자들 사이에서 타개된다. 그리고 단순히 담화에 존재하지 않지만, 보통 체면에 대한 잠재적 위협·실시간 대인관계의 긴박한 필요성·얼굴을 마주 보는 상호작용·대화상으로 수렴/합치를 위한 일반적 희망 등으로 말미암아, 태도 및 입장 또한 타개되고 운용된다(이 책 뒤에 있는 용어 해설을 보기 바람). 우리의 자료를 통해서 전반적으로 관용구들이 어휘 의미의 타개를 뒷받침하기 위하여 동원되고 있음을 관찰할 수 있다.

저자는 다른 곳(McCarthy, 1988을 보기 바라며, 또한 §.6-3도 참고 바람)에서 어휘 반복이 어떻게 중요한 타개 기능을 수행하는지 논의하였다. 종종 애매하고 일반적인 의미를 지닌 관용구들이, 화자들이 수렴 및 상호 이해를 향하여 작업해 나가는 담화에서, 좀더 분명한 가치를 위하여 대역을 맡을 수 있는 것이다. 일부 사례들이 다음에 있다. (7.28)에서는 〈화자 02〉가 산 양초를 예시해 주는 '동등한 대상equivalence: 등가물, 상관물'을 관용구로 된 합성어 knick-knacks작은 장식물로 부른다. (7.29)에서는 정확한 지정학적 서술에 대한 '반대'의 관계로서, 관용구적인 직유법 as flat as a pancake빈대떡처럼 납작한을 쓰고 있다. (7.30)에서는 화자의 선호 용어로서 두 쌍의 대립 낱말로 된 관용구 life and death생사 갈림길의, 삶·죽음과 직결된를 쓴다. 뒤에 있는 두 가지 사례는 어휘 의미를 타개하는 과정에서 반대말 표현의 특징적 사용이 된다. 추가 사례들은 머카씨(McCarthy, 1988)를 보기 바란다.

(7.28) [화자들이 〈S 02〉의 장보기를 언급하고 있다]

⟨S 01⟩　　Sounds like it cos you bought your little <u>knick-knacks</u> there today didn't you.

⟨S 02⟩　　The candles.

⟨S 01⟩　　Yes yes.

⟨화자 01⟩ 그런 말로 들리네. 왜냐면 네가 거기서 오늘 작은 장식물을 샀기 때문이거든. 안 그래?

⟨화자 02⟩ 그 양초들 말야?

⟨화자 01⟩ 그래 그래.

(7.29) [화자들이 영국의 동부 지역을 언급하고 있다[20]]

⟨S 01⟩　　It's flat you know it's not er hilly like Wales but [⟨S 02⟩ mm] you get used to that strangely enough after a while, I mean it's not <u>as flat as a pancake</u> it's kind of undulating.

⟨화자 01⟩ 지형이 평평해요 알다시피. 그게 어 웨일즈처럼 구릉지지 않지만 [⟨화자 02⟩ 으음] 당분간 있으면 이상하게 충분히 그 풍경에 익숙해지게 돼요. 제 말뜻은 그게 빈대떡처럼 납작하게 평평한 건 아니고, 일종의 완만한 경사이거든요.

(7.30) [발음 치료사들의 업무에서 내려야 하는 결정을 두 사람의 화자가 의논하고 있다]

⟨S 01⟩　　That's what Ana-Maria says, she's sort of making not quite <u>life and death</u> decisions but real life enhancing decisions among you know dozens of priorities.

⟨S 02⟩　　Yeah.

⟨화자 01⟩ 그게 안나-마리아가 말하는 바예요, 그녀가 일종의 아주 생사 갈림길 결정

20] 제6장의 예문 (6.5)와 동일하다.

은 아니지만, 알다시피 여러 가지 최우선 사항들 사이에서 현실 삶을 끌어 올리는 결정을 내렸어요.

〈화자 02〉 옳습니다.

앞의 인용 (7.28)에서 knick-knacks^{작은 장식물}는, 화자들이 정확한 지시내용을 말하지 않아도 의사소통이 잘 이뤄지게 해 주는 많은 관용구적 표현의 전형이다. 다음 사례 (7.31)에서 여주인이 자신의 손님들이 저녁 만찬에서 야채와 양념을 놓고 식사를 시작하기를 바라고 있다. 이런 항목들에 대해서 너무 정확하게 언급하는 일은, 억지로 강요하는 느낌으로 들릴 소지가 있다. 주인이 선택한 관용구 표현은 손님들의 체면에 위협을 주는 일을 어떤 것도 피할 수 있을 만큼 **충분히 불투명하다**(≒일부러 막연한 표현을 쓴다).

(7.31)

〈S 01〉   Look get started you know putting all the <u>bits and pieces</u> on.
〈여주인 01〉 저기 알다시피 모든 <u>이런저런 자잘한 걸</u> 접시에 놓고 드십시다.

다음 (7.32)에서도 동일한 두 쌍 낱말로 된 관용구가 나온다. 거기서 화자는 직장을 그만두는 자신이 전별식에서 굉장한 선물을 얼마만큼 받았는지, 반면에 직장을 그만두는 또 다른 여자 동료는 아무것도 받지 못했음을 자세히 말해 주고 있다. bits and pieces^{이런저런 자잘한 잡동사니}는 정확한 의미에 초점을 맞추지 않으며, 있을 수 있는 잘난 척하는 (그리고 이야기 듣는 사람한테 체면을 위협하는) 그 사건의 해석을 그런 어조가 낮춰 놓는다(≒현학적인 표현을 일부러 피하여 화자가 스스로를 낮춤: 뒤친이).

(7.32)

〈S 01〉   As I say I collected all these <u>bits and pieces</u> all these goodies and everything and she got virtually nothing.

〈화자 01〉 내가 말하듯이 난 **이런저런 자잘한 걸** 모두 다 받았거든. 이런 좋은 걸
모두 다 말야. 그리고 그녀는 실질적으로 아무것도 받지 못했어.

§.7-6 실마리 이끌어내기 : 담화에서 관용구의 전반적 기능

지금까지 비록 제7장의 절 구분이 관용구에 대한 사뭇 개별적인 기
능들을 시사할 수도 있겠지만, 서사이야기의 평가 및 비-서사이야기의
'관찰 ⇨ 촌평' 담화에서 찾아지는 평가 사이에는, 분명히 서로 겹침이
있다. §.7-5에서 저자는 또한 어휘 의미의 타개가 다른 관용구의 용법
과 공통된 선결 사항을 지닌다고 제안하였다. 즉, 체면을 보호할 필요
성, 참여자의 지향 방향 등이다. 이제 우리는 교육을 위한 얼개로서 좀
더 전반적인 결론이 도출될 수 있는 지점에 이르렀다. 우리의 자료로
부터 가장 유용하게 부각되는 듯한 바는 다음과 같은 통찰 내용이다.

① 축자적이고 의미상으로 투명하며 동등한 표현에 대하여, 관용구는 결코
  중립적인 대안 후보가 아니다(≒특정 가치를 담고 있음).
② 관용구는 단순히 세계를 서술하는 것이 아니라, 언제나 모종의 방식으로
  세계에 대하여 촌평을 가한다. 관용구는 평가적이며 종종 체면에 대하여
  잠재적인 위협을 담고 있다.[21]
③ 화자들은 관용구의 체면 위협 가능성을 깨닫는다. 일반적으로 조심스럽게
  오직 제3자(3인칭) 지시내용에 대해서만 관용구를 사용하거나, 또는 제1
  인칭(=나, 화자) 및 제2인칭(=너, 청자)을 가리키는 경우에, 체면에 대한
  위협을 누그러뜨리기 위하여 사용한다.
④ 관용구는 화자들로 하여금 문화적이고 사회적인 유대감을 표현할 수 있게
  해 주는 공동체의 구체물(token 구현사례)이다. 이는 속담이나 인용 등과

21] 〈원저자 9〉 체르낙(Čermák, 1994)에서는 관용구의 주관적이며 평가적이고 정감적인
  측면들이 언어에 있는 다른 부분들과 서로 비견될 수 없다고 지적하였다.

같이 직접적인 문화적 인용인 경우에 특히 그러하다.

⑤ 관용구는 상대적으로 발생 빈도에서 빈도가 낮을 수 있겠지만, 그것들이 어디에서 발생할 것 같은지를 예측하는 일이 가능하나(가령, 특정한 길래에서, 그리고 특정한 장소에서).

⑥ 관용구들은 단지 '동사 + 보어' 유형만이[22] 아니라, 광범위하게 다양한 형식으로 생겨난다. 우리가 살펴온 자료 표본에서는 관용구적 명사 합성어, 억어붙은 직유법, 두 쌍으로 된 낱말, 구적 동사, 절 관용구들이 있었다.

언급될 수 있겠지만 현재 필시 제한된 논의 범위를 벗어나 있는 또 다른 점은, 관용구가 사회언어학적으로 유표적이라는 사실이다. 즉, 노팅엄 담화뭉치CANCODE 자료에 있는 거의 대다수의 관용구가 25세 이상의 화자들에 의해 발화되었다. 이 점 때문에 더 어린 나이(십대)의 집단에게 생성 어휘productive vocabulary로[23] 가르치는 일이 부적합할지도 모르겠다.

위에 언급한 여섯 가지 요점과 그 과정에서 제기된 다른 것들은 교육상의 함의를 지닌다. 첫째, 관용구들을 무시하는 것은 현명한 일이 아닐 것이다. 왜냐하면 관용구들이 엄청나게 자주 나오는 것은 아니지만, 실제 관용구들이 나오는 경우가 이야기 말해주기와 같이 아주 일반적이며 일상적인 맥락이고, 평가 및 종결 부분, 그리고 다른 주제로 옮겨가는 대목과 같이 중요한 접합부(§.7-3의 각주 9 참고)에서 나오는 듯하기 때문이다. 더욱이, 관용구가 나오는 이런저런 맥락들에서, 관용구 선택의 작업 부담이 참여자들 사이에 얼마나 공유되어 있는지를 관찰할 수 있다. 가령, 입말 서사이야기에서 관용구를 쓰는 사람은, 분

22] 우리말에서 관용구는 흔히 격조사가 생략될 수 있다. 전형적인 일로 굳어져 있기 때문이다. 반면에 격조사가 다 나타날수록 현실세계에서 일어나는 특정한 하나의 구체적 사건을 가리킬 수 있다. 가령, '뼈 빠지다'(매우 힘들다)와 '뼈가 빠지다'에서 전자는 관용구로, 후사는 중립적 표현으로 해석된다. '쏜 살 같이'(매우 빨리)와 '쏜 화살과 같이'에서도 그러하다. '엿 먹이다'는 관용구(남을 골리거나 속이다)이지만, '엿을 먹이다'는 구체적인 행위를 가리킨다.

23] 어휘는 생성 및 이해의 두 측면으로 나뉜다. 직관적으로 보아, 이해하는 어휘는 생성해 내는 어휘보다 더 많다. 생성 어휘는 때로 산출 어휘나 능동적 어휘로도 언급된다.

명히 이야기하는 사람뿐만이 아니라 또한 청자이기도 하다. 이는 관용구가 아주 상호작용적 항목임을 시사해 준다. 따라서 맥락 속에서, 가능하다면 저자가 예시해 놓은 종류의 상호작용 속에서, 가장 잘 관찰될 수 있음을 시사해 준다.

맥락 속에서 관용구를 살펴보는 일의 중요성은, 콜마스(Coulmas, 1981a)에서 논의하였듯이, 사실상 반복되는 형식적 특징들의 인식을 위해서도 또한 이로움을 지닌다. 예를 들어 영어에서 take가지다와 get얻다과 같은 특정한 동사들은 관용구 성향이 있는 듯하며, 맥락 속에서만 온전히 파악될 수 있는 특정하게 화용적인 기능을 지닌 표현을 만들기 위하여 정규적으로 다른 많은 낱말들과 결합한다. 다른 곳에서 콜마스 (Coulmas, 1981a: 5)는 굳어진 모든 표현들이 그들의 축자 의미보다는 오히려 사용에 비춰서 설명이 좀더 잘 이뤄진다고 주장하였다. 교육에 대해 좀더 직접적으로 언급하면서, 래티(Lattey, 1986)에서는 화자와 청자의 상호작용, 화자와 외부세계의 상호작용, 사람 및 현상에 대한 긍정적 평가와 부정적 평가 등에 관련된 반복되는 화용적 기능들에 근거하여 관용구에 대한 맥락상의 조직화를 옹호하였다. 비슷하게 머카씨·오델(McCarthy and O'Dell, 1994)에서도 중상급 영어 학습자를 위하여 관용구들의 형식적 범주화 및 기능적 범주화를 모두 관용구에 대한 자습 단원의 짜임에서 연습할 수 있도록 해 놓았다. 거기에서 우리가 세운 범주는 다음과 같다.

① 칭찬과 비판에 관련된 관용구
② 사람들을 묘사하는 관용구
③ 문제 상황과 관련된 관용구

간단히 말하여, 이는 관용구를 단지 언어의 형식적 예외로서가 아니라, 오히려 의사소통의 자원으로 간주하는 일인 것이다. 추가 논의를 보려면, 풔난도(Fernando, 1996)와 제6장을 참고하기 바란다.

그렇지만 언어 교사들은 아주 합당하게 자주 다음의 질문을 던진다.

how do I do *controlled* practice of items which are highly interactive?
(고도로 상호작용적인 항목들에 대한 통제된 연습을 어떻게 실행할 수 있을까?)

언어교육에 대한 담화 지향 접근법과 관련된 문제점 중 한 가지는, 모든 것이 반드시 실제 상호작용 맥락에서 또는 최소한 제대로 설계된 모의상황 속에서 연습이 이뤄져야 한다는 점이다. 분필만으로 교사 중심 수업을 가르치는 교사들은, 그런 자유로운 산출이 흔히 오직 집중 기간 동안에 모종의 통제된 연습을 한 뒤에라야 작동됨을 알고 있다. 단순히 "모둠 속으로 가서 이 활동에서 익힌 관용구를 서로들 써 봐요!"라고 말하는 것은 비현실적이며 비참한 결과만 낳을 것 같다.

그러나 학생들에 대한 이런 간청의 정답은 복합적인 것이다. 첫째, 담화 중심 교육 접근법은, 연습에 접합된 것으로 '제시' 단계보다도 어떤 것을 더 많이 요구하는 경향이 있다. 왜냐하면 담화에 근거한 방법이 흔히 강력히 학습자 기대와 반대로 작동하며, 자각 일깨우기 awareness-raising가 첫 단계가 될 수 있기 때문이다.[24] 이런 경우에 자각 일

24] 헤쥐(Hedge, 2000), 『언어 교실수업에서의 교수와 학습(*Teaching and Learning in the Language Classroom*)』(옥스포드 대학 출판부)의 §.5-2에 있는 논의를 참고하기 바란다. 린취(Lynch, 1996), 『언어 교실수업에서의 의사소통(*Communication in the Language Classroom*)』(옥스포드 대학 출판부)의 §.2-6에서는 뤼처드 슈밋(Richards Schmidt 1990)의 '주목하기(noticing)'와 샤우드 스미드(Sharwood Smith, 1981)의 '자각 일깨우기(awareness-raising)'가 서로 유사한 개념이라고 하였다. 번역자가 판단하기에 언어 학습의 흐름은 다음 다섯 단계를 거치는 듯하다.

"이해 가능한 입력물 ⇨ 주목하기 ⇨ 자각 일깨우기 ⇨ 섭취물 ⇨ 이해 가능한 산출물" intake(섭취물)은 완전히 학습자가 자기 것으로 만든 상태를 가리킨다. 여기서 이해 가능한 입력물(comprehensible input)은 뷔고츠키의 근접 발달 영역을 응용한 크뢰션(Krashen)의 개념으로, 학습자의 중간언어 단계보다 한 단계 높은 'i+1'로 표시하고, 기존의 지식을 충분히 활용하여 이해를 촉진시키므로, 석낭히 얼버무리는 습관을 없애 버리게 만든다. 이해 가능한 산출물(comprehensible output)은 메뤌 스웨인(Merril Swain, 1985)의 개념이다. 학습자는 대화 상대방과의 의사소통 간격(communication gap)을 메워 가는 기회를 풍부히 그리고 충분히 가져야 한다. 이것이 바로 연습 그리고 또 연습(practice and practice)을 강조하는 까닭이다. 본문에서 자각 일깨우기가 '첫

깨우기는 '어휘 학습' 과제를 맡아 진행하기 이전에, 왜 관용구가 거기에 있는지, 화자들이 관용구들을 어떻게 쓰는지에 관심을 둔다. 이는 제7장에서 축자 의미보다는 기능에 초점을 맞추면서, 그리고 제3인칭 지시대상 쪽으로 쓰이는 경향을 관찰하고 체면이 어떻게 보호되는지 등을 관찰하면서, 우리가 실행해 왔듯이, 자료 인용들을 검토하는 일을 포함할 수 있다.

그런 뒤에 통제된 연습 단계에서 이야기 속의 사건 노선 및 평가 노선 사이에 있는 구분을 예시해 주거나, 또는 협력하여 생각을 만들어 가는 담화에서 '관찰' 및 '촌평' 사이에 있는 구분을 예시해 주는 도표로 §.7-3과 §.7-4에서 저자가 이용한 '마디 나누기' 종류를 활용할 수 있을 것이다. 그런 도표에서 (정상적 방식으로 어휘 입력물로 제공된) 관용구들을 이용하는 간격 메우기 및 다지 택일 활동들은 명백히 통제되고 기능과 관련된다. 즉, 단순히 전반적으로 텍스트 속에서 관용구들을 무작위적으로 대치해 버리는 산탄총 효과도 피하며, 그리고 의미론적인 뜻(≒축자 의미)에만 초점 맞추고서 맥락을 벗겨 없애 버리는 일도 피하게 되는 것이다.

서사이야기 맥락들은 이야기의 요약을 제공해 줌으로써, 그리고 대안이 되는 청자 평가나 종결 부분을 제공해 줌으로써 재창조될 수 있다. 가령 다음 예시와 같다.

A friend tells you a story about how she discovered that a colleague she has worked with for ten years went to the same school as her thirty years ago, even though they had never realised this before. What could you say at the end of her story? Which of these idioms would be suitable and

---

단계'가 된다고 말한 것은, 여기서 이해 가능한 입력물과 주목하기를 고려하지 않은 발언이지만, 왕초보를 염두에 두고 언급하지 않았기 때문에, 아마 모국어의 담화 교육에도 곧장 적용될 수 있을 것으로 보인다. §.3-3에 있는 각주 24도 참고 바람.

why?

(어느 친구가 여러분에게 다음 이야기를 해 줍니다. 10년 동안 같이 근무했던 동료 교사가 전혀 깨닫지도 못한 채 자신이 30년 전에 근무했던 동일한 학교로 갔음을 어떻게 알게 되었는지에 대한 것입니다. 그녀의 이야기 끄트머리에 여러분은 어떤 말을 할 수 있겠습니까? 다음 관용구들 가운데 어느 것이 적합하며, 왜 그렇습니까?)

㉮ "Oh well, that's me"

(아 그래, 그게 인생이야)

㉯ "It's a small world, isn't it"

(참 세상도 좁지, 그렇잖우)

㉰ "I bet you were on cloud nine when you heard"

(넌 그걸 들었을 때 틀림없이 너무나도 기뻤지)

㉱ "You live and learn, don't you"

(살면서 늘 새로 배우는 걸세, 그렇잖아)

㉲ "Well, would you believe it!"

(글쎄 믿을 수가 있겠나)

좀더 통제된 연습 단계 동안에는, 버그스뜨롬(Bergstromm, 1979)에서 옹호하듯이 학습자들에게 관용구들을 자신의 개인적 경험과 이어 놓도록 장려하는 것이 도움이 될 것 같다. 왜냐하면 관용구들이 개인적인 서사이야기에서 얼마나 자주 나오는지를 살펴보았기 때문이다. 교실 수업에서 관용구가 나오는 자연스런 조건을 정확히 재창조하는 일은 거의 불가능할 것 같다. 그렇지만 심지어 가장 전통적인 종류의 연습과 활동들이라 하더라도, 관용구들이 실제 담화에서 어떻게 이용되는지에 대한 깨달음으로부터 크게 혜택을 받을 수 있다. 이런 근본적인 물음으로부터 빠져나와 피해 버리는 일은, 자연스럽게 학습자들에게 관심을 끄는 듯하지만 너무 오랫동안 단지 의미 및 통사에 집착된 문제로만 간주됨으로써 손해를 받아온 어휘 영역을 제대로 가르치기 위하여, 좀더 관련된 참된 실생활 맥락을 위한 탐색에서 어디에도 우리를 데려가지 못할 것이다. 제6장과 제7장이 모두 함께, 어휘 선택이 담화 분석의 범위를 넘어서 버려서 무시되어야 할 어떤 것은 아니라는 저자의 논점을 다시 강화해 주기를 희망한다. 어휘 선택이 없이는 분석할 담화도 존재하지 않을 것이다.

제8장에서는 영어교육에서 교육 문법과 언어 교재들에 정규적으로 포함된 영역인 문법 논제를 다시 다루게 된다. 즉, 발화인용^{reported speech}이다. 거기에서 우리는 다시 한 번, 양적으로뿐만 아니라 질적으로도 실제 쓰이는 입말 자료를 관찰하는 일이, 글말 텍스트나 일부러 꾸민 문장에 대한 연구를 통해서 우리에게 다가온 인용문의 서술 내용과는 판이한 그림을 보여 주게 됨을 깨닫게 될 것이다.

제8장 그래서 매뤼가 말하더군요
: 일상대화에 있는 인용

§.8-1 도입

아일랜드 중부에 있는 티뻐뢰뤼[County Tipperary] 군의 어느 작은 마을에, '그래서 매뤼가 말하더군요[So-Mary-was-saying]'라는[1] 별명을 가진 시골 주인 공이 살고 있었다. 이 별명이 붙은 이유는, 새로운 소식이나 마을 소문을 어떤 것이든 대화 소재로 삼고서 서로 인사를 나눌 때에, 언제나 굳어진 입버릇처럼 그가 그런 말로 대답하였는데, 작고 긴밀한 공동체에서 늘 모든 정보의 중심지인 매뤼로부터 그가 미리 그런 소식을 들었었기 때문이다.[2] 새소식·잡담·이야기, 그리고 사실상 일상대화의

1] 여기에 있는 과거진행 형식 'was ~ing'는 과거사건의 진행을 생생하게 그려주는 1차적 목적과 무관하다. 대신에 이는 '새로운 소식을 이미 다 들어서 알고 있다!'는 인상을 주고, 그 소식을 새로운 주제로 부각해 주려는 것이다. 인용문은 고작 문법책 설명에 있는 '인용'에만 그치는 것이 결코 아니다. 담화기능으로 보면 새로운 주제나 논읫거리를 도입하기도 하고(무대를 마련하는 일), 자신의 논거를 뒷받침하기도 하며, 자신이 지닌 정보 우월성을 표시해 주기도 한다. 이런 다양한 담화기능으로 인해, 오직 인용 내용만을 빌려오는 막연한 인용(늑내적 사고 내용에 대한 인용)까지 함께 논의된다. 심층 논의로서 페어클럽(2003; 김지홍 뒤침, 2012) 『담화 분석 방법』(도서출판 경진)의 제3 장 '서로 얽힌 텍스트의 성격 및 가정'도 같이 읽어 보기 바란다.

2] 〈원저자 1〉 저자는 이 정보를 티뻐뢰뤼의 토박이인 배뤼 오설리뷘(Barry O'Sullivan)으로부터 들었는데, 당시 일본에 있는 오카야마(Okayama) 대학에서 저자가 영어 강의를

전체 구성이, 다른 사람의 말을 인용하거나 언급하는 일에 대단히 많이 의존하게 된다. 특정 시점에서 다른 누군가의 말을 직접적으로 또는 간접적으로 언급하면서 우리 자신의 담화를 뒷받침하지 않는 경우를, 우리 생활에서 하루라도 상상하기란 불가능하다. 그러므로 똑같이, 발화인용(남의 말 인용)을[3] 아주 진지하게 취급하지 않고, 또한 교과 과정에서 어떤 위상을 내어주지 않고서, 실제 적합성을 주장하는 제2 언어교육을 어떤 것이든 상상하기 어렵다. 이 책에서 계속 논의되어 있듯이, 교육적 유용성을 주장하는 언어 조사가 어떤 것이든, 남의 말(= 발화) 인용과 같이 그 중심에는 가장 일반적이고 흔한 언어적 의사소통의 일상기능들이 실제로 어떻게 실행되는지를 자세히 관찰하는 일이 들어 있다. 똑같이 중요한 것이, 문장에 기반을 둔 분석이나 유일하게 덩잇글의 증거로부터 나온 선입견에 얽매이지 않고서, 기꺼이 열린 마음을 지니고 실제 자료에 다가가는 일이다.

우연한 대화 자료의 확장 연결체가 어떤 것이든지, 더 앞서 나온 발화를 언급하지 않는 일이란 거의 없다. 해당 언어의 화자들이 남의 말 인용을 어떻게 만들어 내는지를 알 필요가 없는 상태로, 중급 수준의 외국어 능력을 성취한다고 생각하기란 어렵다. 따라서 남의 말(발화) 인용에 대한 단원들을 포함하기 위하여, 그리고 인용형식을 연습할 기회를 제공하기 위하여, 기존의 언어 교재들에 의존할 수 있다. 그렇지만, 많은 교재들은 실제로 일상자료에서 일어나는 바를 너무 빈약하고 부적합하게 다룬다고 시사하는 증거가 있다. 아마 명시적으로 인정되든 그렇지 않든 간에, 문장에 기반을 둔 문법모형의 지속적인 영향력

집필하고 있던 때였다.

3] 원문은 speech report(발화 보고) 또는 speech reporting(발화를 보고하는 일)으로 쓰였다. 남의 말을 인용하는 것을 말한다. 글말에서는 인용문으로 부른다. 저자는 직접인용과 간접인용만이 아니라, 남의 머릿속에만 있고 아직 말해지지 않은 내용의 추정/짐작뿐만 아니라, 남의 말을 요약하고 보고하는 일도 포함하기 위하여 report(보고하다)라는 낱말을 '상의어'로 쓰고 있다. 그렇지만 우리말에서는 '보고하다'가 어떤 격식적 상하관계를 함의하므로(아랫사람이 윗사람에게 보고함), 인용(끌어다 씀)을 살려, '발화인용'으로 번역하기로 한다.

과 글말자료에 대한 과도한 의존성 때문일 것이며, 일상언어에 대한 관찰을 전혀 하지 않았기 때문일 듯하다.

다른 장에서처럼 제8장의 논의에서도 노팅엄 담화뭉치^{CANCODE}('영어 담화의 케임브리지·노팅엄 말뭉치' 약자)에 있는 입말뭉치의 첫 1백만 낱말들에 대한 증거에 기반을 둘 것이다. 이런 엄청난 말마디 분량이, 아래에서 만들어질 그런 관찰이 토박이 화자 이야기를 조심스럽게 듣는 일에 의해서 조금도 도달될 수 없다고 말하는 것은 아니다. 앞에서 이미 논의하였듯이, 컴퓨터들이 간단히 한 걸음에 엄청나게 많은 자료를 더 쉽게 살펴볼 수 있도록 만들어 주지만, 가장 효과적으로 컴퓨터의 힘을 이용하기 위해서는, 보통 우리가 어떤 종류의 것을 살펴보고 있는지에 대하여 모종의 생각을 갖고 있어야 한다(늑아는 만큼 자료가 보인다). 컴퓨터로 처리가 된 말뭉치의 특정한 장점은, 일상언어에서 관찰된 어떤 표현이 단 한 차례^{one-off}의 실현뿐인지, 아니면 여러 화자들의 광범위한 표본에 두루 걸쳐서 널리 쓰이고 있는 특징인지를 조사연구자가 점검할 수 있게 해 준다. 이 책에서는, 노련한 언어 교사들이라도 어리석다고 주장하면서, 실력이 늘어나도록 교사들을 연수시키는 수단뿐만 아니라, 이를 넘어 광범위하게 거대한 말뭉치를 조사하고 있는 전문학자들의 발견 내용에 의해 교사들의 눈이 활짝 열리게 할 필요가 있다는 왜곡된 주장을 수용하지 않는다.

노팅엄 담화뭉치^{CANCODE} 자료는 남의 말 인용이 일상생활의 언어에서 엄청나게 일반적이라는 직관을 확증해 준다. 또한 화자들이 인용을 효과적으로 만드는 방식이 많고 다양함을 예증해 준다. 이런 인용들은 현저한 범위에 이르기까지 소설작가들이 자신의 이야기로 재생산해 놓는 방식들(획기적 논의를 보려면 Page, 1973을 참고하기 바람)과, 신문 기자들이 정치가의 발언과 다른 뉴스 가치가 있는 인물들의 발언을 보도하기 위하여 이용하는 방식들(가령, Zelizer, 1989; Waugh, 1995; Thompson, 1996)과도 중첩된다. 그러나 입말자료에서는 또한 글말인용에서 있다손 치더라도 드물게만 발견되는 선택들을 보여 준다. 가장 두드러진 것은, 인용을 위한 일상대화 자원들이, 직접인용·간접인용 구조에 대한 문장기반 설명에서 시사된 것보다 훨씬 더 풍부하다는 사실이다.

제8장에서는 발화인용의 기본유형들에 대한 차이점을 나누기 위하여 편리한 얼개를 마련해 놓은 주네뜨(Gennette, 1988)의 용어를 받아들이기로 하겠는데, 다음과 같다.

유형	특징과 사례
직접 인용	인용된 화자의 낱말들에 대한 재구성이다. 보통 형식에 초점을 모으며,[4] 통사적으로 인용절과는 독립되어 있다. 가령 I said *'What would you like to do this afternoon, Dulcie?'* ('덜씨, 오늘 오후에 뭐하고 싶니?'라고 내가 말했어) 여기서 일부러 작은따옴표가 예증을 위해 쓰이고 있다. 원래의 노팅엄 담화뭉치 녹취기록에서는 이런 방식으로 구두점을 찍지 않았다(=작은따옴표가 없음). 입말 말뭉치에서 들을 수 있는 많은 유형의 맥락단서들이, 직접 발화인용의 기능을 주어진 낱말 열들에 귀속시키는 데에 반드시 언급되어야 한다. 제8장의 목적을 위하여, 원래의 테이프들이 발화인용의 특성을 확증하기 위하여 직접 검토되었다.
간접 인용	재구성은 통사적으로 종종 시제·손으로 가리키는 표현^{deixis5]}·대명사에서 변화가 함께 이뤄진 인용절에 의존하고(밴필드 Banfield 1982: 25를 보기 바람), 해석을 위해 또한 맥락에 크게 의존한다. 가령 Cos *a friend of mine, he asked me if he could stay there* and I said 'Yes' (내 친구 한 놈이 내게 개도 거기 머물 수 있을지 물었기 때문에, '웅' 대답했어) 원래 표현이 'Can/could I stay here/there?'인지 여부를 알아내기가 불가능하지만, 보통 성공적인 의사소통을 위해서 원래 표현이 굳이 재생될 필요는 없다.
이야기에 녹여 놓음	인용되고 있는 원래 화자의 표현이 없이도(=채 발화되지 않음), 그 발화 사태를 요약해 주면서 발화 행위를 보고한다. 가령, Oh my doctor came and *she rang up and complained at the way that I'd been treated*. (오 내 여의사가 와서 전화를 걸고는 내가 처방받은 방식에 불평을 늘어놨거든) 발화인용에 대해 비슷하게 3원체계를 이용하는 베이넘(Bayham 1991)에서는 이런 세 번째 유형을 '어휘화 전략'이라고 언급하였다.

루씨(Lucy, 1993: 18~19)에서는 ① 직접 발화인용이 '재생된 발화사건'의 얼개 속에서 만들어지는 것, ② 간접인용이 '발화상황을 보고하는 관

4] 〈원저자 2〉 루씨(Lucy, 1993: 18)에서는 직접 발화인용이 전형적으로 '해당 발화의 원래 형식'(원저자의 강조임)을 표면으로 내세울 뿐만 아니라, 또한 '그 실체적 전달내용'까지도 전달해 줌을 관찰하였다.

5] deixis(손으로 가리키는 표현)에 대해서는 §.2-5에 있는 각주 28과 §.6-2에 있는 각주 9와 이 책 뒤에 있는 용어 해설을 보기 바란다. '직시'라는 일본말은 부적절하다.

점' 속에서 운용되는 것, ③ '현재 화행사건의 관심사'와 관련되는 것으로 추가적인 구분을 하였다.

§.8-2 말하기와 글쓰기

발화인용을 담고 있는 자료들 중에서 두 가지 극단적 사례로부터 시작해 나가기로 한다. 아래 인용 (8.1)은 월터 스깟 경(Sir Walter Scott, 1771~1832)에 의해 쓰인 고전소설 (흑기사)『아이반호우Ivanhoe』로부터 가져왔고, (8.2)는 노팅엄 담화뭉치 자료에 있는 자서전 일화anecdote로부터 가져온 것이다. 『아이반호우Ivanhoe』는 극단적 선택이지만, 전세계에 걸쳐서 많은 수의 외국어 학습자들이 주로 고전문학으로부터 나온 대다수의 발화인용을 접하고 학습한다. 저자 자신도 학생 시절에 스페인어와 불어를 배울 적에 그러하였다. 더욱이나 영어로 작품을 쓰는 현대 소설가들이 종종 발화를 그려 내는 대안방식을 실험하지만, 우리 귀에는 『아이반호우Ivanhoe』에서 이용된 사뭇 딱딱한 방식이 여전히 생생하며, 또한 여태 잡지에 게재된 대중소설의 많은 사례에서도 잘 쓰이고 있다.

(8.1)[6]

Rebecca again looked forth, and almost immediately exclaimed, 'Holy prophets of the law! Front-de-Boeuf and the Black Knight fight hand to hand on the breach, amid the roar of their followers, who watch the progress of the strife—Heaven strike with the cause of the oppressed and of the

---

6] 김병철 뒤침(1960: 282쪽 이하), 『아이반호』(을유문화사)의 번역을 참고하였다. '아이반호우'는 작가가 붙인 영지(領地, 땅)의 이름이며, 동시에 주인공의 이름(아이반호우의 영주 윌프레드)을 뜻한다. 여자 주인공 뤼베카는 부유한 유대인의 딸이다. 반대쪽 사람인 프롱드버프는 방패에 그려진 '소 머리'라는 뜻을 지닌 불어이며, 노르망 기사이다.

captive!' She then uttered a loud shriek, and exclaimed, 'He is down! He is dow!'

'Who is down?' cried Ivanhoe; 'for our Lady's sake, tell me, which has fallen?'

'The Black Knight,' answered Rebecca, faintly then instantly again shouted with joyful eagerness—'But no—but no!—he is on foot again, and fights as if there were twenty men's strength in his single arm—His sword is broken—he snatches an axe from a yeoman—he presses Front-de-Boeuf with blow on blow—The giant stoops and totters like an oak under the steel of the woodman—he falls—he falls!'

'Front-de-Boeuf!' exclaimed Ivanhoe.

'Front-de-Boeuf,' answered the Jewess; 'his men rush to the rescue, headed by the haughty Templar—their united force compels the champion to pause—They drag Front-de-Boeuf within the walls.'

'The assailants have won the barriers, have they not?' said Ivanhoe.

'They have!—they have!—and they press the besieged hard upon the outer wall; some plant ladders, some swarm like bees, and endeavour to ascend upon the shoulders of each other—down go stones, beams and trunks of trees upon their heads, and as fast as they can bear the wounded to the rear, fresh men supply their places in the assault.'

'Who yield?—who push their way?' said Ivanhoe.

'The ladder are thrown down,' replied Rebecca, shuddering; 'the soldiers lie grovelling under them like crushed reptiles—The besieged have the better.'

뤼베카는 또 다시 앞을 내다보면서 거의 즉각적으로 외쳐댔다. "오오 큰일 났네요! 프롱드버프와 흑기사가 방어선의 틈새에서 1 : 1로 접전을 하고, 그 옆에서 양쪽 부하들이 고함을 지르며 싸움이 벌어지는 걸 지켜보는 있네요—하늘이시어, 억압된 사람과 붙잡힌 사람들과 한 편이 되어, 상대를 쳐 주옵소서!" 그러고 나서 그녀는 크게 외마디로 탄식하였다. "그분이 쓰러지셨어요! 그분이 쓰러지셨어요!"

"누가 쓰러졌다고요?" 아이반호우가 외치며 되물었다. "우리 사랑스런 귀부인을 위하여, 대체 어느 쪽이 쓰러졌는지 내게 말해줘요."

"예, 흑기사 말이에요," 뤼베카가 사그라드는 듯이 대답하다가, 이내 즉각 다시 환호하는 목소리로 열정적으로 외쳐댔다—"하지만 아니에요—하지만 아니에요! 그분이 다시 일어나서 마치 한쪽 팔로 스무 명의 장정을 대적하듯이 싸우시네요—그분의 칼이 부러졌어요—그분이 호위병으로부터 도끼를 하나 잡아챘어요—그분이 프롱드버프를 계속 주먹으로 갈겨대면서 압도하시네요—그 거인은 웅크린 채 마치 나무꾼의 도끼 아래 놓인 느티나무처럼 흔들거리네요—그가 쓰러져요—그가 쓰러져요!"

"프롱드버프가 말이요!" 아이반호우가 되물었다.

"예, 프롱드버프가 말이에요?" 그 유대인 딸이 대답하였다. "거만한 성당 기사단을 선두로 하여 그의 부하들이 그를 구출해 내려고 급히 달려나오는군요—그 부하들의 연합 세력이 달려들자 우승자가 싸움을 멈출 수밖에 없네요—그들이 프롱드버프를 끌고 성벽 안으로 들어가네요."

"공격군들이 방책을 완전히 쳐부쉈죠, 안 그런가요?" 아이반호우가 말했다.

"예, 그들이 쳐부쉈어요!—쳐부쉈어요!—그리고 바깥 성벽 위로 포위망을 단단히 조여 가는군요. 일부는 사다리들을 걸쳐놓고, 일부는 벌떼처럼 밧줄을 타서 오르면서, 서로들 자기 어깨 위로 올려 보내려고 애를 쓰는군요—그런데 그들의 머리 위로 돌·석재·나뭇등걸들이 쏟아져 내리는군요. 재빨리 부상병들을 후방으로 실어나르자마자, 새 병사들이 부상병들이 있던 공격 위치를 채워서 다시 공격하네요."

"누가 항복했소?—누가 밀어젖히며 돌격하고 있소?" 아이반호우가 물었다.

"사다리들이 바닥으로 내팽개쳐졌어요," 뤼베카가 벌벌 떨면서 대답하였다. "병사들이 짓뭉개진 파충류처럼 사다리 아래에 깔려서 기고 있어요—수비군들이 우세해요"

(8.2) [여기 있는 화자(매뤼)는 어느 친구(덜씨)와 휴일을 보내면서, 그들이 줄을 서서 기다리고 있는 빙고 게임을 하는 대신에, 우연히 어느 영화에서 어떻게 엑스트라(임시 고용인)로 끝나게 되었는지를 다른 친구인 〈화자 02〉에게 말해 주고 있다][7]

7] 번역에서는 독자가 쉽게 이해하도록 원문에 없는 구두점(쉼표와 작은따옴표)들을 일부러 집어넣었다. 이는 또한 §.7-3의 예문 (7.4)로도 이용되었다.

⟨S 01⟩ So we'd been wandering round in the morning doing the usual thing came back and had lunch and she, I said what would you like to do this afternoon Dulcie she said oh Mary let's go to bingo, now bingo is never ever my cup of tea [⟨S 02⟩ no] but seeing that I was supposed to be, with her

⟨S 02⟩ └Supporting her yeah.

⟨S 01⟩ I'd to fall in with her [⟨S 02⟩ laughs] all right then Dulcie where do we go now to bingo, I don't know she said but we'll find out so we walked along and we saw this hall and she said I think that's it so I saw a lot of people and I said I don't know Dulcie, doesn't look like a bingo hall so she said well go in the queue she said and find out what's happening so I go in this queue and I'm waiting so I saw them taking names and writing things down so I had this feeling I was in the wrong place [⟨S 02⟩ laughs] so I thought to myself oh I'm going from here but as I was stood at the table this person said er now then you're next so I said excuse me is this the bingo hall and he said no my dear oh so I said oh I'm sorry and I started to walk away but he said hang on a minute he said erm how would you like to be an extra I said an extra for what [⟨S 02⟩ laughs] he said for a film he said [⟨S 02⟩ no] we're doing a film [⟨S 02⟩ get away] so I said me he said yes he said [⟨S 02⟩ yeah] want lots of people [⟨S 02⟩ yeah] so I said oh I can't really I'm sorry because I've got my friend with me [⟨S 02⟩ yeah] that's all right he said ask your friend to come up so I said well before you take any more details I'll ask her to come up with me now, so I go back to Dulcie and she says all right Mary is, will the bingo be starting soon I can't see any chairs and tables no I said we're in the wrong place Dulcie [⟨S 02⟩ laughs] and I said they've asked us if you'd like to, like us to be in a film what d'you mean she said well I said don't know the story as yet [⟨S 02⟩ mm] I said but erm but I said I think it'll be a laugh oh she said I'd love it.

⟨화자 01⟩ 그래서 우리는 아침에 평상시 것들을 하면서 주위를 배회하다가 되돌아와서 점심을 먹었거든. 그리고 그녀가, 내가 '덜씨, 오늘 오후에 뭘하고 싶니?'라고 말했어. 그녀가 '아, 매뤼, 빙고 게임이나 하러 가자'고 말했어. 시방 빙고는 결코 내 취미가 아니거든 [⟨화자 02⟩ 아니지] 그러나 내가 그녀랑 그걸 보기로 약속했걸랑.

⟨화자 02⟩   └ 그녀를 후원하면서, 맞아.

⟨화자 01⟩ 난 걔한테 동의하고 싶었지. [⟨화자 02⟩ (웃음)] '좋아 그럼, 덜씨, 지금 우리가 어디 가서 빙고를 하지?' 말하자, 그녀가 '나도 잘 모르겠는데, 밖에 나가서 찾아보기로 하자' 했거든. 그래서 우리가 길을 따라 걷고 있었는데, 그 건물을 보았거든. 그리고 걔가 '내 생각에 저게 그곳이야' 하더라고. 그래서 내가 보니까 사람들이 많이 있길래 '잘 모르겠지만, 덜씨, 빙고 놀이 장은 아닌 것 같애'라고 하자, 걔가 '글쎄, 줄 속에 들어가서 무슨 일인지 알아보기로 하자'고 했거든. 그래서 내가 그 줄 뒤로 서서 기다렸단 말야. 그런데 거기 서 있는 사람들이 이름을 말하면서 뭔가 적고 있는 걸 봤어. 그래서 난 잘못 왔다고 느꼈거든. [⟨화자 02⟩ (웃음)] 그래서 내 스스로 '여기서 떠날 거야'라고 생각했지만, 내가 바로 접수대 앞에 서 있었기 때문에, 그 사람이 '어 자, 그럼 당신 차례로군요'라고 했어. 그러자 내가 '실례합니다만, 이게 빙고 놀이장인가요?' 물었어. 그가 '아뇨, 아가씨'라고 하니까 내가 '아차, 아, 미안해요!' 하고서 걸어 나오기 시작했거든. 허지만 그가 '잠깐만요'라고 말하면서, '엑스트라(영화 배경의 임시 고용인)가 되어 보는 건 어때요?'라고 묻더라고. 내가 '뭘 하는 엑스트라인데요?' 했지. [⟨화자 02⟩ (웃음)] 그가 '영화를 찍을 엑스트라에요'라고 말하면서, [⟨화자 02⟩

안 되지] '우린 영화를 찍고 있어요!' 했어 [〈화자 02〉 그냥 떠나 버리지] 그래서 내가 '저를요?'라고 하자, 그가 '그래요' 하더라고. 그가 말하기를 [〈화자 02〉 그래] '많은 사람들이 필요하거든요' [〈화자 02〉 그래] 그래서 내가 '아, 난 할 수가 없어요. 정말 미안해요. 내 친구가 같이 있어요' [〈화자 02〉 그래] 그가 말하기를 '괜찮아요, 친구에게도 오라고 해요'라고 하자, 난 '그럼 더 자세히 들어가기 전에, 지금 친구한테 참여할지 물어보고 올 게요'라고 하고, 뒷줄에 서 있는 덜씨한테 갔거든. 그녀가 '좋아 매뤼, 빙고놀이가 곧 시작되고, 시작될 건가? 난 의자와 빙고탁자를 볼 수가 없는데 말야'라고 하자, 내가 '아냐 우리가 잘못 왔어, 덜씨' [〈화자 02〉 (웃음)] 그리고 계속해서 내가 '그들이 우리한테 묻는데, 영화 찍는 데 참여하고 싶은지를 묻네'라고 했거든. 그녀가 '무슨 말이지?'라고 물었어. 그러자 내가 대답하기를 '아직 어떤 줄거리인지는 잘 모르겠는데 말야' [〈화자 02〉 음~] 내가 말하기를 '허지만 엄,' 내가 대답하기를 '재미있는 걸 거라는 생각이 들어'라고 하자, 그녀가 말하기를 '아, 나도 참여하고 싶어'라고 했거든.

두 편의 인용 발췌문에는 발화인용이 풍부히 들어 있다. 둘 모두 서로 다른 방식으로 인용된 발화를 마치 독자/청자의 눈앞에서 사건이 벌어지고 있는 듯이 무대를 마련해 놓는다. 둘 모두 관례적인 허구로서, 누군가의 표현에 대하여 어떤 것도 참되고 정확한 설명으로 될 것 같지 않다는 점에서(≒인용자에 의해 윤색이 되었다는 점에서) 그러하다.[8] 앞에 인용된 덩잇글은 허구이다. 어쨌거나 소설 속의 주인공들이 허구적이기 때문이다. 앞에 인용된 덩잇말도 비록 참된 이야기로 말해졌지만 허구이다. 왜냐하면 간접인용의 불가피한 풀어 말하기와는 달리, 비록 직접인용이 원래 표현을 덜 왜곡시켜 놓은 것이라고 논의될 수 있겠지만, 원래 주인공들이 말한 본디 표현 중에서 중요한 것이 무엇

8] 〈원저자 3〉 클락·게뤼그(Clark and Gerrig, 1990)에서는 발화인용이 '원래 발화에 대한 선택적 기술'이라고 논의하였다.

이었다고 생각하는지를 재구성해 놓는 시도 이상이 아님을 알고 있기 때문이다(Coulmas, 1985a를 보기 바람).

사실상 인용낱말들이 참된 재진술인지 여부는 크게 문제가 되지 않는다. 입말 이야기꾼의 인용은 어떤 도전도 받을 수 있게 열려 있지만, 보통 오직 그것들이 신뢰도를 무리하게 늘여 과장한다거나, 또는 원래 발화사건(들)에 대한 또 다른 목격자가 인용표현의 정확성에 대하여 의문을 던지는 경우에만 도전을 받는다.[9] 『아이반호우』 덩잇글은 특히 발화인용에 대한 전통적 문체 유형을 드러낸다. 저자가 현대소설에서도 이것이 전형적이라고 제안하는 것은 분명히 아님을 거듭 강조해 둔다. 대부분의 독자는 직접인용과 간접인용의 혼합형태로 발화를 인용하는 작품들에 친숙해져 있을 것이다. 앞의 두 인용 발췌문에서 보이는 발화 인용동사의 종류들을 이용하거나, 또는 굳이 인용동사를 쓰지 않은 채, 단순히 주인공들의 발화를 인용부호나 새 단락 1글자 들여쓰기를 이용하여 표시해 주게 된다. 앞의 인용 발췌문 두 편은, 순전히 글말 발화보고와 입말 발화보고 사이에서 그 간격이 얼마나 광범위할 수 있는지를 예시해 주기 위하여 선택되었다.

어떤 특징들이 그것들을 그렇게 차이가 나게 만들어 주는지를 살펴보기로 한다. 다음 목록에서는 인용동사들의 사용과 각 발췌문에서 인용동사에 같이 수반된 수식어를 보여 준다.

9] 〈원저사 4〉 뢰이즈(Reyes, 1984: 65)에서는 남의 말을 인용하는 일이 인용자로 하여금 의사소통에 대한 정상적인 책임감을 벗어나게 만들어 주지 않는다는 논의를 전개한다. 즉, 인용되는 사람과 인용하는 사람의 목소리가 함께 청취되는 것이다. 이하는 스페인 원문 인용임. "Citar … no exime de la responsabilidad de la intención comunicativa; suscitar otra voz no es perder la propia, reperir es decir, en la medida que se."

글말과 입말에 쓰인 인용동사 및 같이 수반된 수식어

『아이뷘호우』 덩잇글	CANCODE 입말 이야기
exclaimed(틴 히쳐 있다) (3차례)	said(말했다) (29차례)
uttered a loud shriek(크게 비명치며 말했다)	says(말한다)
cried(부르짖었다)	asked(물었다)
answered faintly(힘없이 대답했다)	zero 형태
shouted with joyful eagerness(환호하며 외쳤다)	
answered(대답했다)	
said(말했다) (2차례)	
replied shuddering(부들부들 떨면서 대답했다)	

두 편의 인용 발췌문이 길이에서 같지 않지만(각각 대략 3백 낱말과 4
백 낱말 정도임), 덩잇글이 그 자체로 인용동사의 범위와 인용표현에 대
해 특정한 성격을 부가해 주는 부사 수식어의 범위에서 아주 다양하
다(가령 발성 매개변인으로, loud크게, faintly힘없이). 덩잇말은 비록 한 경우에
단순현재를 써서 시제가 다르지만, 거의 전적으로 say말하다라는 동사와
직접인용에 내포된 ask묻다를 지닌 간접인용에 의존하는 듯하다.[10] 만
일 『아이뷘호우』 지문에서 쓰인 인용동사를 추려 본다면, 대화 자료
에 있는 인용동사의 실현이 아주 다름을 깨닫게 된다. 거의 1백만 낱
말이 넘는 노팅엄 담화뭉치CANCODE 자료에서는 exclaim탄식하다이라는 낱
말이 전혀 나오지 않으며, utter발화하다, 말하다는 우연한 대화에서 나온 농
담에 대하여 원래 농담 화자를 찾아 가리킨 경우에 유사 발화인용 기
능으로서 단 한 번만 나온다.[11] cry부르짖다는 발화 인용동사로 한 번도

10] 〈원저자 5〉 바우먼(Bauman, 1986: 66)의 자료에서도 인용동사로서 say(말하다)의 압도
적인 선호도를 확인해 준다.

11] 〈원저자 6〉 아래에 다시 복제한 원래 자료 인용에서는 〈화자 02〉가 최근에 받은 교사
직 제안에 대하여 〈화자 02〉에게 말해 주고 있다.
〈화지 01〉 She's left me two days to decide. (그녀가 내게 결정할 시간을 이틀 줬어)
〈화자 02〉 As in to do or not to do. (할지 아니면 안 할지를 말야?)
〈화자 01〉 That is the question (그게 문제야)
〈화자 02〉 That's a good line yes (그건 좋은 조건인데, 맞아)
〈화자 01〉 Yeah [laughs] (그래 [웃음])

나오지 않고, answer^{대답하다}도 직접 발화를 인용하는 데에는 전혀 나오지 않는다. 노팅엄 담화뭉치에는 reply/replying/replies/replied^{대답하다/했다/하고 있다/한다}에 대해 250개의 사례가 있지만, 두 개만을 제외하고서 모두가 편지에 대한 글말 답장을 가리킨다. shout^{외치다}라는 동사는 이 말뭉치에서 53차례 나오는데, 직접 발화를 인용하거나 간접 발화를 인용한다. 가령, 다음과 같이 채근하는 사람들에 둘러싸여, 어느 부인이 자신이 아이를 낳던 경험을 들려주는 대화에서 다섯 가지 사례가 나온다.

(8.3)

⟨S 01⟩   I can remember them all <u>shouting</u> at me to push and I was getting so fed up with them all like, that girl, that, I mean she didn't even know me and she was telling me to push and I was thinking what's it got to do with you you know and Doctor Hills <u>shouting</u> in the other ear and they were just, meant [⟨S 02⟩ mm] nothing to me ··· but like Nancy Carr was really, she was being horrible really cos she had to to make me do it and afterwards she said like you done really well and she said [⟨S 02⟩ mm] sorry if I <u>shouted</u> at you ··· but

⟨S 02⟩   ⌐Who who was being horrible to you, Nancy Carr?

⟨S 01⟩   Nancy Car like <u>shouting</u> at me to push and that

⟨S 02⟩   Mhm.

⟨S 01⟩   And she said afterwards em sorry if I kept <u>shouting</u> at you but

---

⟨화자 02⟩ Yes yes it's (그래 그래 맞아)
⟨화자 01⟩   ⌐I thought of it first [laughs] (난 그걸 먼저 생각했거든 [웃음])
⟨화자 02⟩ It was Match of the Day nineteen sixty seven I think isn't it <u>as uttered by Jimmy Hill</u> when when commenting on Brentford against Halifax in the er in the FA Cup (내 생각에는 그게 1967년 최종 결승 시합이었는데, 안 그래, 어 영국 축구협회 도전 우승컵에서 핼리팩스를 맞서던 브뤼트포드 팀에 대해서 논평을 할 적에 <u>지미 힐이 이야기했듯이 말야</u>)

if she just said push like that you wouldn't bother would you you wouldn't try.

〈화자 01〉 나보고 힘껏 밀어내라고 <u>외쳐대던</u> 그 사람들을 모두 기억할 수 있어요. 그리고 난 그들이 모두 그 소녀, 그 사람처럼 보기 싫어지고 있었거든요. 내 말뜻은 그녀가 나를 잘 알지도 못하면서, 나더러 힘껏 밀어내라고 말했거든요. 난 '당신과 그게 무슨 상관이 있느냐'고 생각하고 있었죠, 잘 알다시피. 그리고 힐 의사선생이 다른 귀에다 <u>외쳐댔거든요</u>. 그리고 그런 말이 바로 [〈화자 02〉 음~] 제겐 아무런 의미도 없었죠 … 허지만 (산파였던) 낸시 카는 사실, 그녀는 사실 아주 못됐어요. 왜냐면 그녀가 억지로 나로 하여금 그렇게 하도록 했기 때문이죠. 그리고 결국 당신처럼, 그녀가 사실상 '아주 잘 하셨네'라고 말했어요. 그리고 그녀가 말하기를 [〈화자 02〉 음~] '내가 당신한테 계속 <u>외쳐댔다면</u> 미안해요' … 허지만

〈화자 02〉 └ 누가 못되게 굴었나요? 낸시 카에요?

〈화자 01〉 낸시 카는 아기를 힘껏 밀어내라고 나를 향해 <u>외쳐댔는데</u> 그게

〈화자 02〉 음~.

〈화자 01〉 그리고 결국 그녀가 말하길 엄 '당신한테 계속 <u>외쳐댔다면</u> 미안해요. 허지만 조용히 아기를 그처럼 밀어내라고만 했더라면, 무시해 버리고 개의치 않았었겠죠, 안 그래요? 당신이 힘 주려고 시도도 안 했을 거예요.'

shout^{외치다}가 (가령 shouting at me to push and that^{힘껏 아기를 밀어내도록 내게 외쳐대었고 그게}와 같이) 재구성된 원래 표현을 지닌 간접 발화인용뿐만 아니라, 또한 이야기 인용(and M's shouting in the other ear^{그리고 엠이 다른 쪽 귀에다 대고 외쳐대는 게}; sorry if I shouted at you^{당신에게 외쳐댔다면 미안해요})에서도 나타남을 주목하게 될 것이다. (7개 사례에서) 직접 발화인용을 위해 쓰인 경우에, shout^{외치다}은 지속성/진행성 '-ing'로 쓰인다. 이런 시제는 대화상 발화인용에서 일반적으로 찾아지는 더 큰 생생함을 반영해 주는 것일 수 있으며(Tannen, 1986), 다음 사례에서도 볼 수 있다.

(8.4.1) [〈화자 01〉과 〈화자 02〉가 자신의 아이들 중 한 아이가 벽으로부터 어떻게 넘어졌고, 떨어져 나온 벽돌에 어떻게 부상을 입었는지 묘사하고 있다]

〈S 01〉 The doorway opened and we heard somebody <u>shouting</u> help me and then we seen him like crawling in but he had er pla, er a plaster thing on his arm didn't he.

〈S 02〉 Yeah for about a week.

〈S 03〉 Yeah.

〈S 02〉 To make sure there was nothing broken.

〈화자 01〉 그 출입문이 열려 있었는데, 우리는 누군가 '도와줘요' <u>외쳐대는</u> 소리를 들었어요. 그런 다음에 그가 기고 있는 모습 같은 걸 보았지만, 그 애가 어 플라스—, 자기 팔 위에, 어 석고로 된 게 얹혀 있더라구요, 안 그랬던가요?

〈화자 02〉 그래요, 거의 1주일 전이죠.

〈화자 03〉 맞아요.

〈화자 02〉 부러진 데가 아무 곳도 없음을 확인하려고.

(8.4.2) [〈화자 01〉가 학습의 어려움을 지닌 이웃 여성을 기술하고 있다]

〈S 01〉 She had somebody knocking at her windows <u>shouting</u> fire fire and it was just a ruse to get her out the house you see.

〈S 02〉 Mm.

〈S 01〉 And er she was very sensible the old lady was she phoned.

〈S 02〉 Good.

〈S 01〉 And how we heard about this it was the following morning the window cleaner came I told him about it he couldn't clean the windows detectives were there detectives come to that's how we heard about er that.

〈화자 01〉 누군가가 그녀의 창문을 두들기면서, '불이야, 불이야' <u>외쳐댔거든요</u> 허고 그게 잘 알다시피, 그녀를 집으로부터 빠져나오게 하려는 계략이었죠.

〈화자 02〉 음~.

〈화자 01〉 그리고 어 그녀가 아주 예민했는데, 그녀가 전화했던 그 노부인 말이에요.

〈화자 02〉 좋습니다.

〈화자 01〉 그리고 우리가 이 사건에 대해 어떻게 듣게 됐냐면, 다음날 아침에야 유리 창 수리공이 왔는데, 제가 그에게 그걸 얘기해 줬어요, 그가 그 유리창을 수리할 수 없다고 말이에요, 형사들이 거기 있었고, 형사들이 왔었는데, 그게 어 그것에 대해 우리가 들은 내용이에요.

따라서 입말 대화자료가 또한 고전소설이나 대중소설에서 찾아지는 발화보고의 종류와 대조되는 서로 다른 묶음의 용법들을 산출할 수 있음을 알 수 있다. 『아이반호우』 덩잇글에서는 문서화가 잘 이뤄진 문학적 기제들을 보여 준다(추가 사례와 논의를 보려면 Tannen, 1988을 참고하기 바람). 앞에서 주목했듯이, 비록 글말 문체가 월터 스깟 경이 살던 시대 이후로 많이 바뀌었지만, 『아이반호우』 덩잇글에서 예시되었듯이, 생동감 있는 발화 인용동사의 종류와 수식 부사어가 일반적으로 여전히 이용되고 있다. 심지어 정전으로 대우받는 문학작품들에서보다도, 대중소설에서 더욱 그러하다(가령 낭만소설 잡지 따위인데, 가령 Nash, 1990: 29~34를 보기 바란다. 또한 자연스런 발화 특징 대 소설적 발화에 대한 일반적인 논의를 보려면 Oostdijk, 1990을 보기 바란다). 휴즈(Hughes, 1996: 49)에서 지적하였듯이, 문학 작품에서 대화는

'대화 상대방들 서로 간에 의해서 구성되는 것이 아니라, 작가에 의해서 독자들을 위하여 구성된다.'

따라서 이용 가능한 모든 작품구성 시간과 성찰에서, 작가들이 인용동사 및 부사의 잠재태를 온전히 다 활용할 것으로 기대할 수 있는데, 독자들이 주인공의 입말표현을 해석하는 일을 제약해 주려는 것이다.

그러나 앞에서 살펴본 대화사례 (8.2)는, 일상대화에서의 발화보고
가 끊임없이 빈약한 몇 가지 선택 범위만 반복해 나가면서 손쉬운 일
이 되리라 기대할 수 있음을 시사해 주는 것일까? 만일 그랬더라면,
아마 동사 say말하다를 포함하여, 더 뒷단계에서는 tell말하다, ask묻다, shout외
치다과 같은 동사를 더 활용하면서, 제한된 수의 서술문 인용의 목록에
만 집중함으로써, 입말 맥락에서 발화인용을 가르치는 일이 간단한 과
업으로 되었을 듯하다. 이 질문에 대답하기 위하여, 좀더 자료를 많이
살펴보고, 인용 발췌문 (8.2)에 있는 화자가 채택한 또 다른 전략도 더
자세히 살펴볼 필요가 있다. 잠정적으로 관련된 것으로서, (8.2)에 있
는 발화인용에 대하여 우리는 다음 다섯 가지 특징을 목록으로 만들
수 있을 것이다.

① 이야기 주체가 단정 진술을 인용할 때뿐만 아니라, 또한 질문을
인용할 때에도 say말하다를 쓰는데, 다음과 같다.

－질문 인용: I said what would you like to do this afternoon Dulcie
                (내가 '덜씨, 오늘 오후에 뭘 하고 싶니?'라고 말했어)
－단정 진술/대답의 인용: she said oh Mary let's go to bingo
                (그녀가 '아, 매뤼야, 빙고 놀이 가자'고 말했어)

② 이야기 주체가 영zero 형태의 선택을 이용한다. 즉, 단순히 인용동
사가 전혀 없이 발화를 인용하거나, 또는 화자 이름을 명시적으로
부르면서 인용한다. 가령 다음과 같다.

－all right then Dulcie where do we go now to bingo
   ('좋아 그럼, 덜씨, 지금 빙고 놀이를 하러 어디로 가지?')

이것이 또한 『아이봔호우』 본문에도 나타났음을 알 수 있다. "They

have! — they have!'그들이 쳐부쉈어요!' – '그들이 쳐부쉈어요!'"로 시작하는 단락에 있다.

영zero 형태의 인용은[12] 흔히 문제가 되지 않는다. 두 사람 사이에서 '다음 화자'를 나타내는 발언기회를 얻어내는 간단한 규칙이, 보통 듣는 사람으로 하여금 '누가 인용되고 있는지'를 해석할 수 있게 해 준다(Mathis and Yule, 1994를 보기 바람). 달리 언급되지 않는 한, 이미 가리켜진 원래 자료에 화자의 인용을 '귀속'시켜 주는, 청자에 의해 만들어진, 일반적 의미/화용 가정을 따르게 된다('귀속' 의미론에 대해서는 Palacas, 1993을 보기 바람). 글말 텍스트에서는 아이반호우가 영 형태의 인용 사례 앞뒤에서 모두 화자로 귀속되고 있다. 따라서 우리는 뤼베카가 말하고 있다고 가정한다(=그녀의 말을 인용한다고 가정한다). 반면에 입말에서는, 이야기 주체가 수신자(자신의 친구, 덜씨)를 이름으로 따로 불러 구별해 주고 있다. 따라서 그렇지 않다면 이야기 주체인 매뤼가 스스로 자신의 표현을 인용하고 있다고 가정하는 것이다.

③ 인용동사는 첫 위치나 중간이나 마지막 위치에 놓일 수 있다.[13]

12] 우리말 중세국어에서도 인용어미 '-고'가 잘 실현되지 않았다. 번역자의 생각에, 이는 입말의 억양이 인용문이나 내포문을 표시해 주기 때문일 것이다. 더욱 자세하게 실현 환경을 조사해 보면 차이가 있을 듯하나, 직관적으로는 아마 '여기다, 생각하다'와 같은 판단·사고·평가와 관련된 동사의 내포문(내적 사고 내용을 가리키는 문장)에는 인용 어미가 필수적으로 나와야 할 듯하다(내적 사고 내용은 엄격히 말하여 '추정 또는 짐작된 내용'일 뿐이다). 반면에, 발화에 대한 직접인용의 경우는 상위문 동사에 의해 인용어미가 잉여적으로 될 소지가 있다(추후 더 자세히 검토되어야 한 사항임). 비슷하게, 영어에서의 that도 그럴 것으로 본다. '내적 사고 내용'을 인용할 경우에는 그 끝마디가 어디인지 반드시 표시해 주어야 하겠지만, '직접 발화'의 인용은 그런 표지가 잉여적일 수 있을 듯하다.

13] 〈원저자 7〉 퍼슨(Person, 1996)에서는 직접 발화인용에서 '재시작(restarts)'의 문학적 기제를 놓고서 흥미로운 관찰을 하였다. 이는 입말 인용에서 인용동사가 중간에 위치하는 일과 유다른 게 아니다.
〈역자주〉 우리말에서는 부착어/교착어 특징 때문에 결코 중간 위치에 놓일 수 없다. 우리말의 핵어는 뒤에 나오므로(후핵 언어), 전형적인 위치는 맨 뒤에 나와야 한다. 그렇지만 '공자님이 말씀하시기를'과 같이 앞에 놓인 경우도 있는데, 이는 한문을 번역하는 과정에서 생겨난 것에 불과하다. 왜냐하면 전형적으로 '말씀하시기를 ~라고 하였다'와 같이, 반드시 중복되어(하시기를 ~하였다) 나타나기 때문이다.

또는 이야기에 있는 특정한 발언기회를 인용하는 데에는 두 군데 이
상에도 반복적으로 놓일 수 있다. 다음 사례들과 같다.

—첫 위치에 놓임:

　she said I think that's it

　(그녀가 말하길 '내 생각에 저게 빙고 놀이장이야')

—중간 위치 놓임:

　I don't know she said but we'll find out

　('잘 모르겠지만', 그녀가 말하길 '우리가 찾아내게 될 거야')

—마지막 위치에 놓임:

　what d'you mean she said

　('무슨 뜻이지?'라고 그녀가 말했다)

—첫 위치와 중간 위치에 놓임:

　so she said well go in the queue she said and find out what's happening

　(그래서 그녀가 말하길 '글쎄 줄 속으로 들어가서' 계속 말하기를 '무슨 일이 벌어지
　는지 알아보자'라고 했어)

비록 서로 결합되지 않더라도, 첫 위치와 중간 위치와 마지막 위치
가 또한 『아이반호우』 지문에서도 나타난다.

④ 인용동사는 역사적 현재시제로 될 수 있다(즉, 과거 사건을 인용하는
현재시제 형식임). 마치 이야기 속에 있는 다른 동사들이 역사적 현재
로 시제를 바꾸는 것과 같다. 가령,

so I go back to Dulcie and she says all right Mary is, will the bingo be
starting soon.

(그래서 덜씨에게 되돌아갔는데 걔가 말하길 '좋아 매뤼, 빙고가 곧 시작될 거니?'라고
했다)

⑤ 인용표현에서는 될 수 있는 대로 자세하게 자연스런 대화를 모방하려고 노력한다. 예를 들어, 담화표지들이 종종 인용문을 실제 대화에서 일어날 법한 방식으로 그 보고 속에 포함된다.[14]

—this person said **er now then** you're next

　(그 사람이 말하길 '**어 자 그럼**, 당신 차례이군요'라고 했어)

—I said **oh** I'm sorry

　(내가 '**아**, 미안해요'라고 말했지)

—so I said **well** before you take any more details

　(그래서 내가 말하기를 '**글쎄**, 자세히 설명해 주기 전에요'라고 했어)

따라서 심지어 이런 짧막한 인용에서도, 비록 주도적으로 오직 한 가지 동사 say^{말하다}가 발화인용을 작동시키기 위하여 선택되지만, 우리는 채택되고 있는 다양한 전략들을 볼 수 있는 것이다. 지나가면서 우리는 또한 shout^{외치다}가 어떻게 자연스런 대화맥락에서 이용되었는지도 살펴보았다. 이제 더 광범위하게 우리의 대화자료를 살펴보면서, 찾아낼 수 있는 다른 전략과 용법이 무엇이든지 간에, 그것에 대한 설명을 추구해 나가야 한다.

§.8-3 진행형 '-ing' 형식의 인용동사를 지닌 인용문

많은 수의 발화인용 사례에서 우리는 shout^{외치다}가 '-ing' 형식으로 나타남을 주목하였다. '-ing' 형식을 갖는 추가 인용사례를 찾아본다면, 놀랄 만큼 많은 수를 찾아내게 된다. 다시 말하여, 발화인용을 다루는

14] 〈원저자 8〉 바우먼(Bauman, 1986: 67) 자료에서는 발화인용 전략으로서 이런 현상의 빈도를 다시 한 번 확증해 준다. 자연스런 발화에 있는 감탄사 'oh'와 'ah'에 대해서는 애이주머(Aijmer, 1987)를 보기 바란다.

거의 모든 문법·언어학습 교재·연구 논문들에서 이 현상을 깨끗이 잊은 채, 완전히 무시해 버린 듯한 사실을 깨닫는다면 더욱 놀랄 것이다. 예를 들어 1백만 낱말로 된 노팅엄 담화뭉치CANCODE에서는, was/were saying^{말하고 있었다, 말했었다}이 발화인용에서 136차례나 나타나는데, 언제나 간접인용의 얼개를 갖는다.[15] 가령 다음 사례들이 포함된다.

(8.5) [화자가 1994년 영국 노동당 당수 존 스미스의 죽음을 언급하면서 논평하고 있는데, 노동당 지지자들에게 커다란 슬픔을 일으킨 사건이다]

⟨S 01⟩ Caroline **was saying** she still feels like shedding a tear when she thinks of that.

(케롤라인은 그 일을 생각할 때면 여태 마치 눈물을 쏟는 것처럼 느낀다고 <u>말하더군요</u>)

(8.6) [화자가 수선화 꽃이 정규적으로 피고 지는 방식에 대해 논평하고 있다]

⟨S 01⟩ I **was saying** to Kevin they've a very unusual flower, they must have some kind of time-clock.

(난 케뷘한테 그게 아주 특별한 꽃이라고 <u>말했는데</u>, 분명 일종의 시계를 갖고 있어요)

(8.7) [화자가 이웃사람한테 그 마을 소식을 전달하고 있다]

⟨S 01⟩ Brian was **saying** the village hall nearly caught fire last night.

(브라이언이 어젯밤 마을회관에 불이 날 뻔했다고 <u>말하더군요</u>)

15] 직접인용이 아니라 간접인용이라면, 그 당시 벌어지고 있는 일을 생생하게 묘사해 주려는 것과는 거리가 있다. 현재 층렬 위에 새로운 층렬을 도입하여, 그 무대 위에서 다시 도입되는 추가 층렬에 대해서는 클락(1996; 김지홍 뒤침, 2009) 제12장을 읽어보기 바란다. 가령 두 어린이가 현장 층렬에서 소꿉장난을 위해 소꿉장난 층렬을 도입하여, 그 속의 주인공들처럼 행세하는 일이다. 뒤에 있는 각주 17의 그림을 보기 바란다. 번역에서는 새 주제 도입을 고려하여 '말하고 있었다'가 아니라 '말하더군요'로 통일했다. 단, (8.6)에서는 화자 자신의 일을 언급하므로, 우리말에서는 '더'가 나올 수 없다. 따라서 '말했는데'로 번역해 두었다.

13차례나 나온 tell^{말하다}에서도 동일한 현상이 나타난다. 다음 (8.8) 및 (8.9) 사례들과 같다.

(8.8) [어느 부인이 개한테서 진드기가 들끓는 문제를 언급하고 있다. '보더 부인'이란 표현은 영국 종인 '보더 테리어'를 소유한 두 명의 부인을 가리킨다]

⟨S 01⟩   Those border women, I should know their names, she **was telling** Colin one of them had a tick it was like a bluebottle.

(그 '보더 부인' 두 사람이, 응당 그들의 이름을 알아야겠는데, 그녀가 **말하기를** 그 개들 중 한 마리인 콜린이 청파리처럼 진드기를 많이 갖고 **있더래요**)

(8.9) [화자가 취업응모에 대하여 회사들이 반응하는 방식을 놓고 논평하고 있다]

⟨S 01⟩   Er my son is with the Electricity Board.

⟨S 02⟩   Yes.

⟨S 01⟩   And he **was telling** me that they have this sort of procedure as well

⟨S 02⟩   Mm.

⟨S 01⟩   They have to reply er initially within, well I can't remember the number of days.

⟨S 02⟩   So two or three working days.

⟨S 01⟩   That's right that sort of thing.

⟨화자 01⟩ 어 내 아들이 전기부서에 있어.

⟨화자 02⟩ 그래.

⟨화자 01⟩ 그리고 걔가 내게 **말하는데**, 그들이 물론 이런 종류의 절차도 갖고 **있더래요**

⟨화자 02⟩ 음~.

⟨화자 01⟩ 그들이 대답해 줘야 하는데, 어 원체 며칠 이내에. 글쎄 기억이 안 나는데, 며칠 이내이던가는.

〈화자 02〉 그래서 이삼일 동안 작업하는 셈이로구나.

〈화자 01〉 그래 옳아, 그런 종류의 것이지.

비슷한 유형이 다음 예문의 read^{읽다}와 suggest^{시사하다}라는 동사에서도 찾아진다.

(8.10) [화자들이 프랑스 정치를 토론하고 있다]

〈S 01〉 Yeah I mean I think it would be true to say as Steve's indicated there is er a hell of a battle still going on because it has been the domain of the President although what the President's up to er I **was reading** in the paper yesterday that

〈S 02〉   ⌊ Lame duck President.

〈S 01〉 Well it wasn't so much lame duck it was close to that but they **were suggesting** that if people looked at Mitterand's private life er you know the the sort of thing that's been published in the British press lately'd be pretty tame.

〈화자 01〉 그래 내 말 뜻은 말야, 내 생각에 스띠브가 언급했듯이, 거기 어 지독한 전쟁이 여전히 벌어지고 있다고 하는 것이 참일 듯해. 왜냐하면 그게 대통령의 영역이 되어 왔기 때문이거든. 어 그걸 어제 신문에서 내가 읽었는데 말야, 비록 대통령이 다다른 것이

〈화자 02〉   ⌊ 임기말 권력 누수 대통령.

〈화자 01〉 글쎄 그게 그리 많이 임기 말에 권력이 누수된 건 아니었어. 그것과 아주 가까웠지만 말야. 신문에서 **시사하기로는** 사람들이 미테랑 대통령의 사생활을 보았다면, 어 잘 알다시피 그 그런 종류의 것이 말야, 그게 최근 영국 신문에 나왔는데, 아주 하찮은 것 같더군.

이들 화자가 인용동사에서 '-ing' 형식을 이용하여 의미하는 바가 무엇

일까? 그리고 언어학자와 언어교육자들이 논쟁의 여지가 거의 없이 아주 자연스럽게 들리는 이런 용법을 왜 무시해 버렸던 것일까?[16] 여기에 인봉된 사례에서, 화자들은 원래 화자에 의해 발화된 실제 표현으로부터 초점을 흐리게 해 놓고서, 대신 뉴스의 가치나 주제의 관련성에 비춰서, 그 내용에만 초점을 맞추고 있는 듯하다. 발화인용은 간단히 새로운 주제나 논점을 도입하기 위하여 거기 있을 개연성이 있다.[17] 여기서 저자는 일부 시사적인 통찰력을 제공해 준 제프 스트렁크스Jeff Stranks에게 감사드린다(사적인 편지로 주고받음).

이 점은 발화인용에 대한 조사연구를 위하여 선택된 글말 텍스트들이, 왜 종종 그런 새로운 주제/논점 도입 기능을 보여 주지 않는지를 이해할 수 있게 도와줄 수 있다. 첫째로, 고려될 필요가 있는 한 가지 점은, 상이한 맥락들에서 발화를 인용할 필요성이 다르다는 점이다. 워어(Waugh, 1995. '워프'로도 읽힘)에서는 신문매체의 발화인용이

16] 〈원저자 9〉 '-ing' 형식의 인용동사에 대하여 무시하지 않았던 경우로서 저자가 두 가지 예외를 찾아낼 수 있었다. 리취(Leech, 1987: 31)에서는 read, tell, say(읽다, 이야기하다, 말하다)를 놓고서 간접인용의 '-ing' 형식을 제공해 주지만, 진행상의 일반적 규칙에 대한 입말투의 '예외들'로서, 그리고 해당 언어에서 불안정한 상태의 단계를 드러내는 것으로 그것들을 무시한다. 이스트우드(Eastwood, 1994: 353~354)에서도 교육 문법으로 발화인용을 다루는 절에서 (과거 및 현재진행으로 된) ask(묻다)와 (현재 지속으로 된) wonder(궁금히 여기다)에 대한 사례들이 있지만, 시제/상 선택에 대하여 논평을 하지 않은 채 넘어가고 있다. 이일리 외(Ely et al., 1995)에서도 was telling(이야기하더군요)의 실현을 포함하지만, 논평이 없이 그냥 넘어가 버렸다.

17] 즉, 발화를 인용하려는 목적보다는, 자연스럽게 새로운 주제나 논점을 도입하려는 의도가 더 우선적이다. 다시 말하여, 상위 범주에 새로운 주제 도입이 있고, 이를 구현하는 방법으로서 하위에 남의 발화를 인용하거나 다른 방법을 동원한다는 뜻이다. 이는 어떤 무대 위에 다시 새로운 무대를 설치하는 일로 비유할 수 있다. 앞의 각주 15에서 언급하였듯이 클락(1996; 김지홍 뒤침, 2009: 549)에서는 층렬(layer)이란 용어를 써서, 현장 층렬 위에 새로 덧얽히는 층렬로 이런 현상을 다루었다. 새로운 층렬들은 계속해서 더 얹힐 수 있다.

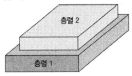

'정보를 전달하는 일에 초점 맞추고, 지시 가능성·진리·신뢰 가능성·해명 가능성(referentiality, truth, reliability and accountability)의 논제에 관심을 둔다'

고 논의하였다. 따라서 아주 많은 신문 사례들을 이용하는 톰슨(Thompson, 1994)에서처럼 인용에 대한 주요 연구가, 과거진행 형식으로 된 '-ing' 인용을 포함하지 않았다는 것은 놀랍지 않다. 왜냐하면 (현재와 단절된) 과거진행 형식은 '신뢰 가능성'과 '해명 가능성'을 초점에서 제거해 버리기 때문이다.[18] 일부 입말 발화인용에서는 신문매체에 있는 인용과 동일한 요구사항으로 선점되어 있다. 가령 필립스(Philips, 1985)에 있는 법정 자료가 그러한데, 비록 그 자료가 간접인용을 담고 있지만, 이는 과거진행 형식 '-ing'로 된 것이 아무것도 없다.

또한 입말 이야기에서 발화인용의 생생함 및 '실시간' 무대 마련하기(특히 이야기의 '정점'이나 최고조 동안에; Larson, 1978: 68~76; Coulmas, 1986을 보기 바람)는, 이야기 주체로 하여금 충실하게 극중 주인공의 표현을 인용하고 있는 소설을 강화하는 쪽으로 밀고 나갈 수 있다. 이것이 노팅엄 담화뭉치CANCODE에 있는 서사이야기 텍스트들에서 발화인용이 압도적으로 '직접 발화'들이고, said말했다, told이야기했다처럼 단순과거 시제로 된 인용동사이거나, says말한다처럼 역사적 현재시제로 되어 있다는 사실을 설명해 줄 수 있다.

그러나 많은 양의 입말이 발화에 대한 충실한 재생이나 또는 심지어 그것에 대한 환상을 만들어내는 일에조차 관심을 두지 않는다. 우연한 대화에서 주제를 개시하는 요소로서(예문 8.7), 또는 논의되거나 만들어지고 있는 어떤 논점을 단순히 뒷받침하려고(예문 8.9), 발화가 종종 간접적으로 인용된다(비록 문법에서 '인용'이라고 규정했지만, 화용이나 담화 전

18] 사건이 진행되지도 않으면서도 진행 형식을 쓴다는 것은 신뢰성을 떨어뜨리게 된다. 또한 해명 가능성은 이미 일어난 두 가지 사건을 연결시켜 주거나, 어떤 사건에 대하여 지녔던 동기나 의도를 언급해 주어야 하므로, 결코 진행 형식으로 나올 수 없다.

개 목적을 위하여 전혀 다른 기능인 주제 도입이나 논거 입증 등으로 인용 형식을 활용하는 것임: 뒤친이). 거기에서 정확성의 요구 및 말해진 표현에 대한 충일한 재'생은 부차적이다. 그런 이유도 말미암아, 세8상의 시삭 부분에 있는 예화에서, 아일랜드 사람이 모든 새 소식에다 '그래서 매뤼가 말하더군요so Mary was saying'라고 인사를 한다. 그는 자신의 청자에게 인용 표현이 아니라, 대신 새로운 소식을 이미 들어 두었다는 인상을 주고자 한 것이다(그 소식을 담화 주제로 도입하고 있음: 뒤친이). 노팅엄 담화뭉치에 있는 과거진행 형식 '-ing' 인용은 갈래에 따른 제약이 있다. 발췌 인용문 (8.5)에서부터 (8.10)에 이르기까지 살펴온 인용 발췌문에서 이미 예시된 방식으로, 과거진행 형식이 단일한 주제 관리에 기여하는 좀더 일반적이며 비-서사적인 우연한 대화맥락에 속하는 듯하다. 이는 단순과거 인용문의 '발화된-표현에-놓인-초점'과 대조가 된다.[19]

신문매체 상의 텍스트나 또는 법률적 텍스트들 쪽으로 치우친 말뭉치가, 어떤 유의미한 수치로든지 예시된 종류의 '-ing' 형식으로 된 간접인용을 산출할 것 같지는 않다.[20] 심지어 (많은 조사연구자들의 업적 속에 들어 있듯이) 문장의 현상으로 접근된 발화인용도, 본질적으로 이런 상호작용 방식으로 간주될 것 같지도 않다. 발화인용을 놓고 이뤄진 대부분의 작업이 'backshift'(간접화법의 시제일치)의 통사원리에 의해 저절로 선점되어 있다.[21] 다시 말하여, 시제일치 통사원리는, 원래의 발

19] 축자적으로 인용문은 남의 말을 따온 것이므로 응당 발화 그 자체에 초점이 있어야 한다. 그렇지만 그 기능이 더 넓혀져서, 그런 발화가 가리키는 주제를 대화 현장에 새로 도입해 주거나 자신의 논거를 뒷받침해 주는 일까지도 떠맡는 것이다. 이런 기능을 인용 형식의 담화 기능 또는 화용 기능으로 부를 수도 있을 듯하다. 우리말에서도 '카더라'(~라고 하더라) 또는 '카데'(~라고 하데)라는 경상도 방언 형식으로, 1980년대 군부정권 시절에 담화 주제가 도입되던 경우가 있었다(카더라 통신, 카데 통신).

20] 〈원저자 10〉 폴라니(Polanyi, 1982)에서는 이야기(stories)와 보고서(reports) 사이에 흥미로운 구분을 한다. 언어적 사건에 대한 중립적 재구성으로 간주된 '보고'는 반드시 이야기할 만한 속성을 입증(이야기 주제가 될 만한 가치를 입증: 뒤친이)해야 하는 것은 아니다.

21] 영어는 상위문과 내포문의 시제가 일치되어야 한다. 그렇지만 우리말은 그런 요구가 없다. 영어는 투명 유리잔 속에 다시 투명 유리잔이 들어 있는 셈이다. 왜냐하면 상위문의 시제에 맞춰 내포문의 모든 시제를 일치시켜 줘야 하기 때문이다(투명하게 시제

화 시점으로부터 시점이 옮겨진 발화가, 정상적으로 과거로 인용되는 방식, 또는 그것이 이해되는 방식(Boogaart, 1996를 보기 바람)이다. 다음 과 같은 직접인용이

'I'm going home' (난 집으로 가고 있다)

다음처럼 간접화법의 시제일치backshift를 이루는 경향이 있다.

'he said he was going home' (그는 집으로 가고 있다고 말했어요)

콜마스(Coulmas, 1985b), 콤뤼(Comrie, 1986), 구델(Goodell, 1987), 허들스뜬 (Huddleston, 1989)과 같은 고전적 연구에서 모두 간접화법의 시제일치에 스스로 관심을 쏟았지만, 과거진행 형식 '-ing' 인용동사의 가능성(각주 19에 있는 화용 또는 담화 기능: 뒤친이)에는 아무도 주의를 기울이지 못하 였다.

　교육적 관점에서 보면, '-ing' 형식의 인용을 배제해 버리는 데에 전 혀 정당성이 없는 듯하다. 특히 동일한 현상이 다른 언어들에도 나타 나기 때문이다(가령 불어와 스페인어)(우리말에서는 다른 매개변항이 찾아져야 함: 뒤친이). 더 광범위한 이론적 관점에서 보면, 이 절의 교훈은 다음처 럼 요약된다. 담화문법은 응당 관례적으로 기술된 구조의 문장을 넘어

───────────────────────

를 일치시키는 경향). 반면에 우리말은 불투명한 금속잔 속에 금속잔이 들어가 있는 셈이다. 안에 있는 금속잔은 자신을 감싸고 있는 금속잔과 서로 빛이 통하지 않으므로, 시제 표현도 각각 독립적으로 된다(불투명하게 시제를 독자적으로 놔두는 경향: 최종 기준시점은 현재 화자의 발화시가 됨). 우리말 운용 방법의 '간섭'을 받아, 영어의 내포 문 시제를 상위문에 따라 재조정하지 못하는 경우가 많다. 특히 내포문의 사건이 현재 시점에서도 관찰하거나 추체험할 수 있는 경우에 더욱 그러하다. 그렇지만 이는 정통 영어 문법에서는 오류로 취급된다. 다시 말하여, interlanguage(중간언어)의 오류인 것이다.

　그렇지만, 영어의 시제일치에도 예외가 있다. §.8-5와 §.8-6에서 논의되듯이 생생한 현장성을 도입하는 경우에, 상위문의 say, says에 따라 내포문 동사의 시제가 모두 역사적 현재시제로 고쳐지는 것은 아니다. 이는 담화 기능에 따른 예외인 것이다.

선 층위의 행위에 대한 설명뿐만 아니라, 또한 반드시 어떤 특정한 언어를 놓고서 이전에 관찰되지 못했거나 또는 문법규범 속에서 기술되지 못한 구조를 내던지어 직실히 설명해 줄 만반의 준비를 갖춰야만 한다.

§.8-4 다른 인용동사

지금까지 우리는 주로 say말하다에, 그리고 tell이야기하다, read읽다, shout외치다, suggest시사하다를 지닌 일부 추가사례들에 집중해 왔다. say와 tell을 논외로 하면, 담화뭉치에서 빈도가 높은 또 다른 인용동사는 ask묻다이다. 이는 발췌 인용문 (8.2)에서 내포된 인용으로 나타났으며, 어느 정도 자세히 살펴볼 가치가 있다. 왜냐하면 일반적으로 대화의 발화인용에 대하여 많은 것을 이야기해 주기 때문이다. 노팅엄 담화뭉치에서는 ask를 지닌 다양한 종류의 인용이 7백 번 이상 나온다. 그것들 중에서 오직 4번만이 발화의 직접인용이며,[22] 그 나머지는 모두 간접인용이거나 이야기로 녹아 있다(≒인용의 경계를 딱 부러지게 결정할 수 없다는 뜻임: 뒤친이).

지금까지 가장 빈도가 잦은 범주(2백 번이 넘음)는 그 자신의 질문 행

22] 〈원저자 11〉 가령 다음과 같다(이하에서 나오는 변이체 I sayṣ는 §.8-5에서 역사적 현재시제로 풀이함: 뒤친이).

〈S 01〉 So I actually stood there, to the doctor and I says well no I'm not happy you see cos, <u>he asked me you know sort of are you happy with the result</u> and I says well no I says I don't feel as if they've improved or whatever I says they're still aching and I've still got veins there

(그래서 사실상 난 거기 서 있었거든, 그 의사 쪽으로, 그리고 내가 말하길 '글쎄요, 아뇨, 난 행복하지 않아요, 잘 알다시피, 왜냐면,' <u>그가 내게 묻기를, '잘 알다시피, 일종의 뭐랄까, 당신은 그 결과에 행복하세요?</u>'라고 했는데, 내가 말하기를 '글쎄요, 아뇨!' 내가 말하길 '난 그것들이 개선되었다고 느끼지 않거든요. 뭐가 되었든지 상관없이 말이에요.' 내가 말하기를 '그것들이 아직도 아리고, 여태껏 거기 정맥/느낌들이 있어요'라고 했어)

ask(묻다)를 지닌 네 가지 직접인용은 첫 위치를 차지한 인용동사를 갖고 있다.

위를 인용하는 화자이다. 구조상으로 asked/asking을 뒤따르는 전치사로서 가장 빈도가 잦은 이음말(연어)은, 고빈도로부터 낮은 순서대로

for 〉 to 〉 if 〉 about (예문8.11부터 8.16까지 다뤄짐)

이다. 일부 사례는 언어 교실수업에서 연습된 전형적인 종류의 형태로 되어 있다. 특히 wh-인용절과 if-인용절을 지닌 것들로서, 거기서 어순이 학습자에게 어려움을 일으킬 수 있다.[23]

(8.11)

〈S 01〉 I phoned up the hospital and <u>asked who I should address the letter to</u>.

(나는 그 병원에 전화를 걸어서 **그 편지를 누구에게 전달해야 하는지** 물었거든요)

(8.12)

〈S 01〉 Then I saw Mark Porter and <u>asked if he'd seen you</u> he says yeah he's been playing snooker with me all afternoon

(그러고 나서 내가 마크 포터를 만나자 '**그가 널 만났는지**' 물었는데, 그가

23] 〈원저자 12〉 비록 토박이 화자들도 다음 발췌 인용문에 있는 사례처럼, 간접인용에서 어순의 '규칙'을 언제나 준수하는 것이 아님이 주목되어야 하겠지만, 의문문 어순은 간접인용에서 보존된다. 이 예문의 화자는 병원에 머무는 동안에 겪은 일을 말해 주고 있다.

　　〈S 01〉 You know the sweetener, erm <u>I asked one of the cleaners could she get me something</u> because it was on a very bad day and she had to ring down for permission for somebody else to get one and then when she brought it we all had it sort of shared at the top end of the ward so that everybody could use it

　　(잘 알다시피 그 감미료, 엄 내가 세탁 청소부 한 사람에게 뭔가 **내게 갖다 줄 수 있을지 물었거든요** 왜냐하면 아주 안 좋은 날이었는데, 그녀가 다른 누군가를 위해 하나 가져오는 허락을 받아내려고 아랫층에다 전화를 해야 했거든요. 그런 다음에 그녀가 그걸 갖고 왔을 때, 우리는 모두 일종의 그 큰 방 꼭대기 끝에다 같이 쓸 수 있도록 해 뒀기 때문에, 모두가 그걸 이용할 수 있었지요)

말하길 '그래, 그가 나랑 오후 내내 포켓 당구를 치고 있었지'라고 했어)

(8.13) [화사는 상례식 순비에 대하여 이야기하고 있다]

⟨S 01⟩   So I says['-s'는 비문법적인데, §.8-5에서 역사적 현재시제로 풀이함:
뒤친이]] em, well you don't interfere do you I mean so I asked
him what the arrangements were oh there's a chapel of rest in the
village em he says and I want to get him moved to the church,
I said but aren't people going from the house ⋯ all the wreaths
came to the house but there was no hearse.

(그래서 내가 말하길 엄, '글쎄 넌 상관 안하지, 그렇지?' 내 말뜻은 그래서
내가 그에게 '준비가 어떻게 되었는지' 물었거든. '아, 마을에 있는 나머지
사람들의 예배가 있구나' 엄, 그가 말했거든. 그리고 난 그가 교회까지 이동
하기를 바란다고 말했지만, 그 집으로부터 사람들이 나오지 않고 있었어
⋯ 모든 장례 화환들이 그 집으로 들어갔지만 영구차는 없었단 말야)

인용 발췌문 (8.13)은 다시 한 번 질문이 ask묻다라는 동사로 표현되는
것이 아니라는 점을 드러낸다(늑say 또는 억양을 써서 인용동사가 없이도 가
능함: 뒤친이). 그 집으로부터 나오는 출상出喪 장례에 대한 화자의 두 번
째 질문이, 인용 발췌문 (8.2)에서 보았던 것처럼, said말했다에 의해서 도
입된다.24] 다음에 나오는 사례에서도 예증되듯이, ask묻다를 지닌 또 다
른 아주 빈번한 유형의 인용은, 발화인용의 중요한 측면으로 여겨지지
않을 언어 부류나 다른 부류에서, 주의력 결핍으로부터 문제가 생길

24] ⟨원저자 13⟩ 한 가지 사례에서는 사실상 화자가 ask(묻다)를 쓰고 나서, 인용하기
전에 say(말하다)로 바꾼다. 이는 ask를 지닌 직접인용에 대한 비선호성의 반작용일
수 있다. 다음 예문에서 화자는 패키지 휴가 여행에서 식사 일정을 상세히 말해 주고
있다.
⟨ S 01 ⟩ And then on Friday night we asked the rep, I said by the way are we
getting a meal tonight she says no you don't have a meal.
(그리고 나서 금요일 밤에 대표에게 물었어요, 내가 말하길 '그런데 우리가 오늘 밤 저녁식
사를 하게 되나요?' 그녀가 말하기를 '아뇨, 저녁식사 일정이 없어요'래)

수 있는 유형이다.

(8.14) 특징: ask (sb) for sth^{누군가에게 무엇을 요구하다}

[화자는 의사와 나눈 대화를 설명하고 있다]

⟨S 01⟩　　And I've asked him for water retention tablets.

⟨S 02⟩　　Mm mm.

⟨S 01⟩　　But they wouldn't give 'em me, erm I had an operation my
　　　　　stomach just kept going up and down didn't it bloating up and
　　　　　then going down.

⟨화자 01⟩ 그리고 내가 그에게 수분보존 알약들을 요구했어요.

⟨화자 02⟩ 음~ 음~.

⟨화자 01⟩ 그러나 그들이 내게 그것들을 주지 않으려고 했어요. 엄 내가 수술을 받았
　　　　　는데, 내 위가 계속 올라갔다 내려갔다 출렁거렸거든요, 안 그랬던가요?
　　　　　크게 팽창했다 다시 수축하고요.

(8.15) 특징: ① ask sb to do^{누군가에서 ~하도록 요구하다}, ② 수동태 형식

[화자가 보건진료소에서 일하는 것에 대하여 이야기하고 있다]

⟨S 01⟩　　And erm I'd heard one or two bad things about it all about these
　　　　　on-calls and things and you got really tired and and er I sort of
　　　　　was, the next thing I was asked to do this job and I didn't have
　　　　　any choice in the matter.

⟨화자 01⟩ 그리고 엄, 내가 그거에 대해서 한두 가지 나쁜 얘길 들었거든요. 이들
　　　　　호출대기와 그런 거 모두에 대해서 말이에요. 당신은 실제로 피곤했었죠.
　　　　　그리고 그러고 어 나는 일종의 다음 일로서 내가 이 일을 하도록 요구받았
　　　　　는데, 거기에 대해서는 다른 선택이 없었거든요.

(8.16) 특징: ① ask about sth^{무엇에 대하여 묻다}, ② 비─실현태^{irrealis의[25]} 발화인용 형

식

〈S 01〉 You know, if you go to the doctor's er for something and then
[〈S 02〉 mm mm] you come out and **you haven't asked about**
it [laughs] **you put off asking** don't you.
알다시피, 어 뭔가를 위해서 그 의사에게 간다면 [〈화자 02〉 음~ 음~]
당신이 밖으로 나와서 <u>그것에 대해서는 물어 보지 않았거든요</u> [웃음]
<u>묻는 걸 미루는 거죠</u>, 안 그래유?

예문 (8.11)부터 (8.16)까지에서는 보문(내포문)의 다양한 유형뿐만 아
니라, 또한 수동태의 실현과 잠재적으로 아직 실현되지 않은(발화되지
않은) 비-실현태 발화인용도 언급되었다. 노팅엄 담화뭉치에서 ask^{묻다,}
^{질문하다}와 함께 31번의 수동태 또는 유사-수동태가 나타났다. 가장 일
관된 유형은 'I (be/get) ask to (do)^{내가 ~하도록 요구받다}'인데, 다음 말뭉치 용
례에도 나타나 있다.[26]

25] 저자는 irrealis(비-실현태)를 '마음속에만 있고 아직 발화되지 않은 내용'을 가리키는
것으로 쓰고 있다. 이는 학계에서 쓰는 용법과 차이가 있는 듯하다. 크뢰이그(Craig,
1998) 엮음, 『철학 백과사전(*Encyclopedia of Philosophy*)』(Routledge)과 애셔(Asher, 1994)
엮음, 『언어 및 언어학 백과사전(*Encyclopedia of Language and Linguistics*)』(Pergamon)에
따르면, 양상 또는 양태에 대한 연구는 철학·논리학에서 다루는 개념과 언어학에서
다루는 개념이 조금 다르다. 전자에서는 진리성에 초점을 모으므로, 기본적으로 필연
성과 가능성의 개념을 다루고, 다시 하위에 의무 양태와 인식 양태를 다루는데, '가능세
계 의미론'에 터전을 둔다. 그렇지만 언어학에서는 양태 또는 양상을 형태론과 통사론
에 따라 접근한다. 가령, 영어의 조동사, 조건절 if, 내포문 that 절 등이다. modality(양
상, 양태)는 어원 modus가 한 사건이 어떻게 언급되는지(how it is said)를 가리킨다.
따라서 그 사건에 대한 화자의 믿음과 태도를 반영해 주게 되며, 이 점이 서법(mood)과
도 관련된다. 더러 서법을 문장 양태(sentence modality)라고도 부른다.
　한편 췌이프·니콜스(Chafe and Nichols, 1986) 엮음, 『증거태: 인식론의 언어적 부호
화(*Evidentiality: The Linguistic Coding of Epistemology*)』(Ablex Pub.)에서는 지식이나 자료
의 출처를 표시해 주는 증거태를 남미 인디언 언어에서 풍부히 예시해 준다.
　자연언어를 다룰 때 몇 가지 양상 또는 양태를 상정해야 하는지에 대해서는 합의된
비가 없지만(언어 번이들이 있을 것임), 인식 양태 아래 실현태(realis)와 비실현태
(irrealis)가 있고, 비실현태 아래 반사실태(counter-factual)와 잠재태(potentiative)가 있
으며, 다시 잠재태 아래 의도 양태(volitive)와 걱정 양태(apprehensive)를 상정할 수
있다. 허용 양태(jussive)와 금지 양태(prohibitive)는 의무 양태(deontic)에 속하며, 상위
에 필연 양태와 행위로부터 도출되어 나올 것으로 판단된다.

Initially the r=one of the main reasons that I [[was asked]] to sit on the group was em ev everybody
one of my objective one of the things that I [[was asked]] to achieve within the first year was to estab
Normally a manager does it but you know i [[was asked]] to do it. And om it's only comparatively rec
<\$=> and er I sort of was the next thing I [[was asked]] to do this job and I didn't have <$O48> a
<$=> Em <\$=> <$?> Oh you know I've [[been asked]] to do some GCSE English <$H> next te
a unversity+ <$2> Ah yes. <$1> +and I've [[been asked]] to do this study. <$2> Mm. <$1> so my
<$1> +<$O4> because what <\$O4> I've [[been asked]] to do is to talk to people who've had so
<$1> <$O3> Yeah. <\$O3> <$2> And I [[got asked]] to do it cos they wanted er you know a go

[그림 1] 'I (be/get) ask to (do)'에 대한 말뭉치 용례

ask묻다, 질문하다에 대하여 잠깐 일별하고, 다른 동사들을 개관하였으므로, 이제 대화에서 발화를 인용하는 범위가 맨처음 입말 인용문 (8.2)에서 시사하였던 것보다 더욱 통사적으로 그리고 화용적으로 풍부함이 분명해진다. 관례적으로 취급해 온 직접인용과 간접인용뿐만 아니라, '-ing' 형식을 지닌 인용문, 수동태 인용문, 실제로 실현되지 않은 발화 사건의 인용, 인용동사의 다양한 위치 등을 살펴보았다.

오직 직접인용에서만 나타나는 또 다른 인용동사는 'go하다, 진행하다'(특히 입말에서 '생생하게 원래 발화를 모방'하는 경우에 쓰임: 뒤친이)이다. 다음 사례들이 있다.

(8.17) [젊은 부인들이 다리털을 깎는 일에 대하여 이야기하고 있다]

⟨S 01⟩   I didn't shave mine for a week when I went to Crete cos I thought
          I'd get browner if I had hairy legs … and my sister told everybody

26] 차례대로 예문을 번역하면 다음과 같다.
    ① 내가 그 집단에 대해 엄격히 대하도록 요구받은 주요한 이유 한 가지는 엄 모두가…
    ② 내 목표 중 하나, 첫해에 성취하려고 요구받은 것 중 하나가…
    ③ 보통 관리자는 그걸 하지만 잘 알다시피 내가 그걸 하도록 요구받았거든요. 허고 엄 그게 단지 비교적…
    ④ 그리고 어 일종의 내가 다음에 내가 이 일을 실행하도록 요구받은 건데, 난 …
    ⑤ 아 잘 아시듯이 내가 입말영어 등급시험(GESE)을 실시하도록 요구받았는데, …
    ⑥ 아 그래요, 그리고 내가 이 연구를 실행하도록 요구받았거든요, 음, 그래서…
    ⑦ 왜냐면 내가 실행하도록 요구받은 것이 사람들에게 말하는 것인데, …
    ⑧ 그래요, 그리고 내가 그걸 실행하도록 요구받았는데, 왜냐면 그들이 원하기를 어 잘 알다시피…

when we went out at night that I hadn't shaved.

(내가 크레타 섬에 갔을 적에 일주일 동안 내 걸 밀지 않았어. 왜냐면 다리에 털이 있으니면 더 갈색으로 될 것 같았기 때문이거든… 그리고 우리가 밤중에 밖에 나갔을 때 내 동생이 모든 사람한테 내가 다리털을 밀지 않았다고 말해 버렸어)

[3번의 발언기회가 지난 뒤에]

⟨S 01⟩ Cos I was embarrassed and when we were out and I had a dress she went look at her legs she's got hariry legs.

(왜냐면 내가 당황했기 때문인데, 그러고 우리가 밖으로 나갔을 때 내가 치마를 입고 있었거든. 그녀가 자신의 다리를 쳐다보기 시작했는데 다리에 털이 많았지)

(8.18)

⟨S 01⟩ I can remember getting to the customs in America and this guy went where are you staying, when, I went with with my friend she went

⟨S 02⟩   ⌊ How much money have you got.

⟨S 01⟩   ⌊ Are you going out with him.

⟨S 03⟩ Yeah yeah.

⟨S 01⟩ And I went no, are you sleeping with him I thought would be the next question and she went, no she said are you planning to get married I went no she said oh you're definitely leaving after the end of the year.

⟨화자 01⟩ 난 미국에서 세관에 가는 일을 기억할 수 있거든. 그러고 내 친구와 말하고 있었는데 이 녀석이 '넌 어디 머물고 있지?'라고 했어. 걔가 계속 진행하기를

⟨화자 02⟩   ⌊ 돈을 얼마나 가졌었니?

〈화자 01〉 └ 그 사람과 밖으

로 나갈 거야?

〈화자 03〉 그래, 그래.

〈화자 01〉 그러고 난 '아니'라고 했지. '너 그 남자와 자니?'라는 게 다음 질문일 거라고 생각했지. 그러고 <u>그녀가 계속해 가기를, '아니'라고 하면서 '너 결혼할 계획이니?'라고 하자</u>, 난 '아니'라고 했거든. 그녀가 말하길 '아 너 올 연말이 지나면 확실히 떠나는구나'라고 했지.

(8.19) [화자가 자기 친구가 찾고 있던 바를 단지 막연히 알고 있을 때 어느 서점에서 일어난 일을 설명해 주고 있다]

〈S 01〉 And erm there's a new map out or something accompanies this book Sue was going in like we went in and it was just art books and we said oh d'you do sort of fantasy books or something Sue said and <u>I was going oh God</u> like you know and <u>he was going oh what what books did you want</u> and it was kind of like bit embarrassing really <u>he was going oh what is it a medical book or something</u> you know like no no

(그리고 엄 새로운 지도나 뭔가 표지에 나와 있어서 이 책에 딸려 있거든. 쑤가 (서점에) 들어가려고, 마치 우리가 (서점에) 들어가려던 것처럼 말야. 허고 그게 바로 미술 책이었거든. 그래서 우리가 말하길 '아 당신은 일종의 환상작품이나 어떤 걸 찾나요?'라고 했지. 쑤가 말했어. 그리고 <u>내가 말하려는데 어머나</u> 마치 잘 알고 있듯이 그리고 <u>그(=점원)가 말하기를 '뭐 무슨 책을 찾으세요?'라고 했어</u> 그리고 그게 일종의 뭐랄까 당황스러웠거든 실제로 말야. <u>그가 계속 말하기를 '찾으시는 게 뭡니까?, 의학 책인가요, 아니면 뭔가?'</u> 잘 알듯이 말야. '아뇨, 아뇨'라고 했지[27])

27] 까다로운 이 담화의 번역에 런던 출신 M. J. Guilloteaux 교수의 도움을 받았다.

노팅엄 담화뭉치에서 'go^{하다, 진행하다}'(입말에서 '남의 말을 생생하게 묘사'하는 경우)를 지닌 모든 발화인용은, 30대 이하의 젊은 화자들에 의해서 쓰인다.[28] 모두가 생생하게 극적/묘사적 묘상이 최대한의 양으로 시도되는 맥락인 듯하며, 종종 목소리를 직접 흉내내거나 다른 딸림언어 특징들을 갖고 있다. 테넌(Tannen, 1988)에서는 자신의 입말 서사이야기 자료에서 go^{하다}는 say^{말하다} 다음으로 가장 빈번한 발화 인용동사였다고 보고한다.

§.8-5 시제와 인용동사

비록 노팅엄 담화뭉치에서 say^{말하다}가 가장 월등하게 최빈 인용동사이지만, 그리고 비록 단순과거 시제 said^{말했다}가 2천 번에 육박하는 실현을 보여 가장 빈번한 형태이지만, 다른 시제와 형태들도 또한 자주 나온다. 역사적 현재시제 형태인 I says(문법상으로 잘못된 변이 형태임)도 113번이나 나오는데, 특징적으로 서사이야기 인용에서 실현된다. 이것들 중에서 전형적인 것은 이미 인용문 (8.12)에 보았던 것과 같이, 다음과 같은 것들이다.

(8.20) [화자가 대상포진에 걸렸는데, 자기 여의사와 면담한 내용을 말해주고 있다]

⟨S 01⟩   I asked I said is it contagious? <u>she says no she says no you know it's children's stuff she says</u> you know the chicken pox

⟨S 02⟩   ⌊ Yeah chicken pox.

⟨S 01⟩   <u>I says</u> well I haven't been anywhere where there's been any children

---

28] ⟨원저자 14⟩ 노팅엄 담화뭉치에 들어 있는 젊은 세대에서 쓰는 또 다른 직접발화 인용 표지는 'like(처럼, 마치)'이다. 이는 인용동사가 전혀 없이도 나타날 수 있다. 자세한 논의는 뤄메인·랑(Romaine and Lange, 1991)을 보기 바란다.

I don't know how I've got it.

〈화자 01〉 내가 묻기를, 내가 말하기를 '전염선이 있나요?'라고 했지. 그녀가 '이뇨'라고 했어. 그녀가 '아뇨, 잘 알고 계시듯이 어린이들 병이거든요'라고 했어. 너도 알듯이 수두 말야.

〈화자 02〉　　　　　　 ⌊그래 수두.

〈화자 01〉 내가 말하길 '글쎄 저는 어린이가 있을 만한 데는 어디에도 가지 않았거든요. 어떻게 해서 이 병에 걸렸는지 잘 모르겠네요.'

(8.21)

〈S 01〉 Then I saw Mark Porter and asked if he'd seen you **he says yeah he's been playing snooker with me all afternoon** I was so mad these chips went up this wall and the language was

〈S 02〉 [laughs]

〈화자 01〉 그러고 나서 마크 포터를 봤는데, 그에게 '널 봤는지' 물었거든. **그가 말하기를 '그래 오후 내내 나와 같이 포켓 당구를 치고 있었어'라고 했어.** '난 환장했는데 칩들이 이 벽만큼 쌓여 갔고, 언성이 아주'

〈화자 02〉 [웃음]

(8.22)

〈S 01〉 Bumped into his mum coming out **did you find him she says I says no I didn't** [laughs] and she went barmy then cos you used to didn't you.

〈화자 01〉 밖으로 나오고 있는 걔 엄마와 마주쳤는데, **걔 엄마가 '너 걔 봤니?' 말하자, 내가 '아뇨, 못 봤어요'라고 했거든** [웃음] 걔 엄마가 그 때 미쳐 가기 시작했지. 왜냐면 네가 늘 그랬듯이 말야, 안 그래?

쫀스뜬(Johnstone, 1987)에서는 인용동사들에 있는 그런 역사적 현재시제로의 전환이 자의적인 것이 아닐 수 있고, 권위 있는 화자의 표현을 직접 인용하여, 다른 표현들로부터 그것늘을 부각시켜 수는 일과 함께 일어날 수 있음을 시사하였다. 무표적인 단순과거 시제가 실행할 수 없는 방식으로, 역사적 현재시제들은 분명히 인용된 발화의 초점을 신호해 준다. 그러므로 발화를 인용하는 일이 잦은 서사이야기에서는 극히 유용한 담화전략이 된다 특히 서사이야기를 해 나가는 주체 그 자신의 표현들에 대한 인용을 포함하여, 화자들의 표현이 신속하게 교체되는 경우에 그러하다.

현재시제 say(s)^{말한다}는 또한 영구적인 사실이나 진리와 관련될 뿐만 아니라, 또한 화자들이 말한 것이 여전히 (현재 상황에) 관련되거나 중요하게 관련되는 화자의 표현을 인용하는 경우에도 자주 나타난다.[29]

(8.23) [화자가 친구로부터 빌려온 간이침대를 조립하고 있으며, 〈화자 02〉는 '그녀'로 지칭된 친구로부터 말로 지시사항을 듣는다]

〈S 01〉   It's not as difficult as it first seemed.

〈S 02〉   <u>She says you've got to twist these round and it makes them solid</u> or something.

〈화자 01〉 처음 봤을 때처럼 아주 어려운 건 아냐.

〈화자 02〉 **그녀가 '① 네가 이것들을 빙 돌리고, ② 그것들을 단단히 만들어야 해'** 또는 뭔가를 말했어.

앞의 (8.23)에서는 지시사항이 두 번(①과 ②) 이상 주어졌다는 함의가 전혀 없고, 단지 그 친구가 말한 것이 현재 화자가 지금 실행하고 있는 것(지금 간이침대를 조립하고 있음)과 관련됨을 나타낼 뿐이다. 비슷하게

29] 〈원저자 15〉 그런 용법들을 놓고서 리취(Leech, 1986: 25)에서는 의사소통 그 자체보다는 오히려 의사소통의 결과에 대하여 더 많이 언급하는 것으로 해설하고 있다.

다음 예문 (8.24)에서도 그 부인의 인용 표현들이 여전히 (그리고 영구적으로) (현재 그 상황과) 관련된다.

(8.24) [화자들이 활쏘기를 단 한 번 시도해 보고 싶어 하는 누군가를 논하고 있다]

〈S 01〉 That was what I was trying to get over to her on, it's something that you can't do one-off … although this woman at Marksman Bows says they will do an hour's individual tuition for a one-off visitor to give them a taste of it

〈화자 01〉 그게 내가 그녀한테 계속 분명히 해 두려고 했던 거에요. 그게 단 한 번에 실행할 수 없는 어떤 것이라서요 … 비록 명사수로 대접받는 그 부인이 말하길 '그들이 한 시간 개인 교습을 실시할 거예요 한 차례 방문객들을 위해서 그 맛을 보여 주려고요'라고 하지만요.

§.8-6 '내가/네가 말하듯이' 인용의 담화 기능

저자는 과거지속(=과거진행) 시제·역사적 현재시제·단순과거 시제와 같은 형식이 담화전략을 나타내는데, 이 형식으로 화자가 주제·초점·(현재 상황과의) 관련성과 같은 대상들에 대한 통제력을 발휘한다고 논의해 왔다. 'as I/you said내가/네가 말하듯이'라는 표현도 또한 담화를 관리하기 위해 발화인용을 이용하는 중요한 방식이다. 1백만 낱말로 된 노팅엄 담화뭉치의 표본에서 'as I say내가 말하듯이'는 170번 나오며, 'as you say네가 말하듯이'는 29차례 나온다. 이 표현은 대체로 현재 화자에 의해서 말해진 또는 자신의 상대방에 의해서 말해진 최근 발화를 가리키기 위하여 단순현재 시제를 이용한다. 보통 그 담화기능은 핵심 내용의 반복을 이용하면서 주제를 요약해 주는 것인데, 다음 사례와 같다.

(8.25) [〈화자 01〉은 자신과 자신의 아내가 어떻게 정원 연못을 조성했는지를 말하고 있다]

〈S 01〉 Then you put your concrete on top of that.

〈S 02〉 ⌞Concrete on top of that⋯ but a thin layer just for flooring.

〈S 01〉 We put about four inches on.

〈S 02〉 Yeah

〈S 01〉 Three to four inches.

〈S 02〉 Oh right ⋯ oh that's interesting.

〈S 01〉 But <u>as I say we did it ourselves</u>.

〈화자 01〉 그러고 나서 그것 위에다 시멘트를 부었죠.

〈화자 02〉 ⌞그것 위에 시멘트⋯ 허지만 바닥을 다지기 위한 얇은 층이죠.

〈화자 01〉 우린 대략 1.5센티 두께로 부었어요.

〈화자 02〉 맞아요.

〈화자 01〉 1센티에서 1.5센티 두께로요

〈화자 02〉 아 그렇군요⋯ 아 재미있네요.

〈화자 01〉 허지만 <u>내가 말하듯이 우리가 스스로 그 일을 했거든요</u>.

(8.26) [〈화자 01〉과 〈화자 02〉는 어느 건물이 응당 보존되어야 한다고 느끼지만 부수어 버리고서, 이미 같은 간선도로에 이용하지 않아 문을 닫은 주유소가 있다는 사실에도 불구하고, 그 건물이 주유소로 뒤바뀌어 버린 사건에 대하여 〈화자 03〉에게 말해 주고 있다]

〈S 01〉 And it should've been a listed building but nobody listed it⋯ well the council have sold it to a garage company and it's going to be knocked down and a petrol station

〈S 02〉 ⌞Petrol station

⟨S 01⟩   ⌞ was going to be put there so.

⟨S 02⟩   It seems we've got one five hundred yards down the road that's been

⟨S 01⟩   ⌞ That's empty

⟨S 02⟩   ⌞ boarded up cos it doesn't make no money.

⟨S 01⟩   Mm.

⟨S 02⟩   We don't see the point in having it at the bottom of the street.

⟨S 01⟩   But em the museum were very dischuffed[30] that the council didn't let them know because I think if they had they could have had it listed and nobody would have been able to touch it⋯ so that caused a lot of trouble didn't it I mean.

⟨S 02⟩   ⌞ Yeah.

⟨S 01⟩   ⌞ with the petition and everything and it went to the council but the council still passed it.

⟨S 02⟩   Well they said it was too late didn't they.

⟨S 01⟩   Yeah so it's been passed and

⟨S 02⟩   Just waiting for it to be knocked down and built.

⟨S 03⟩   But <u>as you say the garage on the main road has been boarded up for some time.</u>

⟨S 02⟩   It's been boarded up now for nearly seventeen months.

⟨화자 01⟩ 그리고 그게 응당 지방문화재로 등록된 건물이 되었어야 했는데, 아무도 등록하지 않았지⋯ 글쎄 지방의회가 정유사에 팔아버렸거든. 그리고 그게 허물어질 예정이고 주유소가

30] 사전에서 찾을 수 없는 새로운 말이다. chuff가 happy의 뜻을 지니므로, dis-chuff는 make someone unhappy(언짢게 하다) 정도가 된다. 인터넷을 찾으면 뉴질랜드 영어나 영국 방언으로 'very displeased or unsatisfied(아주 불쾌하거나 불만스러운)'로도 나온다.

〈화자 02〉　　　　　　　　　└주요소

〈화자 01〉　　　　　　　　└거기 들어설 거래요.

〈화자 02〉그 도로를 따라 오백 미터 아래로 내려가면 하나가 있는 듯한데

〈화자 01〉　　　　　　　　　　　　　　　　└비어 있어

〈화자 02〉　　　　　　　　　　　　　　　　　　　└폐쇄

되었지. 왜냐면 이익이 나지 않기 때문이거든.

〈화자 01〉음~

〈화자 02〉우리는 그 도로 아래쪽에 주유소를 만든다는 점을 살펴보지 않지.

〈화자 01〉허지만 엄 박물관에서 아주 언짢아했지만, 지방의회에서 그들이 눈치채도
록 하지 않았거든. 왜냐하면 내 생각으로는 박물관에서 알았더라면 지방문
화재로 등록해서 아무도 손대지 못하게 할 수 있었을 거야… 그러면 그게
아주 말썽을 일으키겠지, 안 그랬겠어? 내 말뜻은

〈화자 02〉　　　　　　　　　　　　　　└그러게.

〈화자 01〉　　　　　　　　　　　　　　　　└탄원서와 모든 수단으로

말야. 그리고 그게 지방의회로 넘어갔고, 의회에서 그대로 그걸 통과시켜
버렸어.

〈화자 02〉글쎄, 그들이 말하길 너무 늦었대, 안 그렇겠어?

〈화자 01〉맞아. 그래서 그게 통과되어 버렸지. 그리고

〈화자 02〉그 건물이 허물어지고 신축되길 기다리는 거지.

〈화자 03〉허지만 <u>네가 말하듯이 간선도로에 있는 주유소가 영업이 안 되어 몇 달
동안 문을 닫았거든.</u>

〈화자 02〉그게 지금 거의 1년 5개월 동안이나 폐쇄되어 있지.

담화기능을 지니는 'as I/you say^{내가/네가 말하듯이}'의 해석(생생한 현장성을 살
림: 뒤친이)을 뒷받침하는 일은, 이들 두 가지 사례에서 'but^{허지만}'의 추가
적인 출현으로부터 나온다. 'as I say^{허지만 내가 말하듯이}'의 이음말(연어)로서
but^{허지만}은 단일하게 가장 빈도가 많은 선행 접속사이며(30차례나 나옴),
일반적으로 주제요약이나 주제전환의 표지로서 대화에서 널리 쓰인

다.[31] 'as I/you say'는 비슷한 표현 'with I was/you were saying내가/네가 말했던 대로'과는 차이가 난다. 후자는 주제를 요약하거나 마감하기보다는, 오히려 주제 대상을 다시 거듭 발전시키거나 그것에 추가하기 위하여,[32] 대화를 더 앞에 나온 시점으로 도로 데려가는 경향이 있다. 이는 다음 사례와 같다.

(8.27) [화자들이 영국에서 철로 폐쇄와 증기기관차 시대에 대한 향수를 논하고 있다]

⟨S 01⟩ There's a, there's a hell of a big following of steam trains.

⟨S 02⟩ ⌊ Yes oh imagine yes oh yes oh yes what did I say just now, I, yeah but some of that's nostalgia cos they've gone away.

⟨S 01⟩ Yes.

⟨S 03⟩ Yeah yeah.

⟨S 02⟩ But I was saying em earlier on do you remember [⟨S 01⟩ mhm] that em it's a criminal waste what they've done *the destruction is it's criminal you know.*

⟨S 03⟩ ⌊ Yeah yeah yeah yeah

31] ⟨원저자 16⟩ 담화표지로서 'but'에 대한 언급은 쉬프륀(Schiffrin, 1987: 61)을 보기 바란다.

32] 뒤친이가 읽은 바로는, 담화 마디들이 전개되는 방식 또는 담화 추이에 대한 논의는 다음 세 가지 제안이 있다. ① 건스바커·기본(Gernsbacher and Givón, 1995) 엮음, 『자발적 텍스트에 있는 의미 연결성/개념 연결 속성(*Coherence in Spontaneous Text*)』(John Benjamins), 100쪽에서는 명사구를 중심으로 하여 지속·보류로 나누고, 다시 후자가 현행 활성화의 중단·지속으로 나뉘며, 다시 전자가 앞서 나온 지시내용을 탐색하여 인출·새로운 지시내용 수립으로 나누었다. ② 클락(1996; 김지홍 뒤침, 2009), 535쪽에서는 다섯 가지 유형으로 나누었는데 다음 마디로 가기·현재 마디의 심화·도로 빠져나오기·잠시 일탈·본 마디로 되돌아가기 등이다. ③ 워커·조쉬·프륀스(Walker, Joshi, and Prince, 1998) 엮음, 『담화에서 중심소 전개 이론(*Centering Theory in Discourse*)』(Clarendon)의 제1장에서는 지속·사슬로 이어가기·매끄러운 전환·급격한 전환으로 보았고, 제3장에서는 병렬·심화 진전·잠시 일탈로부터 되돌아오기로 나누었다. 김지홍(2010), 『언어의 심층과 언어교육』(도서출판 경진)의 제3장을 읽어보기 바란다.

yeah.

〈S 02〉　It's theft really.

〈S 03〉　Yeah.

〈화자 01〉 거기, 거기 아주 굉장한 증기기관차의 기다란 열이 있었지.

〈화자 02〉　　　　　　　　　　　　　 └ 그래 아 상상해 봐. 그래
아 그래 아 그래. 내가 방금 말한 걸, 내가, 그래 허지만 그게 일부 향수이거
든. 왜냐면 다 없어져 버렸기 때문이지.

〈화자 01〉 그래.

〈화자 03〉 맞아 맞아.

〈화자 02〉 허지만 더 앞 쪽에서 엄 내가 말했던 대로, 자네 기억이 나나 [〈화자
01〉 으흠~] 그게 엄 우리가 했던 게 터무니없는 낭비거든. 그 파괴가
말야. 자네도 잘 알듯이 그건 범죄야.

〈화자 03〉　　　　　　　　　　　 └ 맞아 맞아 맞아 맞아 맞아.

〈화자 02〉 사실상 절도지 뭐.

〈화자 03〉 맞아.

(8.28) [화자들이 외국어 학습이 바람직하다고 논하고 있다]

〈S 01〉　Mm well yeah because they're going to be at disadvantage aren't
they in terms of the business world and er you know for, so from
that point of view I think it'd be a good idea that that people
did learn another language.

〈S 02〉　Do you think it should be do you think they should

〈S 01〉　　　　　　　　　　　　　　　　　　　 └ language.

〈S 02〉　Back to what I was saying before a bit although I'm I'm trying not
wanting to force that idea but would it be an idea if all Europeans
learned one second European language do you think, not
necessarily English.

〈S 01〉 Will you can you can never tell what the circumstances are going to be can you erm [sighs] yeah erm in, French and German seems to be the the two languages that spring to mind as being used most widely in Europe so I guess French if you can speak French German and English maybe.

〈화자 01〉 음, 글쎄, 그래요. 왜냐하면 사업 세계에서 보면 그들이 불이익을 받게 될 거예요, 안 그래요? 그리고 어 잘 알다시피, 그래서 그런 관점으로부터 내 생각으로는, 사람들이 또 다른 언어를 실제로 배웠다는 것이 좋은 생각이라고 봐요.

〈화자 02〉 당신 생각으로는 응당, 당신이 생각하기를 그들이 응당

〈화자 01〉   ⌊언어.

〈화자 02〉 약간 제가 앞서 말했던 바로 되돌아가서 비록 제가 제가 그런 생각을 강요하고 싶진 않지만, 괜찮은 착상이 아닐까요? 모든 유럽 사람들이 하나의 제2 유럽 언어를 배웠다면 말이에요. 당신이 생각하기로, 반드시 영어가 아니더라도 말이에요.

〈화자 01〉 당신은 당신은 결코 그 환경이 어떻게 될 것인지 말할 수 없지요. 당신이 엄 할 수 있어요. [한숨] 맞아요. 엄, 불어와 독어가 유럽에서 가장 광범위하게 쓰이고 있는 것으로 머릿속에 떠오르는 두 가지 언어인 듯하거든요. 그래서 내 짐작에, 만일 당신이 불어·독어·영어를 말할 수 있다면 말이에요, 아마도.

실제 자료를 자세히 관찰하면, 풍부하고 다양한 발화인용 전략에 대한 담화기능을 찾아낼 수 있으며, 의심할 바 없이 관찰될 수 있는 것보다 더 많은 기능들이 있다. 이 책의 한계는, 여기서 우리가 오직 가장 빈번하고 두드러진 유형만을 논의할 수 있을 뿐임을 의미한다. 우리는 이 절을 단순히 관찰을 위하여 제시된 몇 가지 사례들로 마무리를 짓게 될 것이다.

다음에 있는 발췌 인용문 (8.29)는 두 사람의 젊은 부인들 사이에 오가는 대화로부터 가져온 것인데, 사교적 방문을 위하여 제3자와 더불어 정한 약속을 점검 확인하고 있다. 여기서 초점이 되는 담화전략은 점검하는 내용이다. 주목할 것은 거의 격식 갖춘 글말 텍스트에서 일어나지 않을 것 같은 다양한 통사 및 보문(내포문)들이다. 발췌 인용문 (8.30)과 (8.31)에서는 전형적 어순이거나 무표적 어순(이 경우에는 간접 인용이 어순임)이, 의사소통에 전혀 방해를 줌이 없이 널리 긴 발화에 분포될 수 있다는 점을 반복해서 보여 주고 있다.

(8.29)

⟨S 01⟩ What we could try and do is ring Ali again try and ring her again.

⟨S 02⟩ Yeah we will.

⟨S 01⟩ When we're in Tunny Wells cos the thing is erm did you say to her what time.

⟨S 02⟩ No I never mentioned what time

⟨S 01⟩ so you said well

⟨S 02⟩ ⌊[inaudible]

⟨S 01⟩ What did you say, we'll be up in the evening?

⟨S 02⟩ Yeah I think she thinks we're gonna be up in the evening.

[later]

⟨S 02⟩ Yeah I think she thinks we're gonna be up in the evening.

⟨S 01⟩ Cos did you say to her about dinner or

⟨S 02⟩ Yes.

⟨화자 01⟩ 우리가 해 볼 수 있었던 건, 앨리에게 다시 전화하는 건데, 그녀한테 다시 전화해 봐.

⟨화자 02⟩ 그래, 우리가 할 거야.

⟨화자 01⟩ 우리가 터니 웰즈에 있을 적에, 왜냐면 그게 엄, 그녀에게 언제인지를 말해

줬니?

〈화자 02〉 아니, 난 언제인지 시간을 전혀 언급하지 않았어.

〈화자 01〉 <u>그래서 네가</u> 말했구나 글쎄

〈화자 02〉   └[청취 불가능]

〈화자 01〉 <u>뭐라고 말해 줬니, 우리가 저녁에 식당에 가 있을 거야?</u>

〈화자 02〉 맞아, 내 생각에 그녀는 우리가 저녁에 식당에 가 있을 것으로 생각할 거야.

[더 뒤에]

〈화자 02〉 맞아, 내 생각에 그녀는 우리가 저녁에 식당에 가 있을 것으로 생각할 거야.

〈화자 01〉 <u>왜냐면 그녀한테 저녁 식사에 대해서 말해 줬기 때문이거나 아니면</u>

〈화자 02〉 그래.

(8.30)

〈S 01〉 Yeah this woman also told me on Monday this chap came in and he was hanging around for ages and he started asking me how you got into tourism. You know what qualifications [laughs] you needed.

〈S 02〉 [laughs] <u>He was in the middle of an enforced career change he said.</u>

〈화자 01〉 맞아요, 그 부인이 또한 월요일에 내게 말했어요. 그 녀석이 들어와서 오랫 동안 주변에서 머물고 있었거든요. 그리고 내게 '당신이 어떻게 관광산업에 들어왔는지'를 묻기 시작했어요. 잘 아시듯이 어떤 자격이 [웃음] 필요한 것인지 말이에요.

〈화자 02〉 [웃음] <u>그가 직업 변경을 강요받는 중이라고 말했거든요.</u>

(8.31)

〈S 01〉 Do you know how many students they're expecting in July.

〈S 02〉 Yeah thirty-something though we're likely next term to have sixty-four students a lot of them may be six months and a lot of them will be Japanese here in August from what I've heard, about seventeen of them.

〈S 01〉   Yeah.

〈S 02〉   And Liz is going to join them she tells me.

〈화자 01〉 7월에 얼마나 많은 학생들이 올 것으로 그들이 기대하는지 알고 있어요?

〈화자 02〉 그래요, 30명 정도죠. 비록 다음 학기에는 64명의 학생을 받게 될 것 같지만요. 그들 중 대부분이 6개월 과정이 될 거에요. 그리고 그들 대부분이 여기서 8월에는 일본 학생들일 거예요, 제가 들은 바로는, 대략 그들 중 17명이라고 하던데.

〈화자 01〉 맞아요.

〈화자 02〉 그리고 리즈가 그들과 합류할 예정이라고 내게 말하네요.

§.8-7 논점들을 한데 모아놓기

이제 우리는 발화인용 교육에 대한 접근을 바꿔 놓을 수 있을 만한 통찰력의 종류를 개관할 수 있다. 저자가 제안하는 다음 논점들은 참된 입말 자료의 관찰로부터 제기되는 교육 모형을 위하여 중요할 것으로 생각된다.

① 전통적인 문학의 인용 문체들(현대 대중소설을 포함하여)에서 찾아지는 생생한 발화 도입요소는, 대화에서 오직 드물게만 나타나거나, 아니면 전혀 나타나지 않을 수 있다. 그럼에도 불구하고, 대화상의 인용에서 이용된 동사에는 다양성이 있다.

② 지금까지 우리가 살펴본 시례들에서 모두 인용동사의 맥락을 구체적으로 만들어 주는 부사구의 종류들(『아이뵌호우』 지문에서와 같이)이, 대화상으로는 중요성을 지니고서 나타나는 것이 아니다.

③ 단순과거 시제는, 심지어 비록 어떤 갈래에서 가장 빈번하게 쓰일 수 있더라도, 인용동사에서 찾아지는 유일한 시제가 아니다. 우연한 대화에서 화제/주제 관리를 위하여 쓰이는 과거지속 시제(=과거진행 시제) 및 서사이야기에서 나타나는 역사적 현재시제는 무시할 수 없는 빈도로 자주 나타난다.

④ 비록 직접인용에서 'say^{말하다}'의 위치가 인용된 표현과 관련하여 첫 위치·중간 위치·마지막 위치 사이에서 자유롭게 변동되지만, 어떤 다른 발화 도입 요소도 이런 위치이동 가능성을 보여 주지 않는다. 그리고 다른 모든 직접인용동사들은 첫 위치에 놓인다. 그렇지만 어순이 관례적으로 간접인용에서 올바르거나 전형적인 것으로 간주된 바로부터 변동될 수 있다. 동사가 마지막 위치에 나타나는 간접인용·인용된 질문에서 의문문 어순의 보존 등이 그러하다.

⑤ 인용동사와 주어를 뒤바꾸는 일반적 문학 기제는(가령, 'The Black Knight,' *answered Rebecca*^{뤼베카가 '흑기사예요'라고 대답하였다}) 입말 말뭉치에서는 나타나지 않는다.

⑥ 'ask^{묻다}'를 지닌 입말 인용에서는, 수동태와 상이한 보문(내포문) 유형을 포함하여 통사적 변동이 크게 나타난다.

⑦ 비실현태^{unrealised} 발화(아직 발화되지 않았지만 마음속에 있을 것으로 추정한 내용이며, §.8-4의 각주 25를 보기 바람: 뒤친이)도 또한 현실 발화처럼 인용된다.

⑧ 가장 일반적인 의미로, 발화인용은 발화의 실제 맥락에서 가장 잘 관찰된다. 그것은 우리가 담화에서 인용의 역할을 깨달으므로 거기에 있는 것인데, (ㄱ) 초점 만들어 주기 기능, (ㄴ) 극적으로 만들어 주기 기능(Mayes, 1990; Baynham, 1995), (ㄷ) 현재 상황(=지금)과의 관련성 창출 기능(Álvares-Cáccamo, 1996), (ㄹ) 상호작용의 일반적 관리 기능 등을 실현하게 된다.

이들 논점이 교육을 위해 의미하는 바는 다음과 같이 일련의 원리로 제시될 수 있다.

① 발화인용을 가르치는 일은, 실제 자료가 던져 주는 풍부하고 다양한 시제

와 상의 형태를 희생시켜 가면서, 간접인용에서 상위문과 내포문의 시제 일치^{backshift}와 시제 연결체에만 과도하게 몰입해서는 안 된다.

② 가령 의문문의 인용에서처럼, 어순은 응당 전통적인 규범문법에서 시사히는 내용보다 더욱 융통성 있게 간주되어야 한다. 그리고 가령 'she asked me what <u>was</u> I doing^{그녀가 내가 뭘 하고 있는지 물었다}'(비록 간접인용이지만, 내포된 의문문에 직접인용처럼 주어와 조동사의 어순이 뒤바뀌어 있음)처럼 종종 오류로 지적되는 일부 어순들도, 응당 오류로 간주되어서는 안 된다. 왜냐하면 토박이 화자의 발화에서 그런 어순이 정규적으로 나타나기 때문이다.

③ 다시 한 번, 여기서 언어 자각에 대한 원리가 중요한 듯하다. 학습자에 의해 반드시 재생되어야 한다는 필수적 함의가 없이, 실제 자료에 대한 노출이 학습자로 하여금 실생활 만남에서 그리고 점차 세계적으로 증가하는 영어로 된 영화와 텔레비전 매체에서, 토박이 화자들의 발화를 통해 듣게 될 것 같은 형식에 대해서 자각을 할 수 있게 해 준다. 가령 직접인용을 떠맡는 'go'(생생한 인용 형식)와 역사적 현재시제 등이다.

④ 가령 'I <u>was asked</u> to take part in a survey^{나는 조사에 참여하도록 요구받았다}'와 같은 수동태 인용처럼, 빈도가 잦지만 다루기 어려운 형식은 많은 양의 연습이 필요할 수 있다. 그리고 단순과거 시제와 과거지속 시제(=과거진행 시제) 인용에 대하여 서로 다른 맥락을 드러내 주는 대조 연습이, 교재에서 찾아지는 부족한 바를 보충하기 위하여 마련될 필요가 있을 것이다.

⑤ 비록 대화상으로 발화를 인용하는 일이 문학상의 발화인용과 차이가 나지만, 문학 텍스트와 대화 녹취기록이 함께 문학 교육에서 그리고 입말 교육에서 이용될 수 있다. 그것들의 대조적인 잠재력은, 언어 자각 및 문학 자각을 높여 주는 유용한 도구가 된다.

이 책에서 다뤄온 언어의 많은 측면들의 경우와 같이, 가능한 대로 입말 자료와 기꺼이 마주하려는 마음, 그리고 단순히 글말 텍스트에서 우리에게 말하는 바가 교육을 위해 충분하다는 치우친 가정에만 의존하지 않는 일이, 가르치는 일에서 그리고 교실수업 밖에서 학습자를 위하여 입말 형태로 목표언어 사용자들과 마주치도록 훨씬 더 낮게 준비를 하는 데에서, 자료의 참된 실생활 속성^{authenticity; 진정성}에 비춰서 열매를 맺어 보상해 줄 것 같다.

이 책이 이제 마지막 지점에 왔다. 전체 8장에 걸쳐서, 저자는 입말 말뭉치에 대한 접속으로 깨닫게 된 어렴풋한 통찰력으로써, 여기저기서 예증된 경관을 추적해 내려고 노력해 왔다. 이와 같은 책자는 단지 매일 우리를 둘러싸고 있는 언어의 비교적 작은 양으로부터만 실증될 수 있고, 제한된 수의 언어 특징들에 대한 결론에만 근거할 수 있을 뿐이다. 그러나 우리가 낱말이나 구조를 살펴볼 때마다 되풀이하여 다시금 모종의 것들이 새로 부각되어 나타난다. 이것들은 얼굴을 마주보는 상호작용이 언어를 사용하는 사람들을 느닷없이 조사의 중심 속으로 가져가게 하는 것이다(≒역동적인 언어 사용의 현장에서 참여자들이 쓰는 발화에 초점을 모으게 만듦: 뒤친이). 단순히 자료를 누가 그 말을 누구에게 어떤 관점에서 어떤 외현적 목표와 의도를 갖고서 어떤 관련성의 맥락에서 그리고 어떤 환경 아래 말했는지를 따로 분리하여 이상화해 주는 것은 불가능한 것이다. 체면에 대한 호혜적 보호, 사교적으로 서로 합치/수렴하려는 희망, 의미 해석과 생성 활동에 대한 협력 구성, 청자의 능동적 역할 등과 같은 관심거리도 동등하게 연구의 전면에 나타나 있다. 따라서 교육적인 응용언어학이든지, 아니면 언어학의 통찰력을 응용하는 전문직의 다른 많은 갈래가 되든지 간에, 응용언어학 속에서 입말을 옹호하는 저자의 위상은 근본적으로 인간적인 것이다(≒인간을 배제한 채 도구로서의 언어만 다루는 것이 아님: 뒤친이).

또한 이는 인간 상호작용 주체 그 자체로서 제1 언어에서 그리고 학습하려는 목표언어에서 언어 학습자들의 지위를 존중하는 것이다. 모두가 어떤 언어의 '토박이 화자'이며, 누구나 상호작용이 성공적이거나 좌절스럽거나 실패할 경우에 어떻게 될지를 잘 알고 있다. 이것이 반드시 학습자들이 불가피하게 제2 언어 토박이 화자처럼 말하고(발음하고) 싶어함을 의미하는 것은 아니다. 오히려 제2 언어 토박이 화자가 실행하는 바와 자신의 제1 언어로 스스로 실행하는 바를 실천하고 싶어 하고, 목표언어로 말을 사용하는 방식들을 학습하고 싶어함을 말하려는 것이다. 이것으로부터 학습자들은 자신의 신뢰를 할 수 있다. 우리가 가르치고 그리고/또는 배우는 언어로 상호작용이 어떻게 실행되는지에 대하여 더 많이 알면 알수록, 그리고 입말이 글말과 비슷하지만 더 부주의하게 약간 '실수들'을 저지르는 경향이 있다는 전제를 더욱 더 깨끗이 지워버리면 버릴수록, 우리들 모두에게 더욱 더 바람직해질 것이다.

용어 해설

(⇒ : 이 표시는, 해당 항목에 대하여 별도의 표제 항목을 보기 바람)

Adjacency pairs(인접쌍)

인접쌍은 예상되는 방식으로 함께 진행되는 두 개의 발화로 이뤄진다. Hello!^{안녕!}이란 인사는 또 다른 Hello!^{안녕!}라는 대답을 예상하게 된다. 질문은 대답을 예상하게 된다. 제안은 수용이나 거절을 예상하게 된다. 인접쌍은 두 부분, 즉 첫 번째 짝 및 두 번째 짝으로 이뤄진다.

> (첫 번째 짝 부분) 갑: Want a coffee?
> (커피 마시고 싶소?)
> (두 번째 짝 부분) 을: Er yes please. ──── 인접쌍
> (어 예 좀 부탁해요)

Back-channel(맞대꾸 군소리, 추임새)

이는 온전한 낱말이 되지 못하는 군소리로서, 청자에 의해 듣는 이야기를 받아들이고 거기에 반응하여 만들어진 짤막한 언어 반응을 가리킨다. 발언기회를 얻어내고자 하는 것은 아니다. 영어에서 전형적인 맞대꾸 군소리는 mm^음, uhum^{으흠}, yeah^예, no^{아니죠}, right^{그렇죠}, oh^아 등이다. 이 책에서의 전사에서는, 비록 맞대꾸 군소리와 온전한 발언기회(⇒) 사이를 구별해 놓기 어렵지만, 맞대꾸 군소리들이 화자의 발언기회 동안에 일어나는 것으로 제시되어 있다. 한 방식이나 다른 방식으로 전

사하도록 하는 결정은, 궁극적으로 주관적이다. 다음에 화자 〈S 01〉로 부터 나온 맞대꾸 군소리가 들어 있는 사례가 있는데, 꺾쇠괄호 [ ] 속에 들어 있다(밑줄 침).

〈S 02〉 Oh, yes, yes, yes mind you my parents were really quite well-off when we lived in Ireland but the education in England was very expensive [〈S 01〉 <u>mm</u>] and I can remember my mother had jewellery and silver and she used to keep selling it [〈S 01〉 <u>really</u>] to pay for our extra music lessons and tuition in this and that [〈S 01〉 <u>mm</u>] and er I it was, must have been difficult.

〈화자 02〉 아 예, 예, 예 싫어하시겠어요? 제 부모님은 아일랜드에 계실 때 실제로 아주 잘 살았어요. 하지만 영국에서 교육비가 아주 비쌌거든요. [〈화자 01〉 <u>음~</u>] 그리고 제 기억으로는 어머니가 보석과 은 장신구를 갖고 있었는데, 그걸 팔곤 했죠. [〈화자 01〉 <u>정말로요?</u>] 가외의 우리들 음악 수업과 이런 저런 강습비용을 대기 위해서요. [〈화자 01〉 <u>음~</u>] 그리고 어, 전 그게 분명히 아주 힘들었을 거예요.

Cleft structures(분열문 구조)

분열문 구조는 절(⇒)이 나뉘어서 별도로 두 개의 절로 되는 경우에 일어나지만, 여전히 하나의 전달내용을 담고 있다. 분열문 구조는 it와 wh-낱말을 이용하여 만들 수 있다(우리말에서는 '바로 ~란 말야'로 번역됨).

Jeremy ate the cake → It was Jeremy who ate the cake (It-cleft)
쥐뢰미가 그 케익을 먹었다 → 그 케익을 먹은 이는 바로 쥐뢰미였단 말야 (it-분열문)
We need more money → What we need is more money (Wh-cleft)
우리는 돈이 더 필요해 → 우리에게 필요한 건 바로 더 많은 돈이란 말이다 (wh-분열문)

Clause(절)

절은 동사를 중심으로 이뤄진 언어 단위이다. 주어 생략(⇒)을 지닌 명령문과 절을 제외하면, 모든 절은 주어를 갖고 있으며, 많은 절들이 목적어와 부사를 갖고 있다. 절은 완형절일 수도 있고(즉 시제·인칭·수에 대해 변화가 이뤄진 동사를 지님), 비완형절일 수도 있다(즉 -ing 형태로 끝나는 동사를 갖거나, 과거분사를 지니거나, 또는 부정사 형태를 지닐 수 있음). 절의 예들은 다음과 같다(번역에서는 구성성분들의 연결을 '+'로 표시하였음).

She loves nursery school. (그녀는 유아원을 사랑한다)

(완형절 finite: 주어 + 동사 + 직접 목적어)

He never laughs. (그는 결코 웃지 않는다)

(완형절 finite: 주어 + 동사)

I knew the answer, but didn't tell her.

(난 그 대답을 알고 있었지만 그녀에게 말하지 않았다)

(두 개의 절. 완형절: 주어 + 동사 + 목적어 + 접속 부사, 그리고 완형절: 주어 + 동사 + 간접 목적어)

Listening to that music, I forgot all my troubles.

(그 음악을 들으며 난 모든 시름을 잊어 버렸다)

(두 개의 절. 비완형절: 동사 + 부사로 된 -ing 형태, 그리고 완형절: 주어 + 동사 + 직접 목적어)

To get there by six, you'll need to leave here at about 5:30.

(6시까지 거기 도착하려면 자넨 5시 반쯤에 여기를 떠날 필요가 있을 것이다)

(두 개의 절. 비완형절: 부정사 동사 + 부사 + 부사, 그리고 완형절: 주어 + 동사 + 동사 + 부사 + 부사)

절은 글말에서 문장을 만드는 건축 부재이다. 모든 언어에서 절은 의사소통을 위한 가장 기본적인 단위(⇒)이다.

Convergence(수렴/합치)

수렴/합치가 신행됨에 따라서, 화자의 기여 내용이 서로 간에 일치하거나 어긋나게 된다. 예를 들어, 임시 불일치나 오해가 있을 수 있으며, 따라서 화자의 발언기회(⇒)가 어긋날 것이다(상대방이 발언권을 채어감: 뒤친이). 오해가 해결되는 경우에, 그 발언기회는 다시 수렴/합치될 것이다. 또는 한 사람의 화자가 임시로 또 다른 화자와는 다른 목표를 추구할 수도 있다. 수렴/합치는 동일한 목표를 추구하면서 화자들의 마음이 서로 잘 맞물리고, 동일한 파장 위에 있는 이상적 상태이며, 각 참여자마다 협력해야 할 동일한 필요성을 알고 바라는 결과에 도달하게 된다.

Deixis / deictic words(직접 가리키는 표현, 직지[直指] 또는 직시[直示] 표현)

이 용어는 언어의 지향 속성으로 불릴 수 있는 바를 서술해 준다. 직접 (손으로) 가리키는 표현은, 텍스트에서 앞과 뒤를 가리키는 말들은 물론, 그 텍스트를 벗어나서 좀더 광범위한 '텍스트-를-벗어난' 맥락까지 가리킨다. 예를 들면, these/that/those와 같은 낱말들이 공간에 대한 관계, 그리고 화자가 뭔가에 대하여 친근한 느낌이나 포함에 대한 관계 속에 발화를 위치시켜 준다. we/you/they/him/I 등과 같은 낱말의 사용은, 누가 말하고 있고, 누가 앞에 있으며, 누가 포함되고, 누가 배제되는지 등과 관련된다. 따라서

I'd like to pop in to that little shop over there before we leave

(우리가 떠나기 전에 난 저기 건너편에 있는 저 작은 가게에 빨리 다녀오고 싶다)

는 이 문장의 명제 '내가 가게에 빨리 다녀오다'와 관련하여, 청자를 대인관계상으로, 시간상으로, 공간상으로 방향을 정해 놓는 가리키는 표

현^{deictics}을 담고 있다. 짐 꾸리기·음식 만들기·가구 옮기기와 같이 행위를 실천하기 위해 이용된 언어에서처럼, 분명한 맥락들은 (손으로) 가리키는 표현들을 많이 담고 있다. 왜냐하면 대상들과 다뤄지고 있는 다른 현상들이, 보통 모든 화자들에게 즉각 가시적으로 되며, 따라서 다음과 같은 언어 형식들도 비교적 일반적이다. Could you just move that into this corner here?^{당신이 저걸 여기 이 구석 안으로 좀 옮겨 줄 수 있을까요?}

Discourse markers(담화 표지)

담화 표지들은 보통 대화에서 한 주제나 업무 및 다음 주제나 도막 사이에 있는 경계를 표시해 주기 위해 이용되는 낱말 또는 구절이다. 가령 right^{옳습니다/좋습니다}, okay^{좋아요}, I see^{알겠습니다}, I mean^{제 말뜻은}과 같은 낱말이나 구절들은, 이야기를 통하여 어떤 주제를 열어 시작하거나 닫아 끝내고 싶은지 여부, 어떤 사태에 대하여 그들이 공통된 견해를 공유하는지 여부, 어떤 것에 대한 그들의 반응이 무엇인지를 나타내면서, 화자들에게 자신의 방식을 협상하여 타개하도록 도움을 준다. 예를 들어 전화나 다른 대화에서, 담화 표지 anyway^{어쨌든 간에}는 흔히 화자가 현재의 이야기 확장 연결체 또는 전체 이야기 주고받기 그 자체가 결론으로 이끌어지기를 바라거나, 또는 중단된 이야기 주제를 다시 재개하려는 희망을 나타내는 데 기여한다. 비슷하게 right^{좋습니다}도 종종 참여자들이 다음 단계의 업무(≒다음 이야기 주제)로 옮겨갈 준비가 되었음을 나타내는 데 기여한다.

Ellipsis(생략)

생략은 입말 담화에 널리 퍼져 있다. 이는 글말에서 텍스트 조직상 흔히 구조들이 생략되지 않으면 잉여적으로 될 법한 반복을 피하기 위하여 기능하는 경우에 생겨난다. 예를 들어,

We ran for the bus but missed it

(우리는 그 버스를 타기 위해 달렸지만 놓쳐 버렸다)

에서 we가 두 절에서 모두 주어로 됨이 분명하다(뒷 절에서는 생략됨). 또는

The chair was broken and the table, too

(그 의자가 부서졌고 그 탁자 또한 그러하다)

에서 동사 was broken을 반복하는 것이 분명히 불필요하다. 입말 영어에서 생략은 주로 상황에 따른 것이다(즉, 즉각적인 현장 상황에 있는 사람 및 대상에 영향을 미친다). 그리고 화자가 불분명하지 않게 될 것임이 확실한 경우에는, 자주 인칭 주어의 탈락omission을 포함한다. 이런 특징은 특히 정신/심적 과정을 나타내는 동사들에서 일반적이다. 가령

(I) think so
(그렇게 생각해; 생각하는 주체 '나'가 생략됨)
(I) wonder if they'll be coming to the party.
(그들이 파티에 올지 궁금하네; 궁금히 여기는 주체 '나'가 생략됨)

그런 생략은 또한 의미가 비교적 맥락으로부터 쉽게 재구성될 수 있는 주동사나 보조 동사에서도 일어난다.

Fronting (or front-placing)(앞으로 내세우기 또는 맨 앞에 자리 잡기)

앞으로 내세우기는 어느 요소를 '전형적' 위치로부터 이동시켜, 그 구성에서 첫 요소로 다시 자리 잡게 하는 것을 가리킨다. I dedicated my life to that man and his music나는 내 인생을 저 사람과 저 사람의 음악에 바쳤다라는 문장

을 놓고서, 우리는 간접 목적어를 다음과 같이 앞으로 내세울 수 있다. *To that man and his music* I dedicated my life. 이 과정은 앞에 내세워진 요소에 초점이나 강조가 얹히도록 해 준다(⇒ topics 주제).

Information staging(정보를 앞에다 내세우기)

화자와 집필자가 자신의 전달내용을 만들어 내는 경우에, 정보를 앞으로 내세우는 방법에 대하여 선택을 하게 된다. 앞에다 내세우는 선택은, 가령 목적어와 같은 임의의 항목을 그 절의 앞으로다 가져갈지 여부(가령 *The second part* we can leave till next week^{두 번째 부분을 우리가 다음 주까지 남겨 둘} ^{수 있다}), (⇒ fronting^{앞으로 내세우기}) 또는 어떤 사건을 초점으로 내세우기보다 오히려 배경이 되게 하는 시제를 사용할지 여부를 포함한다(가령 과거완료는 과거지속/진행이 그러하듯이 배경을 마련하는 시제이지만, 반면에 단순과거는 사건을 초점으로 내세운다). 정보를 앞에다 내세우기는 마지막 전달내용이 평평한 지형과 같지 않고, 대신 다른 것보다 좀더 중요한 어떤 요소들을 지님을 의미한다.

Interactional(상호작용적) ⇒ Relational(인간관계적)

Relational/Interactional(인간관계적/상호작용적)

인간관계의 또는 상호작용의 언어는, 1차적으로 개인적이며 사교적인 목적을 지향하는 언어이다. 그 효과적인 사용은 흔히 사교적이며 대인관계가 잘 유지될 수 있게 해 준다. 손님 응대와 같은 일부 맥락에서 또는 심지어 때로 격식 갖춘 면담에서, 어떤 과제가 실행되는 일을 부드럽고 덜 험악해지도록 만들기 위해서, 정보전달용(⇒ transactional) 언어와도 결합된다.

Speech acts(화행론, 언어 행위론, 화용론)

화행은 말해지거나 씌어진 바에 대한 의사소통 의도를 가리킨다. 화행 이론에서 모든 언어는 일을 실행하는(≒행위를 하는) 것으로 간주된다. 화행의 사례는 사과·요구·부인·제안 등이다. 화행은 간접적으로 될 수 있다. 종종 분석가들이 이야기의 확장 연결체에 의해서 어떤 '행위'가 수행되고 있는지를 결정하는 것은 쉽지 않다(서로 겹쳐짐: 뒤친이), 청자들은 맥락 속에서 어떤 화행이 수행되고 있는지를 결정한다. 예를 들면, You mustn't worry^{년 절대 걱정할 필요가 없다는} 아마 청자에게 안심함/마음 놓임으로 들릴 것이다. 반면에 You mustn't come in here^{년 결코 여기 들어와선 안 돼!}는 금지로 이해될 것이다.

Tails(맨 끝으로 옮겨 놓은 요소)

'Tail^{꼬리}'(맨 끝으로 옮겨 놓은 요소)라는 용어는 때때로 '오른쪽으로 이동된 항목right-dislocated item'으로도 불리는데, 절(⇒ clause)의 끝자리에서 이용 가능한 틈새를 묘사해 준다. 거기에서 화자는 자신이 말하고 있거나 말한 바를 증폭하고 늘여 주거나 강조하는 문법적 유형들을 삽입해 놓을 수 있다. '맨 끝으로 옮겨 놓은 요소tails'들의 사례는 다음과 같으며, 이 탤릭체로 되어 있다.

> She's really good actress, *Clare*.
> (그녀는 정말 좋은 여배우야, *클레어 말일세*)
> Singapore's far too hot for me *it is*
> (싱가포르는 내게 너무나 더워, *정말일세*)
> He's quite a comic *the fellow*, you know.
> (그는 아주 우스워, *그 놈 말야* 잘 알다시피)
> It's not actually very good is it *that wine*?

(그게 사실은 아주 좋은 게 아냐, 그렇잖아, *저 술 말야*?)

우리는 또한 tails(맨 끝으로 옮겨 놓은 요소)가 상이한 종류의 수사 의문문 딱지·추궁대비(울타리) 표현·양태 표현과 함께 묶이는 정도/범위를 눈여겨보고, 그것들이 흔히 명제나 절의 주제를 향하여 모종의 정서적 반응이나 개인적 태도 또는 평가 입장을 표현하는 데 어떻게 기여하는지를 살펴볼 수 있다.

Topics(주제/화제)

주제는 때로 '핵어heads'나 '왼쪽으로 옮겨간 항목left-dislocated items'로도 불린다. 기본적으로 지향 방향을 정해 주고 초점을 모으는 기능을 수행하며, 청자에게 핵심 정보를 확인시켜 주고, 대화상으로 주고받는 일에서 무엇이 중요한지를 놓고서 공유된 지시내용의 얼개를 만들어 준다. 주제는 앞으로 내세우기(⇒ fronting)의 하위 범주이다. 거의 전형적으로 그 절의 주된 주어/목적어를 형성하는 구조를 기대하게 되는 명사 또는 명사구로 이뤄진 절(⇒ clause)의 앞에다 (새로 자리를 만들어) 자리를 잡는다. 주제는 다음 예문에서 이탤릭 글씨로 되어 있다.

> *The women in the audience*, they all shouted in protest.
> (**방청석에 있는 부인들**, 그들이 모두 항의하면서 외쳐댔다)
> *That bloke in the green*, I can't stand him.
> (**초록색 옷을 입은 저 녀석**, 난 그놈한테 참을 수 없어)
> This friend of ours, *Carol, her daughter*, she decided to buy one.
> (우리들의 이 친구, **카롤, 즉 그녀의 딸**이 하나를 사기로 결정했어)

주제는 거의 비격식적 입말 영어에서 독점적이다. 주제는 비록 '맨 끝으로 옮겨 놓는 요소(⇒ tail)'가 훨씬 더 많이 정서적/평가적 목적에 기여하지만, 원래 자리로부터 이동해 간다는 점에서 '맨 끝으로 옮겨 놓은 요소(Tail: 꼬리)'와 속성이 동일하다.

Transactional(정보전달용)

정보전달용 언어는 업무를 처리하고 일반적으로 일이 실행되도록 하는 과정에서 쓰인 언어이다. 이는 인간관계의/상호작용의(relational/interactional) 언어와 대립한다.

Turns(발언기회, 말할 차례)

하나의 발언기회란, 다른 화자가 점유하기 이전에, 한 명의 화자에 의해 발화된 입말 연결체이다. 다음 인용에서는 세 번의 발언기회가 있는데, 그 발언기회들 중 하나가 중간에 끼어들어 잘린다.

발언기회1 (끼어들어 잘림)	〈S 01〉	Yeah it's ready for erm er	
		(맞아요 …할 준비가 됐어요 엄 어)	
발언기회2	〈S 02〉	⌊Thanks ever so much.	
		(정말 너무 고마워요)	
발언기회1 (완결됨)	〈S 01〉	⌊for action ah it's all right.	
		(행동할 준비요, 아 괜찮아요)	
발언기회3	〈S 03〉	Afraid I forgot the cheese.	
		(그 치즈를 깜빡했는지 걱정되네요)	

Units(단위)

모든 언어는 단위로 분석된다. 단위들은 다양한 방식으로 분류될 수 있는 언어의 확장 연결체들이다. 하나의 낱말은 어휘 단위이다. 하나의 절은 문법 단위이다. 하나의 문장은 글말 텍스트에 공통된 단위이지만, 입말에서는 그리 공통적인 것은 아니다. 입말 분석에서 가장 어려운 문제 중 한 가지는, 의사소통의 기본 단위가 무엇인지를 정의하는 일이다. 입말을 분석하기 위한 가능한 단위들은 억양의 어조 단위(즉, 하나의 주된 상승 또는 하강 강세를 지닌 언어 확장 연결체임)와 발화의 발언기회(⇒ turns)와 절(⇒ clauses)을 포함한다.

Vague language(애매한 언어 표현)

애매한 표현들은 모든 언어 사용에서 흔히 생각되어 왔던 것보다 더욱 광범위하며, 특히 입말 담화에서 두드러지다. 우리가 다른 사람들과 상호작용하는 경우에, 정확하고 상세한 정보를 줄 필요가 있는 때도 있다. 가령 기차 출발시간에 관한 것이다. 그러나 다른 경우에는 지나치게 권위적이고 단정적으로 들리므로, 상세하게 표현되는 것이 적합하지 않을 때도 있다. 가장 비격식적인 맥락에서는, 비록 애매한 표현이 종종 잘못 부주의한 사고나 여물지 않은 신호로 오해되더라도, 대부분의 화자들은 애매한 언어 표현에 의해 모종의 방식으로 부드럽게 해 놓은 정보를 전달해 주기를 선호한다. 애매한 언어의 사례들은 or something^{아니면 그런 것}, or anything^{아니면 어떤 것이든}, or whatever^{아니면 아무런 것이든 상관없이}와 같은 구절을 포함하는데, 모두가 다음처럼 발화의 마지막 자리에 놓여 있다.

Can you get me a sandwich or something?
(샌드위치나 **아니면 그런 거** 좀 줄래요?)
Have they got mineral water or anything like that?
(그들이 광천수나 **아니면 그런 걸 어떤 것이든** 받았나요?)

노팅엄 담화뭉치^{CANCODE}에 대한 참고문헌(1994~1998)

노팅엄 담화뭉치^{CANCODE}는 '영어 담화에 대한 케임브리지와 노팅엄 말뭉치^{Cambridge and Nottingham Corpus of Discourse in English}'의 약자입니다. 노팅엄 담화뭉치는 노팅엄 대학 영어과와 케임브리지 대학 출판부에서 공동으로 구축한 말뭉치기반 기획과제입니다. 이 기획에 의해 수집된 모든 자료는 케임브리지 대학교의 재산입니다. 다음 참고문헌은 일부 또는 전체적으로 이 기획과 관련되어 출간된 최근의 업적들입니다.

Carter, R. A. (1997) 『영어 담화 조사: 언어·읽고 쓰는 힘·문학(*Investigating English Discourse: language, literacy and literature*)』, London: Routldge.

Carter, R. A. (1998) 「실제 순서들: 노팅엄 담화뭉치·의사소통·문화(Orders of reality: CANCODE, communication and culture)」, *ELT Journal* 51, 1.

Carter, R. A. and McCarty, M. J. (1995a) 「담화와 창의성: 언어와 문학 사이의 간격에 다리를 놓기(Discourse and creativity: bridging the gap between language and literature)」. In Cook, G, and Seidhofer, B. (eds.) *Principles and Practice in Applied Linguistics*. Oxford University Press. 303~321.

Carter, R. A. and McCarty, M. J. (1995b) 「문법과 입말(Grammar and the spoken language)」. *Applied Linguistics* 16, 2, 141~158.

Carter, R. A. and McCarty, M. J. (1997a) 『입말 영어 탐구(*Exploring Spoken English*)』, Cambridge University Press.

Carter, R. A. and McCarty, M. J. (1997b) 「입말 담화에서 영어의 get-수동태: 대인 상호작용 문법을 위한 기술 및 함의 (등사본임)(The English get-passive in spoken discourse: description and implications for an interpersonal grammar)」. Mimeo: University of Nottingham, Department of English Studies (submitted to *Journal of English Language and Linguistics*).

Carter, R. A., Hughes, R. and McCarthy M. J. (1998) 「맨끝으로 옮겨 놓는 요소(꼬리)를 말하기: 문법·입말·자료 계발(Telling tails: grammar, the spoken language and materials development)」, In Tomlinson, B. (ed.) *Materials Development in L2 Teaching*, Cambridge University Press

Hughes, R., Carter, R. A. and McCarthy, M. J. (1995) 「문법적 선택에 대한 예측 요소로서 담화 맥락(Discourse context as a predictor of grammatical choice)」. In Graddol, D. and Thomas, S. (eds.) *Language in a Changing Europe*. Clevedon: BAAL/Multilinguial matters, 47~54.

Hughes, R. and McCarthy, M. J. (1998) 「문장으로부터 담화까지: 담화 문법과 언어 교육(From sentence to discourse: discourse grammar and English language teaching)」. *TESOL Quarterly*, 32, 2: 263~287.

McCarthy, M. J. (1995) 「대화 및 문학: 시제와 상(Conversation and literature: tense and aspect)」. In Payne, J. (ed.) *Linguistic Approaches to Literature: Papers in Literary Stylistics*. Birmingham/University of Birmingham: English Language Research, 58~73.

McCarthy, M. J. and Carter, R. A. (1994) 『담화로서의 언어: 언어교육을 위한 여러 가지 전망(*Language as Discourse: Perspectives for Language Teaching*)』. Harlow: Longman.

McCarthy, M. J. and Carter, R. A. (1995) 「입말 문법: 대체 그것이 무엇이며, 어떻게 가르쳐야 하는가?(Spoken Grammar: What is it and how do we teach it?)」 *ETL Journal* 49, 3: 207~218.

McCarthy, M. J. and Carter, R. A. (1997a) 「글말 및 입말 어휘(Written and Spoken Vocabulary)」. In Schmitt, N. and McCarthy, M. J. (eds.) *Vocabulary: Description, Acquisition, Pedagogy*. Cambridge University Press, 20~39.

McCarthy, M. J. and Carter, R. A. (1997b) 「문법·맨끝으로 옮겨 놓는 요소(꼬리)·정서: 담화에서 감정표현 선택을 구성해 놓기(Grammar, tails and affect: constructing expressive choices in discourse)」. *Text* 17, 3: 405~429.

Stanfield, C. (1996) 「노팅엄 담화뭉치 연구자 쥔 허드슨과의 대화, 그녀가 말하는 영어(English as she is spoke (conversation with CANCODE researcher Jean Hudson))」. *Cambridge Language Reference News* 2, 2.

Tao, H. and McCarthy, M. J. (1998) 「비세한적 관계절 이해하기, 이게 쉽지 않다(등사본임)(Understanding non-restrictive relative clauses, which is not an easy thing)」. Mimeo: Cornell University, Department of Modern Languages.

뒤친이의 내용 요약

이 책에서는 영국 입말 자료들을 놓고서 말뭉치(≒언어 전산처리 자료) 분석을 통하여 입말이 전개되는 형식들을 구체적으로 논의하고 있다. 우리나라에서도 말뭉치를 구축한 지가 오래 되었는데 국립국어원(http://www.korean.go.kr/sejong)에서 관련된 내용을 검색할 수 있다.[1]

제1장 서론

제1장에서는 여기서 이용하는 노팅엄 담화 말뭉치(이하 노팅엄 말뭉치로 줄임)가 5백만 낱말로 이뤄져 있으며, 이 낱말 숫자보다 더 중요한 것이, 담화의 하위 갈래들을 균형 있게 모두 포괄하였는지 여부임을 지적한다. 얼마나 어떻게 하위 갈래를 나눌지는 연구자에 따라 조금 다를 수 있다. 노팅엄 말뭉치에서는 다음 다섯 가지 맥락 갈래(범주)를 세워 각 갈래마다 담화 자료들을 수집하고 분석하였다(번역 30쪽).

1] 우리말의 말뭉치 구축과 관련해서는 서상규·한영균(1999), 『국어 정보학 입문』(태학사)을 읽어보고, 전자사전의 편찬 과정은 유현경·남길임(2008), 『한국어 사전 편찬학 개론』(도서출판 역락), 홍종선 외 6인(2009), 『국어 사전학 개론』(제이앤씨), 도원경·박주원 엮음(2011), 『고려대 한국어대사전과 사전학』(지식과 교양)을 읽어보기 바란다. 또한 Hartmann 엮음(1983; 서길태 외 4인 뒤침, 2008), 『사전 편찬의 원리와 실제』(제이앤씨)도 참고하기 바란다.

〈표 1〉노팅엄 담화 말뭉치에서 구분한 맥락 갈래(또는 균형 갖춘 범주)

맥락 이름	지향 목표	대표 사례
① 정보 전달 맥락	정보 제공	관광 안내소에서 여행 정보를 묻는 담화
② 전문 직업 맥락	정보 제공	회사 관측 회의, 비격식적 정보 전달의 담화
③ 현장 교육 맥락	협력하여 의견을 모음	대학에서 작은 모둠으로 된 세미나에서의 담화
④ 공적인 친교 맥락	협력작업 이뤄 나가기	잔치 음식을 장만하면서 친척들끼리의 담소
⑤ 사적인 친밀 맥락	협력하여 의견을 모음	집안일에 대하여 어머니와 딸이 의논한 대화

설사 말뭉치가 여러 범주에 걸쳐 고르게 잘 구축된다고 하더라도, 이를 연구와 교육에 이용하기 위해서는 전사(≒녹취 기록)가 이뤄져야 한다. 담화는 언어 및 비언어 정보를 모두 담고 있기 때문에, 문자로 나타낼 수 있는 언어 표현 이외에, 비언어 표현을 나타내기 위해서는 일련의 기호들이 필요하다. 자연스런 입말 담화의 자료는 일정 부분 배경 소음이 들어가 있으며, 그 소음을 제거하는 기술적 문제도 쉬운 일이 아니다. 그리고 실시간 처리를 하는 동안에 복합적인 정보가 한꺼번에 깃들어 있으므로, 어느 정보를 놓치지 말아야 하는지를 결정하는 일 또한 만만치 않다. 그렇지만 여기서 상대적으로 중요한 것은 서로 간에 겹쳐지는 언어 표현들을 나타내는 일과, 언어 표현에 수반된(동반된) 얼굴 표정 및 몸짓 시늉들이며, 이를 나타내는 기호 또는 부호들은 누구나 쉽게 알아차릴 수 있어야 바람직하다(제1장 6절의 실제 표기 약속을 보기 바람).

제2장 입말, 그리고 갈래의 개념

제2장에서는 입말 갈래에 대하여 논의한다. 가령, 업무회의, 신문 판매, (길거리) 가판상, 취업 면담, 세미나 발표, 법정 변론, 방송, 고객 응대, 말다툼, 고객 상담 따위의 사회적 사건에서 찾아지는 입말 주고받기는 서로서로 구별되는 측면들이 있다.

미췔(Mitchell, 1957)에서는 입말 고객 응대와 서사 이야기 전개 사이에 관찰되는 입말의 전개 방식이 크게 차이가 남을 주목하고서, 각각의 전개 방식을 추상적으로 형식화하여 제시될 수 있다고 보았다. 가령 상거래를 크게 상품 상거래·정보 상거래·용역 상거래로 나눌 때에, 대략 그 형식이

"인사 ⇨ 판매 상품 무이 ⇨ 거래 협상 ⇨ 매듭 짓기(고마움 및 작별 인사)"

라는 단계로 진행되지만,[3] 하위의 세세한 갈래들 사이에서 크든 작든 수시로 이런 단계들이 역동적/유동적으로 변동될 수 있다고 하였다. 또한 듀뢴티(Duranti, 1983)에서는 설사 동일한 입말 갈래라 하더라도,

① 누가 화자인지에 따라서
② 이야기의 목적이 무엇인지에 따라서(여러 가지 복합 목적이 구현될 수도 있음)
③ 발화 연속체의 어느 부분에 나타나는지에 따라서
④ 발화되는 현장이 어떤 곳인지에 따라서

그 전개 방식들이 역동적/유동적으로 다양하게 달라질 수 있음을 지적하였다.

입말에서 갈래가 처음부터 주어져 있었던 것은 아니다. 사회적 상호 작용의 필요에 의해 점차 생겨나서 대체적으로 굳어진 것이므로, 이를

2] 쿡(Cook, 1989; 김지홍 뒤침, 2003), 『담화: 옥스퍼드 언어교육 지침서』(범문사) 제9장 1절에서는 담화의 유형을 다음처럼 예시해 놓았다. 요리법, 농담, 일화, 상표, 시, 편지, 광고, 보고서, 전언(傳言), 메모 쪽지, 잡담, 세미나, 성명, 축사, 논쟁, 노래, 소설, 공고문, 전기, 설교, 입씨름, 자문, 기호, 논문, 동음반복, 연실, 이야기, 신문기사, 보증서, 표, 강의, 전자제품 사용 안내서, 수표, 유언, 대화, 식단표, 말다툼, 처방, 전보, 신문.

3] 호이(Hoey, 1983)에서는 글말 담화의 '문제 해결' 갈래를 설정하고 다음과 같은 연속 단계들로 서술하였다.
"문제 제기 ⇨ 답변 제시 ⇨ 평가 ⇨ 해결"

다음처럼 정리할 수 있다(그렇더라도 자유의지에 따라 여전히 가변성과 유동성을 포함함).

〈표 2〉 임의의 덩잇말이 갈래로 정착되어 사회 제도로 되는 과정

발전 차원	자유로운 개인 ⇨	개인들 사이 ⇨	일부 좁은 사회 ⇨ 더 넓은 사회 ⇨	제도
채택 형식	임의의 덩잇말	반복되는 유형	서로 구별되는 사회적 협약 / 실천 관행	갈래

따라서 어떤 입말 갈래가 안정되어 일부 사회 제도 또는 전체 사회 제도로 굳어진다면, 거꾸로 임의의 갈래가 한 개인이 선택할 수 있는 표현 범위를 제약해 가하게 되고, 비록 어느 정도 가변성/유동성이 허용되더라도, 참여자들이 부지불식간에 안정된/고정된 형식을 따르게 되는 것이다. 이 점이 담화 교육에서 입말 갈래별 활동에 초점을 모으게 되는 배경이다.

의사소통 참여자들은 담화 하위마디의 시작 부분에서 미리 어떤 기대값을 갖게 되고, 서로 안면이 있는 경우에 과거에 공유하였던 일을 담화 속으로 끌어들이게 되며, 하위마디를 매듭짓기 위하여 바로 앞서 진행된 담화 내용을 정리하여 확인하고, 필요하다면 실례를 들어 예증해 주면서 끝내게 된다. 이는 곧장 다음 담화 하위마디로 가거나 다른 주제로 바꿔 나가는 일을 의미한다. 그렇지만 바이버·휘니건(Biber and Finegan, 1991)에서 올바르게 강조하였듯이, 갈래 연구는 전형성뿐만 아니라, 또한 변이의 범위와 성격까지 다룰 수 있어야 한다.

노팅엄 말뭉치에서는 갈래별로 어휘·문법적 특징들이 찾아지는데, 이를 더 낮은 수준(상대적으로 '하부구조')의 특징으로 부른다. 이에 대립되는 목표 및 맥락 유형은 더 높은 수준(상대적으로 '상부구조')의 특징이 되는데, 이미 제1장에서 〈표 1〉로 제시되었다. 낮은 수준의 어휘 특징 및 문법 특징들은 각각 다음과 같다.

<表 3> 입말 자료가 보여 주는 (낮은 수준의) 어휘·문법 특징

어휘 특징	① 행동에 수반된 가리킴 표현	this, that, the, here, over there, down
	② 담화 표지(전개 방향/과정 표시)	시간 벌기 고퇴 uh, well, er, uhm 동의 수긍 표현 right, oh yeah, sure 담화 진행에 동참 not to worry(걱정 마)
	③ 내용 없이 애매하게 쓰이는 낱말	stuff, thing
	④ 실사 밀집도 40% 이상/이하	
문법 특징	㉮ 시작되는 첫 구절의 생략	there is, you, I
	㉯ 주어와 동사 같이 축약	we're, you've I'm he's
	㉰ 편안하며 가식 없이 솔직한 표현	give yourself a hernia '피똥 쌀 걸' 속어표현
	㉱ 발화 지속상태에서 침묵허용 여부	

이런 특징은 바로 윗 층위에서 다음 변인들로

ⓐ 의사소통 맥락의 신체 접촉 직접성(현장 상황)

ⓑ 말할 대상에 대한 공유지식 여부

ⓒ 편안하고 안도되는 분위기

ⓓ 침묵이 허용되는 발화지속의 성격

재통합될 수 있고, 그 위에 다시 특정 갈래로 묶일 수 있으며, 필요할
경우에는 더 높은 수준도 세워 놓을 수 있다. 제2장에서 예시된 덩잇
말 네 가지는 다음처럼 제시될 수 있다.[4]

4] 본문에서 제시된 네 가지 사례를 위해 A, B, C, D를 구분하였지만, 이것이 반드시
엄격히 나뉘는 것은 아님에 유의하기 바란다. 99쪽의 번역자 각주 28에서 언급하였듯
이, 오히려 두 가지 범주로만 나뉘는 것이 더 나을 듯하다. A와 B는 구별되기 어렵지만,
잔치 음식을 마련하는 친척들끼리의 대화 내용, 멀리 떨어진 기숙사로 들어가기 위하
여 짐가방 싸는 일을 도와주는 오누이의 대화 내용이다. C는 친족들이 있는 곳에서
어느 부부의 휴가여행 계획을 세워 주는 일, D는 어느 출판사의 출간회의 내용이다.

〈표 4〉 입말 갈래의 사례들에 대한 네 가지 유형

손으로 가리킴 많아짐	공유된 배경지식 많음	A	B	현장·직접성 증가/초월· 간접성 감소	허사의 증가, 밀집도 감소
손으로 가리킴 적어짐	공유된 배경지식 적음	D	C	현장·직접성 감소/초월· 간접성 증가	실사의 증가, 밀집도 증가

제3장 입말에 대해 무엇을 가르쳐야 할까?

  제3장에서는 입말의 짜임새와 상호작용 기능을 다룬다. 흔히 언어 교육에서는 이를 '언어 자각language awareness' 또는 '자각 일으키기awareness-or consciousness-raising'라고 불러왔다. 입말은 한꺼번에 모든 내용을 전달해 줄 수 없다. 전체 내용을 작은 마디로 나누어서 차례차례 전달해 주어야 한다. 여기서 짜임새(구조)가 자연스럽게 생겨나는 것이다. 입말 짜임 새에 구분해 주는 입말 갈래는 참여자들로 하여금 담화 진행에 대하여 미리 어떤 경로를 예상케 해 준다. 가령 '옛날이야기'로 대표되는 서사 이야기narrative5]는 일찍이

  도입(또는 제목 제시) ⇨ 전개 ⇨ 복잡하게 꼬임 ⇨ 해결 ⇨ 촌평 ⇨ 마무리

5] story와 narrative는 모두 이야기로 번역될 수 있지만, 서로 다른 특성이 있다. story는 아무 제약이 없이(일관성이 없이) 어떤 이야기이든 모두 다 가리킬 수 있다. 그렇지만 narrative(서사이야기)는 배경과 주인공이 도입되고, 그 주인공이 시간과 공간(또는 무대)을 바꿔가면서 문제에 부닥치거나 갈등이 커져가다가, 극점에 도달하면 반전을 이뤄 문제나 갈등이 해소되고, 그 결과에 대한 평가(촌평)가 뒤이어지면서 마무리를 짓게 된다. 어떤 흐름이 주어져 있는 것이다. 서로 구별하기 위하여, 번역에서는 '서사' (사건들의 나열을 서술해 줌)라는 수식어를 더 붙여 놓았다.

등으로 이뤄짐이 지적되었다(Labov, 1972). 담화 전개에서는 이런 마디들을 놓고서 언어로써 명확히 언급해 주는 것이 상대방한테 해당 정보를 이해시키는 데 노움을 준다. 이를 '거시적 담화 표시'라고 부른나(거시표지'로 줄여 부를 수 있으며, 번역 109쪽에서는 '상위언어 신호 보내기'로 부름). 즉, 해당 도막이 담화 전개상 어떤 단계에서 어떤 기능을 지니는지 명시적으로 말해 주는 일이다. 가령 논문을 써 나갈 경우에

'서론 ⇨ 본론 (주장 ⇨ 증거) ⇨ 결론'

등의 단계를 명시적으로 언급해 주는 일에 비교할 수 있다. 거시표지는 문장과 문장을 이어주는 '미시적 담화표지'와 서로 구분된다. 미시표지는 이해에 그다지 도움을 주지 못하지만, 거시표지는 이해에 중요한 기여를 한다(이 책에선 이런 표지가 어휘 측면으로 다뤄짐).

좀 더 담화 전개 방식을 일반화하면, 다음 단계를 따른다고 말할 수 있다.

[담화 한 도막의 진행]
예비단계 ⇨ 본 단계 ⇨ 마무리 촌평단계 ⇉ 【 다음 도막으로 옮아감 】

예비단계는

① 명백히 서로 주고받는 인접쌍의 기능을 이용하거나

② 상대방과의 정보 간격을 찾아내려고 질문을 던지며 새롭게 탐색을 하는 일

로 이뤄진다.[6] 이 책에서 쓰는 '후속내용follow-up'이란 용어는, 본 단계 및 마무리 촌평단계를 포괄한 용어로 쓰인다. 마무리 존평이란 지금까

6] 클락(1998; 김지홍 뒤침, 2009), 『언어 사용 밑바닥에 깔린 원리』(도서출판 경진)의 제7장과 제10장에서는 다음처럼 네 가지 갈래로 더 상세히 나눠 놓았다.

지 들은 바가 아주 흥미로웠거나 '들을 만했다'는 평가를 내려 간접적으로 상대방의 노고를 기려 주는 일이다. 설사 "thank you"라는 감사 표현이라고 해도, 축자적 의미를 넘어서서 마무리 촌평단계의 기능을 지닐 수 있다(번역 126쪽에서의 '단계 표시' 기능). 따라서 다음 담화 마디로 옮겨갈 수 있게 해 준다.

마무리 짓고 평가를 내리는 일은 흔히 낮은 수준의 학습자들에게는 어려운 것으로 알려져 있다. 번역 131쪽과 132쪽의 평가 기능을 보기 바라며, 교실수업에서는 그런 이야기들을 다시 말하면서 스스로 평가 기능을 더해 보도록 제안한다. 담화 전개에서 시작 및 끝은 문화권마다 서로 선호하는 바가 다르다. 만일 인사치레와 관련된 경우에 우리 말에서는 '덕담德談'으로 부르며, 덕담을 하면서 상대방을 배려하는 경우에 후덕한 사람으로 평가받는다. 어느 문화에서는 친분 쌓는 말들을 더 많이 집어넣도록 하고, 어느 문화에서는 곧장 정보를 전해 주는 일을 선호한다(번역 132쪽). 가령, 전화 통화를 할 적에 옛날부터 '용건만 간단히'라는 구호가 전화기에 붙어 있었기 때문에, 우리말에서는 아마도 상대방을 확인한 뒤에 곧장 용무를 말하는 일로 들어갈 것 같다(물론 전화를 붙들고 두세 시간 친분을 나누는 경우는 예외임).

〈표 5〉 담화전개에서 네 가지 협력과제의 성격과 이에 대응하는 언어형식

협력과제의 성격(제7장)	이용되는 언어형식과 절차(제10장)
① 지엽적 과제	ⓐ 완전히 고정된 정형화된 형식과 절차
② 최소 협력 과제	ⓑ 다소 변동이 가능한 정규적인 형식과 절차
③ 확대된 과제	ⓒ 더 큰 목적으로 이어지는 절차
④ 협동 의미 파악 과제	ⓓ 미리 예측할 수 없는 확대된 절차

그런데 ④의 협력과제에 대하여 ⓓ의 언어형식이 미리 예측할 수 없기 때문에, 담화 참여자들 사이에 서로 합의 또는 동의를 이뤄 나가야 한다. 이를 위해 앞의 세 가지 형식을 빌려 올 수도 있고, 새롭게 탐색을 진행하면서 공동목표를 설정해 나갈 수 있다. 그 과정이 설득력을 지니려면, 화자는 흔히 ㉠ 자신의 요청에 대하여 합당성을 조리 있게 말해 주고, ㉡ 상대에게 요청을 최소화하며, ㉢ 있을 수 있는 미리 걸림돌을 제거할 수 있도록 하는 하위과제를 먼저 제안하게 된다. 이런 방식으로 진행해 나간다고 하더라도, 중요한 것은 화자 자신이 스스로 체면을 구길 수 있는 모험을 피하고(요청했다가 상대로부터 거절당하면 얼굴이 빨개짐), 또한 상대방의 체면에 위협이 되는 상황도 피하는 것이 서로 신뢰감을 끌어내는 요체이다.

이런 담화의 진행은 일방적이지 않고 상대방과의 협력 과정으로 이뤄진다. 청자 쪽에서는 협력하고 있으며 열심히 귀를 기울여 듣고 있다는 반응으로

'옳아!, 맞아!'

등으로 맞장구를 치면서 동의 표시를 하거나,

'그래서 어떻게 됐어?'

처럼 담화 진행을 돕는 질문을 붙이게 된다. 이런 일들이 무의식적으로 일어나게 되는데, 보통 언어교재에 실린 일반적인 담화 표본들에서는 이런 점이 무시되기 일쑤이다.

또한 화자는 자신의 전달 내용 중에서 강조를 하거나 두드러지게 만들기 위하여 임의의 요소를 앞으로 뽑아내거나(흔히 '주제화'롤 불리며, 영어에서는 전치현상임) 또는 맨 뒤쪽으로 빼어 둘 수 있다(영어에서 후치현상, 126쪽 이하 참고). 모두 정보전달의 효율성 및 지각상 두드러짐을 이용하는 셈이다. 입말의 전형적 사례는 참여자들이 서로 얼굴을 마주보면서 해당 맥락 또는 상황이 공유되어 있으므로

① 영어에서도 인칭 대명사로 된 주어가 생략되는 일이 잦고,
② 서로 간에 행위가 직접 관찰되므로, 손으로 가리키는 표현이 많으며,
③ 허사(또는 기능낱말) 사용 비율이 상대적으로 높다.

이런 특징들은 교실수업에서 학습자들이 자연스럽고 다양한 담화 자료들을 놓고서 일련의 과제로 연습하면서 스스로 귀납하여 터득될 수 있는 것이다. 이를 위한 모형이 '주목하기' 또는 '자각 일으키기'로 알려져 있으며(번역 139쪽의 역주 24를 보기 바람), 이를 위한 수업 모형이 '과

제 중심 언어교육(TBLT)'이다.

제4장과 제5장에서는 담화가 전개되는 과정에서 문법 선택이 어떻게 이뤄지는지를 다룬다. 이전의 문장 차원(학교문법, 전통문법)에서는 전혀 꿈도 꿔보지 못한 내용들이다. 제6장과 제7장에서는 입말 담화 속에 들어 있는 어휘 선택 특징들을 다룬다.

제4장 담화 문법으로: 문장을 지배하는 문법은 담화 전개를 포착해 줄 수 없다.

여기서는 다섯 가지 범주를 내세워 기존의 문법 속에서는 해당 현상을 포착할 수도, 설명할 수도 없었음을 지적한다. 모두 담화 차원에서라야 그 비밀을 풀 수 있는 것이다.

§.4-1. 전통문법/학교문법에서 꿈꿔 보지도 못한 기능으로, 영어의 일반 대명사 it와 지시 대명사 this 또는 that은 하나의 체계를 이룬다. 영어 담화에서 it은 어떤 주제가 계속 다뤄지고 있음을 나타내며, this는 새로운 주제가 도입됨을 표시해 준다. that은 화자가 느끼는 심리적 거리감(낯섦, 불편함, 평가절하 따위)을 드러내 준다.[7]

§.4-2. 시제 사용방식 또한 'have/had+과거완료' 및 '-ed'로 표시되는 단순과거가 서로 담화 속에서 특정 기능을 발휘하며, 긴밀히 엮여 있다. 이야기를 해 주기 위해 현장에 무대를 마련해 놓고, 그 무대 위에서 진행되는 사건들을 언급해 주는 것이다.[8] 여기서 조동사 have는 화자

7] 우리말에서는 '이/저'가 먼저 화사로부터 가까운지 여부에 따라 나뉜다. '그'는 청자와 화자가 공통기반으로 갖고 있는 어떤 대상을 가리키거나, 또는 화자의 머릿속에 있지만 곧 이어 말하게 될 일을 가리킨다. 학교문법에서 '이/저/그'로 삼분 대립을 해 놓은 것은 일본문법을 그대로 베꼈기 때문이다(특히 산전효웅 문법책을 외솔이 그대로 따름). 삼분대립의 지시대명사 체계는 일본어와 스페인 어가 대표적이라고 알려져 있다.

와 청자가 있는 시공간에 접속되어 있고(현재-여기/지금-이곳에서 '무대를 설치'하는 일이라고 비유하여 설명함), had는 과거의 어떤 기준시점에서 무대를 설치하는 일에 해당한다('낮을 내린다'고 비유하여 말함). 영어의 '완료'는 시제와 무관하며, 한 사건이나 동작이 다 끝난 결과 상태만을 가리키는데, 150쪽의 역주 8을 읽어보기 바란다. 따라서 전통문법에서 제시된 체계는 담화 자료를 제대로 설명해 주기 위해 재구성되어야 옳다

§.4-3. 또한 입말 담화의 연결체들을 자세히 분석해 보면, 자신의 주장을 내세운 뒤에 그 주장을 뒷받침하는 증거나 정보를 제시해 주는 경우가 잦은데, 담화 전개에서 부차적 역할에 해당된다. 이는 정당성을 입증하는 방식으로서, 입말에서 cos(because의 입말)가 두드러지게 많은 이유가 된다. 따라서 '-ed'로 이루어진 과거사건을 서술할 적에, 이 사건을 뒷받침하기 위하여 cos에 들어 있는 표현은 'had+P.P.(과거완료)' 모습을 띠게 된다. 즉 cos/because가 나온 절은 과거시점 당시에서 무대를 마련하는 일에 해당하며, 무대 마련이나 정당성 입증이나 서로 같은 기능을 지닌 동일기반인 셈이다. 이런 사실은 필연적이고 결정적인 성격이 아니라, 오히려 개연적이고 확률적인 성격을 지닌다('반드시'가 아니가 '바람직하다' 또는 '가능성이 있다'는 쪽임).

§.4-4. 이어서 입말 문법과 글말 문법이 노팅엄 말뭉치에서 서로 다르게 나타남을 예시해 준다. 아무리 영어 어순이 엄격하다고 하더라도, 입말에서는 주제 항목을 맨 앞으로 빼어 내거나, 너무 긴 항목을 대신 가짜 주어 it나 가짜 목적어 it를 집어넣으면서 맨 뒤로 이동시키게 된다. 또한 미래 시제의 표현도 권위적이고 상대방에게 결정권이 전혀 없는 'be to'를 쓰기보다는, 더 부드러운 'be going to'나 'be supposed

---

8] 이를 '배경 ⇨ 초점'으로도 말하며, 161쪽의 역주 16과 211쪽 역주 17에서 다른 용어들도 소개하였다. 171쪽의 역주 23에서는 이를 '화용 조직' 원리라고 불렀다.

to'를 쓴다. 입말에서는 주절-종속절을 갖춘 복잡한 구조(전통문법에서는 '복문'이라 말을 썼음)도 거의 찾아지지 않고, 평이하게 간단한 발화/문장 형태로 나오거나,[9] 친한 사이에서는 청자 쪽에서 끼어들어 해당 발화의 일부를 함께 완성할 수도 있다.

§.4-5. 마지막으로 영어에서 '당하다' 표현(get-수동태, 피해 수동태)을 다루는데,[10] 당한 결과상태만 나타내고, 누가 가해자인지를 드러내 주지 않는 표현이므로, 수수께끼로 간주되었던 현상이다. be-수동태에서 by에 의해 가해자가 드러나는 일과 비교해 보기 바란다. 그런데 get에 의해 표현되는 '피해 수동태'는 바람직하지 않은 상황이나 문제가 있는 상황을 표현하는 데로 확장될 수 있다. 이는 또한 화자가 해당 사건을 바라보는 시각을 반영해 준다. 따라서 번역 180쪽에서 두 가지 목적 (①, ②)으로 get-수동태가 쓰인다고 매듭짓고 있는데, 피해를 입은 피해자 또는 피해 대상물을 강조하려는 의도를 담고 있다. 이는 문법 내부에서는 발견될 수 없으며, 담화 차원에서만 원인을 찾아낼 수 있는 사례이다.

제5장 입말·글말의 공통적 담화전개 유형(배경 ⇨ 초점), 이와 관련된 시제 표현방식

제5장의 논의는 217쪽의 〈표 5-1〉로 요약되어 있는데, 아래 〈표 6〉으로 보인다.

9] 이를 173쪽에서는 입말에서 '내포절 결여' 현상으로 불렀다.

10] 우리말 '당하다'는 '-로부터'를 써서 가해자를 표시해 줄 수 있으므로(깡패들로부터 죽임을 당하였다), 영어의 표현과는 조금 다르다. 175쪽의 역주 29와 177쪽의 역주 31을 보기 바란다.

<표 6> 시제 표현을 통해 담화를 전개해 나가는 유형

		무대 마련하기(앞으로 말할 상황을 먼저 제시해 놓기) ⇨ 후속 사건들을 이어나가기		
비격식적 언어투식	과거사건	현재완료(have+P.P)	⇨	단순과거(-ed)
	과거사건	지속적이었던 반복행위/습관(used to)	⇨	우연한 과거사건(would)
	미래사건	현재에 근거한 무대(be going/supposed to)	⇨	단순미래 조동사(will)
격식적 언어투식	과거사건	지속적이었던 반복행위/습관(used to)	⇨	단순과거(-ed)
	미래사건	예정된 미래 사건(be to: 권위성이 깃듦)	⇨	단순미래 조동사(will)

먼저 격식적인 말투와 비격식적인 말투에서 자주 쓰이는 시제 표현법이 다름에 유의하기 바란다. 어떤 복합사건들의 연결체를 이야기해 주려면, 반드시 참여자로서 화자와 청자가 있는 현재 이곳에다 무대를 설치해 놓고서, 그 무대 위에서 과거 사건이든지, 미래 사건이든지 언급해 나가게 된다.

무대를 마련하는 시제 표현법에 현재완료 형식 'have+P.P.(과거분사)' 및 예정 사건 표현형식 'be to'는, 앞의 조동사가 모두 현재 시제 have/has나 am/are/is 등으로 실현된다. 바로 이런 제약이 참여자들(화자와 청자)이 같이 있는 현재 시점의 현장에다 마치 닻을 내려 무대를 고정시키듯이 맨 먼저 마련되어야 한다. 본문에서는 이를 '현재와의 관련성'으로 부른다.

만일 현재 시점에서 일어나고 있는 이야기라면, 굳이 따로 무대를 마련하지 않아도, 충분히 청자가 따라 확인할 수 있다. 이런 이유로 위 표에서는 오직 과거 사건과 미래 사건에 대해서 언급하는 것이다. 과거완료 형식 'had+P.P.(과거분사)'는 제4장에서 원인 또는 이유를 나타내는 cos 속에서 특정한 과거시점 당시에다 무대를 마련해 놓는 것으로 설명되었다. 만일 이런 표현 방식이 인간의 일반적 특성으로부터 나온 것이라는 저자의 주장이 옳다면, 응당 우리말에서도 이런 담화 전개의 표지가 찾아져야 할 것이다(과문하여, 아직 그런 연구가 있는지 잘 모르겠음).

제6장 어휘와 입말 관계

입말(특히 대화)에서 쓰이는 어휘들의 특징을 살펴보기 위하여, 먼저 입말 의사소통의 특징을 223쪽에서 아홉 가지를 거론하였다. 그리고 참여자들이 얼굴을 마주보고 있는 상황이 전형적이므로, 유뤄(Ure, 1971)에서는 '언어가 행위에 동반된다'고 표현한다. 더 심하게 언어를 낮춰 놓아 '행위를 뒷받침하기 위해 언어가 쓰인다'고도 말한다(번역 85쪽, 228쪽 참고).

입말에서는 실사들이 많이 쓰이기보다 허사들이 많이 쓰이며(실사 밀집도가 낮음), 정확히 말하도록 하는 구호와는 정반대로, 막연하고 애매하게 표현하기 일쑤이다(Channell, 1994). 이는 참여자들이 상황을 공유하기 때문이기도 하지만, 자율성 존중 원리에 따라 상대방으로 하여금 스스로 결정할 수 있도록 배려하기 때문이기도 하다.

담화가 협력 과제로서 진행되어 나가려면, 화자의 어휘에 대꾸해 주듯이 청자가 반복이나 재어휘화 방식을 써서(232쪽 이하) 자신이 계속 귀를 기울이고 있으며, 따라서 종종 곧 나올 담화 내용까지도 능히 예측하고 있음을 적절히 표시해 주어야 한다. 이는 청자가 협력하고 있음을 명시적 반응으로 보여 주는 일에 해당한다. 번역 245쪽에서는, 공동 과제에 대하여 공동으로 책임을 진다고 언급하였다. 이것이 낱말을 통해 언어 사용 힘을 키워 주는 데 핵심 측면인데(237쪽), 머카씨 (1990; 김지홍 뒤침, 2003)의 『어휘: 옥스포드 언어교육 지침서』(범문사)도 같이 참고하기 바란다.

더욱 중요하지만 흔히 놓쳐 버리기 쉬운 것은, 가치를 담고 있는 관용구나 속담 또는 특정한 어휘(과장법, 강조법, 의성어나 의태어 등) 선택을 이용하여, 청자들도 담화 진행에서 하위 이야기를 매듭짓고 다음 하위 이야기로 옮아가는 일에 기여를 한다는 점이다. 이것이 또한 유창성을 구성하는 한 가지 요인이다.

노팅엄 말뭉치의 통계를 보면, got(I've got…, 개인 체험이나 개인적 관련성을 나타냄)이 쉽게 글말보다 입말에서 14배나 많고, probably(주장이나 책임질 일을 미리 완화해 놓는 일)도 글말보다 입말에서 6배나 더 잦으며, tend(~하는 편이다, 현재 습관)도 글말보다 입말에서 9배가 더 많이 나타난다.[11]

제7장 담화에서 왜 관용구가 자주 쓰일까? 관용구의 마무리 평가 기능

266쪽 이하에서는 영어 관용구로 다루는 범주를 일곱 가지로 나누어 놓았다. 관용구는 대체로 형식이 고정되어 있고[12] 거의 축자적 해석을 넘어서서 의도된 뜻을 찾아내어야 하는 언어 표현이다. 그런데 우리말에서는 한자의 고사성어도 여기에 들어가므로, 관용구의 범위가 더욱 넓어질 듯하며, 일부 전문직 사회에서는 중국 고전으로부터 특정한 어구를 따와 마치 관용구처럼 인용하는 일도 잦다.[13] 비유 표현도 어떤 가치를 품고 있으므로, 여기서 논의되는 관용구의 중요한 기능을 똑같이 지니고 있는 것이다. 294쪽에서 주로 성인 화자들(25세

11] 우리말에서는 최근에 비격식적 입말로서 '-거든'을 두드러지게 많이 사용하는데, 이런 변화도 통계를 낼 필요가 있을 것이다(세대 사이의 변이임). 그렇지만 언어교육에서는 전적으로 말뭉치 빈도 통계에만 국한되어서는 안 되고, 한 어휘의 체계적 관련성에 대해서도 함께 교육이 이뤄져야 한다. 어휘 교육의 본질에 대한 논의는 머퀴어운·커티스 엮음(McKeown and Curtis, 1987), 『어휘 습득의 본질(*The Nature of Vocabuary Acqusition*)』(Lawrence Erlbaum)에 있는 글들을 읽어보기 바란다.

12] 번역 283쪽에는 영어 관용구를 해체하여 새롭게 의미를 부여하는 사례가 제시되어 있다. 우리말에서도 동일하게, 가령 "열심히 공부해서 남 주자!"라는 말을 들을 수 있다. 이는 반드시 "열심히 공부해서 남 주냐?"라는 관용구를 전제로 하여 성립된다. 원래 형식을 일부 뒤바꿔 놓고서, 반대의 가치의식을 표현하고 있는 것이다. 그렇다면, 관용구의 범위는 ① 형식이 거의 고정된 것으로부터 시작하여, ② 형식이 어느 정도 변동될 수 있는 것을 거쳐, ③ 형식의 일부를 의도적으로 해체하거나 뒤바꿔 버린 것까지 포함할 수 있다. 특히 맨 뒤의 항목은, 관용구를 쓰는 까닭이 모종의 가치를 다루려는 것이므로, 가치의 싸움터에서 새롭게 겨루려는 동기가 깃들어 있음을 알 수 있다.

13] 2006년 『교수신문』에 그 해를 마감하는 경구로서 노자 제60장에서 따온 어구 '약팽소선(若烹小鮮, 자그마한 물고기를 바스러지지 않게 조심조심 굽듯이 신중하게 살아나감)'을 제시한 바 있다.

이상)에게서 산출된다는 지적은, 교육과 관련하여 중요한 단서를 제공해 주는데, 적어도 사춘기가 지난 학습자를 대상으로 하여 이뤄져야 함을 함의한다. 이해 어휘 및 산출 어휘는 서로 비대칭적이므로, 먼저 이해 쪽이 교육될 수 있는 것이다. 언어 사용과 관련하여 사춘기는 중요한 의미를 지니는데, 두뇌 발달에서 전전두엽(특히 외측 전전두엽)에 자리 잡고 있는 작업기억이 사춘기 이후에야 완성된다고 알려져 있기 때문이다.[14]

담화 진행에서 가치를 담고 있는 관용구 표현이 어디에 나오는지를 예측할 수 있다. 거의 이야기를 매듭짓는 끝마디이다. 이런 표현이 제시된 뒤에는 새로운 주제가 도입되거나 다른 이야기 쪽으로 진행해 나가게 된다. 선행 연구에서는

'평가 기능', '체면 손상 감수', '입장 정리', '골자 요약', '주제 전환', '접합부'

등으로 달리 표현한 바 있다. 평가 기능을 지니는 관용구의 선택은, 반드시 참여자들 사이에서 그런 관용구가 담고 있는 가치 평가에 동의하거나 일부 합치가 보장되어야 한다. 그렇지 않다면, 상대방의 체면에 손상을 주는 잘못된 관용구를 선택하였으므로, 이내 서로 간에 협력 과정이 파탄에 이르게 되거나, 곧장 사과를 해야 할 일이 생겨날 수 있다.

이런 점들을 유의하면서, 관용구 교육이 어떻게 이뤄져야 하는지에 대한 그림을 그릴 수 있다. §.7-6에서는 외국어를 배우는 중·상급 영어 학습자를 대상으로 하여 관용구가 쓰일 수 있는 맥락을

① 칭찬·비판에 관련된 관용구
② 사람을 묘사하는 관용구

14] 르두(LeDoux, 2002; 강봉균 뒤침, 2006), 『시냅스와 자아: 신경세포의 연결 방식이 어떻게 자아를 결정하는가?』(소소) 328쪽, 332쪽, 557쪽의 미주 101을 보기 바란다.

③ 문제 상황을 서술해 주는 관용구

등으로 나눠 놓았다. 이는 관용구가 적절히 평가 기능을 발휘하는 표본들을 제시해 주고, 그런 기능들을 찾아내고, 어떤 속성을 담고 있는지 확인하는 일로부터 시작하여(이해 단계임), 알맞은 상황을 담고 있는 과제 속에서 적절한 관용구 후보들의 사용을 연습할 수 있도록 해 주어야 한다(산출 단계임).

제8장 담화에서 인용과 무관한 인용형식: 주제 도입, 자기 주장의 입증, 생생함의 도입 등

여기서는 인용 형식이 노팅엄 말뭉치에서 아주 일반적이며, 입말과 글말에서 두드러지게 차이가 남을 실증해 준다. 인용 범주를 주네뜨(Gennette, 1988)에서는

① 직접 인용
② 간접 인용
③ 녹여 놓음

으로 삼분하였고, 루씨(Lucy, 1993)에서는

ⓐ 발화 재생
ⓑ 발화 상황 보고
ⓒ 현재 화행의 관심사

로 구분하였다(304쪽). 먼저 입말과 글말에서 쓰이는 인용동사가 크게 다름을 보여 주기 위하여 〈표 7〉에서처럼 특정한 소설과 특정한 입말

도막을 추려 서로 비교하였다.

<표 7> 글말과 입말에서 쓰인 인용동사 및 수식부사

『흑기사 아이밴호』 인용동사가 다양, 수식어가 쓰임	(8-2) 입말 자료[15]
탄식했다(exclaimed) 3차례 말했다(said) 2차례 크게 비명치며 말했다(uttered a loud shriek) 부르짖었다(cried) 힘없이 대답했다(answered faintly) 대답했다(answered) 환호하며 외쳤다(shouted with joyful eagerness) 부들부들 떨면서 대답했다(replied shuddering)	말했다(said) 29차례 말한다(says) 물었다(asked) 영 형태(zero)

§.8-3에서는, 입말 자료들을 살펴보면 직접인용의 경우는 적고, 대다수 간접인용을 이용하고 있는데, 특히 진행형식 '-ing'로 나타남을 지적한다. 이는 인용형식을 빌려서, 화자가 새로운 주제나 논점을 도입하고 있는 것으로 해석한다. 다시 말하여, 인용 재생의 충실성은 전혀 중요치 않은 것이다. 이는 글말(신문이나 소설)에서 단순과거 '-ed' 시제가 압도적인 현상과 두드러지게 대조를 이룬다. 글말에서는 발화된 표현 그 자체에 초점이 모아져서(326쪽), 책임지고 해명해야 할 원래 사람을 가리키게 된다(324쪽).

§.8-4에서는 노팅엄 말뭉치에서 700번 이상 나오는 ask를 다루는데, 4번을 제외하면 모두 간접인용으로 쓰였거나, 인용의 경계를 알 수 없이 이야기 속에 녹아 있다. 이어 ask가 요구하는 구조적 특징들이 다뤄지는데, 전혀 발화되지 않은 내용도 추정하여 언급되고 있다.[16] 또

15] 이 자료는 307쪽에 있는 예문 (8.2)에서 찾아낸 인용 동사이다. 번역 312쪽에서는 노팅엄 말뭉치 1백만 마디를 놓고서 찾아낸 인용동사들을 언급하고 있다. 발화하다(utter)는 단 한 차례, 답변을 쓰다(reply)는 글말 자료에서만 250회, 외치대다(shout, 특히 shouting으로 많이 나옴)는 53회이다. 울부짖다(cry)와 대답하다(answer)는 단 한 차례도 없다.

16] 우리말의 중세 자료를 다루면서 이현희(1994), 『중세국어 구문 연구』(신구문화사)에서는 '내적 화법'이란 용어를 쓴 적이 있다. 이 또한 담화 전개의 방식에서 찾아지는 기능으로 재정립될 수 있다. 왜 담화에서 인용을 하는 것인지에 대한 전반적인 논의는

한 젊은 층(30대 이하)에서 직접인용을 전담하는 새로운 동사 'go'가 자주 쓰이고 있음을 지적하였다. §.8-5에서는 역사적 현재시제가[17] 권위가 깃든 속성을 인용하여 자신의 주장을 더 강화해 주는 역할을 함을 지적한다. §.8-6에서는 'I say/You say…' 형식의 인용을 다루는데, 지금까지 말해온 주제를 요약하거나, 그 주제를 더욱 발전시키거나, 아니면 더 앞서 다뤘던 주제로 되돌아가는 기능이 있음을 지적하였다. §.8-7에서는 이 장에서의 논의를 여덟 가지로 정리하고 교육 방법을 다섯 가지로 제안하였다.

페어클럽(2003, 김지홍 뒤침, 2012) 『담화 분석 방법』(도서출판 경진) 제3 장 '서로 얽힌 텍스트의 성격 및 가정'을 같이 읽어 보기 바란다.

17] 우리말에서는 가령, "이란, 이라크를 침공하다", "미국 대통령 피살되다"에서처럼 신문의 표제나 특정인의 일기 속에서 zero 시제(무시제형태소) 문장이 쓰인다. 임홍빈·장소원(1995), 『국어 문법론』 I(방통대 출판부), 403쪽에서는 '절대문' 또는 '초시제'라고 불렸다. 개인적으로 우리말에서 시제 형태소가 없이 쓰인 이런 문장은, 마치 눈앞에서 해당 사건이 일어나고 있는 영화를 보는 것 같은 인상이 든다. 영어에서 역사적 현재시제가 화자의 주장을 강화해 준다면, 아마 우리말에서 무시제형태소 문장은 현장의 생생함을 드러내는 듯하다.

참고문헌

Aijmer, K. (1984a) *Go to* and *will* in spoken English. In Ringbom, H. and Rissanen, M. (eds) *Proceedings from the Second Nordic Conference for English Studies*. Åbo: Åbo Akademi, 141–57.

Aijmer, K. (1984b) *Sort of* and *kind of* in English conversation. *Studia Linguistica* 38: 118–28.

Aijmer, K. (1985) Just. In Backman, S. and Kjellmer, G. (eds) *Papers on Language and Literature*. Gothenburg: Acta Universitatis Gothoburgensis, 1–10.

Aijmer, K. (1987) Oh and Ah in English conversation. In Meijs, W. (ed) *Corpus Linguistics and Beyond*. Amsterdam: Rodopi, 61–86.

Aijmer, K. (1988) 'Now may we have a word on this': The use of 'now' as a discourse particle. In Kyto, M., Ihalainen, O. and Rissanen, M. (eds) *Corpus Linguistics, Hard and Soft*. Amsterdam: Rodopi, 15–34.

Aijmer, K. (1989) Themes and tails: the discourse function of dislocated elements. *Nordic Journal of Linguistics* 12, 2: 137–54.

Aisenstadt, E. (1981) Restricted collocations in English lexicology and lexicography. *ITL Review of Applied Linguistics* 53: 53–61.

Alexander, L. G. (1988) *Longman English Grammar*. London: Longman.

Álvarez-Cáccamo, C. (1996) The power of reflexive language(s): code displacement in reported speech. *Journal of Pragmatics* 25 (1): 33–59.

Antaki C., Díaz, F. and Collins, A. (1996) Keeping your footing: conversational completion in three-part sequences. *Journal of Pragmatics* 25 (2): 151–71.

Ashby, W. (1988) The syntax, pragmatics, and sociolinguistics of left- and right-dislocations in French. *Lingua* 75: 203–29.

Ashby, W. (1994) An acoustic profile of right-dislocations in French. *French Language Studies*, 4 (2): 127–45.

Aston, G. (ed) (1988a) *Negotiating Service: Studies in the Discourse of Bookshop Encounters*. Bologna: Editrice CLUEB.

Aston, G. (1988b) *Learning Comity*. Bologna: Editrice CLUEB.

Aston, G. (1995) Say 'thank you': some pragmatic constraints in conversational closings. *Applied Linguistics* 16 (1): 57–86.

Atkins S., Clear, J. and Ostler, N. (1992) Corpus design criteria. *Literary and Linguistic Computing* 7 (1): 1–16.

Atkinson, J. and Heritage, J. (eds) (1984) *Structures of Social Action*. Cambridge University Press.

Bailey, C.-J. (1985) *Irrealis* modalities and the misnamed 'present simple tense' in English. *Language and Communication* 5 (4): 297–314.

Baker, E. (1924) Causes for the demand for spoken language. *English Journal* 13: 595–7.

Bakhtin, M. (1986) *Speech Genres and Other Late Essays*. In Emerson, C. and Holquist, M. (eds). Austin: University of Texas Press.

Banfield, A. (1982) *Unspeakable Sentences: Narration and Representation in the Language of Fiction*. Boston. Routledge and Kegan Paul.

Bargiela-Chiappini, F. and Harris, S. (1995) Towards a generic structure of meetings in British and Italian managements. *Text* 15 (4): 531–60.

Bauhr, G. (1992) Sobre el futuro cantaré y la forma compuesta voy a cantar en español moderno. *Moderna Språk* 86 (1): 69–79.

Bauman, R. (1986) *Story, Performance, Event: Contextual Studies of Oral Narrative*. Cambridge University Press.

Baynham, M. (1991) Speech reporting as discourse strategy: some issues of acquisition and use. *Australian Review of Applied Linguistics* 14 (2): 87–114.

Baynham, M. (1996) Direct speech: what's it doing in non-narrative discourse? *Journal of Pragmatics* 25 (1): 61–81.

Beaugrande, R. de (1997) Theory and Practice in Applied Linguistics: Disconnection, Conflict, or Dialectic? *Applied Linguistics* 18 (3): 279–313.

Beier E., Starkweather, J. and Miller, D. (1967) Analysis of word frequencies in spoken language of children. *Language and Speech* 10: 217–27.

Benwell, B. (1996) The Discourse of University Tutorials: An Investigation into the Structure and Pedagogy of Small-group Teaching across a Range of Academic Disciplines. Unpublished PhD thesis, University of Nottingham UK.

Bergstrom, K. (1979) Idioms exercises and speech activities to develop fluency. *Collected Reviews* Summer: 21–2.

Biber, D. (1988) *Variation Across Speech and Writing*. Cambridge University Press.

Biber, D. (1990) Methodological issues regarding corpus-based analysis of linguistic variation. *Literary and Linguistic Computing* 5 (4): 257–69.

Biber, D. (1993) Representativeness in corpus design. *Literary and Linguistic Computing* 8 (4): 243–57.

Biber, D. (1995) *Dimensions of Register Variation*. Cambridge University Press.

Biber, D. and Finegan, E. (1989) Styles of stance in English: lexical and grammatical marking of evidentiality and affect. *Text* 9 (1): 93–124.

Biber, D. and Finegan, E. (1991) On the exploitation of computerized corpora in variation studies. In Aijmer, K. and Altenberg, B. (eds) *English Corpus Linguistics*. London: Longman, 204–20.

Binnick, R. (1991) *Time and the Verb: A Guide to Tense and Aspect*. New York: Oxford University Press.

Birdsong, D. (1995) Iconicity, markedness, and processing constraints in frozen locutions. In Landsberg, M. (ed) *Syntactic Iconicity and Linguistic Freezes: The Human Dimension*. Berlin: Mouton de Gruyter, 31–45.

Blanche-Benveniste, C. (1982) Examen de la notion de subordination. *Recherche sur le Français Parlé* 4: 71–115.

Blanche-Benveniste, C. (1993) Repetitions de lexique et glissement vers la gauche. *Recherches sur le Français Parlé* 12: 9–34.

Blanche-Benveniste, C. (1995) De la rareté de certains phénomènes syntaxiques en français parlé. *French Language Studies* 5 (1): 17–29.

Blasco, M. (1995) Dislocation et thématisation en français parlé. *Recherche sur le Français Parlé* 13: 45–65.

Blommaert, J. (1991) How much culture is there in intercultural communication? In Blommaert, J. and Verschueren, J. (eds) *The Pragmatics of International and Intercultural Communication*. Amsterdam: John Benjamins, 13–31.

Boden, D. and Zimmerman, D. H. (eds) (1991) *Talk and Social Structure: Studies in Ethnomethodology and Conversation Analysis*. Cambridge: Polity Press.

Bolinger, D. (1976) Meaning and memory. *Forum Linguisticum* 1 (1): 1–14.

Boogaart, R. (1996) Tense and temporal ordering in English and Dutch indirect speech. In Janssen, T. and Van der Wurff, W. (eds) *Reported Speech: Forms and Functions of the Verb*. Amsterdam: John Benjamins, 213–35.

Boyer, A. (1694) *The Compleat French-Master for Ladies and Gentlemen*. London: Tho. Salisbury.

Bradford, B. (1988) *Intonation in Context* (student's and teacher's book). Cambridge University Press.

Brazil, D. (1985) *The Communicative Value of Intonation in English*. Birmingham: English Language Research, University of Birmingham.

Brazil, D. (1995) *A Grammar of Speech*. Oxford University Press.

Bressan, D. (1979) Idioms and second language teaching. *Teanga* 1: 31–40.

Brinton, L. (1987) The aspectual nature of states and habits. *Folia Linguistica* XXI (2–4): 195–214.

Brown, P. and Levinson, S. (1987) *Politeness: Some Universals in Language Usage*. Cambridge University Press.

Bublitz, W. (1988) *Supportive Fellow-Speakers and Cooperative Conversations*. Amsterdam: John Benjamins.

Bublitz, W. (1989) Repetition in spoken discourse. In Mullenbrock, H.-J. and Noll-Wieman, R. (eds) *Anglistentag (1988) Göttingen: Vortrage.* Tübingen: Niemeyer, 352–68.

Cambridge International Dictionary of Idioms (1998) Cambridge University Press.

Carter, R. A., Hughes, R. and McCarthy, M. J. (1995) Discourse context as a predictor of grammatical choice. In Graddol, D. and Thomas, S. (eds) *Language in a Changing Europe.* Clevedon: BAAL/Mutilingual Matters, 47–54.

Carter, R. A. and McCarthy, M. J. (1995a) Discourse and creativity: bridging the gap between language and literature. In Cook, G. and Seidlhofer, B. *Principle and Practice in Applied Linguistics. Studies in Honour of H. G. Widdowson.* Oxford University Press, 303–21.

Carter, R. A. and McCarthy, M. J. (1995b) Grammar and the spoken language. *Applied Linguistics* 16 (2): 141–58.

Carter, R. A. and McCarthy, M. J. (1997) *Exploring Spoken English.* Cambridge University Press.

Carterette, E. and Jones, M. H. (1974) *Informal Speech.* Berkeley and Los Angeles: University of California Press.

Celce-Murcia, M. (1991) Discourse Analysis and Grammar Instruction. *Annual Review of Applied Linguistics* 11 [1990] 135–51.

Černák, F. (1994) Idiomatics. In Luelsdorff, P. A. (ed) *The Prague School of Structural and Functional Linguistics: a Short Introduction.* Amsterdam: John Benjamins, 185–95.

Chadwyck-Healey, (1994) *The Nineteenth Century on CD-ROM. Bibliographic Records.*

Chafe, W. (1982) Integration and involvement in speaking, writing, and oral literature. In Tannen, D. (ed) *Spoken and Written Language: Exploring Orality and Literacy.* Norwood, New Jersey: Ablex Publishing Corporation, 35–53.

Chafe, W. (1992) The importance of corpus linguistics to understanding the nature of language. In Svartvik, J. (ed) *Directions in Corpus Linguistics.* Berlin: Mouton de Gruyter, 79–97.

Chafe, W., Du Bois, J. and Thompson, S. (1991) Towards a new corpus of spoken American English. In Aijmer, K. and Altenberg, B. (eds) *English Corpus Linguistics.* London: Longman, 64–82.

Channell, J. (1994) *Vague Language.* Oxford University Press.

Chappell, H. (1980) Is the *get-passive* adversative? *Papers in Linguistics* 13 (3): 411–52.

Choul, J.-C. (1982) Si muove, ma non troppo: an inquiry into the non-metaphorical status of idioms and phrases. In Herzfield, M. and Lenhart, M. (eds) *Semiotics.* New York: Plenum, 89–98.

Christie, F. (1986) Writing in schools: generic structures as ways of meaning. In Couture, B. (ed) *Functional Approaches to Writing Research Perspectives*. London: Frances Pinter, 221-39.

Clark, A. (1946) *Spoken English*. Edinburgh: Oliver and Boyd.

Clark, H. and Gerrig, R. (1990) Quotations as demonstrations. *Language* 66: 764-805.

COBUILD (1995) *Collins Cobuild English Language Dictionary*. London: Collins.

Cohen, A. (1996) Developing the ability to perform speech acts. *Studies in Second Language Acquisition* 18: 253-67.

Collins, P. (1996) *Get*-passives in English. *World Englishes* 15 (1): 43-56.

Collins, P. and Peters, P. (1988) The Australian corpus project. In Kyto M., Ihalainen, O. and Rissanen, M. (eds) *Corpus Linguistics, Hard and Soft*. Amsterdam: Rodopi, 103-20.

Compton, J. (ed) (1941) *Spoken English*. London: Methuen and Co. Ltd.

Comrie, B. (1986) Tense in indirect speech, *Folia Linguistica* 20 (3-4): 265-296.

Coningham, C. G. (1894) *Practical Business Conversation*. Yokohama: Kelly & Walsh Ltd.

Cook, G. (1989) *Discourse*. Oxford University Press.

Cook, G. (1990) Transcribing infinity: problems of context presentation. *Journal of Pragmatics* 14: 1-24.

Coulmas, F. (1979) On the sociolinguistic relevance of routine formulae. *Journal of Pragmatics* 3: 239-66.

Coulmas, F. (ed) (1981a) *Conversational Routine*. The Hague: Mouton.

Coulmas, F. (1981b) Idiomaticity as a problem of pragmatics. In Parret, H., Sbisà, M. and Verschueren, J. (eds) *Possibilities and Limitations of Pragmatics*. Amsterdam: John Benjamins, 139-51.

Coulmas, F. (1985a) Direct and indirect speech: general problems and problems of Japanese. *Journal of Pragmatics* 9 (1): 41-63.

Coulmas, F. (1985b) Nobody dies in Shangri-la: direct and indirect speech across languages. *Georgetown University Round Table on Languages and Linguistics*: 140-53.

Coulmas, F. (1986) Reported speech: some general issues. In Coulmas, F. (ed) *Direct and Indirect Speech*. Berlin: Mouton de Gruyter, 1-28.

Coupland, N. (1983) Patterns of encounter management: further arguments for discourse variables. *Language in Society* 12: 459-76.

Cowie, A. P. (1988) Stable and creative aspects of vocabulary use. In Carter, R. A. and McCarthy, M. J. (eds) *Vocabulary and Language Teaching*. London: Longman, 126-39.

Cowie, A. P. and Mackin, R. (1975) *Oxford Dictionary of Current Idiomatic English*. Volume 1 Oxford University Press.

Crowdy, S. (1993) Spoken corpus design. *Literary and Linguistic Computing* 8 (2): 259–265.

Crowdy, S. (1994) Spoken corpus transcription. *Literary and Linguistic Computing* 9 (1): 25–8.

Crymes, R. (1968) *Some Systems of Substitution Correlations in Modern American English*. The Hague: Mouton.

Crystal, D. (1995) Refining stylistic discourse categories. In Melchers, G. and Warren, B. (eds) *Studies in Anglistics*. Stockholm: Almqvist and Wiksell, 35–46.

Diaz, O. (1988) 'Parth du bon pneu'! L'impression idiomatique à travers l'expression publicitaire. *Glottodidactica* 18: 75–82.

Dolz, J. and Schneuwly, B. (1996) Genres et progression en expression orale et écrite. Éléments de réflexions à propos d'une expérience romande. *Enjeux* 37/38: 49–75.

Downing, A. and Locke, P. (1992) *A University Course in English Grammar*. London: Prentice Hall.

Drew, P. and Holt, E. (1988) Complainable matters: the use of idiomatic expressions in making complaints. *Social Problems* 35 (4): 398–417.

Drew, P. and Holt, E. (1995) Idiomatic expressions and their role in the organisation of topic transition in conversation. In Everaert, M., van der Linden, E.-J., Schenk A. and Schreuder, R. (eds) *Idioms: Structural and Psychological Perspectives*. Hillsdale NJ: Lawrence Erlbaum Associates, 117–32.

Duranti, A. (1983) Samoan speechmaking across social events: one genre in and out of a 'fono'. *Language in Society* 12: 1–22.

Duranti, A. (1991) Four properties of speech-in-interaction. In Verschueren, J. (ed) *Pragmatics at Issue*. Amsterdam: John Benjamins, 133–50.

Duranti, A. and Ochs, E. (1979) Left dislocation in Italian conversation. In Givón, T. (ed) *Syntax and Semantics, Volume 12: Discourse and Syntax*. New York: Academic Press.

Dykema, K. (1949) The grammar of spoken English: Its relation to what is called English grammar. *American Speech* XXIV (1): 43–8.

Eastwood, J. (1994) *Oxford Guide to English Grammar*. Oxford University Press.

Edmondson, W., House J., Kasper, G. and Stemmer, B. (1984) Learning the pragmatics of discourse: a project report. *Applied Linguistics* 5 (2): 113–27.

Edwards, J. (1992) Design principles in the transcription of spoken discourse. In Svartvik, J. (ed) *Directions in Corpus Linguistics*. Berlin: Mouton de Gruyter, 129–44.

Eggins, S. and Slade, D. (1997) *Analysing Casual Conversation*. London: Cassell.

Ehlich, K. (1989) Deictic expressions and the connexity of text. In Conte,

M.-E., Petöfi, J. and Sözer, E. *Text and Discourse Connectedness*. Amsterdam: John Benjamins, 33–52.

Fly, R., Gleason, J., Narasimhan, B. and McCabe, A. (1995) Family talk about talk: mothers lead the way. *Discourse Processes* 19 (2): 201–18.

Emerson, C. (1983) The outer word and inner speech: Bakhtin, Vygotsky and the internalization of language. *Critical Inquiry* 10 (2): 245–64.

Engels, L. (1988) The effect of spoken and written-to-be-spoken English on word frequency counts of written English. In Klegraf, J. and Nehls, D. (eds) *Essays on the English Language and Applied Linguistics on the Occasion of Gerhard Nickel's 60th Birthday*. Heidelberg: Julius Groos Verlag, 407–25.

Ernst, T. (1980) Grist for the linguistic mill: idioms and 'extra' adjectives. *Journal of Linguistic Research* 1 (13): 51–68.

Esser, J. (1981) On the analysis of complex sentences: a study in the cohesion of spoken English. In Esser, J. and Hubler, A. (eds) *Forms and Functions*. Tübingen: Gunter Narr Verlag, 163–74.

Fairclough, N. (1995) *Critical Discourse Analysis*. London: Longman.

Fang, A. C. (1995) Distribution of infinitives in contemporary British English: a study based on the British ICE corpus. *Literary and Linguistic Computing* 10 (4): 247–57.

Fenk-Oczlon, G. (1989) Word frequency and word order in freezes. *Linguistics* 27: 517–56.

Fernando, C. (1996) *Idioms and Idiomaticity*. Oxford University Press.

Fernando, C. and Flavell, R. (1981) On idiom: critical views and perspectives. University of Exeter.

Fischer, K. and Drescher, M. (1996) Methods for the description of discourse particles: contrastive analysis. *Language Sciences* 18 (3–4): 853–61.

Fleischman, S. (1983) From pragmatics to grammar: diachronic reflections on complex pasts and futures in Romance. *Lingua* 60: 183–214.

Fleischman, S. (1990) *Tense and Narrativity*. London: Routledge.

Fleming, D. (1995) The search for an integrational account of language: Roy Harris and conversation analysis. *Language Sciences* 17 (1): 73–98.

Ford, C. (1994) Dialogic aspects of talk and writing: *because* on the interactive-edited continuum. *Text* 14 (4): 531–54.

Fox, B. and Thompson, S. (1990) A discourse explanation of the grammar of relative clauses in English conversation. *Language* 66 (2): 297–316.

Fraser, B. (1990) An approach to discourse markers. *Journal of Pragmatics* 14: 383–95.

Fraser, B. and Malamud-Makowski, M. (1996) English and Spanish contrastive discourse markers. *Language Sciences* 18 (3–4): 863–81.

Fretheim, T. (1995) Why Norwegian right-dislocated phrases are not afterthoughts. *Nordic Journal of Linguistics* 18 (1): 31–54.

Fronek, J. (1982) *Thing* as a function word. *Linguistics* 20: 633–54.

Gardner, R. (1987) The identification and role of topic in spoken interaction. *Semiotica* 65 (1/2): 129–41.

Geluykens, R. (1989) The syntactization of interactional processes: some typological evidence. *Belgian Journal of Linguistics* 4: 91–103.

Geluykens, R. (1992) *From Discourse Process to Grammatical Construction: on Left-dislocation in English*. Amsterdam: John Benjamins.

Genette, G. (1988) *Narrative Discourse Revisited*. Translated by J. E. Lewin. Ithaca NY: Cornell University.

Gibbon, D. (1981) Idiomaticity and functional variation: a case study of international amateur radio talk. *Language in Society* 10 (1): 21–42.

Giles H, Coupland, J. and Coupland, N. (1991) Accommodation theory: communication, context and consequences. In Giles, H., Coupland, J. and Coupland, N. (eds) *Contexts of Accommodation Developments in Applied Sociolinguistics*. Cambridge University Press, 1–68.

Givón, T. and Yang, L. (1994) The rise of the English *get-passive*. In Fox, B. and Hopper, P. J. (eds) *Voice: Form and Function*. Amsterdam: Benjamins, 119–49.

Gnutzmann, C. (1991) Linguistic and pedagogical aspects of English passive constructions. *Teanga* 11: 48–65.

Goodell, E. W. (1987) The treatment of tense in indirect speech. *TESOL Quarterly* 21 (2): 305–325.

Goodwin, C. (1984) Notes on story structure and the organisation of participation. In Atkinson, J. and Heritage, J. (eds) *Structures of Social Action: Studies in Conversation Analysis*. Cambridge University Press, 225–46.

Gottlieb, H. (1992) Idioms into Danish. In Nielsen, J. E. (ed) *Words that Teem with Meaning: Copenhagen Views on Lexicography*. Copenhagen: Museum Tusculanum Press, University of Copenhagen, 56–80.

Granger, S. (1983) *The Be + Past Participle Construction in Spoken English*. Amsterdam: North Holland.

Guitart, J. M. (1989) On Spanish cleft sentences. In Kirschner, C. and Decesaris, J. (eds) *Studies in Romance Linguistics*. Amsterdam: John Benjamins.

Gustafsson, M. (1975) *Binomial Expressions in Present-day English*. University of Turku.

Haegeman, L. (1983a) *The Semantics of **Will** in Present-day British English: A Unified Account*. Brussels: Koninklijke Academie.

Haegeman, L. (1983b) Be going to, gaan, and aller: some observations on the expression of future time. *International Review of Applied Linguistics in Language Teaching* XXI (2): 155–7.

Haegeman, L. (1989) Be going to and will: a pragmatic account. *Journal of Linguistics* 25 (2): 291–317.

Haiman, J. (1978) Conditionals are topics. *Language* 54 (3): 564–89.

Hale, E. E. (1903) Ideas on rhetoric in the 16th century. *PMLA* 18: 424–44.

Halliday, M. A. K. (1978) *Language as Social Semiotic*. London: Edward Arnold.

Halliday, M. A. K. and Hasan, R. (1976) *Cohesion in English*. London: Longman.

Harder, P. (1980) Discourse as self-expression: on the reduced personality of the second language learner. *Applied Linguistics* 1 (3): 262–70.

Harris, R. (1990) On redefining linguistics. In Davis, H. and Taylor, T. (eds) *Redefining Linguistics*. London: Routledge, 18–52.

Hasan, R. (1984) Coherence and cohesive harmony. In Flood, J. (ed) *Understanding Reading Comprehension*. Newark, Delaware: International Reading Association, 181–219.

Hasan, R. (1985) The structure of a text. In Halliday, M. A. K. and Hasan, R. *Language, Context and Text: Aspects of Language in a Social-semiotic Perspective*. Oxford University Press, 52–69.

Hasan, R. (1992) Speech genre, semiotic mediation and the development of higher mental functions. *Language Sciences* 14 (4): 489–528.

Hatcher, A. G. (1949) To get/be invited. *Modern Language Notes* 64: 433–46.

Heilenman, L. K. and McDonald, J. L. (1993) Dislocated sequences and word order in French: a processing approach. *Journal of French Language Studies* 3 (2): 165–90.

Heritage, J. and Watson, D. (1979) Formulations as conversational objects. In Psathas, G. (ed) *Everyday Language*. New York: Irvington Press, 123–62.

Herries, J. (1773) *The Elements of Speech*. London: E & C Dilly.

Higdon, D. L. and Bender, T. K. (1983) *A concordance to Conrad's Under Western Eyes*. New York: Garland Publishing.

Hockett, C. (1986) Grammar for the hearer. In McGregor, G. (ed) *Language for Hearers*. Oxford: Pergamon Press, 49–68.

Hoey, M. P. (1983) *On the Surface of Discourse*. London: Allen and Unwin.

Hoey, M. P. (1991a) *Patterns of Lexis in Text*. Oxford University Press.

Hoey, M. P. (1991b) Some properties of spoken discourse. In Bowers, R. and Brumfit, C. (eds) *Applied Linguistics and English Language Teaching*. Basingstoke: Macmillan/MEP.

Hoffmann, L. (1989) Towards a pragmatically founded grammar. In Graustein, G. and Leitner, G. (eds) *Reference Grammars and Modern Linguistic Theory*. Tübingen: Max Niemeyer, 111–32.

Holmes, J. (1738) *The Art of Rhetoric Made Easy, or the Elements of Oratory, etc.* London (no publisher).

Horman, W. (1519) *Vulgaria*. London (no publisher).

Hong, B. (1985) Politeness in Chinese: impersonal pronouns and personal greetings. *Anthropological Linguistics* 27 (2): 204-13.

Hopper, P. J. (1979) Aspect and foregrounding in discourse. In Givón, T. (ed) *Syntax and Semantics* Volume 12: *Discourse and Syntax*. New York: Academic Press, 213-41.

Hopper, P. J. and Thompson, S. (1993) Language universals, discourse pragmatics, and semantics. *Language Sciences* 15 (4): 357-76.

Hopper R., Knapp, M. L. and Scott, L. (1981) Couples' personal idioms: exploring intimate talk. *Journal of Communication* 31 (1): 23-33.

House, J. (1985) Contrastive discourse analysis and universals in language usage. *Papers and Studies in Contrastive Linguistics* 20: 5-14.

Houtkoop, H. and Mazeland, H. (1985) Turns and discourse units in everyday conversation. *Journal of Pragmatics* 9: 595-619.

Houtkoop-Steenstra, H. (1991) Opening sequences in Dutch telephone conversations. In Boden, D. and Zimmerman, D. (eds) *Talk and Social Structure*. Oxford: Polity Press.

Howes, D. H. (1966) A word count of spoken English. *Journal of Verbal Learning and Verbal Behaviour* 5: 572-606.

Huddleston, R. (1989) The treatment of tense in indirect speech. *Folia Linguistica* 23 (3-4): 335-340.

Hughes, R. (1996) *English in Speech and Writing*. London: Routledge.

Hughes, R. and McCarthy, M. J. (1998) From sentence to discourse: discourse grammar and English Language Teaching. *TESOL Quarterly* 32 (2): 263-287.

Hymes, D. (1972) Models of the interaction of language and social life. In Gumperz, J. and Hymes, D. (eds) *Directions in Sociolinguistics: The Ethnography of Communication*. New York: Rinehart and Winston Inc, 35-71.

Iacobucci, C. (1990) Accounts, formulations and goal attainment strategies in service encounters. In Tracy, K. and Coupland, N. (eds) *Multiple Goals in Discourse*. Clevedon: Multilingual Matters Ltd, 85-99.

Jackson, H. (1990) OCP and the computer analysis of texts: The Birmingham Polytechnic experience. *Literary and Linguistic Computing* 5 (1): 86-8.

Jaszczolt, K. and Turner, K. (eds) (1996) *Contrastive Semantics and Pragmatics* Volume II: *Discourse Strategies*. Oxford: Elsevier Science Ltd.

Jaworski, A. (1990) The acquisition and perception of formulaic language and foreign language teaching. *Multilingua* 9 (4): 397-411.

Jefferson, G. (1978) Sequential aspects of storytelling in conversation. In Schenkein, J. (ed) *Studies in the Organisation of Conversational Interaction*. New York: Academic Press, 219-48.

Johnstone, B. (1987) 'He says ... so I said': verb tense alternation and

narrative depictions of authority in American English. *Linguistics* 25 (1):
33–52.

Joos, M. (1964) *The English Verb. Form and Meanings*. Madison. University of
Wisconsin Press.

Källgren, G. and Prince, E. F. (1989) Swedish VP-topicalisation and Yiddish
verb-topicalisation. *Nordic Journal of Linguistics* 12: 47–58.

Kehe, D. and Kehe, P. D. (1989) Maintaining teacher control during pair/
group work. *Múinteoir Teanga* 2 (2): 35–9.

Kelly Hall, J. (1995). (Re)creating our worlds with words: a sociohistorical
perspective of face-to-face interaction. *Applied Linguistics* 16 (2): 206–32.

Kirk, J. (1992) The Northern Ireland transcribed corpus of speech. In
Leitner, G. (ed) *New Directions in English Language Corpora*. Berlin: Mouton
de Gruyter, 65–73.

Knowles, G. (1990) The use of spoken and written corpora in the teaching of
language and linguistics. *Literary and Linguistic Computing* 5 (1): 45–8.

Kooij, J. (1968) Compounds and idioms. *Lingua* 21: 250–68.

Komter, M. (1991) *Conflict and Cooperation in Job Interviews: A Study of Talk, Tasks
and Ideas*. Amsterdam: John Benjamins.

Labov, W. (1972) *Language in the Inner City*. Oxford: Basil Blackwell.

Lakoff, R. (1970) Tense and its relation to participants. *Language* 46: 838–49.

Lakoff, R. (1971) Passive resistance. *Papers from the Seventh Regional Meeting.
Chicago Linguistic Society* 149–62.

Lambrecht, K. (1988) Presentational cleft constructions in spoken French. In
Haiman, J. and Thompson, S. (eds) *Clause Combining in Grammar and
Discourse*. Amsterdam: John Benjamins.

Larson, M. (1978) *The Functions of Reported Speech in Discourse*. Dallas: The
Summer Institute of Linguistics and the University of Texas at
Arlington.

Lattey, E. (1986) Pragmatic classification of idioms as an aid for the language
learner. *International Review of Applied Linguistics* XXIV (3): 217–33.

Lebra, T. S. (1987) The cultural significance of silence in Japanese. *Multilingua*
6 (4): 343–57.

Leech, G. (1987) *Meaning and the English Verb*. 2nd edition. London: Longman.

Lewis, M. (1993) *The Lexical Approach: The State of ELT and a Way Forward*. Hove
UK: LTP.

Lindenfeld, J. (1990) *Speech and Sociability at French Urban Market Places*.
Amsterdam: John Benjamins.

Longman Dictionary of English Idioms. (1979) London: Longman.

Loveday, L. (1982) *The Sociolinguistics of Learning and Using a Non-native
Language*. Oxford: Pergamon.

Louw, B. (1993) Irony in the text or insincerity in the writer? The diagnostic potential of semantic prosodies. In Baker M., Francis, G. and Tognini-Bonelli, E. (eds) *Text and Technology: In Honour of John Sinclair*. Philadelphia: Benjamins, 157–76.

Low, G. D. (1988) On teaching metaphor. *Applied Linguistics* 9 (2): 125–47.

Low, G. (1995) Intensifiers and hedges in questionnaire items and the lexical invisibility hypothesis. *Applied Linguistics* 16 (4): 505–41.

Lucy, J. (ed) (1993) *Reflexive Language*. Cambridge University Press.

Mair, C. (1992) Problems in the compilation of a corpus of standard Caribbean English: A pilot study. In Leitner, G. (ed) *New Directions in English Language Corpora*. Berlin: Mouton de Gruyter, 75–96.

Makkai, A. (1978) Idiomaticity as a language universal. In Greenberg, J. H. (ed) *Universals of Human Language, Volume 3: Word Structure*. Stanford CA: Stanford University Press, 401–48.

Malkiel, Y. (1959) Studies in irreversible binomials. *Lingua* 8: 113–60.

Martin, J. (1992) *English Text: System and Structure*. Amsterdam: John Benjamins.

Martin, W. (1988) Variation in lexical frequency. In Van Reenen, P. and Van Reenen-Stein, K. (eds) *Distributions spatiales et temporelles, constellations des manuscrits*. Amsterdam: John Benjamins, 139–52.

Mathis, T. and Yule, G. (1994) Zero quotatives. *Discourse Processes* 18: 63–76.

Mayes, P. (1990) Quotation in spoken English. *Studies in Language* 14 (2): 325–63.

McCarthy, M. J. (1984) A new look at vocabulary in EFL. *Applied Linguistics* 5 (1): 12–22.

McCarthy, M. J. (1988) Some vocabulary patterns in conversation. In Carter, R. A. and McCarthy, M. J. *Vocabulary and Language Teaching*. London: Longman, 181–200.

McCarthy, M. J. (1991) *Discourse Analysis for Language Teachers*. Cambridge University Press.

McCarthy, M. J. (1992a) Interactive lexis: prominence and paradigms. In Coulthard, R. M. (ed) *Advances in Spoken Discourse Analysis*. London: Routledge, 197–208.

McCarthy, M. J. (1992b) English idioms in use. *Revista Canaria de Estudios Ingleses* 25: 55–65.

McCarthy, M. J. (1994) It, this and that. In Coulthard, M. (ed) *Advances in Written Text Analysis*. London: Routledge, 266–75.

McCarthy, M. J. and Carter, R. A. (1994) *Language as Discourse: Perspectives for Language Teaching*. London: Longman.

McCarthy, M. J. and Carter, R. A. (1997a) Written and spoken vocabulary. In Schmitt, N. and McCarthy, M. J. (eds) *Second Language Vocabulary: Description, Acquisition and Pedagogy*. Cambridge University Press, 20–39.

McCarthy, M. J. and Carter, R. A. (1997b) Grammar, tails and affect: constructing expressive choices in discourse. *Text* 17 (3): 405-29.

McCarthy, M. J. and O'Dell, F. (1994) *English Vocabulary in Use: upper-intermediate and advanced.* Cambridge University Press.

McGlone, M. S., Glucksberg, S. and Cacciari, C. (1994) Semantic productivity and idiom comprehension. *Discourse Processes* 17: 167-90.

McGregor, G. and White, R. (1990) *Reception and Response: Hearer Creativity and the Analysis of Spoken and Written Texts.* London: Routledge.

McTear, M. (1980) The pragmatics of *because.* In McCormack, W. and Izzo, H. (eds) *The Sixth LACUS Forum 1979.* Columbia SC: Hornbeam, 455-63.

Merritt, M. (1976) On questions following questions in service encounters. *Language in Society* 5: 315-57.

Miller, J. (1995) Does spoken language have sentences? In Palmer, F. R. (ed) *Grammar and Meaning.* Cambridge University Press, 116-35.

Mitchell, A. G. (1957) *Spoken English.* London: Macmillan and Co. Ltd.

Mitchell, T. F. (1957) The language of buying and selling in Cyrenaica: a situational statement. *Hespéris* XLIV: 31-71.

Moeran, B. (1984) Advertising sounds as cultural discourse. *Language and Communication* 4 (2): 147-58.

Moon, R. (1992) Textual aspects of fixed expressions in learners' dictionaries. In Arnaud, P. J. and Béjoint, H. (eds) *Vocabulary and Applied Linguistics.* Basingstoke: Macmillan, 13-27.

Moon, R. (1997) Vocabulary connections: multi-word items in English. In Schmitt, N. and McCarthy, M. J. (eds). (1997) *Second Language Vocabulary: Description, Acquisition and Pedagogy.* Cambridge University Press, 40-63.

Mutsu, H. 1894 *A Japanese Conversation Course.* Tokio [sic]: Z. P. Maruya & Co.

Nash, W. (1990) *Language in Popular Fiction.* London: Routledge.

Nattinger, J. R. and DeCarrico, J. S. (1992) *Lexical Phrases and Language Teaching.* Oxford University Press.

Nelson, F. (1992) Language corpora B.C. In Svartvik, J. (ed) *Directions in Corpus Linguistics.* Berlin: Mouton de Gruyter, 17-32.

Nelson, G. (1996) The design of the corpus. In Greenbaum, S. (ed) *Comparing English Worldwide: the International Corpus of English.* Oxford University Press, 27-35.

Noguchi, R. R. (1987) The dynamics of rule conflict in English and Japanese conversation. *International Review of Applied Linguistics* 25 (1): 15-24.

Norrick, N. (1986) Stock similes. *Journal of Literary Semantics* XV (1): 39-52.

Norrick, N. (1988) Binomial meaning in texts. *Journal of English Linguistics* 21 (1): 72-87.

Nyyssönen, H. (1992) Lexis in discourse. In Lindeberg, A.-C., Enkvist, N. E. and

Wikberg, K. (eds) *Nordic Research on text and Discourse*. Åbo Akademis Förlag, 73-80.

Ochs E., Schegloff, E. and Thompson, S. (eds) (1996) *Interaction and Grammar*. Cambridge University Press.

Ono, T. and Suzuki, R. (1992) Word order variability in Japanese conversation: motivations and grammaticization. *Text* 12 (3): 429-45.

Oostdijk, N. (1990) The language of dialogue in fiction. *Literary and Linguistic Computing* 5 (3): 235-41.

Owen, C. (1996) Do concordances require to be consulted? *ELT Journal* 50 (3): 219-24.

Page, N. (1973) *Speech in the English Novel*. London: Macmillan.

Palacas, A. (1993) Attribution semantics: linguistic worlds and point of view. *Discourse Processes* 16: 239-77.

Palmer, H. E., Blandford, F. G. (1924) *A Grammar of Spoken English*. First edition. Third edition 1969, revised and rewritten by R. Kingdon. Cambridge: Heffer.

Peacham, H. (1577) *The Garden of Eloquence etc*. London: H. Jackson.

Person, R. (1996) Restarts in conversation and literature. *Language and Communication* 16 (1): 61-70.

Persson, G. (1974) *Repetition in English: Part I, Sequential Repetition*. Uppsala: Acta Universitatis Upsaliensi.

Peterson, P. (1982) Anaphoric reference to facts, propositions and events. *Linguistics and Philosophy* 5 (2): 235-76.

Philips, S. (1985) Reported Speech as Evidence in an American Trial. *Georgetown University Round Table on Languages and Linguistics*: 154-70.

Polanyi, L. (1981) Telling the same story twice. *Text* 1 (4): 315-36.

Polanyi, L. (1982) Linguistic and social constraints on storytelling. *Journal of Pragmatics* 6 (5/6): 509-24.

Pomerantz, A. (1984) Agreeing and disagreeing with assessments: some features of preferred/dispreferred turn shapes. In Atkinson, J. and Heritage, J. (eds) (1984) *Structures of Social Action*. Cambridge University Press, 57-101.

Powell, M. J. (1992) Semantic/pragmatic regularities in informal lexis: British speakers in spontaneous conversational settings. *Text* 12 (1): 19-58.

Prodromou, L. (1997) Global English and its struggle against the octopus. *IATEFL Newsletter* 135: 12-14.

Psathas, G. (ed) (1979) *Everyday Language: Studies in Ethnomethodology*. New York: Irvington Publications, Inc.

Psathas, G. (1995) *Conversation Analysis: The Study of Talk-in-Interaction*. London: Sage Publications.

Quirk, R., Greenbaum, S., Leech, G. and Svartvik, J. (1985) *A Comprehensive Grammar of the English Language.* London: Longman.

Reagan, R. (1987) The syntax of English idioms: can the dog be put on? *Journal of Psycholinguistic Research* 16 (5): 417–41.

Reid, I. (ed) (1987) *The Place of Genre in Learning: Current Debates.* Victoria: Deakin University Press.

Reyes, G. (1984) *Polifonía textual: la citación en el relato literario.* Madrid: Gredos.

Rivero, M. (1980) On left-dislocation and topicalisation in Spanish. *Linguistic Inquiry* 11 (2): 363–93.

Robinson, R. (1617) *The Art of Pronunciation.* London (no publisher).

Romaine, S. and Lange, D. (1991) The use of Like as a marker of reported speech and thought: a case of grammaticalisation in process. *American Speech* 66 (3): 227–79.

Rosaldo, M. (1982) The things we do with words: Ilongot speech act and speech act theory in philosophy. *Language in Society* 11: 203–37.

Rundell, M. (1995a) The BNC: A spoken corpus. *Modern English Teacher* 4 (2): 13–15.

Rundell, M. (1995b) The word on the street. *English Today* 11 (3): 29–35.

Sacks H., Schegloff, E. A. and Jefferson, G. (1974) A simplest systematics for the organisation of turn-taking for conversation. *Language* 50 (4): 696–735.

Scarcella, R. (1983) Developmental trends in the acquisition of conversational competence by adult second language learners. In Wolfson, N. and Judd, E. (eds) *Sociolinguistics and Language Acquisition.* Rowley MA Newbury House.

Scarcella, R. and Brunak, J. (1981) On speaking politely in a second language. *International Journal of the Sociology of Language*: 59–75.

Schegloff, E. A. and Sacks, H. (1973) Opening up closings. *Semiotica* 8 (4): 289–327.

Schenkein, J. (1980) A taxonomy for repeating action sequences in natural conversation. In Butterworth, B. (ed) *Language Production:* Volume 1: *Speech and Talk.* London: Academic Press, 21–47.

Schiffrin, D. (1994) *Approaches to Discourse.* Oxford: Basil Blackwell.

Schiffrin, D. (1987) *Discourse Markers.* Cambridge University Press.

Schleppegrell, M. (1992) Subordination and linguistic complexity. *Discourse Processes* 15 (1): 117–31.

Schmitt, N. and McCarthy, M. J. (eds) (1997) *Second Language Vocabulary: Description, Acquisition and Pedagogy.* Cambridge University Press.

Schonell, F., Meddleton, I., Shaw, B., Routh, M., Popham, D., Gill, G., Mackrell, G. and Stephens, C. (1956) *A Study of the Oral Vocabulary of Adults.* Brisbane and London: University of Queensland Press/University of London Press.

Scotton, C. (1985) What the heck, sir: Style shifting and lexical colouring as features of powerful language. In Street, R., Capella, J. and Giles, H. (eds) *Sequence and Patterning in Communicative Behaviour*. London: Edward Arnold, 103-19.

Sherry, R. (1550) *A Treatise of Schemes and Tropes … Gathered out of the Best Grammarians and Oratours*. London: John Day.

Sifianou, M. (1989) On the telephone again. Differences in telephone behaviour: England versus Greece. *Language in Society* 18 (4): 527-44.

Sinclair, J. McH. (1995) Corpus typology – a framework for classification. In Melchers, G. and Warren, B. (eds) *Studies in Anglistics*. Stockholm: Almqvist and Wiksell, 17-33.

Sinclair, J. McH. and Coulthard, R. M. (1975) *Towards an Analysis of Discourse*. Oxford University Press.

Skehan, P. (1996) A framework for the implementation of task-based instruction. *Applied Linguistics* 17 (1): 38-62.

Stein, G. (1979) *Studies in the Function of the Passive*. Tübingen: Gunter Narr Verlag.

Stenström, A.-B. (1990) Lexical items peculiar to spoken discourse. In Svartvik, J. (ed) *The London-Lund Corpus of Spoken English*. Lund: Lund University Press, 137-75.

Stenström, A.-B. (1994) *An Introduction to Spoken Interaction*. London: Longman.

Stern, K. (1997) The Longman Spoken American Corpus: Providing an in-depth analysis of everyday English. *Longman Language Review* 3: 14-17.

Strässler, J. (1982) *Idioms in English: a Pragmatic Analysis*. Tübingen: Gunter Narr Verlag.

Stubbe, M. and Holmes, J. (1995) *You know, eh* and other 'exasperating expressions': an analysis of social and stylistic variation in the use of pragmatic devices in a sample of New Zealand English. *Language and Communication* 15 (1): 63-88.

Stubbs, M. (1986) Lexical density: a computational technique and some findings. In Coulthard, R. M. (ed) *Talking About Text*. Birmingham: English Language Research, 27-42.

Stubbs, M. (1996) *Text and Corpus Analysis*. Oxford: Blackwell.

Sussex, R. (1982) A note on the get-passive construction. *Australian Journal of Linguistics* 2: 83-95.

Svartvik, J. (1966) *On Voice in the English Verb*. The Hague: Mouton.

Svartvik, J. (ed) (1990) *The London-Lund Corpus of Spoken English: Description and Research*. Lund University Press.

Svartvik, J. and Quirk, R. (1980) *A Corpus of English Conversation*. Lund: Liberläromedel.

Swales, J. (1990) *Genre Analysis*. Cambridge University Press.

Swan, M. (1980/1995) *Practical English Usage*. Oxford University Press.

Tamony, P. (1982) 'Like Kelly's nuts' and related expressions. *Comments on Etymology* 11 (9–10): 8–10.

Tannen, D. (1986) Introducing constructed dialogue in Greek and American conversational and literary narrative. In Coulmas, F. (ed) *Direct and Indirect Speech*. Berlin: Mouton de Gruyter, 311–32.

Tannen, D. (1988) Hearing voices in conversation, fiction and mixed genres. In Tannen, D. (ed) *Linguistics in Context: Connecting Observation and Understanding*. Norwood, NJ: Ablex, 89–113.

Tannen, D. (1989) *Talking Voices*. Cambridge University Press.

Testa, R. (1988) Interruptive strategies in English and Italian conversation: smooth versus contrastive linguistic preferences. *Multilingua* 7 (3): 285–312.

Thomas, J. (1984) Cross-cultural discourse as 'unequal encounter': towards a pragmatic analysis. *Applied Linguistics* 5 (3): 226–35.

Thompson, G. (1994) *Reporting*. Collins-Cobuild English Guides no. 5 London: HarperCollins.

Thomspon, G. (1996) Voices in the text: discourse perspectives on language reports. *Applied Linguistics*. 17 (4): 501–30.

Thompson, S. E. (1997) Presenting Research: A Study of Interaction in Academic Monologue. Unpublished PhD Dissertation. University of Liverpool.

Tognini-Bonelli, E. (1996) *Corpus: Theory and Practice*. Birmingham: TWC (also forthcoming, to be published by Benjamins, Amsterdam).

Tottie, G. (1983) The missing link? or, why is there twice as much negation in spoken English as in written English? In Jacobson, S. (ed) *Papers from the Second Scandinavian Symposium on Syntactic Variation 1983*. Stockholm: Almqvist and Wiksell International, 67–74.

Tracy, K. and Coupland, N. (1990) (eds) *Multiple Goals in Discourse*. Clevedon: Multilingual Matters.

Trevise, A. (1986) Is it transferable, topicalisation? In Kellerman, E. and Sharwood-Smith, M. (eds) *Crosslinguistic Influence in Second Language Acquisition*. New York: Pergamon, 186–206.

Trueblood, T. (1933) Spoken English. *Quarterly Journal of Speech* 19: 513.

Tyler, A. E., Jeffries, A. A. and Davies, C. E. (1988) The effect of discourse structuring devices on listener perceptions of coherence in non-native university teachers' spoken discourse. *World Englishes* 7 (2): 101–10.

Ure, J. (1971) Lexical density and register differentiation. In Perren, G. E. and Trim, J. L. M. (eds) *Applications of Linguistics: Selected Papers of the Second International Congress of Applied Linguistics, Cambridge, 1969*. Cambridge University Press, 443–52.

Vakar, P. (1966) *A Word-Count of Spoken Russian.* Columbus, Ohio: OSU Press.

Valiouli, M. (1991) Right-dislocated anaphorically functioning nominals, concord and referential/attitudinal perspective. In *Proceedings: 5th Symposium on the Description and/or Comparison of English and Greek.* Thessaloniki: Aristotle University, 159–70.

Van Dijk, T. A. (1982) Episodes as units of discourse analysis. In Tannen, D. (ed) *Analyzing Discourse: Text and Talk.* Washington DC: Georgetown University Press, 177–95.

Vantespalllc, M. (1331) A semantic analysis of the English get passive Interface 5 (2): 95–112.

Ventola, E. (1987) *The Structure of Social Interaction: A Systemic Approach to the Semiotics of Service Encounters.* London: Frances Pinter.

Vorlat, E. (1985) 'Your marriage is going through a rocky patch': on idioms in the Lonely Hearts column. In Debusscher, G. and Van Noppen, J. (eds) *Communiquer et traduire: Hommages a Jean Dierick.* Brussels: Editions de l'Université de Bruxelles, 103–8.

Wald, B. (1983) Referents and topics within and across discourse units: observations from current vernacular English. In Klein-Andreu, F. (ed) *Discourse Perspectives on Syntax.* New York: Academic Press, 91–116.

Wales, M. L. (1983) The semantic distribution of aller + infinitive and the future tense in spoken French. *General Linguistics* 23 (1): 19–28.

Walter, B. (1988) *The Jury Summation as Speech Genre.* Amsterdam: John Benjamins.

Watts, I. (1740) *The Art of Reading and Writing English.* London: R. Hett and J. Bracstone.

Watts, R. J. (1989) Taking the pitcher to the 'well': native speakers' perception of their use of discourse markers in conversation. *Journal of Pragmatics* 13: 203–37.

Waugh, L. (1995) Reported speech in journalistic discourse: the relation of function and text. *Text* 15 (1): 129–73.

Wertsch, J. (1985) The semiotic mediation of mental life: L. S. Vygotsky and M. M. Bakhtin. In Mertz, E. and Parmentier, R. (eds) *Semiotic Mediation: Sociocultural and Psychological Perspectives.* London: Academic Press, 49–71.

White, B. (ed) (1932) *The Vulgaria of John Stanbridge and the Vulgaria of Robert Whittinton.* London: Kegan Paul, Trench, Trubner and Co. Ltd.

Wikberg, K. (1992) Discourse category and text type classification: procedural discourse in the Brown and the LOB corpora. In Leitner, G. (ed) *New Directions in English Language Corpora.* Berlin: Mouton de Gruyter, 247–61.

Widdowson, H. G. (1980) Models and fictions. *Applied Linguistics* 1 (2): 165–70.

Wilkins, D. A. (1976) *Notional Syllabuses*. Oxford University Press.

Williams, J. (1992) Planning, discourse marking and the comprehensibility of international teaching assistants. *TESOL Quarterly* 26 (1): 693–711.

Winter, E. O. (1982) *Towards a Contextual Grammar of English*. London: Allen & Unwin.

Ylänne-McEwen, V. (1997) Relational processes within a transactional setting: An investigation of travel agency discourse. Unpublished PhD dissertation. University of Wales, Cardiff.

Yngve, V. H. (1970) On getting a word in edgewise. *Papers from the 6th Regional Meeting, Chicago Linguistic Society*. Chicago: Chicago Linguistic Society.

Young, L. (1990) *Language as Behaviour, Language as Code: A Study of Academic English*. Amsterdam: John Benjamins.

Zelizer, B. (1989) 'Saying' as collective practice: quoting and differential address in the news. *Text* 9 (4): 369–88.

Zettersten, A. (1978) *A Word-Frequency List Based on American English Reportage*. København: Universitetsforlaget i København.

Zydatiss, W. (1986) Grammatical categories and their text functions – some implications for the content of reference grammars. In Leitner, G. (ed) *The English Reference Grammar: Language and Linguistics, Writers and Readers*. Tübingen: Max Niemeyer Verlag, 140–55.

찾아보기

지은이·뒤친이 소개

지은이 **마이클 머카씨**(Michael McCarthy)는 영국 노팅엄 대학 영어학과 응용언어학 교수이다. 그는 1966년 영어교육 전문직을 시작하였고, 그 이래로 스페인·네덜란드·영국·스웨덴·말레지아에서 영어를 가르쳤다. 그는 케임브리지 대학, 웨일즈 대학, 버밍험 대학, 노팅엄 대학에 ʹɪ ᴦᴉᴦᴈᴉ 있ᴉ. ᴌ음ᴘ ᴌᴉ 여ᴦ 권의 책늘늘 출간하였다.

> 1988년 『어휘 및 언어교육(*Vocabulary and Language Teaching*)』(Longman), 로널드 카터(Ronald Carter)와 공저임.
>
> 1990년 『어휘(*Vocabulary*)』(Oxford University Press), 김지홍 뒤침(2003), 범문사.
>
> 1991년 『언어교사들을 위한 담화 분석(*Discourse Analysis for Language Teachers*)』(Cambridge University Press).
>
> 1994년 『담화로서의 언어(*Language as Discourse*)』(Longman), 로널드 카터와 공저임.
>
> 1994년 『실용 영어 어휘(*English Vocabulary in Use*)』(Cambridge University Press), 필리써티 오델(Felicity O'Dell)과 공저임.
>
> 1997년 『제2 언어 어휘(*Second Language Vocabulary*)』(Cambridge University Press), 노벗 슈밋(Norbert Schmitt)과 공저임.

또한 어휘 및 입말 담화에 대하여 학술 논문이 많이 있다. 그는 또한 케임브리지 대학 출판부에서 펴내는 이중언어로 된 '유관낱말 총괄사전(thesauruses)'에 대한 '낱말 경로/낱말 선택(Word Routes/Word Selector)'의 총서 편집자이기도 하다.

뒤친이 김지홍(Kim, Jee-Hong)은 제주대학교 국어교육과를 졸업하고, 1988년 이래 경상대학교 국어교육과 교수로 있다.

저서로서 도서출판 경진에서 『언어의 심층과 언어교육』(2010, 문광부 우수도서)과 『국어 통사·의미론의 몇 측면: 논항구조 접근』(2010, 학술원 우수도서)이 출간되었다.

영어 번역서로서 한국연구재단의 명저번역으로 두 권이 있는데, 르펠트(Levelt, 1989; 김지홍, 2008)의 『말하기: 그 의도에서 조음까지』(1~2권, 나남)와 킨취(Kintsch, 1998; 김지홍·문선모, 2010)의 『이해: 인지 패러다임』(1~2권, 나남)이다.

또 2003년에 범문사에서 '옥스포드 언어교육 지침서' 12권 중 8권(『말하기』·『듣기』·『읽기』·『쓰기』·『어휘』·『문법』·『담화』·『평가』), 도서출판 경진에서 허어벗 클락(Clark, 1996; 김지홍, 2009, 학술원 우수도서)의 『언어사용 밑바닥에 깔린 원리』, 페어클럽(Fairclough, 2001; 김지홍, 2011, 문광부 우수도서)의 『언어와 권력』, 페어클럽(2003; 김지홍, 2012)의 『담화 분석 방법』, (주)ᅴ라말에서 마이클 J. 월리스(Wallace, 1998; 김지홍, 2009)의 『언어교육 현장 조사연구』를 출간하였다.

한문 번역서로서, 지만지(지식을 만드는 지식)에서 유희의 『언문지』(2008), 장한철의 『표해록』(2009), 『최부 표해록』(2009) 등을 펴냈다.

http://www.gnu.ac.kr/hb/jhongkim / jhongkim@gsnu.ac.kr

입말, 그리고 담화 중심의 언어교육
Spoken Language and Applied Linguistics

© 도서출판 경진, 2012

1판 1쇄 발행 ∥ 2010년 01월 15일
2판 1쇄 발행 ∥ 2012년 10월 09일

지은이 ∥ 마이클 머카씨(Michael McCarthy)
뒤친이 ∥ 김지홍
펴낸이 ∥ 양정섭
기획·마케팅 ∥ 노경민·배소정·배정일
디자인 ∥ 김미미
경영지원 ∥ 안선영

펴낸곳 ∥ 도서출판 경진
등   록 ∥ 제2010-000004호
주   소 ∥ 경기도 광명시 소하동 1272번지 우림필유 101-212
블로그 ∥ http://kyungjinmunhwa.tistory.com
이메일 ∥ mykorea01@naver.com

공급처 ∥ (주)글로벌콘텐츠출판그룹
주   소 ∥ 서울특별시 강동구 길동 349-6 정일빌딩 401호
전   화 ∥ 02-488-3280
팩   스 ∥ 02-488-3281

값 22,000원
ISBN 978-89-5996-173-3 93370

※ 이 책은 본사와 번역자의 허락 없이는 내용의 일부 또는 전체를 무단 전재나 복제, 광전자 매체 수록 등을
  금합니다.
※ 잘못된 책은 구입처에서 바꾸어 드립니다.